Claude Goudimel — *Oeuvres Complètes*

Dernier Volume

Schlußband

Final Volume

Nr. III/14 der
GESAMTAUSGABEN
des
Institute of Mediæval Music

No. III/14 of the
COLLECTED WORKS
of the
Institute of Mediæval Music

CLAUDE GOUDIMEL OEUVRES COMPLÈTES

publiées par
HENRI GAGNEBIN, RUDOLF HÄUSLER et ELEANOR LAWRY

sous la direction de
LUTHER A. DITTMER et PIERRE PIDOUX

Volume

14

OPERA DUBIA

Transcription et Notes Critiques de
PIERRE PIDOUX

Avec une notice d'une nouvelle source de
MÁIRE EGAN

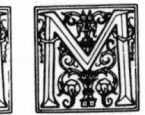

The Institute of Mediæval Music, Ltd.
Henryville — Ottawa — Binningen

Société Suisse de Musicologie
Bâle

Ce volume a été honoré de subventions de la
RÉPUBLIQUE ET CANTON DE GENÈVE
ainsi que de la
SOCIÉTÉ SUISSE DES SCIENCES HUMAINES
et de
L'UNIVERSITÉ MUNICIPALE DE NEW YORK

Internationale Standard Buchnumerierung 912024-58-5

Imprimé en Allemagne par Helmut Gruber, Minden (Westf.)

SOURCES ET NOTES CRITIQUES[*]

1.   Primus liber septem decim continet quatuor, & quinque uocum modulos (quae Moteta vulgo dicuntur) à celeberrimis authoribus nunc primum in lucem editos. (etc.) Parisiis, ex Typographia Nicolai du Chemin,.... 1551.

Voyez le fac-similé de ce titre dans le vol. XI, planche 9.

Paris, Bibl. Nat. Superius et Tenor
Lesure & Thibault, Bibliogr. Du Chemin n° 16—RISM 1551[1] contient de Goudimel les psaumes *Domine quid multiplicati sunt* (Ps. 3) et *Quare fremuerunt gentes* (Ps.2)..
Le Ps. 3 figure dans le vol. XI de la présente édition dans la rédaction de R. Häußler faite sur les réimpressions de Susato (RISM 1554[8]) et Dubosc & Gueroult (RISM 1554[12]).
Le Ps. 2 n'est connu que par l'édition Du Chemin dont ne subsistent que les cahiers de Superius et Tenor.

2.   MODVLORVM / TERNIS VOCIBVS / DIVERSIS AVCTORIBVS / DECAN-TATORVM / VOLVMEN PRIMVM / Apud Adrianum le Roy, & Robertum Ballard,/ Regis Typographos, sub signo / montis Parnassi. / 1565./ Cum priuilegio Regis ad decennium./

in 4° obl.

Paris, Bibl. Ste Geneviève. Tenor et Bassus
Lesure & Thibault, Bibliogr. Le Roy & Ballard, n° 98—(RISM 1565[2]) contient de Goudimel

> *Pater noster*
> *Exultate justi in Domino* (Ps. 32, 1-3)
> *Osculetur me* (folios arrachés dans les deux cahiers)

3.   MODVLORVM /etc.... VOLVMEN SECVNDVM / (comme ci-dessus, mêmes sources et réferences. Bibliogr. LRB n° 99—(RISM 1565[3])

Delectare in Domino (Ps. 36, 4-7).

4.   PSEAVMES DE DAVID / TRADVICTZ PAR CLEMENT / MAROT, ET THEODORE DE BESZE, / nouuellement mis en musique à quatre parties / par Claude Goudimel, dont le subject se / peut chanter en taille, ou en dessus, / im-primés en quatre volumes. / BASSVS / (marque) / De l'imprimerie d'Adrian le Roy, & Robert Ballard. / Imprimeurs du Roy, rue saint Iean de Beauuais, / à l'en-seigne du mont Pernasse. / 1562. / Auec privilege du Roy, pour dix ans. /

Dédicace:

A Monseigneur, Monsieur de Vieilleville, chevalier de l'ordre, & lieutenant general pour le Roy à Metz.

Monseigneur, il advient souvent que les vertus, graces, & faveurs de ce grand ciel, que Dieu par sa bonté liberalle distribue ordinairement aux hommes, demeurent en tenebres, & peu à peu s'esvanouissent en rien, faute seulement d'estre recogneues & favorisées de quelque louange recommandable à la posterité, juste loyer & digne recompance de ceux qui s'efforcent de surpasser les hommes en leur art. Or Monseigneur ayant bonne asseurance de la faveur que vous portez à la Musique, de laquelle souvent recreez vostre esperit travaillé du soin que vous prenez aux affaires de vostre charge, mesme prenant plaisir aux Psalmes de David que j'ay composez, je me suis estimé trop heureux & trop satisfait, tellement que cette seule occasion m'a encouragé de parfaire l'ouvrage que j'avais encommencé vous supplyant, Monseigneur, le voir d'aussi bon œil que de bonne affection humblement je le vous presente & que l'œuvre de soy est recommandable.

De Metz. Vostre treshumble & tresobeissant serviteur Claude Goudimel.

Contenu

En 1551 avait paru à Genève chez Jean Crespin une édition des Psaumes dans laquelle figuraient à côté des 49 versifications de Marot 34 psaumes de Th. De Bèze, d'où le titre du Recueil: «Pseaumes Octantetrois....». Voyez le fac-similé du seul exemplaire connu, publié par la Rutgers University Library, New Brunswick, N. J. USA (1973). Chacun des 83 psaumes a reçu sa propre mélodie. Ce sont ces mélodies que Goudimel harmonise à 4 parties en contrepoint note contre note. Dans la présente édition nous les notons en clef de sol en les associant aux basses de Goudimel, mais nous soulignons qu'elles sont recueillies d'une rédaction musicale à laquelle Goudimel était étranger.

Un seul psaume pose un problème; au 126_e «Alors que de captivité....» Goudimel ne respecte pas le mode traditionnel, sans qu'on puisse discerner si c'est intentionnellement ou par inadvertance.... Pour retrouver la forme mélodique genevoise usuelle il faut lire le Soprano de ce psaume à partir d'une clef d'ut de 2_e ligne.

Les 83 Psaumes et leurs annexes traditionnelles (Cant. de Siméon, Commandemens, Prières avant et après le repas) ont connu plusieurs réimpressions; l'une d'elles nous intéresse ici, celle de 1556 (cf. Pidoux Ps. Hug. II, p. 95) car elle est la seule dans laquelle figure le Cantique de Moyse de Bonaventure Des Périers «Escoutez cieux....». Goudimel proposant une harmonie de ce cantique, on se demandera si cette référence permet de fixer à 1556 le terminus a quo de son travail de composition. Quant à la publication chez Le Roy & Ballard, elle est datée de 1562; or c'est précisément l'année où paraît le recueil achevé des 150 Psaumes; de 83 les mélodies ont passé à 125 et les textes de certains psaumes ont été retouchés. C'est dire qu'à peine imprimé, l'ouvrage de Goudimel était à reprendre, et c'est à cette circonstance que nous sommes redevables des versions de 1564 et 1568 reproduites dans les volumes IX et X de la présente édition.

Oeuvres imprimées mais non retrouvées

Odes d'Horace

A l'article Horatius, Brunet, *Manuel du Libraire* livre III, col. 326 (1862) écrit: «.... un musicien français, Claude Goudimel, mit en musique plusieurs Odes d'Horace et les publia en un vol. petit in-4 obl. impr. Parisiis, ex typographia Nicolai Du Chemin et Claudii Goudimel sub insigno Gryphonis argentei, 1555. L'épître dédicatoire de ce livre rare s'adresse à Gerard Gryphius, professeur à Narbonne; le compositeur s'y nomme Claudius Godimellus, Bisontinus.»

Brunet ne dit pas s'il a vu l'ouvrage, pas plus qu'il ne révèle la source de ses renseignements. Mais l'existence de ces Odes est attestée par deux témoignages contemporains:

Goudimel dédie à M. de la Bloctière le *Tiers Livre des Psaumes en forme de Motetz*, de Metz, 20 juin 1557: «.... vous, qui seul m'avez aimablement contraint de changer, voire quiter, la prophane lyre du prophane poete Horace, pour.... entreprendre de toucher et manier la Harpe sacrée de notre grand David....» (Voyez O. C., vol. III)

Francisco Salinas, dans son «*De Musica*», Salmanticae 1577, fait allusion aux Odes composées «ad quatuor vocum cantum» par «Godimelus quidam Visuntinus». (Voyez le fac-similé *Documenta Musicologica* I Reihe XIII, Kassel 1958 p. 435 [chiffrée 437!]).

N. B.—Ces Odes figurent dans la Bibliographie Du Chemin sous le n° 40 avec la mention: on n'en connaît pas d'exemplaire.

Chansons spirituelles de Marc Antoine de Muret

L'existence d'un recueil dont aucun exemplaire n'a été retrouvé jusqu'ici est attestée par *Draudius*, Bibliotheca exotica (Frankfurt 1610) et par *La Croix du Maine*, Les Bibliothèques françoises, III (1772). Le titre: Chansons spirituelles de M. Ant. de Muret, en nombre dix-neuf, mises en musique à quatre parties par Cl. Goudimel.... Imprimées à Paris par N. Du Chemin 1555. (Ces données sont reproduites de la notice figurant dans Lesure et Thibault, Bibliogr. Du Chemin, n° 41) Brunet, Man. du Libraire, II (1861) col. 1677, ajoute: petit in-4 obl.

Oeuvres manuscrites perdues

Deux lettres de Goudimel à son ami le poète rhénan Paul Schede dit Melissus, ont été conservées dans «Melissi Schediasmatum Reliquiae.... Lutetiae Parisiorum. Apud Arnoldum Sittartum sub scuto Coloniensi, monte divi Hilarii.... 1575».

H. Bellermann les a reproduites dans la «Allgemeine Musikalische Zeitung,» IX. Jahrg. Nr. 43, Leipzig 1874. Nous les donnons ci-dessous in-extenso, en soulignant les allusions aux compositions musicales.

Du 30 novembre 1570 Goudimel à Melissus (à Genève)

P. Melisso—Mitto ad te *secundam tui epigrammatis partem concentibus Musicis* pro temporis brevitate *ornatam,* quam pro tua humanitate eo animo quo tibi offero excipias. Nam si fuisset mihi otium diuturnum, politius atque ornatius tibi reddidissem, me habuisse tantillum spatii summo dolore afficior. *Scias autem me hesternam diem totam contrivisse atque consumsisse in illa concinnenda.* Sed ut es mortalium, praesertim in eo quod fit celerius errare; tamen si quid mendarum in illa reperias, tuarum est partium emendare. Malui enim meam ignorantiam prodere, quam tanto viro deesse, quidquid autem ab amico proficisci par sit, à me expectato. Salutabis meo nomine Truchetum, Comitem, Brunellum. Vale mi Melisse. Exaratum ultima mensis Novembris, Anno 1570.

Tuus ad aras usque Claudius Goudimel.

Du 23 août 1572 *Goudimel (de Lyon) à Melissus*

Paulo Melisso poetaè laureato—*Binas a te accepi*, Melisse mellitissime, *literas symbolumque tuum* una cum luculentissimis tuis in meam commendationem epigrammatibus; quae valde a pluribus doctis probata fuere. Quod si subita responsione tuas literas non exceperim, mihi ignoscas velim; districtus enim multis negotiis fui ob pecunias.... meo creditas, qui mihi summas molestias exhibuit, adeo ut coactus fuerim Vesontium (Besançon) proficisci, ubi ille.... commoratur. Simul atque illuc appuli, utens titulo de restitutionibus, ille obturavit aures adeo ut surdo et mortuo canerem. Vocavi illum in jus; comparuit, litigavimus duorum mensium spatio non sine summo tedio. Tandem causis ultro citroque discussis, lata est sententia in sui detrimentum, ita ut causa ceciderit; ego vero voti compos factus sim. His peractis, *relicta Vesontione, repetens Lugdunum*, vix conspectis hujus civitatis muris, *incidi in teterrimam ac infestissimam febrim*, quae unius mensis spatio mirum in modum me distorsit ac versavit; *atque haec in caussa fuit, quo minus symbolum tuum adhuc concentibus musicis ornare potuerim*. Sed ubi, favente Deo, e nido surrexero ac vires resumsero, equidem admovebo manum calamo et quidquid artis impertitae sunt mihi Musae, in illud effundam. Bene vale mi dilectissime Melisse et ut soles me amore prosequere. Iterum vale. Lugduni, XXIII mensis Augusti, Anno Christi M.D.LXXII. C. Goudimel.

Il ressort de la première lettre que Goudimel avait mis en musique une épigramme de Melissus «en deux parties». Dans la deuxième, écrite 5 ou 6 jours avant sa mort lors de la St. Barthélémy lyonnaise, Goudimel accuse réception de deux lettres accompagnées d'épigrammes et d'un «symbole» à mettre en musique. Ce «symbolum tuum» ne peut être le Symbole des Apôtres—comme certains l'ont cru,—mais il doit s'agir d'une devise, d'un emblême ou blason, forme poétique qu'on rencontre fréquemment à l'époque.

Attribution hypothétique d'une musique anonyme

Vingt six Cantiques chantés au Seigneur, / par Louîs des Masures / Tournisien. / [*] */* Mis en musique à quatre parties. Desquels plusieurs se peuvent / chanter sur le chant commun d'aucuns Pseaumes de David, / pour l'usage de ceux qui n'entendent point la musique. / A quoy il a adjousté des Prieres pour dire ou chanter devant & apres le repas. / Plus un Hymne Latin, / des semblables prieres pour la table / faictes en vers Latins. Le tout mis en musique. / (Tenor) /....
(à la fin:) A LYON / Par Jan de Tournes / 1453.

4 vol. petit in-4° obl.   RISM A/I/2 D 1778—München, Bayer. Staatsbibl.

TRAGEDIES / SAINCTES. / Dauid combattant. / Dauid triomphant. / Dauid fugitif. / Par Louis Des-Masures Tournisien. / (Vignette) / A GENEVE. / De l'Imprimerie de François Perrin. / M.D.LXVI.

Genève, Bibl. Publ. et Univ., Hf 5235   RISM A/I/2 D 1779-1780
Ce volume contient 11 compositions anonymes à quatre voix. Font suite aux *Tragédies*, une *Bergerie spirituelle* et une *Eglogue spirituelle*.
Il s'agit d'une seconde édition. La première, datant de 1563, n'a pas été retrouvée.

Pour une description bibliographique complète des œuvres de Des Masures, nous renvoyons le lecteur à la thèse de doctorat du professeur Marc Honegger «Les Chansons spirituelles de Didier Lupi et les débuts de la musique protestante en France au XVI$_e$ siècle» (2 vol. Service de reproduction des thèses de l'Université de Lille III, 1971). L'auteur nous autorise à citer intégralement le passage suivant:

«L'hypothèse d'une attribution à Goudimel de la musique des *26 Cantiques chantés au Seigneur* et de celle des cantiques des *Tragédies saintes* de L. des Masures s'appuie sur les remarques suivantes:

1. L. des Masures a vécu à Metz de 1562 à 1567 (?)
2. Aucun document ne fait état d'une disposition particulière du poète pour la composition musicale.
3. Goudimel a vécu à Metz de 1557 à 1565 au moins; son nom n'apparaît plus dans aucun registre de Metz après cette date (Communication de M. R. Mazauric).
4. L. des Masures et Goudimel se connaissaient. On les rencontre associés dans le Registre premier des Baptêmes de l'Eglise réformée de Metz à la date du 14 octobre 1565: «Abraham fils de Jean de Bourmon a esté baptisé le 14$_e$ d'octobre 1565. Les parains Msr des Mazures et Claude Gudymel. La maraine la femme de Claude le Poix.» Archives municipales de Metz GC 236 (nous devons la communication de ce texte à l'obligeance de M. R. Mazauric).
5. Le style musical des *26 Cantiques* semble bien être de la même veine que celui des *150 Psaumes de David* (Editions de 1564 et 1565; rééd. moderne par P. Pidoux, in Cl. Goudimel. *Oeuvres complètes* IX, 1967).
6. Le fait que la musique de la *Bergerie spirituelle* de L. des Masures n'est pas originale mais qu'elle est empruntée aux deux premières tragédies (publiées dès 1563....) pourrait signifier qu'à cette date (1566) Goudimel ne se trouvait plus à Metz.»

Remarques concernant les transcriptions

L'édition originale des *26 Cantiques* est constituée par 4 cahiers, un pour chacune des voix. Il n'y a ni barres de mesure ni pauses notées; seule la présence de la majuscule initiale de chaque vers permet de percevoir l'articulation de la strophe. Dans notre transcription des 4 voix sur deux systèmes il a paru nécbysaire d'ajouter des *barres d'orientation*.

On voudra bien se souvenir que dans la musique de cette époque les *altérations* ne valent que pour la note devant laquelle elles figurent; dans notre transcription, qu'elles soient originales ou ajoutées (en dessus ou en-dessous) elles ne valent que pour une voix.

Nous ne donnons qu'une strophe du texte des Cantiques. Dans l'original seul le Tenor est accompagné de toutes les strophes.

Les mêmes remarques valent aussi pour les cantiques des *Tragédies saintes*. Une édition moderne de ces Tragédies a paru dans la collection de la Société des Textes français modernes (Edition E. Droz). Il est regrettable que la musique n'y figure pas, mais on y lira la totalité des paroles des cantiques placés dans leur contexte.

Attributions douteuses or erronnées

Giuseppe Baini (1775-1844) dans ses «*Memorie storico-critiche della vita et delle opere di G. P. da Palestrina*» (Roma, 1828) fait état de la présence dans diverses bibliothèques romaines de manuscrits contenant plusieurs œuvres non imprimées de Goudimel.

A son élève J. A. L. de la Fage (v. 1801-1862) il communique les 90 titres d'une «*Collezione antica di Mottetti a 4. 5. 6. 8 voci esistente in Libretti Ms. nell' Archivio Musicale de' PP. dell' Oratorio in S. Maria in Vallicella*». C'est dans cette liste, conservée à la Bibl. Nat. à Paris dans les papiers La Fage (ms. franç. nouv. acq, 269) que Melle Marie Bobilier (alias Michel Brenet) a relevé dix titres d'œuvres attribuées à «Godmell», titres qui figurent dans son article Goudimel dans les Annales Franc-Comtoises (nouv. série, 10$_e$ année, tome X, Besancon 1898.

On connait les risques que courent les compositions publiées en parties séparées.... Baini semble n'avoir vu que 8 livrets de voix alors que certains motets devaient en comporter davantage; il note en marge «dove essere a 10 / a 12».

W. Boetticher, dans son «*Orlando di Lasso*», vol. I, p. 833 et 850 (Kassel, 1958) note la présence à Rome à l'*Accademia S. Cecilia* de quatre cahiers de voix provenant de la *Vallicelliana,* et à la *Casanatense*—legs de Baini—un répertoire de motets «Trovati in diversi Mss. di diversi eccelenti Autori» qui semblent correspondre à ceux que nous connaissons par les papiers La Fage.

Heureusement qu'à une époque antérieure—avant les troubles politiques et militaires que Rome a connu au début du siècle—un autre collectionneur avait eu en mains la série complète des cahiers de voix. L'abbé Fortunato Santini (1778-1862) les avait rassemblés dans un gros volume de plus de 550 pages qu'il avait intitulé:

«Istas Sacras Cantiones / quaternis, quinis, senis, octonis et vocibus duodenis / suavissimis concinnatas modis / sic in unum collegit / partitione facta / sic redegit Fortunatus Santini Romanus / in aedibus E$_{mi}$ D. Caroli (nunc) Cardinalis Odescalchi dum Auditoris Sanctissimi munere fungebatur. / Ex privato Archivio S. Mariae in Vallicella vulgo La Chiesa nuova. / 1821»

Avec des milliers d'autres cahiers manuscrits de la main de Santini cette copie est conservée à Münster/Westf. dans la bibliothèque du Priester-Seminar, sous la cote Sant. Hs. 3590. C'est là que nous avons pu en prendre connaissance, après l'avoir vue signalée par G. Fellerer dans le Kirchenmusikalisches Jahrbuch (Köln 1931 ss.). On constate que toutes les compositions mentionnées dans la liste Baini-La Fage se retrouvent dans le même ordre chez Santini! Mais Santini attribue à Vittoria le motet «*Ecce nunc tempus acceptabile*» et à Giovanni Macque «*Exultate Deo adjutorio nostro*» (à 10 voix); Il reste donc huit titres communs en tous points aux deux listes et attibués à Godmell ou Goudimel:

(A) à 4 voix: Da pacem Domine in diebus nostris
(B) à 5 voix: Mandatum novum do vobis
(C) à 5 voix: O crux benedicta
(D) à 6 voix: Exultent sancti
(E) à 8 voix: Salve regina
(F) à 8 voix: Surge propera amica mea
(G) à 8 voix: Super flumina Babilonis
(H) à 12 voix: Salve Regina

Que valent ces attributions?—Plusieurs paraissent douteuses depuis longtemps; ainsi (C) est encore publié sous le nom de Goudimel par Bellermann »Der Contrapunkt (Berlin 1901) tandis que J. Killing »Die Kirchenmusikal. Schätze der Bibl. des Abbates F. Santini (Düsseldorf 1910) nomme Pietro Vinci. Les deux versions ne sont pourtant pas en tous points identiques; Bellermann semble reproduire la forme du ms. Sant. 3950 tandis que Killing a eu entre les mains une autre mise en partition de Samtini, beaucoup plus correcte. Dans Sant. Hs. 147 se trouvent en partition tous les motets réunis dans »*Il secondo libro de Mottetti a cinque voci di Pietro Vinci Siciliano della Città di Nicosia, Maestro in S. Maria Maggiore di Bergamo. Venezia presso Girolamo Scotto 1572* (le libellé de ce titre est reproduit tel que l'a présenté Santini Hs. 147 (RISM A/I/9/N. 1658). Dans cette collection figurent les deux motets (B) et (C) que P. Vinci destine à la Semaine Sainte: »*Mandatum novum do vobis* (Feria V de Coena Domini) et »*O crux benedicta* (Feria VI Majoris Hebdomadae).

Le Psaume â 8 voix »*Super flumina Babilonis* (G), ou plus exactement â deux chœurs â 4 voix de même tessiture, est de Marco Antonio Ingegneri *(Liber Sacrarum Cantionum.... Venetijs Apud Angelum Gardanum.... 1589;* cf. RISM A/I/4/I 47); publié en notation moderne par P. Pidoux aux Editions Cantate Domino (CH-1870 Monthey) d'après l'exemplaire de la Staats- und Stadtbibliothek Augsburg. Ingegneri dit de ses *Cantiones Sacrae* qu'elles peuvent être chantées »per choros.... et conjunctis et separatis et aussi »cum variis Musicis Instrumentis.

Le lecteur qui aura parcouru les volumes I à XIII des *Oeuvres Complètes* de Goudimel aura certainement remarqué que les compositions dépassant 5 voix sont rares et que seuls quelques versets des Psaumes des Livres VII et VIII sont écrits à 8 voix. De plus aucune de ces compositions ne se prête à une exécution à *cori spezzati,* ce que prouverait déjà le fait que les parties de 1$_{er}$ et Second Superius sont imprimées en regard l'une de l'autre dans le même livret, et ainsi des autres....

Les deux compositions (E) et (F) sont à 8 voix, ou plutôt à 2 X 4 voix, et d'une écriture homophone qui ne semble pas pouvoir être de Goudimel. Est-ce une raison suffisante pour les exclure?

Il faut s'arrêter plus longuement au *Salve Regina* à *12 voix* (H); il a plus fait pour la célébrité de Goudimel qu'aucune autre de ses œuvres. Il a été publié par R. J. van Maldeghem (Trésor Musical, 3$_e$ année 1867, 1$_{re}$ livraison) très vraisemblablement d'après la copie de Santini (Hs. 3950) mais à un moment où le manuscrit était encore accompagné des feuilles supplémentaires consacrées au Chœur III, le format oblong n'ayant pas permis au copiste de noter 12 portées superposées. La même composition a été réimprimée par les soins de Félix Raugel aux Editions musicales de la Schola Cantorum (Paris 1951). Cette édition comporte une mention qui prête à confusion: «Manuscrit original un ton plus bas.» . En 1972 F. Raugel nous a écrit qu'il avait repris le texte de van Maldeghem en le haussant d'un ton.

L'auteur ne nous paraît pas pouvoir être Goudimel pour la raison suivante: l'intonation «*Salve*» est exposée successivement à découvert par le Superius de chacun des trois chœurs, ce qui révèle l'intention de l'auteur de «jouer» avec les ressources de l'acoustique d'un grand édifice. L'écriture de ce *Salve Regina* semble plus nord-italienne que française, et chronologiquement plus proche de la fin du siècle que de son milieu; elle est la moins goudimellienne de toutes.

Sur les 8 compositions qui remontent à Santini 3 ont des auteurs identifiés. Dans l'espoir de faciliter les recherches futures nous donnons (en annexe page XXII) les incipits des œuvres contestées.

Pierre Pidoux

QUELLEN UND REVISIONSBERICHT

1. Primus liber septem decim continet quatuor, & quique uocum modulos (quae Moteta vulgo dicuntur) à celeberrimis authoribus nunc primum in lucem editos. (etc.) Parisiis, ex Typographia Nicolai du Chemin,.... 1551.

Vgl. das Faksimile der Titelseite in Band XI, Abbildung 9 dieser Veröffentlichung.

Paris, Bibliothèque nationale *Superius* und *Tenor*

Lesure & Thibault, *Bibliographie Du Chemin* Nr. 16—RISM 1551[1]; enthält Goudimels Vertonungen der Psalmen *Domine quid multiplicati sunt* (Ps. 3) und *Quare fremuerunt gentes* (Ps. 2).

Psalm 3 erscheint in Band XI dieser Veröffentlichung, hrsg. von R. Häußler nach dem Druck von Susato (RISM 1554[8]) und Dubosc & Gueroult (RISM 1554[12]).
Psalm 2 ist uns nur durch den Druck von Du Chemin bekannt, von welcher nur *Superius* und *Tenor* erhalten sind.

2. MODVLORUM / TERNIS VOCIBUS / DIVERSIS AVCTORIBVS / DECANTATORVM / VOLVMEN PRIMUM / Apud Adrianum le Roy, ı Robertum Ballard, / Regis Typographos, sub signo / montis Parnassi. / 1565. / Cum priuilegio Regis ad decennium. /

in Quarto Querformat

Paris, Bibliothèque Ste Geneviève, *Tenor* und *Bassus*

Lesure & Thibault, *Bibliographie Le Roy _ Ballard,* Nr. 98—(RISM 1565[2]) enthält Goudimels Vertonungen:

> *Pater noster*
> *Exultate justi in Domino* (Ps. 32,1-3)
> *Osculetur me* (herausgerissene Blätter aus zwei Lagen)

3. MODVLORUM / etc.... VOLVMEN SECVNDUM / (wie oben gleiche Quellen und Angaben)

Lesure & Thibault, *Bibliographie Le Roy & Ballard,* Nr. 99—(RISM 1565[3])

> *Delectare in Domino* (Ps. 36,4-7)

4. PSEAVMES DE DAVID / TRADVICTZ PAR CLEMENT / MAROT, ET THEODORE DE BESZE, / nouuellement mis en musique à quatre parties / par Claude Goudimel, dont le subject se / peut chanter en taille, ou en dessus, / imprimés en quatre volumes. / BASSVS / (Zeichen) / De l'imprimerie d'Adrian le Roy, & Robert Ballard, / Imprimeurs du Roy, ruë saint lean de Beauuais, / à l'enseigne du mont Pernasse. / 1562. / Auec priuilege du Roy, pour dix ans. /

in Octavo mit 48 Blättern

Grenoble, Bibliothèque de la Ville *Bassus*

Lesure & Thibault, *Bibliographie Le Roy & Ballard,* Nr. 77—(fehlt in RISM!).

Widmung

A Monseigneur, Monsieur de Vieilleville, chevalier de l'ordre, & lieutenant general pour le Roy à Metz.

Monseigneur, il advient souvent que les vertus, graces, & faveurs de ce grand ciel, que Dieu par sa bonté liberalle distribue ordinairement aux hommes, demeurent en tenebres, & peu à peu s'esvanouissent en rien, faute seulement d'estre recogneues & favorisées de quelque louange recommandable à la posterité, juste loyer & digne recompance de ceux qui s'efforcent de surpasser les hommes en leur art. Or Monseigneur ayant bonne asseurance de la faveur que vous portez à la Musique, de laquelle souvent recreez vostre esperit travaillé du soin que vous prenez aux affaires de vostre charge, mesme prenant plaisir aux Psalmes de David que j'ay composez, je me suis estimé trop heureux & trop satisfait, tellement que cette seule occasion m'a encouragé de parfaire l'ouvrage que j'avais encommencé vous supplyant, Monseigneur, le voir d'aussi bon œil que de bonne affection humblement je le vous presente & que l'œuvre de soy est recommandable.

De Metz. Vostre treshumble & tresobeissant serviteur Claude Goudimel.

Inhalt

1551 erschien in Genf bei Jean Crespin eine Ausgabe der Psalmen in welcher neben den 49 Psalmbereimungen von Marot weitere 34 Fassungen von Théodore de Bèze (Titel der Sammlung „*Pseaumes Octantetrois....*") enthalten waren. Einen Faksimiledruck dieser Sammlung besorgte die Rutgers Universität in New Brunswick, N. J. 1973 nach dem einzig bekannten Exemplar, q. v. Alle 83 Psalmen erhielten ihre eigene Melodie. Es sind diese Melodien, welche Goudimel in strengem Satz Note gegen Note bearbeitet. In der vorliegenden Ausgabe drucken wir die einzig erhaltene Baßstimme von Goudimel in Begleitung der traditionellen Melodien wieder. Es muß aber betont werden, daß diese Melodien—von uns in G-Schlüssel notiert—aus einer Sammlung entnommen sind an deren Redaktion Goudimel nicht beteiligt war.

Ein einziger Psalm stellt ein Problem; bei Ps. 126 „*Alors que de captivité*" hält sich Goudimel nicht an die herkömmliche Tonart, ohne daß wir feststellen können, ob dies absichtlich oder aus Versehen geschah. Die richtige Form der Genfer Melodie erhält man wenn man sie eine Terz höher liest.

Diese „83 Psalmen" mit den üblichen Gesänge *(Canticum Simeonis, die heiligen Zehngebote, Gebete vor und nach dem Essen)* erfuhren verschiedene Nachdrucke. Uns interessiert derjenige von 1556 (vgl. Pidoux, *Psautier huguénot*, II, S. 95), denn allein dort fand das *canticum Moyse* in der Bearbeitung von Bonaventure Des Périers „*Escoutez cieux....*" Einlaß. Da Goudimel auch dieses *canticum* vertonte, liegt es nahe das Jahr 1556 als *terminus a quo* für seine Sammlung anzusehen. Veröffentlicht wurde sie 1562 bei Le Roy & Ballard zu einem ungünstigen Zeitpunkt, denn in eben diesem Jahr erschien auch der vollständige einstimmige Psalter. Die Zahl der Melodien wuchs von 83 auf 125; die Texte wurden hie und da umarbeitet. Diesem Umstand verdanken wir die zwei Fassungen des ganzen Psalters von 1564 und 1568, welche den Inhalt der Bände IX und X der Goudimel Gesamtausgabe bilden.

Verschollene Druckwerke

Die Oden von Horaz

In dem Artikel *Horatius* schreibt Brunet, *Manuel du Libraire,* Buch III, Spalte 326 (1826): „.... ein französischer Komponist, Claude Goudimel, vertonte einige Oden von Horaz und hat sie in Kleinquarto Querformat in Paris bei Nicolas Du Chemin und Claude Goudimel beim Schild zum silbernen Vogelgreif 1555 herausgegeben. Das seltene Buch ist Gérard Gryphe, Professor in Narbonne gewidmet; der Komponist nennt sich Claude Goudimel aus Besançon."

Brunet gibt nicht an, ob er das Buch selber angesehen hat und er teilt die Quelle auch nicht mit. Das Vorhandensein dieser Oden wird durch zwei zeitgenössische Zeugen bestätigt.

> Goudimel widmete Herrn de la Bloctière sein *Tiers Livre des Psaumes en forme de Motetz,* Metz den 20. Juni 1557: „.... Ihr, der alleine es mir gütigerweise auferlegt haben, die weltliche Leier des heidnischen Dichters Horaz auszutauschen, sogar aufzugeben...., um mich zu ereifern, die heilige Harfe unseres großen Davids zu spielen und zu verzieren...." (Vgl. Gesamtausgabe, Band III).

> Francisco Salinas, in seinem *De musica,* Salamanca 1577, erwähnt die „ad quatuor vocum cantum" von „Godimelus quidam Visuntius" komponierten Oden. (Vgl. die Faksimile in *Documenta Musicologica,* I. Reihe, XIII, Kassel 1958, p. 435 irrtümlich als 437 bezeichnet).

Nota bene—Die Bibliographie Du Chemin erwähnt diese Oden unter Nr. 40 mit dem Vermerk: „man kennt kein Exemplar"

Geistliche Lieder von Marc Antoine de Muret

Eine Sammlung, von der bisher kein einziges Exemplar aufgefunden werden konnte, wurde von Dradius, *Biblioteca exotica* (Frankfurt a/M 1610) und von La Croix du Maine, *Les Bibliothèques françoises,* III (1772) angeführt und zwar unter dem Titel *Chansons spirituelles de M. Ant. de Muret, en nombre dix-neuf, mises en musique à quatre parties par Cl. Goudimel.... Imprimées à Paris par N. Du Chemin 1555.* Diese Angaben entnehmen wir dem Vermerk in Lesure _ Thibault, *Bibliographie Du Chemin,* Nr. 41. Brunet, *Manuel du Libraire,* II (1861) Spalte 1677 fügt „Kleinquarto Querformat" hinzu.

Verschollene Handschriftliche Werke

Zwei Briefe Goudimels an seinen Freund, den rheinischen Dichter Paul Schede genannt Melissus, sind in „Melissi Schediasmatum Reliquiae Lutetiae Parisiorum. Apud Arnoldum Sittartum sub scuto coloniensi, monte divi Hilarii.... 1575" abgedruckt.

H. Bellermann gab sie wieder in der *Allgemeinen Musikalischen Zeitung,* IX. Jahrgang, Nr. 43, Leipzig 1874 heraus. Wir führen den vollständigen Wortlaut wieder an und drucken die Andeutungen auf musikalischen Kompositionen kursiv ab.

Goudimel den 30. November 1570 an Melissus (in Genf)

> P. Melisso—Mitto ad te *secundam tui epigrammatis partem concentibus Musicis* pro temporis brevitate *ornatam,* quam pro tua humanitate eo animo quo tibi offero excipias. Nam si fuisset mihi otium diuturnum, politius atque ornatius tibi reddidissem, me habuisse tantillum spatii summo dolore afficior. *Scias autem me hesternam diem total contrivisse atque consumsisse in illa concinnenda.* Sed ut es mortalium, praesertim in eo quod fit celérius errare; tamen si quid mendarum in illa reperias, tuarum est partium emendare. Malui enim meam ignorantiam prodere, quam tanto viro deesse, quidquid autem ab amico proficisci par sit, à me expectato. Salutabis meo nomine Truchetum, Comitem, Brunellum. Vale mi Melisse. Exaratum ultima mensis Novembris, Anno 1570.
>
> Tuus ad aras usque Claudius Goudimel.

Goudimel den 23. August 1572 aus Lyon an Melissus

Paulo Melisso poëtae laureato—*Binas a te accept,* Melisse mellitissime, *literas symbolque tuum* una cum luculentissimis tuis in meam commendationem epigrammatibus; quae valde a pluribus doctis probata fuere. Quod si subita responsione tuas literas non exceperim, mihi ignoscas velim; districtus enim multis negotiis fui ob pecunias.... meo creditas, qui mihi summas molestias exhibuit, adeo ut coactus fuerim Vesontium (Besançon) proficisti, ubi ille.... commoratur. Simul atque illuc appuli, utens titulo de restitutionibus, ille obturavit aures adeo ut surdo et mortuo canerem. Vocavi illum in jus; comparuit, litigavimus duorum mensium spatio non sine summo tedio. Tandem causis ultro citroque discussis, lata est sententia in sui detrimentum, ita ut causa ceciderit; ego vero voti compos factus sim. His peractis, *relicta Vesontione, repetens Lugdunum,* vix conspectis hujus civitatis muris, *incidi in teterrimam ac infestissimam febrim,* quae unius mensis spatio mirum in modum me distorsit ac versavit; *atque haec in caussa fuit, quo minus symbolum tuum adhuc concentibus musicis ornare potuerim.* Sed ubi, favente Deo, e nido surrexero ac vires resumsero, equidem admovebo manum calamo et quidquid artis impertitae sunt mihi Musae, in illud effundam. Bene vale mi dilectissime Melisse et ut soles me amore prosequere. Iterum vale. Lugduni, XXIII mensis Augustii, Anno Christi M.D.LXXII. C. Goudimel.

Es geht aus dem ersten Brief hervor, daß Goudimel ein Epigramm von Melissus in zwei Teilen vertont hatte. In dem zweiten, lediglich 5 oder 6 Tage vor seinem Tod verfaßten Briefe—Goudimel starb infolge des Lyoner Bartolomäusnacht Blutbades—bestätigt Goudimel den Eingang von zwei Briefen, sowohl als eines Symbolum und Epigramme „in (suam) commendationem"—also wohl Lobgedichte auf den Musiker. Goudimel entschuldigt sich bei seinem Freunde, daß er wegen einer plötzlichen Krankheit das Symbolum noch nicht vertonen konnte. Bei jenem „symbolum tuum" handelt es sich nicht um das apostolische Glaubensbekenntnis, wie man vermutet hat, sondern um einen Blason oder Wappenspruch, eine Lob- oder satirische Dichtgattung der damaligen Zeit, die eine Person oder Sache genau beschreibt.

Zuschreibung einer anonymen Musiksammlung an Goudimel

Vingt six Cantiques chantés au Seigneur, / par Louis des Masures / Tournisien. / ★ / Mis en musique à quatre parties. Desquels plusieurs se peuvent / chanter sur le chant commun d'aucuns Pseaumes de David, / pour l'usage de ceux qui n'entendent point la musique. / A quoy il a adjousté des Prieres pour / dire ou chanter devant & apres le repas. / Plus un Hymne Latin, & des semblables prieres pour la table / faictes en vers Latins. Le tout mis en musique. / (TENOR) / .... (zum Schluß:) A LYON / Par Jan de Tournes / 1564.

4 Stimmbücher in Kleinquarto Querformat
RISM A/I/2 D 1778—München, Bayerische Staatsbibliothek

Tragedies / Sainctes. / Dauid combattant. / Dauid triomphant. / Dauid fugitif. / Par Louis Des Masures Tournisien/ (Abzeichen) / A GENEVE. / De l'imprimerie de François Perrin. / M.D.LXVI.

Genf, Bibliothèque Publique et Universitaire, Hf 5235 RISM A/I/2 D 1779-1780

Dieser Band enthält 11 anonyme Kompositionen zu vier Stimmen.

Den *tragédies* angehängt sind eine *bergerie spirituelle* und eine *eglogue spirituelle*. Es handelt sich hier um die zweite Auflage; die erste von 1563 konnte nicht aufgefunden werden.

Für eine vollständige bibliographische Würdigung der Werke von Des Masures verweisen wir den Leser auf die Dissertation von Prof. Dr. Marc Honegger „Les Chansons spirituelles de Didier Lupi et les débuts de la musique protestante en France au XVI$_e$ siècle" (2 Bände, Ablichtungsdienst der Dissertationen der Liller Universität III, 1971). Der Verfasser hat uns gestattet eine Uebersetzung des Wortlautes des folgenden Textes abzudrucken:

„Die Hypothese, wonach der Notentext der *26 Cantiques chantés au Seigneur,* sowie der cantica der *Tragédies saintes* von Goudimel stammen könnte stützt sich auf folgende Ueberlegungen:

1. L. des Masures lebte zwischen 1562 und 1567 (?) in Metz.

2. Eine kompositorische Tätigkeit des Dichters ist nirgendswo urkundlich belegt.

3. Goudimel wohnte wenigstens zwischen 1557 und 1565 in Metz; nach einer Mitteilung von M. R. Mazauric erscheint sein Name in keinem Register der Stadt Metz nach diesem Datum.

4. L. des Masures und Goudimel kannten sich. So findet man sie am 14. Oktober 1565 im Taufregister der Reformierten Kirche zu Metz verzeichnet: „Abraham, Sohn von Jean de Bourmon wurde den 14. Oktober 1565 getauft. Die Paten waren die Herren des Mazures und Claude Gudymel. Die Patin die Ehefrau von Claude le Poix." Stadtarchiv von Metz GC 236 (für die Ermittlung dieses Textes sind wir Herrn R. Mazauric zu Dank verpflichtet).

5. Der Notentext der *26 cantiques* scheint sich an das Vorbild der *150 Psaumes de David* (Ausgaben von 1564 und 1565; Neuausgabe von P. Pidoux in Claude Goudimel, *Œuvres complètes* IX, 1967) anzulehnen.

6. Die Tatsache, daß der Notenteil der *Bergerie spirituelle* von L. des Masures nicht original ist, sondern von den ersten zwei *tragédies* (hrsg. nach 1563....) übernommen worden ist könnte darauf deuten, daß zu jener Zeit (1566) Goudimel sich nicht mehr in Metz aufgehalten hat."

Bemerkungen zu den Uebertragungen

Die Originalausgabe der *26 Cantiques* bestand aus 4 Stimmheften. Der Notentext weist weder Pausen noch Taktstriche auf; die Gliederung der Strophen ist nur durch die Majuskeln am Anfang jeglichen Verses ersichtlich. Wir fanden es angebracht in unserer Spartierung der vier Stimmen (auf zwei Notensystemen) Verszeilenschlußstriche anzubringen.

Wir erinnern daran, daß im damaligen Notentext die Versetzungszeichen sich ausschließlich auf die darauffolgende Note bezogen; in unserer Uebertragung geben wir die Versetzungszeichen des Vorbildes vor den dazugehörigen Noten und die von uns hinzugefügten je nach Lage ober- oder unterhalb der betroffenen Note an, wobei sie sich jeweils nur auf die eine Stimme beziehen.

Wir unterlegen nur die eine Strophe des Textes der *cantica.* Im Originaldruck weist nur das Tenorheft alle Strophen auf. Das Gesagte gilt auch für die *cantica* der *Tragédies saintes.* Eine Neuausgabe dieser *tragédies* erschien in der Sammlung der Société des Textes français modernes (Verlag E. Droz). Wir bedauern, daß der Notentext in jener Ausgabe nicht wiedergegeben wurde; wer aber den vollständigen Text im Zusammenhang vergleichen, möchte kann ihn dort nachschlagen.

Angezweifelte und irrtümlich Goudimel zugeschriebene Werke

Giuseppe Baini (1775-1844) in seinen „Memorie storico-critiche della vita et delle opere di G. P. da Palestrina" (Rom, 1828) machte darauf aufmerksam, daß einige Bibliotheken in Rom verschiedene nur handschriftlich überlieferte Werke Goudimels aufbewahren.

Er teilte seinem Studenten J. A. L. de la Fage (1801-1862) die 90 Textanfänge einer „Collezione antica di Mottetti a 4.5.6.8 voci esistente in Libretti Ms. nell' Archivio Musicale de' PP. dell' Oratorio in S. Maria in Vallicella" mit. Aus diesem in der Pariser Nationalbibliothek unter dem Nachlaß La Fages (Ms. franç. nouv. acq. 269) aufbewahrten Verzeichnis konnte M_elle Marie Bobilier (alias Michel Brenet) 10 „Godmell" zugeschriebene Werke für ihren Aufsatz Gou*dim*el in den *Annales Franc-Comtoises* (nouv. série, 10_e année, tome X Besançon 1898) zitieren.

Wir wissen, was für Risiken die in Stimmbüchern veröffentlichten Kompositionen ausgesetzt sind. Baini scheint nur 8 dieser Stimmbücher gekannt zu haben, während einige Motetten noch weitere Stimmen haben aufweisen müssen; am Rande notiert er „dove essere a 10 / a 12".

W. Boetticher in seinem *Orlando di Lasso* (Band I, S. 833 und 850, Kassel, 1958) macht uns auf Stimmbücher aus der *Biblioteca Vallicelliana* in der *Accademia S. Cecilia,* sowie in der *Biblioteca Casanatense* aufmerksam: dieses Vermächtnis Bainis, eine Sammlung von Motetten „Trovati in diversi Mss. di diversi eccelenti Autori" scheinen denjenigen des Nachlasses La Fage zu entsprechen.

Glücklicherweise noch ehe Rom am Anfang des Jahrhunderts mit politischen Auseinandersetzungen und Kriegsereignissen heimgesucht wurde, hatte ein anderer Sammler alle Stimmbücher gleichzeitig in der Hand. Der Abt Fortunato Santini (1778-1862) spartierte sie in einem dicken Bande von mehr als 550 Seiten unter dem Titel:

„Istas Sacras Cantiones / quaternis, quinis, senis, octonis et vocibus duodenis / suavissimis concinnatis modis / sic in unum collegit / partitione facta / sic redegit Fortunatus Santini Romanus / in aedibus E_mi D. Caroli (nunc) Cardinalis Odescalchi dum Auditoris Sanctissimi munere fungefatur. / Ex privato Archivio S. Mariae in Vallicella vulgo la Chiesa nuova. / 1821"

Zusammen mit Tausenden von anderen Abschriften aus der Hand Santinis werden diese Spartierungen in der Bibliothek des Priesterseminars in Münster i/W unter Zeichen Sant. Hs. 3590 aufbewahrt. Dort haben wir sie untersucht, nachdem G. Fellerer im *Kirchenmusikalischen Jahrbuch* (Köln, 1931) die Aufmerksamkeit darauf lenkte. Wir stellen fest, daß sämtliche aufgeführte Kompositionen der Liste Baini-La Fage bei Santini in der genau gleichen Reihenfolge erscheinen. Allerdings schreibt Santini die Motetten *Ecce nunc tempus* Victoria und *Exultate Deo adjutorio nostro* (zu 10 Stimmen) Giovanni Macque zu. Es bleiben aber 10 Titeln, die den beiden Listen gemeinsam sind und die Go*dm*ell oder Gou*dim*el zugeschrieben sind:

(A) zu 4 Stimmen *Da pacem Domine in diebus nostris*
(B) zu 5 Stimmen *Mandatum novum do vobis*
(C) zu 5 Stimmen *O crux benedicta*
(D) zu 6 Stimmen *Exultent sancti*
(E) zu 8 Stimmen *Salve Regina*
(F) zu 8 Stimmen *Surge propera amica mea*
(G) zu 8 Stimmen *Super flumina Babilonis*
(H) zu 12 Stimmen *Salve Regina*

Treffen diese Zuschreibungen zu? Einige davon wurden schon lange angezweifelt. Während (C) von Bellermann, *Der Contrapunkt* (Berlin, 1901) als Werk Goudimels veröffentlicht wurde, nennt J. Killing „Die kirchenmusikalischen Schätze der Bibliothek des Abbates F. Santini" (Düsseldorf, 1910) Pietro Vinci als Verfasser. Die beiden Uebertragungen stimmen nicht ganz überein; Bellermann scheint die Fassung der Handschrift Sant. 3950 übertragen zu haben, während Killing eine andere, richtigere Spartierung von Santini benützte. Die Handschrift Sant. 147 bietet eine Partitur sämtlicher Motetten aus „Il secondo libro de Motetti a cinque voci di Pietro Vinci Siciliano della Città di Nicosia, Maestro in S. Maria Maggiore di Bergamo. Venezia presso Girolamo Scotto 1572" (Wortlaut des Titels nach der Handschrift Santini 147; RISM A/I/9/V.1658). In dieser Sammlung befinden sich die Motetten (B) and (C), die P. Vinci für die Karwoche bestimmt hatte: *Mandatum novum do vobis* (Feria V de Coena Domini) und *O crux benedicta* (Feria VI Majoris Hebdomadae).

Der Psalm (G) *Super flumina Babilonis* zu 8 Stimmen (oder besser gesagt für zwei gleiche Chöre zu je 4 Stimmen) stammt von Marco Antonio Ingegneri „*Liber Sacrorum Cantionum.... Venetijs Apud Angelum Gardanum.... 1589.*" (RISM A/I/4/147.) Eine moderne Uebertragung, hrsg. von P. Pidoux, erscheint bei der *Editions Cantate Domino* (CH-1870 Monthey) nach dem Exemplar der Staats- und Stadtbibliothek Augsburg. Ingegneri sieht eine Aufführung seiner *Cantiones Sacrae* sowohl „per choros.... et conjunctis et separatis", wie auch „cum variis Musicis Instrumentis" vor.

Der Leser der ersten 13 Bände der Gesamtausgabe der Werke von Goudimel wird sicher bestätigen können, daß jene Kompositionen nur selten mehr als 5 Stimmen aufweisen. Nur einige Psalmenteile (Bände VII und VIII) werden achtstimmig vertont. Außerdem sind diese Kompositionen nicht für *cori spezzati* angelegt, wie aus der Tatsache hervorgeht, daß z. B. die erste und zweite Superiusstimmen einander gegenüber im gleichen Stimmheft usw. untergebracht werden.

Die zwei Kompositionen (E) und (F) schreiben 8 Stimmen, oder oft zweimal 4 Stimmen vor und weisen einen Blocksatz auf, der sicher Goudimel fremd war. Genügt dieser Grund, um jene Kompositionen von dieser Ausgabe auszuschließen?

Wir müssen (H) die *Salve Regina* zu 12 Stimmen eingehender betrachten. Diese ist die berühmteste von allen Kompositionen Goudimels. R. J. van Maldeghem gab sie 1867 (*Trésor Musical,* 3$_e$ année, 1$_{ère}$ livraison) scheinbar nach der Uebertragung Santinis (Hs. 3950) heraus. Zu jener Zeit enthielt wohl das Manuskript die Zusatzseiten für den dritten Chor. Infolge des angewandten Querformates konnte Santini keine 12 Notensysteme unterbringen. Das Beiheft zur Hs. 3950 ist seit langem verschollen. Diese gleiche Komposition erfuhr eine Neuausgabe durch Félix Raugel in den *Editions musicales de la Schola Cantorum* (Paris, 1951). Jene Ausgabe trägt einen Hinweis, der uns irreführen könnte: „Ms. original un ton plus bas". 1972 teilte mir F. Raugel mit, daß er einfach die Ausgabe von van Maldeghem um eine Sekunde nach oben transponiert und wiedergegeben hatte.

Der Verfasser dieser Komposition kann unmöglich Goudimel sein, weil die Intonation *Salve* der Reihe nach vom *Superius* der drei Chöre jeweils ohne Begleitung einsetzt; dabei wird ersichtlich, daß der Komponist die Wiederhallmöglichkeiten eines größeren Gebäudes auswerten wollte. Der Notentext der *Salve Regina* scheint eher norditalienisch als französisch zu sein und zeitlich eher dem Ende als der Mitte des Jahrhunderts zuzuordnen ist. Von allen Kompositionen ist sie diejenige die am wenigsten Züge von Goudimel aufweist.

Von den 8 Kompositionen, die auf Santini zurückgehen, konnten 3 als Werke anderer Autoren identifiziert werden. Um die künftige Suche nach den Komponisten der übrigen 5 Werke zu erleichtern, geben wir unten (S. XXII) die Anfänge des Notentextes der noch in Frage kommenden Werke wieder.

P. Pidoux
(deutsche Fassung von L. Dittmer)

SOURCES AND CRITICAL NOTES

1.   Primus liber septem decim continet quatuor, & quinque uocum modulos (quae Moteta vulgo dicuntur) à celeberrimis authoribus nunc primum in lucem editos. (etc.) Parisiis, ex Typographia Nicolai du Chemin,.... 1551.

See the facsimile of the title page in Vol. IX, plate 9 of the present edition.

Psalm 3 has been transcribed in Vol. IX of the present publication as edited by R, Häußler from the prints by Susato (RISM 1554[8]) and Dubosc & Gueroult (RISM 1554[12]).

Psalm 2 has been preserved only in the print of Du Chemin of which only the Superius and Tenor are extant.

2.   MODVLORVM / TERNIS VOCIBVS / DIVERSIS AVCTORIBVS / DECAN-TATORVM / VOLVMEN PRIMVM / Apud Adrianum le Roy, & Robertum Ballard,/ Regis Typographos, sub signo / montis Parnassi. / 1565./ Cum priuilegio Regis ad decennium./

in 4° obl.

Paris, Bibl. Ste Geneviève. Tenor and Bassus
Lesure & Thibault, Bibliogr. Le Roy & Ballard, N° 98—(RISM 1565[2]) contains the following works by Goudimel:

> *Pater noster*
> *Exultate justi in Domino* (Ps. 32, 1-3)
> *Osculetur me* (leaves torn out in both part-books)

3.   MODVLORVM /etc.... VOLVMEN SECVNDVM / (as above, same sources and references. Bibliogr. LRB n° 99—(RISM 1565[3])

> *Delectare in Domino* (Ps. 36, 4-7).

4.   PSEAVMES DE DAVID / TRADVICTZ PAR CLEMENT / MAROT, ET THEODORE DE BESZE, / nouuellement mis en musique â quatre parties / par Claude Goudimel, dont le subject se / peut chanter en taille, ou en dessus, / im-primés en quatre volumes. / BASSVS / (marque) / De l'imprimerie d'Adrian le Roy, & Robert Balladr, / Imprimeurs du Roy, rue saint Iean de Beauuais, / â l'en-seigne du mont Pernasse. / 1562. / Auec privilege du Roy, pour dix ans. /

in 8°, 48 ff.

Grenoble, Bibl. de la Ville Bassus
Lesure & Thibault, Bibliogr. LRB N°· 77—(RISM lacking)

Dedication

A Monseigneur, Monsieur de Vieilleville, chevalier de l'ordre, & lieutenant general pour le Roy è Metz.

Monseigneur, il advient souvent que les vertus, graces, & faveurs de ce grand ciel, que Dieu par sa bonté liberalle distribue ordinairement aux hommes, demeurent en tenebres, & peu è peu s'esvanouissent en rien, faute seulement d'estre recogneues & favorisées de quelque louange recommandable è la posterité, juste loyer & digne recompance de ceux qui s'efforcent de surpasser les hommes en leur art. Or Monseigneur ayant bonne asseurance de la faveur que vous portez è la Musique, de laquelle souvent recreez vostre esperit travaillé du soin que vous prenez aux affaires de vostre charge, mesme prenant plaisir aux Psalmes de David que j'ay composez, je me suis estimé trop heureux & trop satisfait, tellement que cette seule occasion m'a encouragé de parfaire l'ouvrage que j'avais encommencé vous supplyant, Monseigneur, le voir d'aussi bon œil que de bonne affection humblement je le vous presente & que l'œuvre de soy est recommandable.

De Metz. Vostre treshumble & tresobeissant serviteur Claude Goudimel.

Contents

In 1551 at Geneva, Jean Crespin published an edition of the Psalms which combined 34 psalm versifications by Th. de Bèze with 49 by Marot under the title «Pseaumes Octantetrois....» Cf. the facsimile edition of the only extant copy published by Rutgers University Library, New Brunswick, N. J. (USA) in 1973. Each of the 83 psalms has its own melody, and these are the tunes which Goudimel sets in fourpart note-against-note harmony. In the present edition, we have transcribed them in the G-clef, combining them with Goudimel's basses. It should be stressed, however, that these tunes issue from a publication which Goudimel himself did not edit.

There is one psalm, however, that does pose a problem. In N° 126 «Alors que de captivité,» Goudimel does not make use of the usual mode of the tune, whereby we cannot be sure whether such deviation was intentional or inadvertent on his part. The traditional form of the Genevan melody, however, can be obtained by substituting a second-line C-clef in the Superius of this psalm setting.

The 83 psalms and their traditional appendages (Song of Simeon, Ten Commandments, and the prayers before and after the meal) were reprinted several times. The reprint which is of interest to us here is that of 1556 (cf. Pidoux *Ps. Hug.* II, p. 95) for it is the only one to include the Canticle of Moses by Bonaventure Des Périers «Escoutez cieux....». Since Goudimel was to include a harmonisation of this canticle, we may well ask whether this allows us to pose 1556 as *terminus a quo* for these compositions. The publication by Le Roy & Ballard is dated 1562, which is coincidently the same year in which the edition of the 150 psalms appeared; the 83 melodies have been expanded now to 125 and certain texts have been revised. This would imply that no sooner had his edition of the 83 psalms been published than Goudimel had to begin completion and revision of his collection. Perhaps this would help explain the circumstances leading up to the settings of 1564 and 1568 published as volumes IX and X of the present edition.

Lost Printed Works

The Ode-Settings of Horace

Brunet in his article Horatius *(Manuel du Libraire,* 1862, book III, column 326) writes «.... a French musician, Claude Goudimel, set to music several Odes by Horace and published these in a small oblong quarto volume in Paris through the publisher Nicholas Du Chemin and Claude Goudimel at the sign of the silver griffon in 1555. The dedicatory letter of this rare book is addresed to Gerard Gryphius, professor at Narbonne; the composer lists himself as Claude Goudimel from Besançon.»

Brunet does not indicate whether he had actually seen this book nor does he reveal the source of his information. The existence of these Odes, however, is attested to by two contemporary references.

Goudimel dedicates to M. de la Bloctière his *Tiers Livre des Psaumes en forme de Motetz,* on the 20th of June 1557 from Metz: «.... thou who alone didst so amiably encourage me to exchange, nay to abandon the profane lyre of the profane poet Horace for.... the pursuit of playing and ornamenting the Holy Harp of our great David....» (cf. vol. III of the present edition).

Francisco Salinas alludes in his «*De musica*» (Salmanticae 1577) to the Odes composed «ad quatuor vocum cantum» by «Godimelus quidam Visuntius». (Cf. the facsimile in the *Documenta Musicologica* I. Reihe XIII, Kassel 1958; page 435 but numbered 437!).

N. B.—These Odes are listed in the Bibliography of Du Chemin under N° 40 with the remark appended: «There is no known extant copy».

Chansons spirituelles by Marc Antoine de Muret

Although no copy has been found, the existence of this collection has been authenticated by *Dradius,* Bibliotheca exotica (Frankfurt 1610) and by *La Croix du Maine,* Les Bibliothèques françoises, III (1772). The title reads: Chansons spirituelles de M. Ant. de Muret, en nombre dix-neuf, mises en musique à quatre parties par Cl. Goudimel.... Imprimées à Paris par N. Du Chemin 1555. (This title has been copied from the notice contained in Lesure & Thibault, Bibliogr. Du Chemin, N° 41) Brunet, Man. du Libraire, II (1861) col. I677, adds: petit in-4 obl.

Lost Manuscript Works

Two letters by Goudimel to his friend the Rhenish poet Paul Schede called Melissus have been printed in the publicaton «Melissi Schediasmatum Reliquiae.... Lutetiae Parisiorum. Apud Arnoldum Sittarum sub scuto Coloniensi, monte divi Hilarii.... 1575»

H. Bellermann reproduced these in the «Allgemeine Musikalische Zeitung,» IX. Jahrgang, N° 43, Leipzig 1874. We give the full text below, italicising the references to musical compositions.

30th November 1570, Goudimel to Melissus (in Geneva)

P. Melisso—Mitto ad te *secundam tui epigrammatis partem concentibus Musicis* pro temporis brevitate *ornatam,* quam pro tua humanitate eo animo quo tibi offero excipias. Nam si fuisset mihi otium diuturnum, politius atque ornatius tibi reddidissem, me habuisse tantillum spatii summo dolore afficior. *Scias autem me hesternam diem total contrivisse atque consumsisse in illa concinnenda.* Sed ut es mortalium, praesertim in eo quod fit celerius errare; tamen si quid mendarum in illa reperias, tuarum est partium emendare. Malui enim meam ignorantiam prodere, quam tanto viro deesse, quidquid autem ab amico proficisci par sit, à me expectato. Salutabis meo nomine Truchetum, Comitem, Brunellum. Vale mi Melisse. Exaratum ultima mensis Novembris, Anno 1570.

Tuus ad aras usque Claudius Goudimel.

23rd August 1572, Goudimel (in Lyon) to Melissus

Paulo Melisso poetae laureato—*Binas a te accepi*, Melisse mellitissime, *literas symbolumque tuum* una cum luculentissimis tuis in meam commendationem epigrammatibus; quae valde a pluribus doctis probata fuere. Quod si subita responsione tuas literas non exceperim, mihi ignoscas velim; districtus enim multis negotiis fui ob pecunias.... meo creditas, qui mihi summas molestias exhibuit, adeo ut coactus fuerim Vesontium (Besançon) proficisci, ubi ille.... commoratur. Simul atque illuc appuli, utens titulo de restitutionibus, ille obturavit aures adeo ut surdo et mortuo canerem. Vocavi illum in jus; comparuit, litigavimus duorum mensium spatio non sine summo tedio. Tandem causis ultro citroque discussis, lata est sententia in sui detrimentum, ita ut causa ceciderit; ego vero voti compos factus sim. His peractis, *relicta Vesontione, repetens Lugdunum,* vix conspectis hujus civitatis muris, *incidi in teterrimam ac infestissimam febrim,* quae unius mensis spatio mirum in modum me distorsit ac versavit; *atque haec in caussa fuit, quo minus symbolum tuum adhuc concentibus musicis ornare potuerim.* Sed ubi, favente Deo, e nido surrexero ac vires resumsero, equidem admovebo manum calano et quidquid artis impertitae sunt mihi Musae, in illud effundam. Bene vale mi dilectissime Melisse et ut soles me amore prosequere. Iterum vale. Lugduni, XXIII mensis Augusti, Anno Christi M.D.LXXII. C. Goudimel.

It follows from the first letter that Goudimel had set to music an epigram by Melissus «in two parts». In the second letter, written 5 or 6 dass before his death during the St. Bartholomew night carnage in Lyon, Goudimel acknowledges receipt of two letters containing epigrams and a «symbolum» to be set to music. This «symbolum tuum» is undoubtedly not the Apostolic Creed, as has been suggested, but rather a blason or emblem, a satyrical poetic type frequently found at that time.

Attribution of an Anonymous Collection of Music to Goudimel

*Vingt six Cantiques chantés au Seigneur, / par Lous des Masures / Tournisien. / * / Mis en musique à quatre parties. Desquels plusieurs se peuvent / chanter sur le chant commun d'aucuns Pseaumes de David, / pour l'usage de ceux qui n'entendent point la musique. / A quoy il a adjousté des Prieres pour dire ou chanter devant & apres le repas. / Plus un Hymne Latin, / des semblables prieres pour la table / faictes en vers Latins. Le tout mis en musique. / (Tenor) /.... (at the end:) A LYON / Par Jan de Tournes ! 1453.

4 Vols. small 4° obl.   RISM A/I/2 D 1778—München, Bayer. Staatsbibl.

TRAGEDIES / SAINCTES. / Dauid combattant. / Dauid triomphant. / Dauid fugitif. / Par Louis Des-Masures Tournisien. / (Vignette) / A GENEVE. / De l'Imprimerie de François Perrin. / M.D.LXVI.

Geneva, Bibl. Publ. et Univ., Hf 5235

This volume contains 11 anonymous conpositions for four voices, to which are appended a *bergerie spirituelle* and an *eglogue spirituelle.*

This is the second edition; no copy of the first edition of 1563 has come to light.

«The hypothesis attributing to Goudimel the *26 Cantiques chantés au Seigneur* and the Canticles in the *Tragédies saintes* of L. des Masures is based on the following considerations:

1. L des Masures lived in Metz from 1562 until 1567 (?)

2. No document known suggests any aptitude mn the part of the poet for musical composition.

3. Goudimel lived in Metz from 1557 until at least 1565; his name does not appear in any listings in Metz after that time (according to a letter from M. R. Mazauric).

4. L. des Masures and Goudimel knew each other. Their names are brought together in the first register of baptisms of the Reformed Church of Metz in the entry dated 14th October 1565: «Abraham, the son of Jean de Bourmon was baptized the 14th day of October 1565. Godfathers were Msr. des Masures and Claude Gudymel. Godmother was the wife of Claude le Poix.» Municipal Archives of Metz GC 236 (we are grateful to M. R. Mazauric for having forwarded this text to us).

5. The musical style of the *26 Cantiques* seems to lie in the same vein as that of the *150 Psaumes de David* (Publications of 1564 and 1565; republished by P. Pidoux in Cl. Goudimel, *Oeuvres complètes* IX, 1967).

6. The fact that the music of the *Bergerie spirituelle* by L. des Masures was not newly composed but borrowed instead from the *tragédies* (published beginning in 1563....) could perhaps indicate that at that time (1556) Goudimel no longer lived in Metz.»

Remarks Concerning the Transcriptions

The original publication of the *26 Cantiques* issues them in four part-books, one for each voice-part. Measures are not set off by barlines nor are rests indicated; the beginning of a new line of the poetry is only indicated by a capital letter at the beginning of each new stanza. We have found it advisable to add barring for convenience sake in accomodating the four voice-parts on two staves.

It should be borne in mind that accidentals in the music of that period refer only to the next following note; in our transcription accidentals added by the editor (above or below the affected note) as well as those accidentals found in the source belong only to the voice indicated.

We have underlaid only the first strophe of the text of the Canticles. In the original publication, the complete text is given only in the Tenor part-book.

These same remarks also pertain to the Canticles in the *Tragédies saintes*. A modern edition of these *Tragédies* has been published in the series of the Société des Textes français modernes (Edition E. Droz). It is unfortunate that the music was not included, but at least we have all of the text of the Canticles placed in their proper context.

Doubtful or Erroneous Attributions

In his «Memorie storico-critiche della vita et delle opere di G. P. da Palestrina» (Roma, 1828), Giuseppe Baini draws attention to the presence in various Roman libraries of manuscripts containing several works of Goudimel which had not appeared in print.

He sent to his student J. A. L. de la Fage (1801-1862) a list of 90 titles of a «*Collezione antica di Mottetti a 4, 5, 6, 8 voci esistente in Libretti Ms. nell' Archivio Musicale de' PP. dell' Oratorio in S. Maria in Vallicella*». From this list which is preserved in the Bibliothèque Nationale in Paris among the papers of La Fage (Ms. franç, nouv. acq. 269), Melle Marie Boblier (alias Michel Brenet) culled 10 titles of works attributed to «Godmell», which titles are discussed in her article Goudimel in the *Annales Franc-Comtoises* (nouv, série, 10e année, tome X, Besançon 1898).

We well know the vicissitudes to which compositions published in sepatate part-books may be subject.... Baini seems to have had only eight of the part-books at his disposal, whereas some of the motets require further ones; he notes in the margin «dove essere a 10 / a 12».

In his «*Orlando di Lasso,*» vol. I, p. 833 and 850 (Kassel, 1958), W. Boetticher draws our attention to four part-books in the *Accademia S. Cecilia* in Rome which sprang from the *Vallicelliana* and *Casanatense* libraries—a bequest of Baini—forming a répertoire of motets «Trovati in diversi Mss. di diversi eccelenti Autori». These works seem to coincide with those known to us from La Fage's papers.

Fortunately for us, the abbot Fortunato Santini (1778-1862) had gathered these together in a thick volume of over 150 pages during a period antedating all the political and military turmoil which was to befall Rome at the beginning of the century. He entitled this collection:

«Istas Sacras Cantiones / quaternis, quinis, senis, octonis et vocibus duodenis / suavissimis concinnatas modis / sic in unum collegit / partitione facta / sic redegit Fortunatus Santini Romanus / in aedibus E_mi D. Caroli (nunc) Cardinalis Odescalchi dum Auditoris Sanctissimi munere fungebatur. / Ex privato Archivio S. Mariae in Vallicella vulgo La Chiesa nuova. / 1821»

Along with thousands of other quires written by Santini, this set is preserved in the library of the Priester-Seminar at Münster in Westphalia under the call-number Sant. Hs. 3590. We had the opportunity there to examine these works following the indications given by G. Fellerer in the *Kirchenmusikalisches Jahrbuch* (Köln 1931 ff). We were able to establish that all of the compositions included in the list of Baini—La Fage have been retained in the same order in Santini's copy. Santini, however, does attribute the motet «*Ecce nunc tempus*» to Vittoria and «*Exultate Deo adjutori*» (à 10) to Giovanni Macque. There remain nevertheless eight titles common to both lists and attributed to Godmell or to Goudmell:....

      (A) à 4 voix: Da pacem Domine in diebus nostris
      (B) à 5 voix: Mandatum novum do vobis
      (C) à 5 voix: O crux benedicta
      (D) à 6 voix: Exultent sancti
      (E) à 8 voix: Salve regina
      (F) à 8 voix: Surge propera amica mea
      (G) à 8 voix: Super flumina Babilonis
      (H) à 12 voix: Salve regina

How valid are these attributions?—Several works have been subject to doubt for quite some time; thus (C) had been published with attribution to Goudimel by Bellermann, «*Der Contrapunkt*» (Berlin 1901), whereas J. Killing «*Die kirchenmusikalischen Schätze der Bibliothek des Abbates F. Santini*» (Düsseldorf 1910) names Pietro Vinci. The two versions are also not completely identical in every detail; Bellermann appears to transcribe the version found in Sant. Hs. 3950, whereas Killing apparently got his hands on a different score by Santini, one which was more correct. In Sant. Hs. 146, we find a score of all the motets gathered together in «*Il secondo libro de Mottetti a cinque voci di Pietro Vinci Siciliano della Città di Nicosia, Maestro in S. Maria Maggiore di Bergamo. Venezia presso Girolamo Scotto 1572*» (the subtitle has been reproduced exactly as written in Santini Hs, 147, RISM A/I/9/N. 1658). We find two motets (B) and (C) in this collection, which P. Vinci had written for Holy Week, notably «*Mandatum novum do vobis*» (Feria V de Coena Domini) and «*O crux benedicta*» (Feria VI Majoris Hebdomadae).

The psalm «*Super flumina Babylonis*» (G) for 8 voices (or more properly for two equal choruses of 4 voices each) was composed by Marco Antonio Ingegneri *(Liber Sacrarum Cantionum.... Venetijs Apud Angelum Gardanum.... 1589;* cf, RISM A/I/4/I 47), a modern edition of this work has been published by P. Pidoux in the *Editions Cantate Domino* (CH-1870 Monthey) following the copy in the Staats- und Stadtbibliothek in Augsburg. Ingegneri indicates that his *Cantiones Sacrae* can be sung «per choros.... et conjunctis et separatis» as well as «cum variis Musicis Instrumentis».

The reader who will have paged through volumes I-XIII of the Collected Works will certainly have noticed that there are mighty few compositions for more than 5 voices and that only a couple of verses of the psalms in Books VII and VIII are set for 8 voices. In addition, none of the compositions can be performed by *cori spezzati,* a fact established by the juxtapositioning of the first and second Superius etc. on opposite pages of the same part-book.

The two compositions (E) and (F) are written for 8 voices, or quite often for twice 4 voices, and utilize an homophonic style which appears foreign to Goudimel. Does one reason alone suffice to exclude them?

We must pause a little longer with the *Salve Regina* for 12 voices (H); this work has done more than any of the others to establish the fame of Goudimel. It was published by R. J. van Maldeghem *(Trésor Musical, 3$_e$ année 1867, 1$_e$ livraison)* quite probably from the copy made by Santini (Hs. 3950), but at a time when the manuscript still had the supplementary quires containing the third chorus appended; the oblong format of the manuscript proper had inhibited the copyist from inscribing all 12 systems of notes one under the other. This same composition has been reissued under the editorship of Félix Raugel in the *Editions de la Schola Cantorum* (Paris 1951). This edition includes one remark that could lead to confusion: «Manuscript is one tone lower». In 1972, F. Raugel wrote us that he had simply taken the version of van Maldeghem and transposed it up a whole-step.

It does not appear within the realm of possibility that Goudimel was the composer for the following reason: the intonation «*Salve*» enters without accompaniment succesively in each of the three choruses. This betrays the intention of the composer to «play around» with the echo effects of a larger hall. The style of the *Salve Regina* appears to be more Northern-Italian than of French origin, and chronologically closer to the end of the century than to the middle. Of all the works, this is by far the least Goudmellian.

Of the 8 compositions which Santini connected with Goudimel, 3 have been identified as the works of other composers. To facilitate future research, we give as an appendix (cf. page XXII) the incipits of the works still in doubt.

Pierre Pidoux
(English Version by L-A Dittmer)

Errata du Volume IX

p. 14, Ps. XVIII, acc. 5, bassus, vers, 2, *lire* ré do sol *au lieu de* ré sol si.

p. 28, Ps. XXXIII, acc. 2, texte, vers 2, *lire* joye *au lieu de* j'oye.

p. 29, Ps. XXXIV, acc. 4, superius, vers 6, ·*lire* ré fa mi ré ré do *au lieu de* ré fa mi ré ré mi.

p. 45, Ps. LIII, acc. 4, 3*e* voix, *se lit en clef de Tenor* 𝄞 *au lieu de* 𝄞

p. 60, Ps. LXV, acc. 1, contra, mesure 26, *lire* mi mi sol do *au lieu de* mi sol sol do.

p. 68, Ps. LXIX, acc. 3, contra, mesure 13, *lire* sol mi *au lieu de* sol sol.

p. 73, Ps. LXXI, acc. 2, contra, mesures 15-16, *lire* ♩♩♩♩ | 𝅝 ♩♩ *au lieu de* ♩♩♩ 𝅝 ♩♩

p. 78, Ps. LXXVII, acc. 3, tenor, mesure 5, *lire* si la si *au lieu de* ré la si.

p. 85, Ps. LXXXII, acc. 3, superius, mesure 8, *lire* do ré fa mi *au lieu de* si ré fa mi.

p. 109, Ps. CVII, acc. 3, bassus, vers 5, *lire* sol sol do fa *au lieu de* sol sol do ré.

p. 145, Ps. CXLIV, acc. 1, bassus, mesure 38, *lire* do *au lieu de* mi.

Berichtigungen zu Band IX

S. 14, Ps. XVIII, Akk. 5, bassus, Vers, 2, *lies* D C G *anstatt* D G B.

S. 28, Ps. XXXIII, Akk. 2, texte, Vers 2, *lies* joye *anstatt* j'oye.

S. 29, Ps. XXXIV, Akk. 4, superius, Vers 6, *lies* D F E D D C *anstatt* D F E D D E.

S. 45, Ps. LIII, Akk. 4, 3. Stimme, *lies* Tenorschlüssel 𝄞 *anstatt* 𝄞

S. 60, Ps. LXV, Akk. 1, contra, Takt 26, *lies* E E G C *anstatt* E G G C.

S. 68, Ps. LXIX, Akk. 3, contra, Takt 13, *lies* G E *anstatt* G G.

S. 73, Ps. LXXI, Akk. 2, contra, Takte 15-16, *lies* ♩♩♩♩ 𝅝 ♩♩ *anstatt* ♩♩♩ 𝅝 ♩♩

S. 78, Ps. LXXVII, Akk. 3, tenor, Takt 5, *lies* B A B *anstatt* D A B.

S. 85, Ps. LXXXII, Akk. 3, superius, Takt 8, *lies* C D F E *anstatt* B D F E.

S. 109, Ps, CVII, Akk. 3, bassus, Vers 5, *lies* G G C F *anstatt* G G C D,

S. 145, Ps. CXLIV, Akk. 1, bassus, Takt 38, *lies* C *anstatt* E.

Corrections to Volume IX

p. 14, Ps. XVIII, Sys. 5, bassus, verse, 2, *read* D C G *instead of* D G B$_b$.

p. 28, Ps. XXXIII, Sys. 2, text, verse 2, *read* joye *instead of* j'oye.

p. 29, Ps. XXXIV, Sys. 4, superius, verse 6, *read* D F E D D *instead of* D F E D E.

p. 45, Ps. LIII, Sys. 4, 3rd voice-part, *read* transposed Tenor clef 𝄞 *instead of* 𝄞

p. 60, Ps. LXV, Sys. 1, contra, measure 26, *read* E E G C *instead of* E G G C.

p. 68, Ps. LXIX, Sys. 3, contra, measure 13, *read* G E *instead of* G G.

p. 73, Ps. LXXI, Sys. 2, contra, measures 15-16, *read* ♩♩♩♩ | 𝅝 ♩♩ *instead of* ·♩♩♩ 𝅝 ♩♩

p. 78, Ps. LXXVII, Sys. 3, tenor, measure 5, *read* B$_b$ A B$_b$ *instead of* D A B$_b$.

p. 85, Ps. LXXXII, Sys. 3, ·superius, measure 8, *read* C D F E *instead of* B$_b$ D F E.

p. 109, Ps. CVII, Sys. 3, bassus, verse 5, *read* G G C F *instead of* G G C D.

p. 145, Ps. CXLIV, Sys. 1, bassus, measure 38, *read* C *instead of* E.

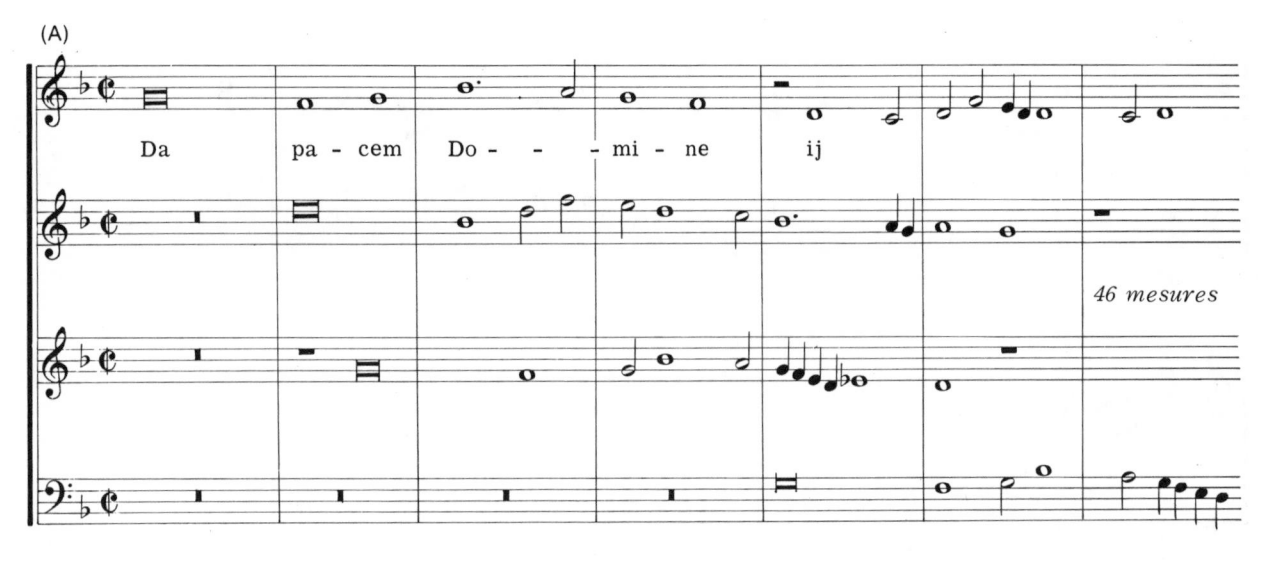

46 mesures

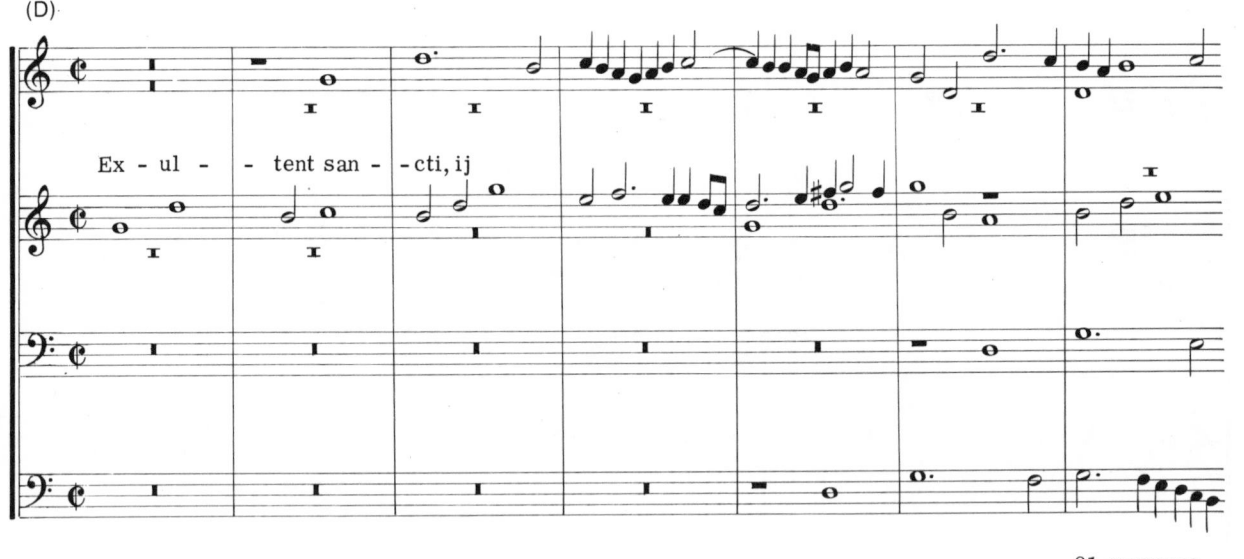

81 mesures

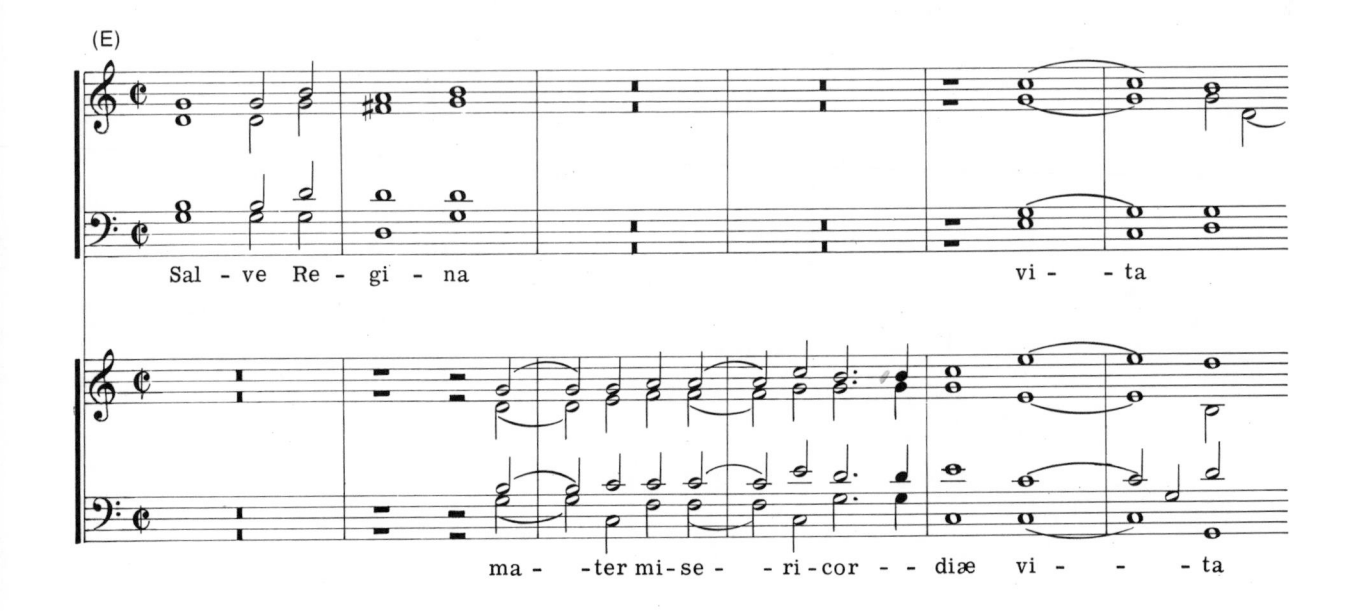

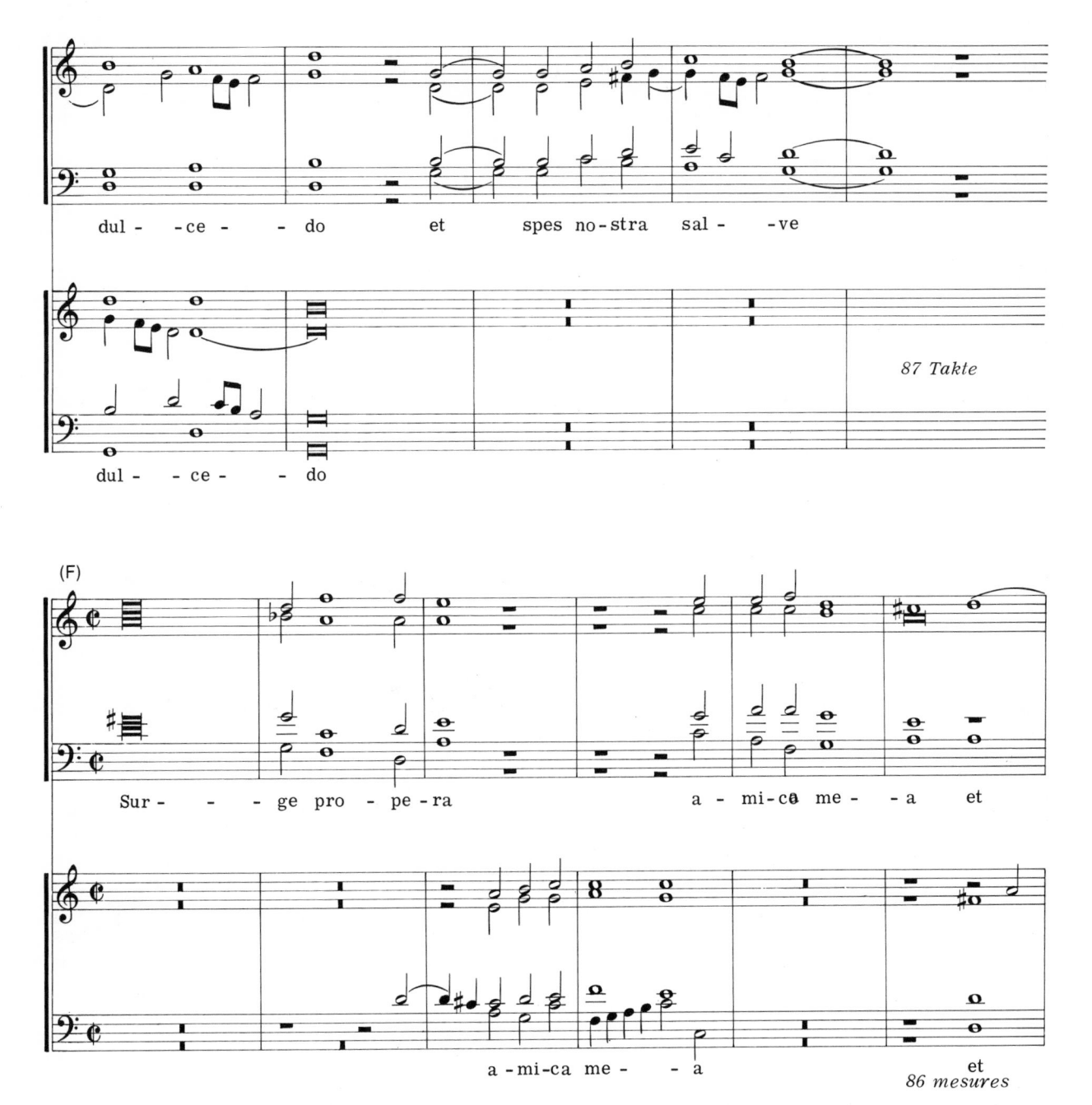

dul - -ce - -do   et   spes no-stra   sal - -ve

dul - -ce - - do

87 Takte

Sur - - -ge pro - -pe-ra   a -mi-ca me - -a   et

a -mi-ca me - -a

et
86 mesures

Les Motets [PRIMA PARS] CUM QUINQUE VOCIBUS **1. Quare fremuerunt gentes**

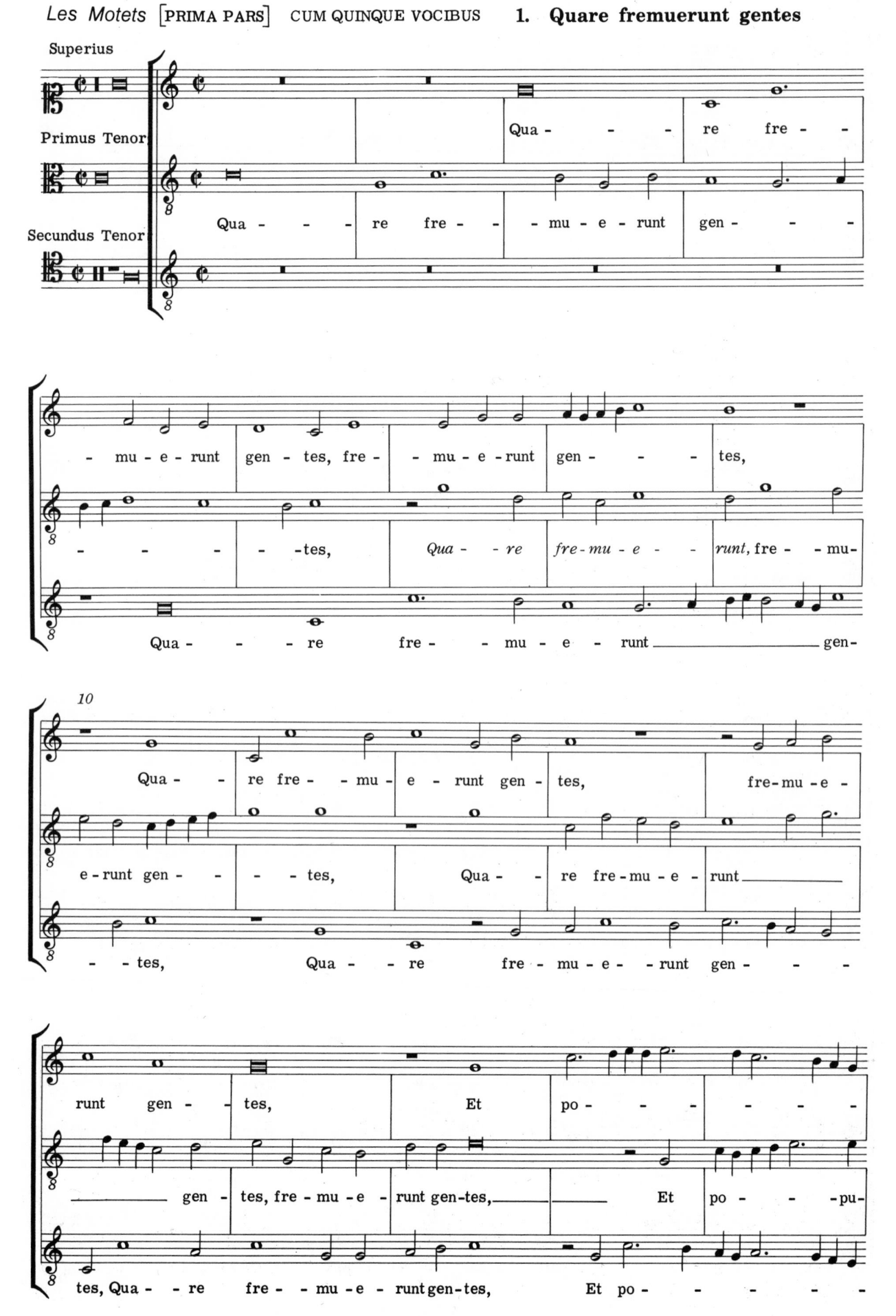

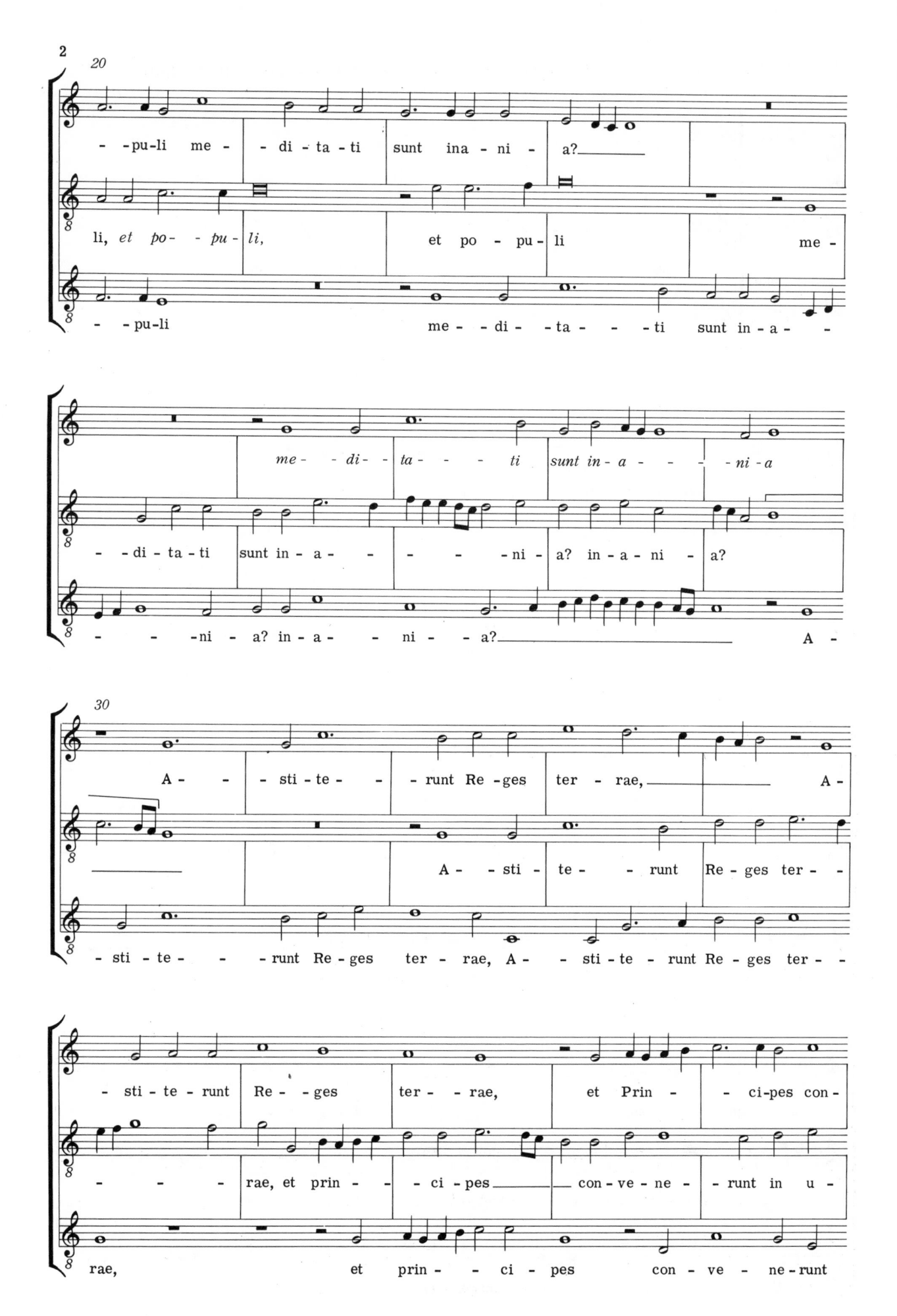

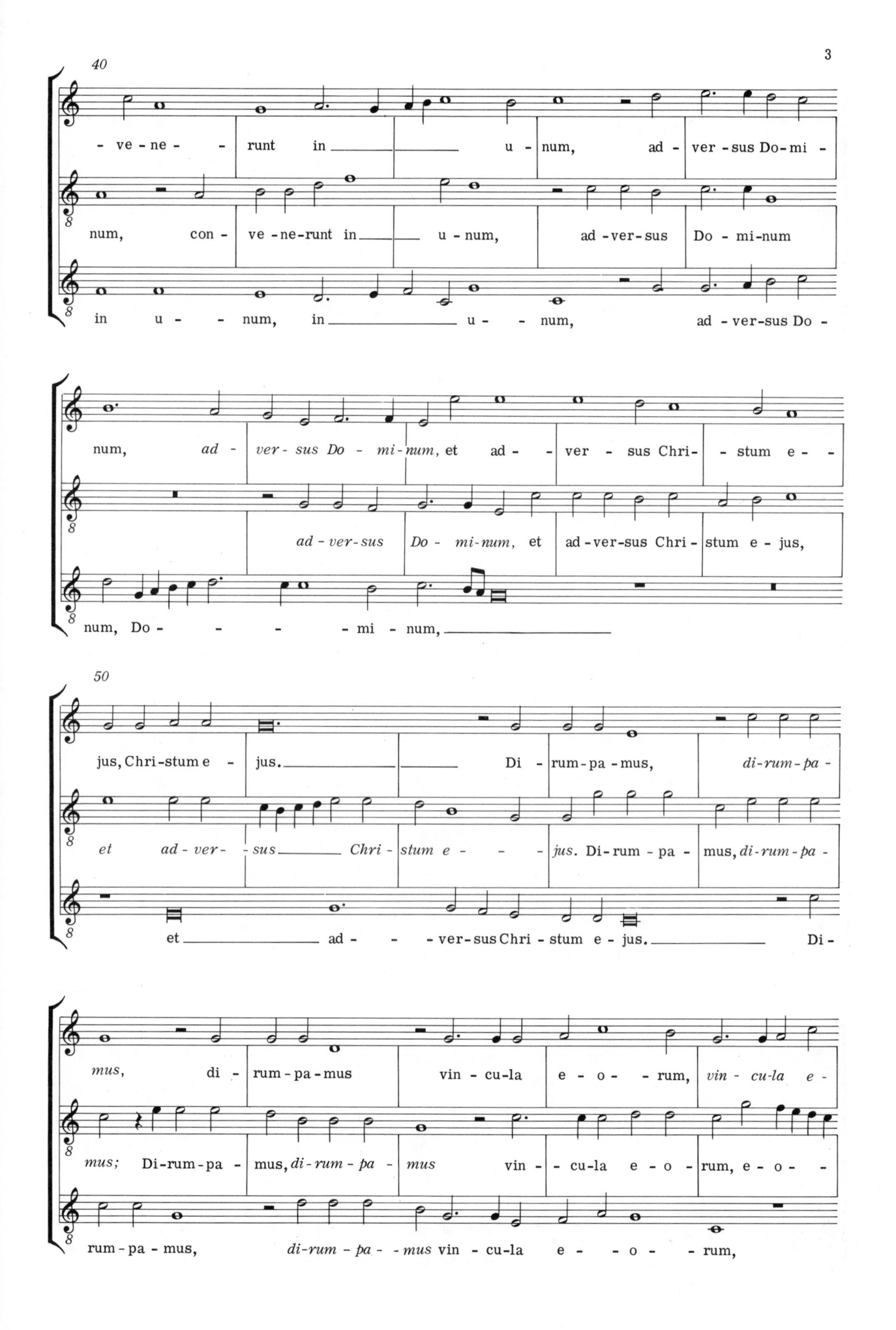

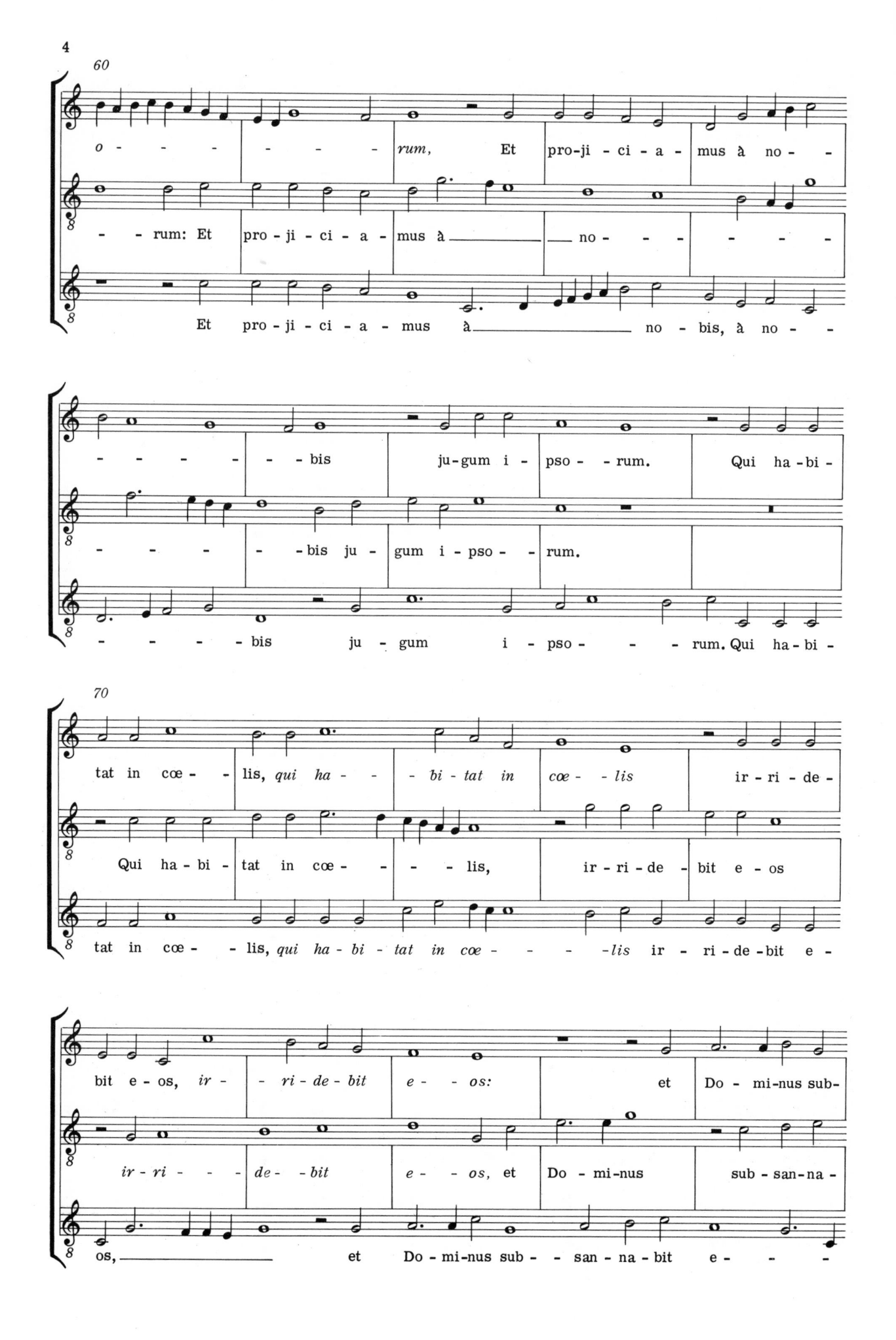

80

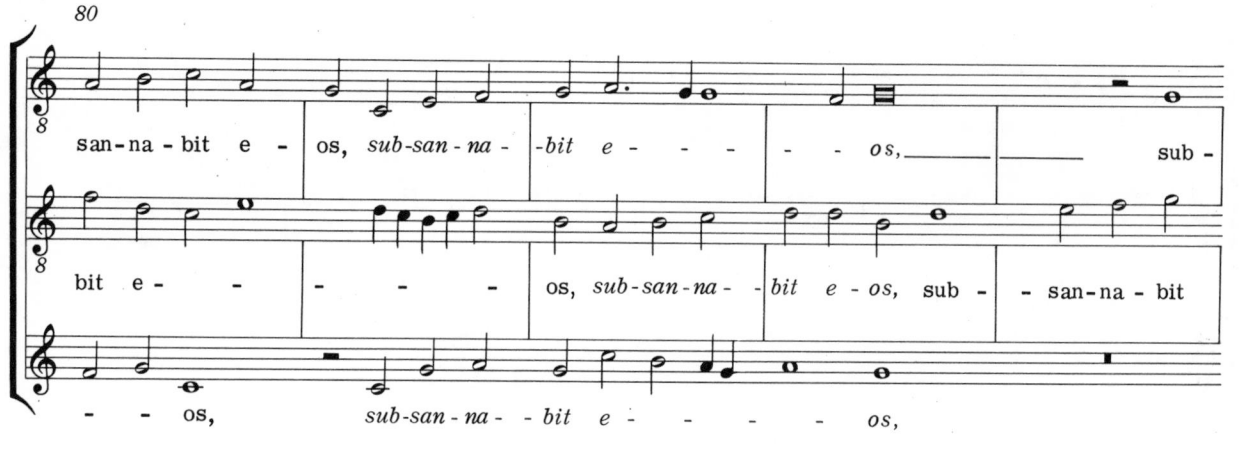

san-na-bit e - os, *sub-san-na- -bit e - - - os,_____ sub-

bit e - - - - os, *sub-san-na- -bit e-os, sub- -san-na-bit

- - os, *sub-san-na- -bit e - - - os,*

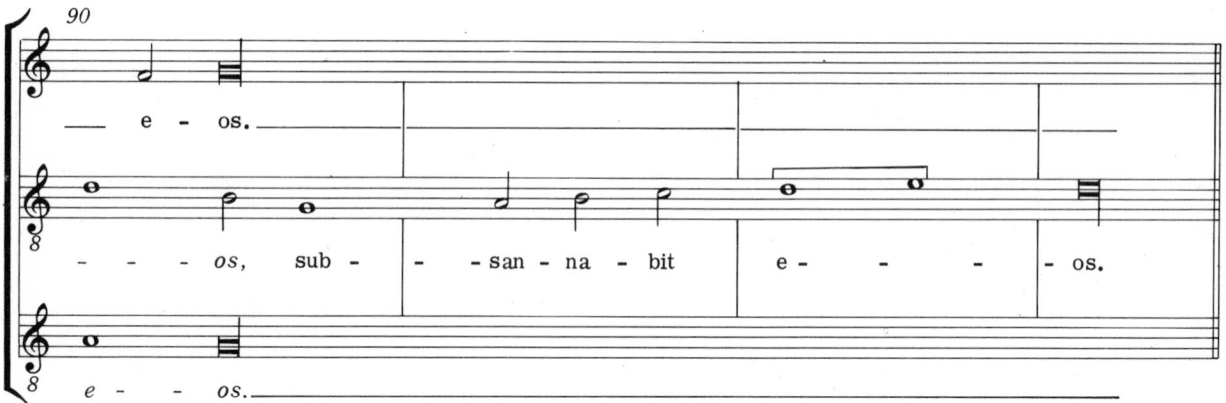

- san-na- bit e - - os,_____ sub- -san-na-bit___

e - - os, *sub- san - na - bit___ e - -*

sub- -san-na-bit e - - - os, sub- -san-na-bit

90

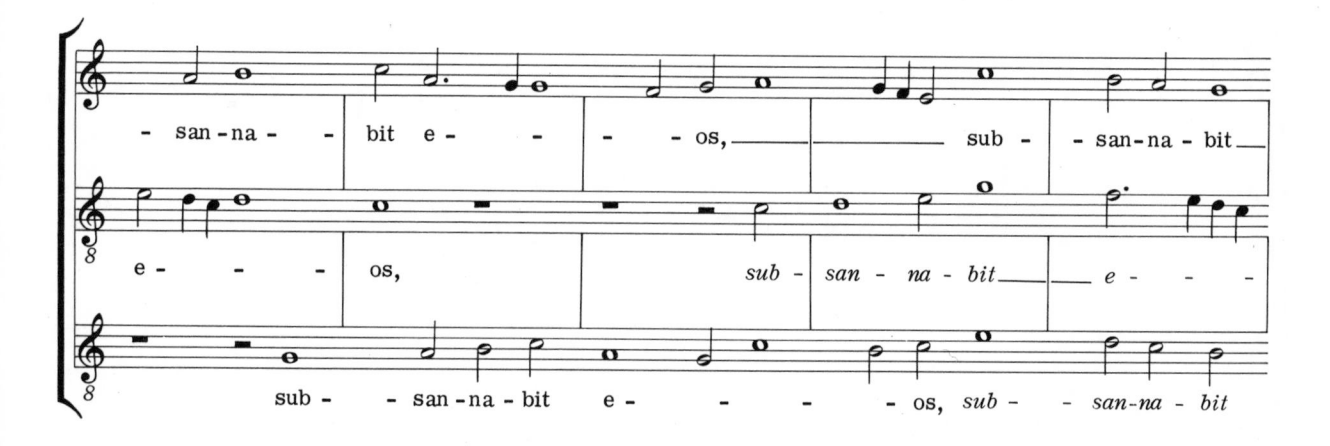

___ e - os._____

- - os, sub- -san - na - bit e - - - os.

e - os._____

SECUNDA PARS   CUM QUATUOR VOCIBUS

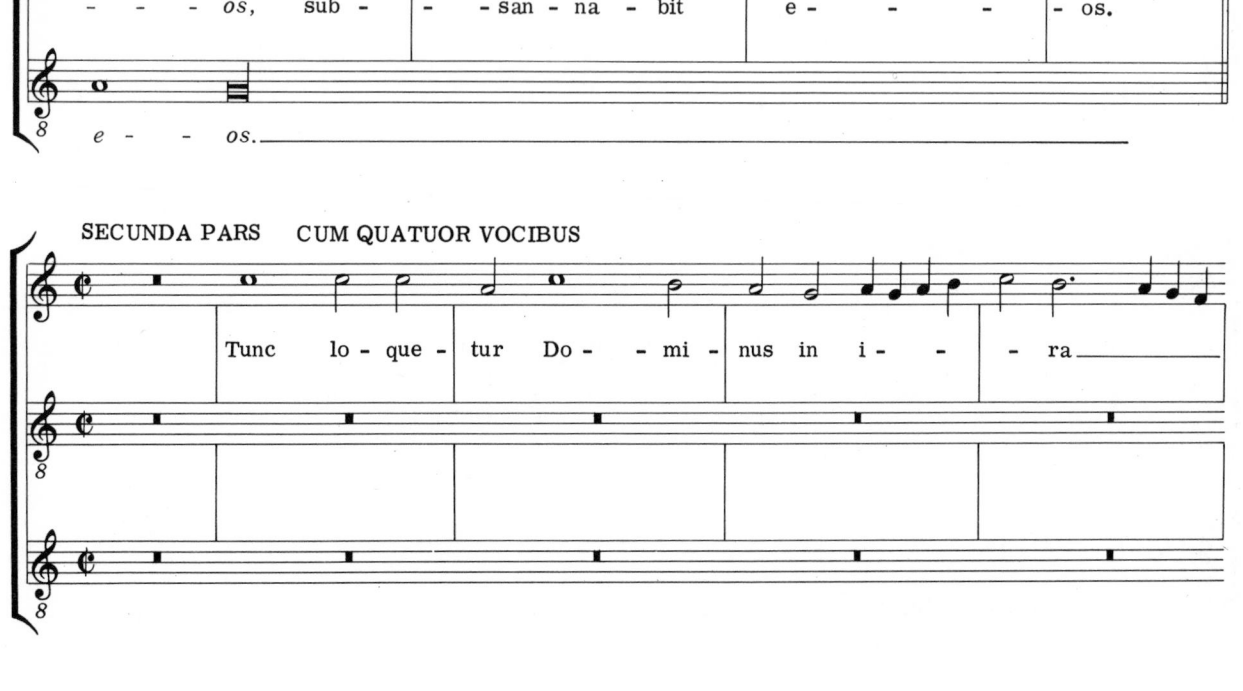

Tunc lo-que-tur Do- -mi-nus in i - -ra_____

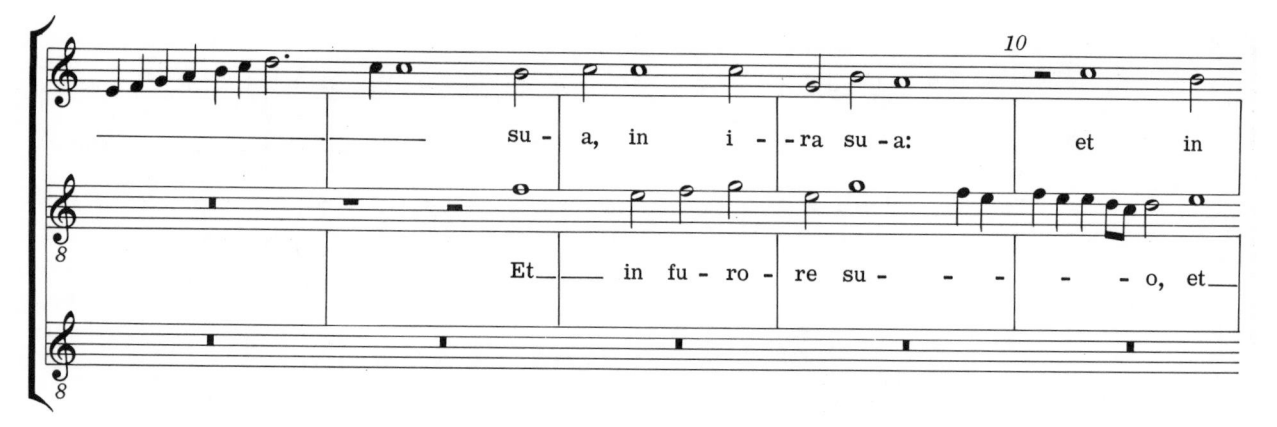

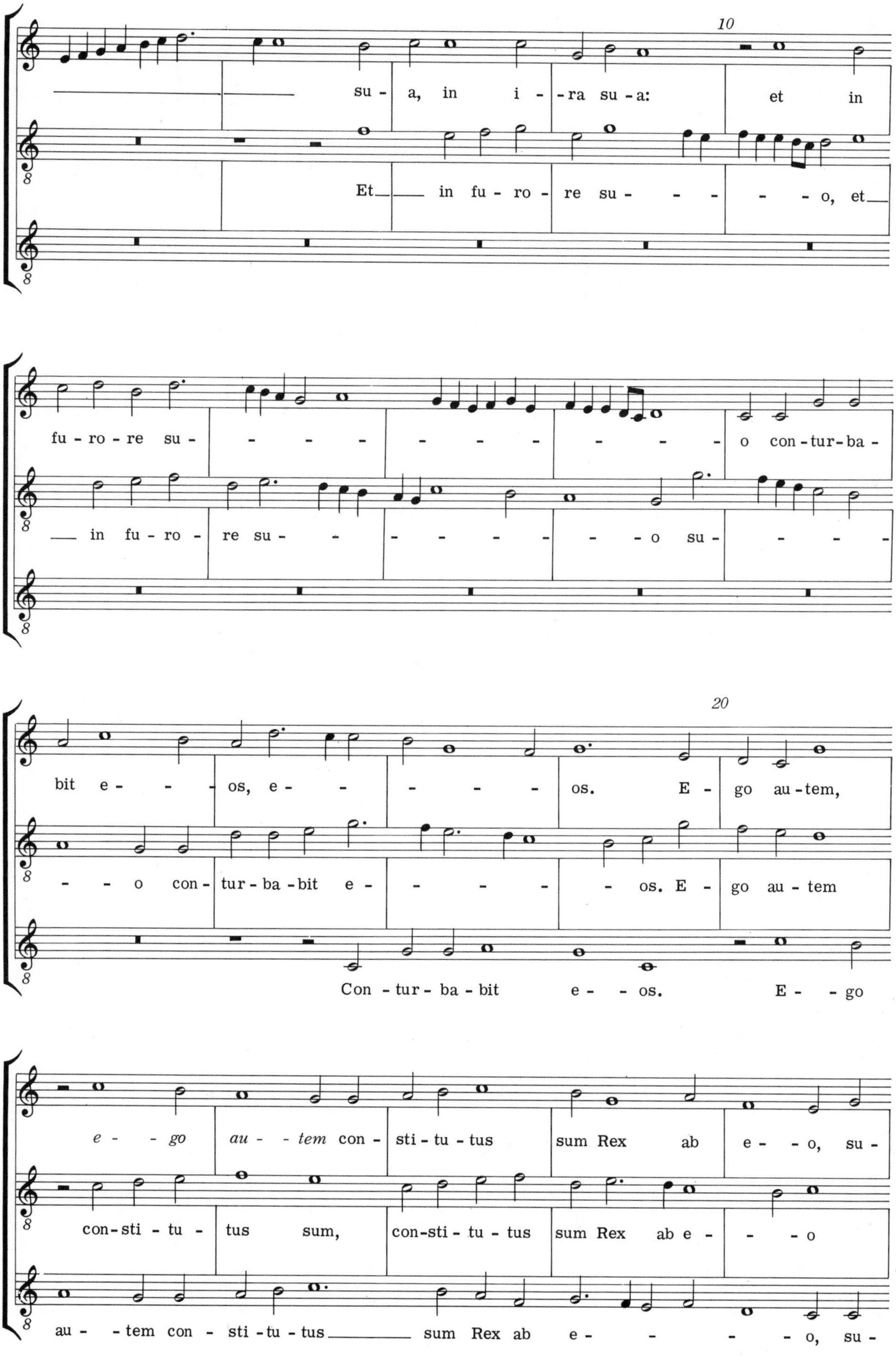

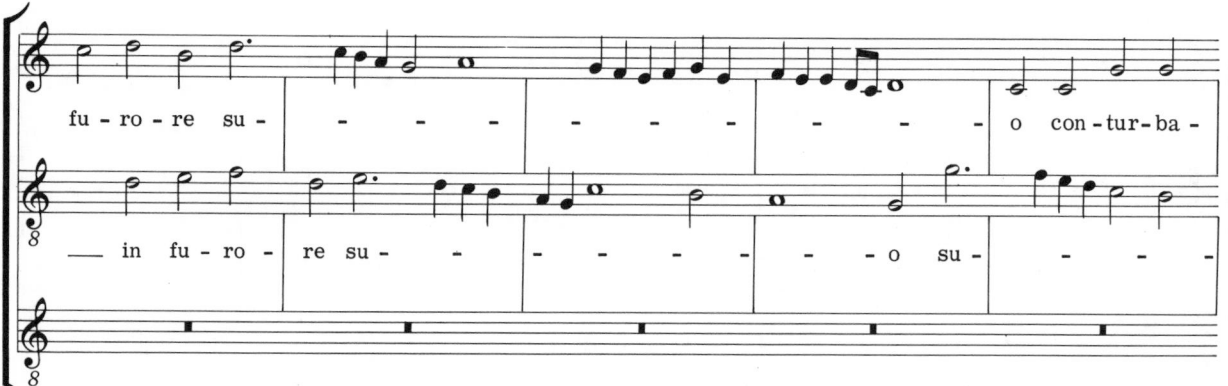

6

10

su - a, in i - ra su - a: et in

Et___ in fu - ro - re su ___ ___ ___ o, et___

fu - ro - re su ___ ___ ___ ___ ___ ___ ___ o con - tur - ba -

___ in fu - ro - re su ___ ___ ___ ___ ___ o su ___ ___

20

bit e - ___ os, e - ___ ___ ___ os. E - go au - tem,

___ o con - tur - ba - bit e - ___ ___ ___ os. E - go au - tem

Con - tur - ba - bit e - ___ os. E - ___ go

e - ___ go au - ___ tem con - sti - tu - tus sum Rex ab e - ___ o, su -

con - sti - tu - ___ tus sum, con - sti - tu - tus sum Rex ab e - ___ ___ o

au - ___ tem con - sti - tu - tus ___ sum Rex ab e - ___ ___ o, su -

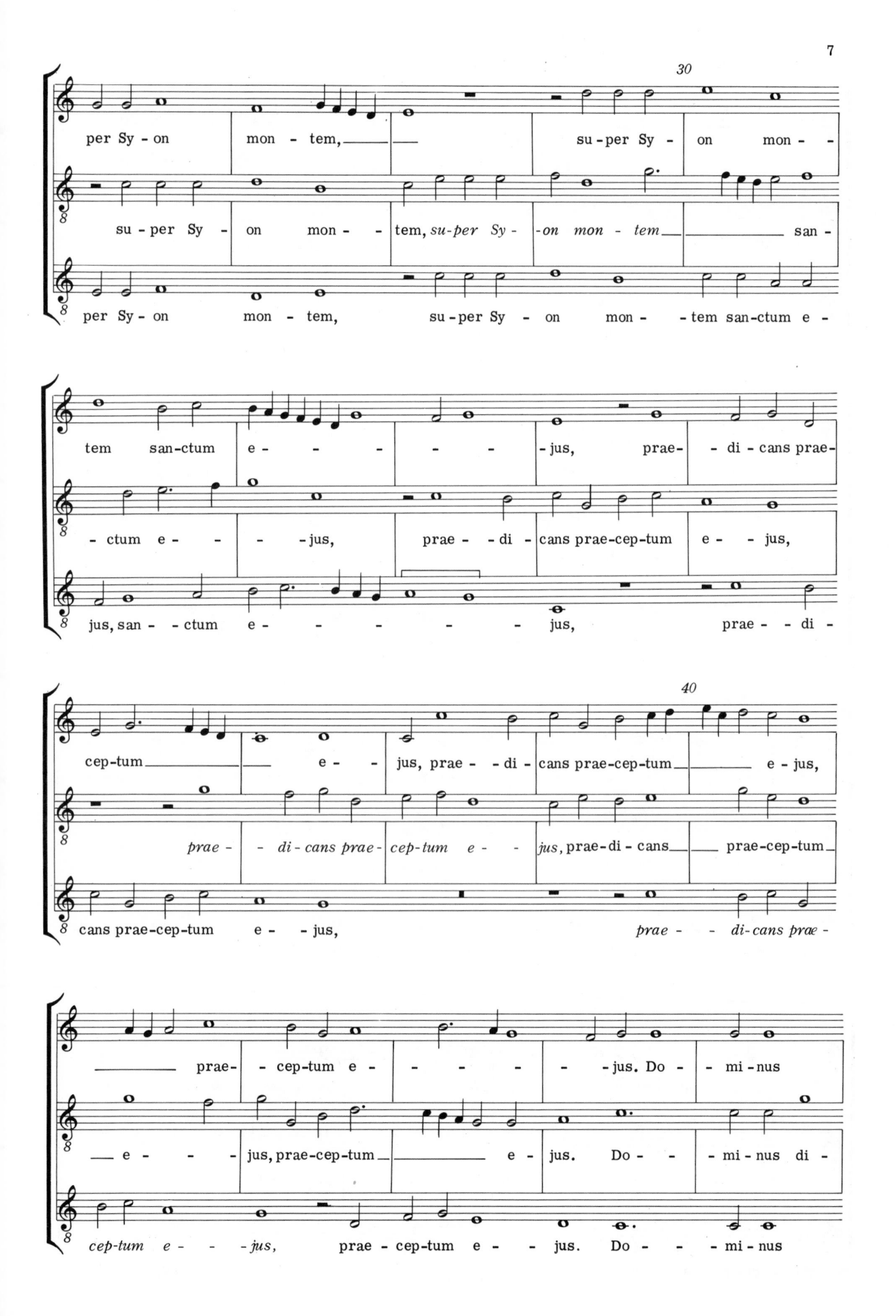

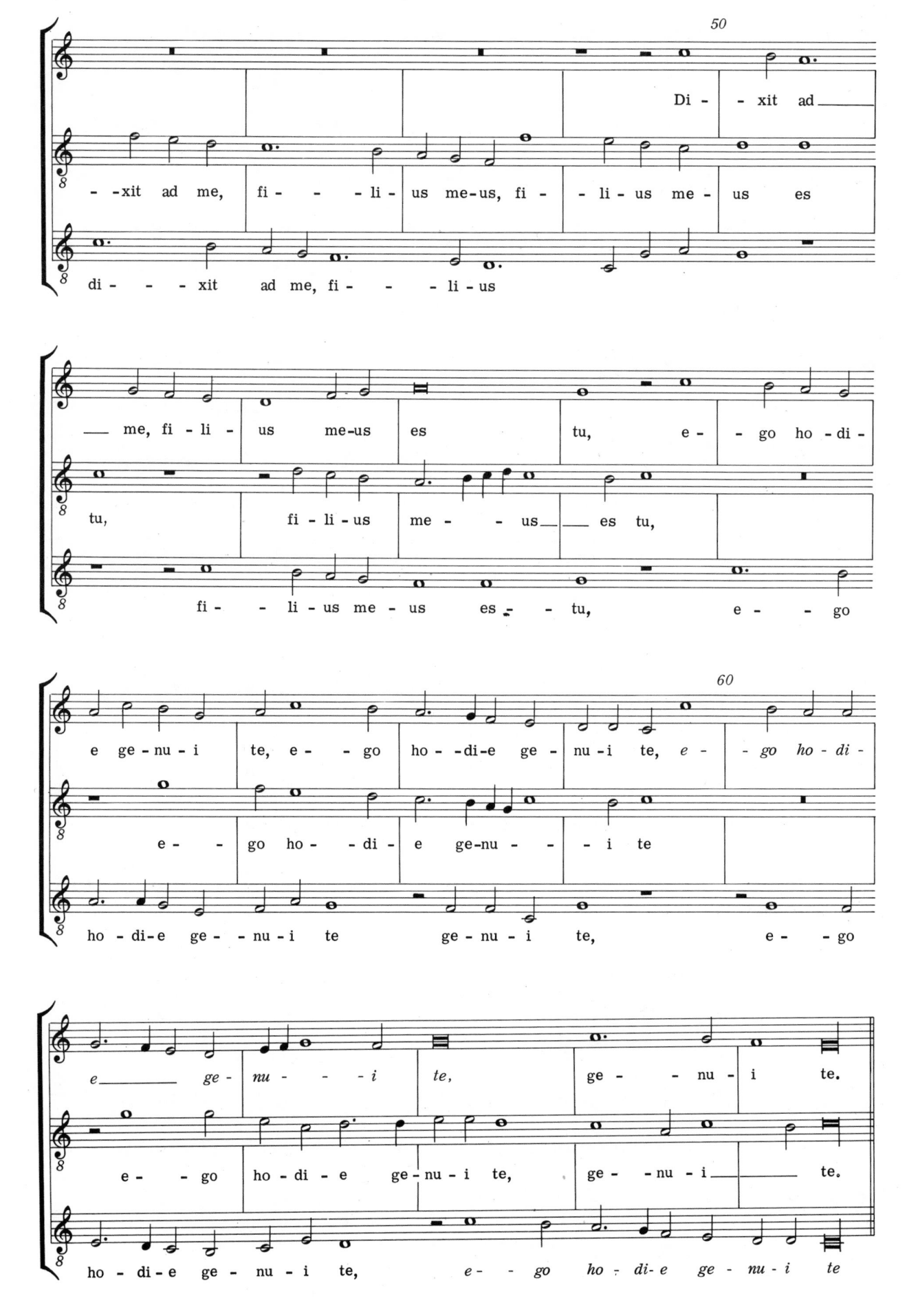

TERTIA PARS   CUM QUINQUE VOCIBUS

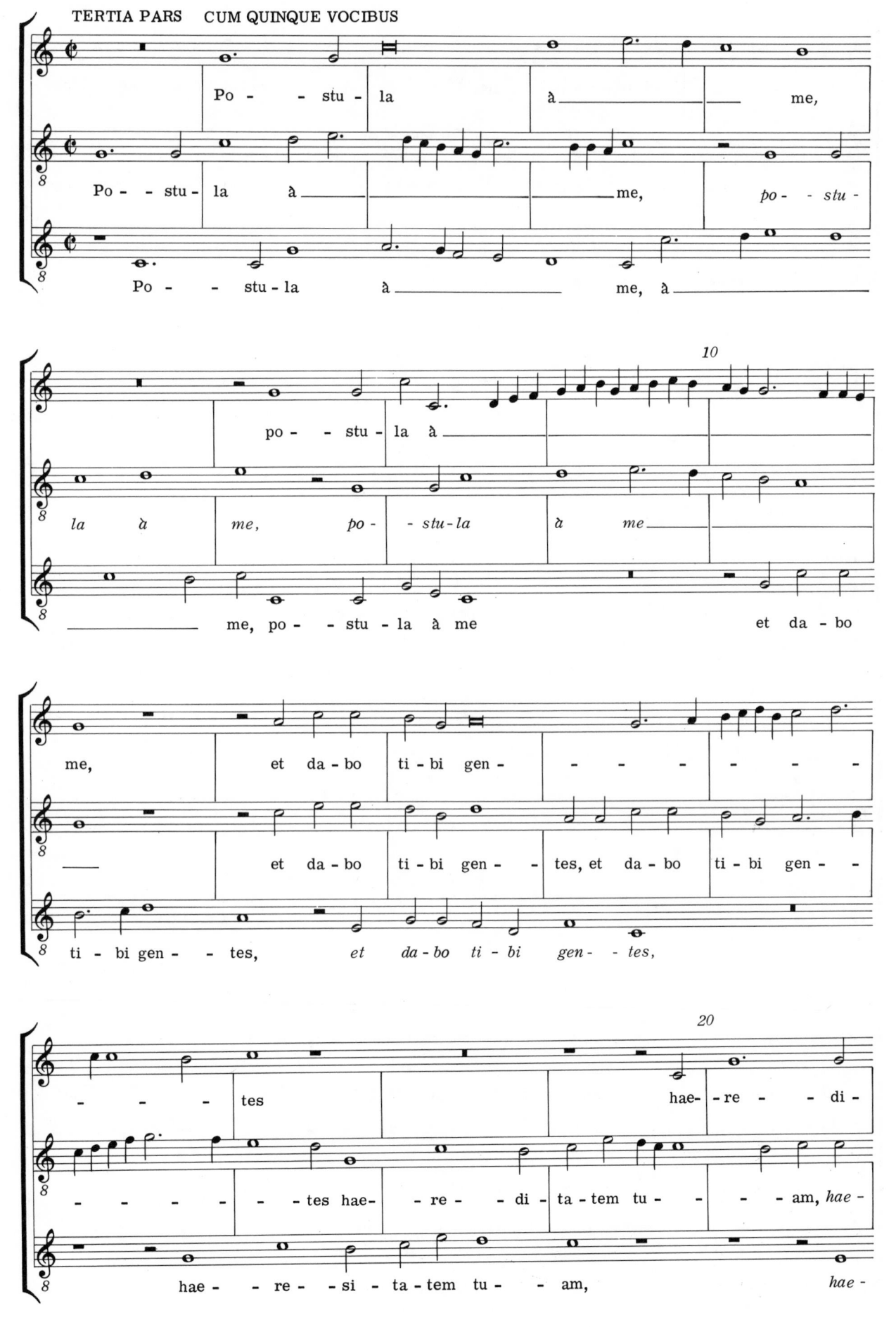

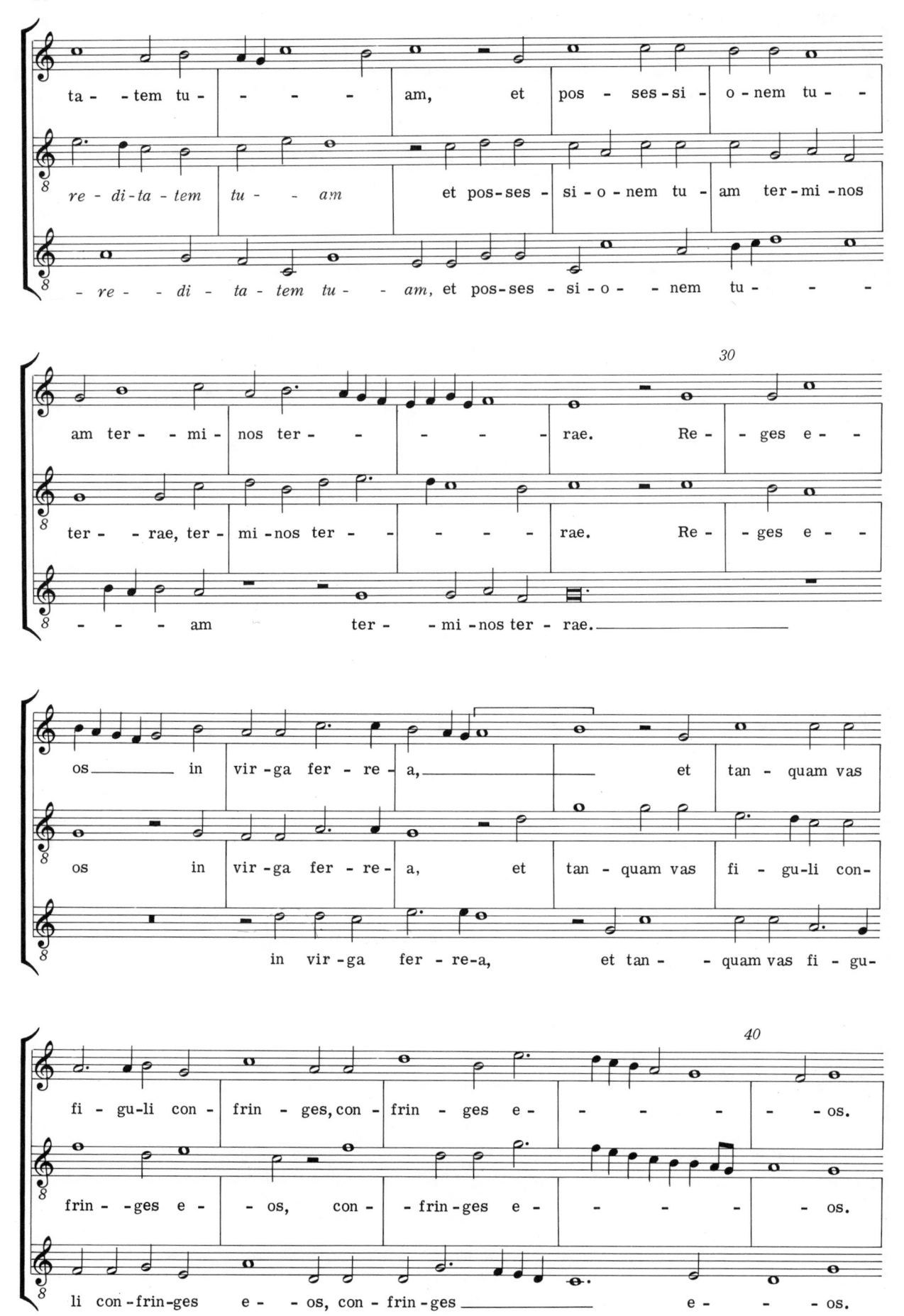

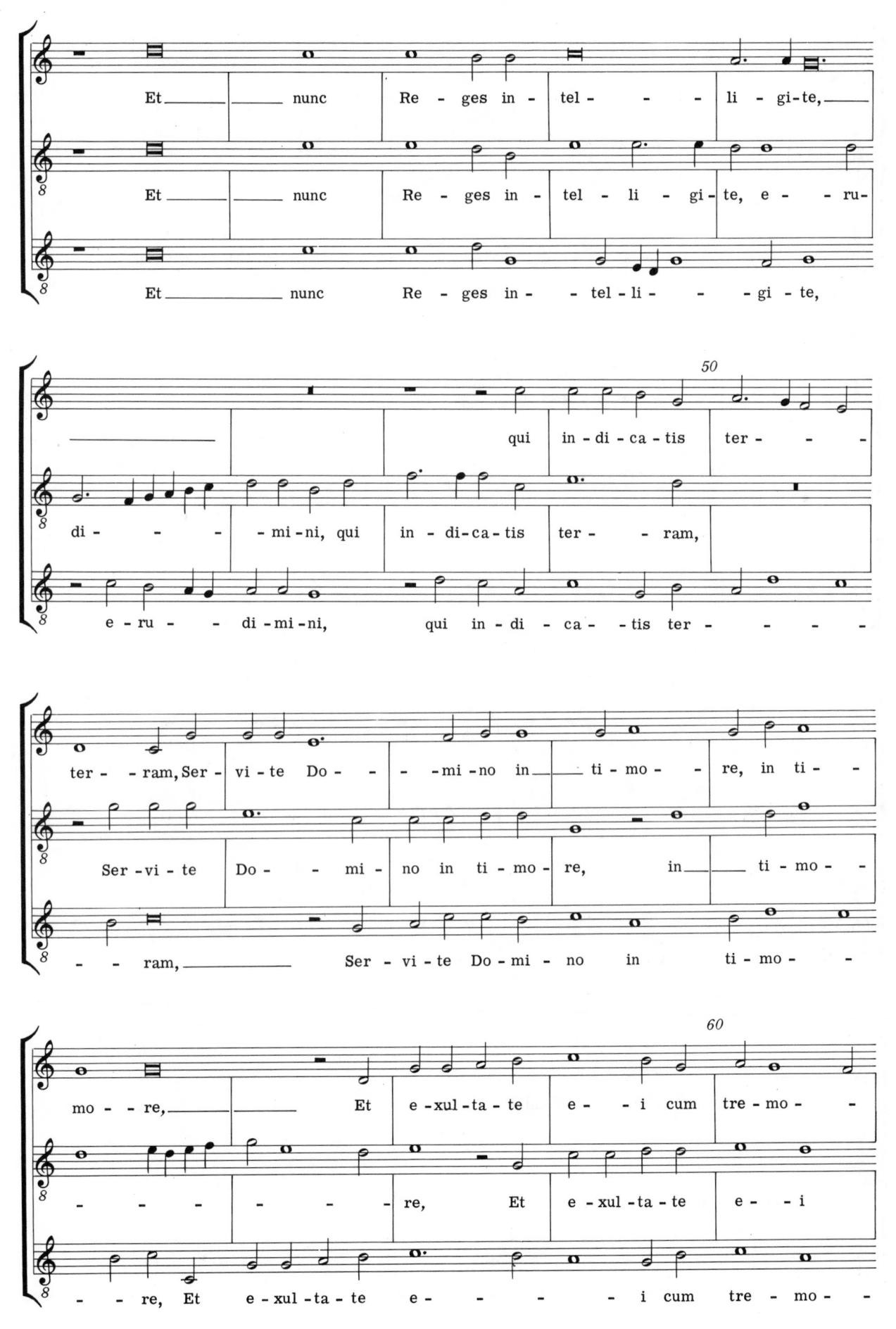

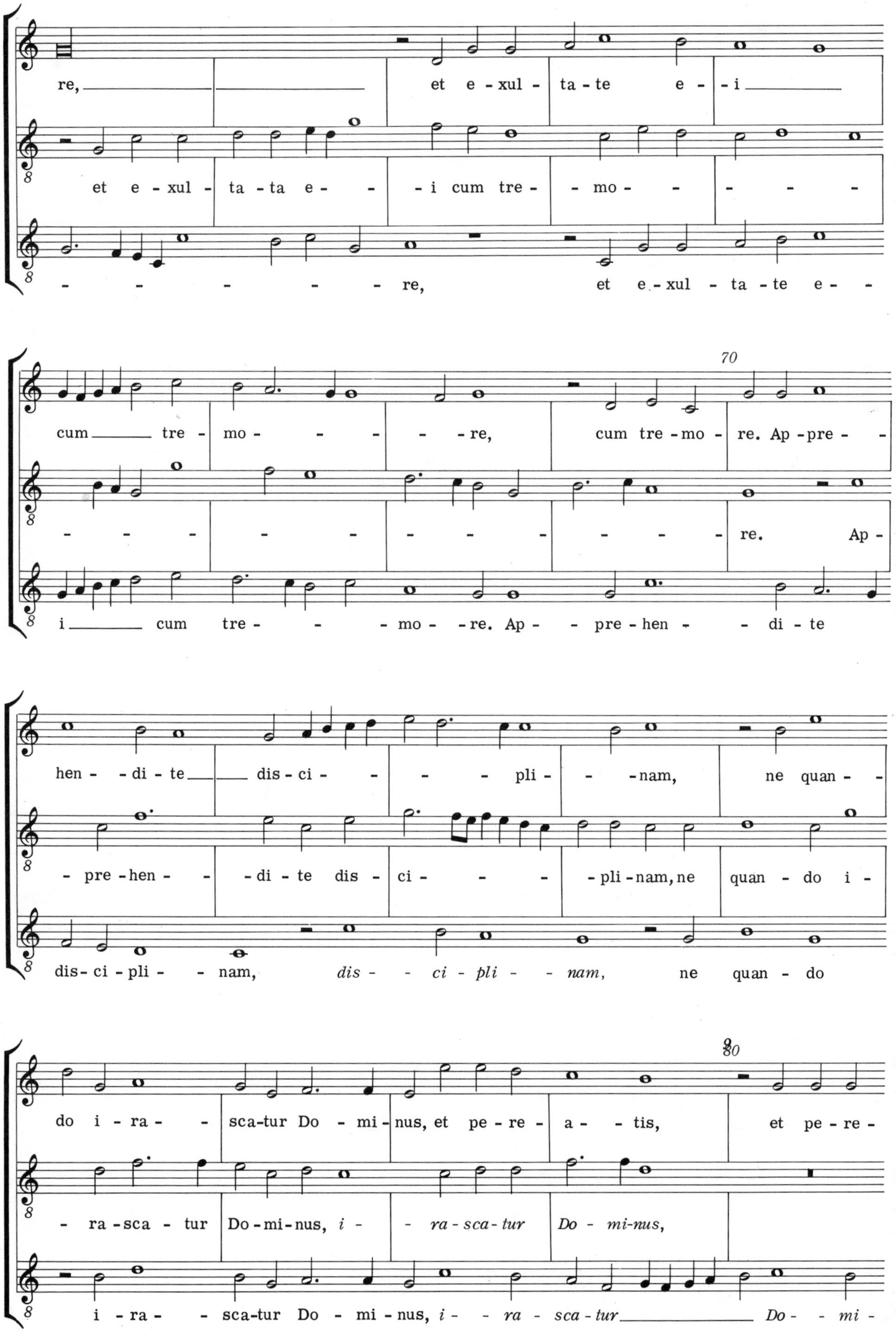

re, _____ et e -xul - ta -te e - -i _____

et e -xul - ta -ta e - -i cum tre - mo - - - -

- - - - - re, et e -xul - ta -te e - -

cum _____ tre - mo - - - re, cum tre -mo - re. Ap -pre - -

- - - - - - - - re. Ap -

i _____ cum tre - -mo - re. Ap - -pre - hen - - di - te

hen - -di -te___ dis - ci - - pli - -nam, ne quan - -

- pre -hen - - -di -te dis - ci - - -pli -nam, ne quan - do i -

dis - ci -pli - -nam, dis - - ci - pli - -nam, ne quan - do

do i - ra - sca -tur Do - mi - nus, et pe -re - a - tis, et pe -re -

- ra -sca - tur Do -mi -nus, i - - ra -sca -tur Do - mi -nus,

i - ra - - sca -tur Do - mi - nus, i - ra - sca -tur_____ Do - mi -

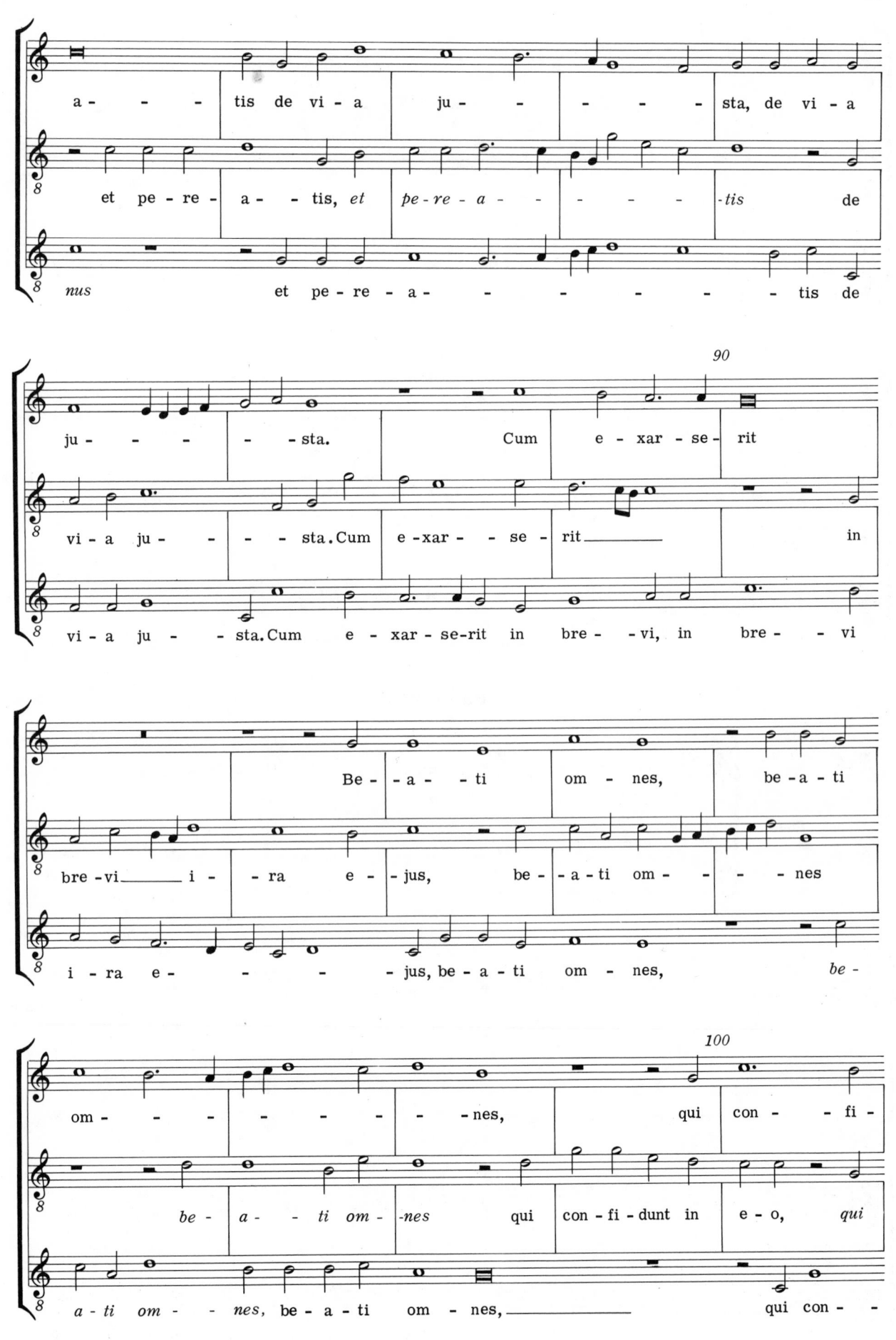

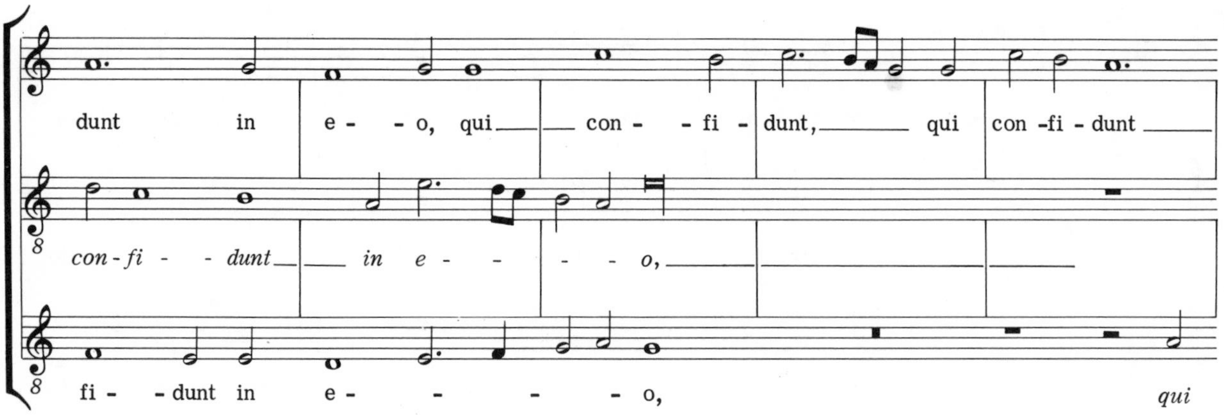

dunt in e - o, qui con - fi - dunt, qui con -fi -dunt

con - fi - - dunt in e - - - o,

fi - - dunt in e - - - o, qui

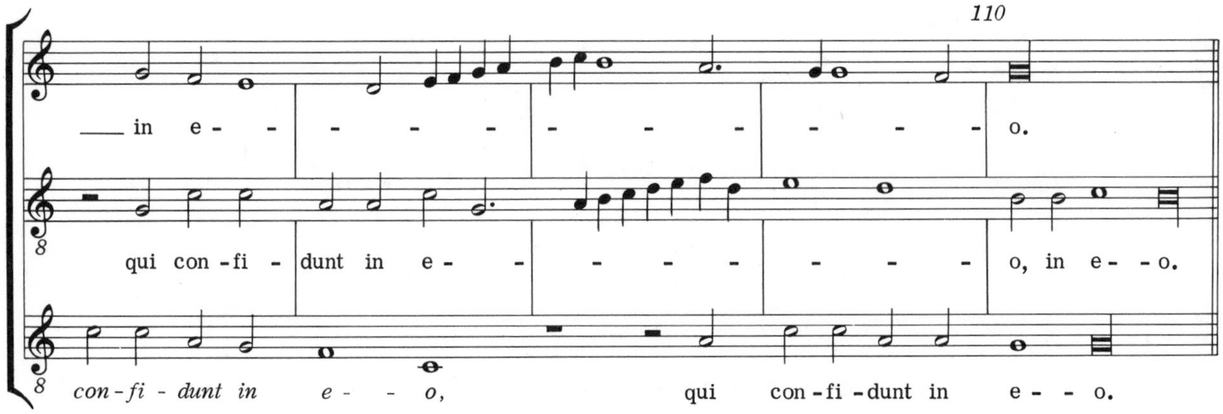

110

in e - - - - - - - o.

qui con -fi -dunt in e - - - - - - o, in e - -o.

con - fi - dunt in e - - o, qui con -fi -dunt in e - -o.

2. Pater noster

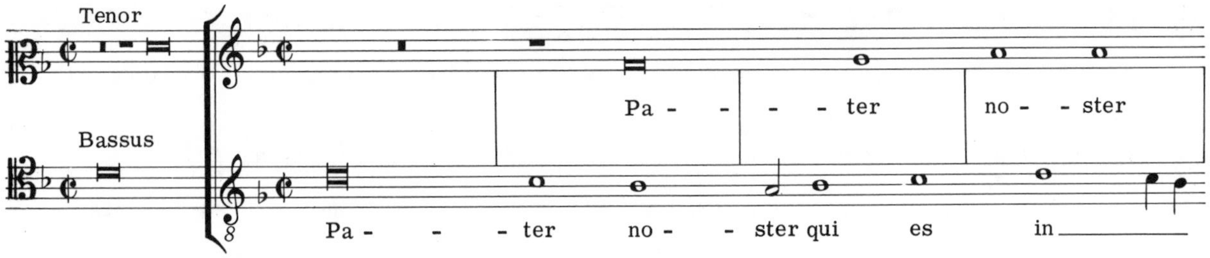

Tenor

Bassus

Pa - - ter no - - ster

Pa - - ter no - -ster qui es in

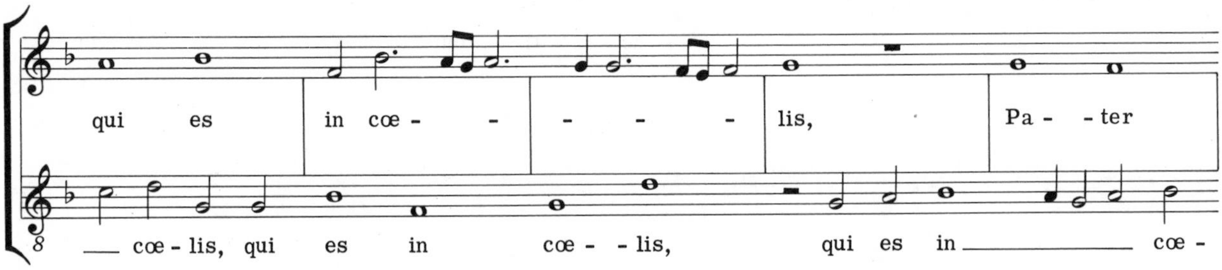

qui es in cœ - - - - - lis, Pa - - ter

cœ - lis, qui es in cœ - - lis, qui es in cœ -

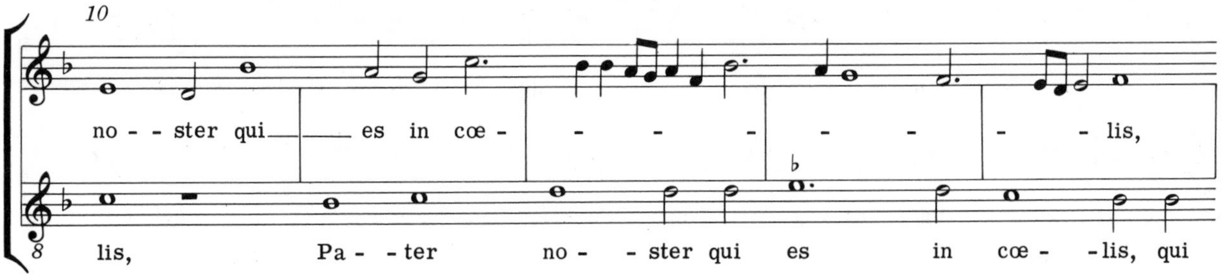

10

no - - ster qui es in cœ - - - - - - lis,

lis, Pa - - ter no - - ster qui es in cœ - - lis, qui

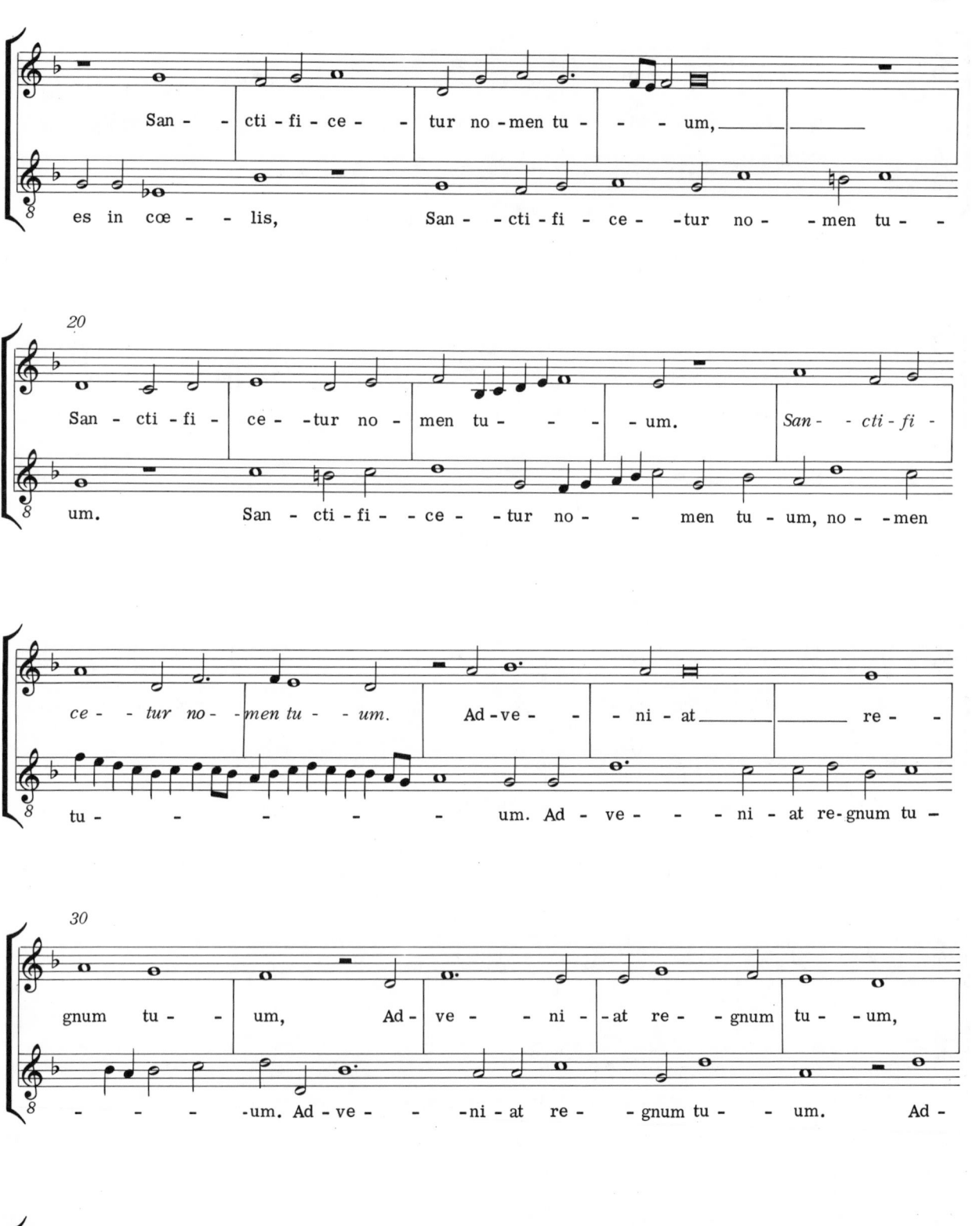

16

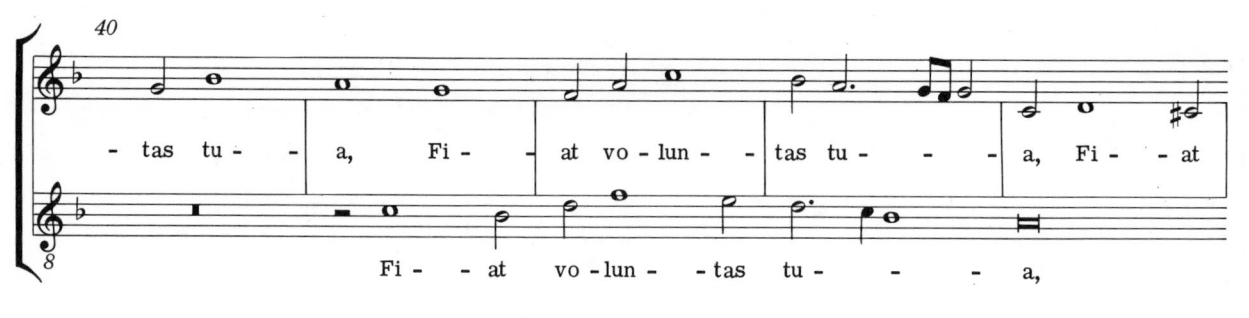

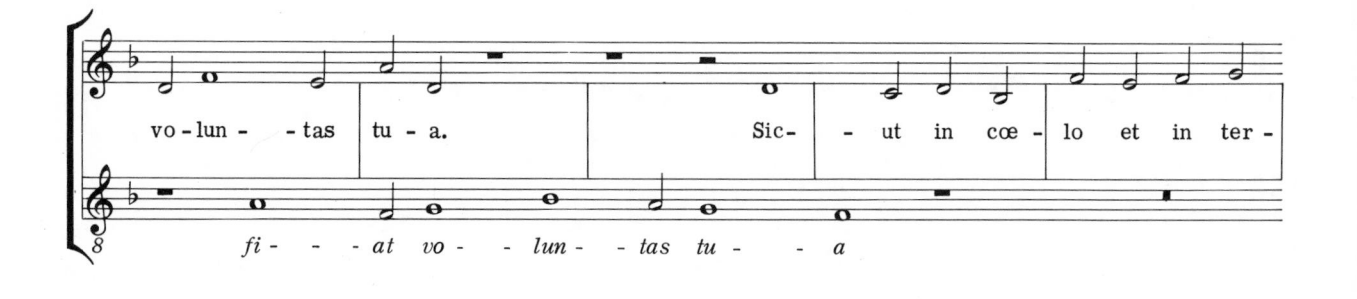

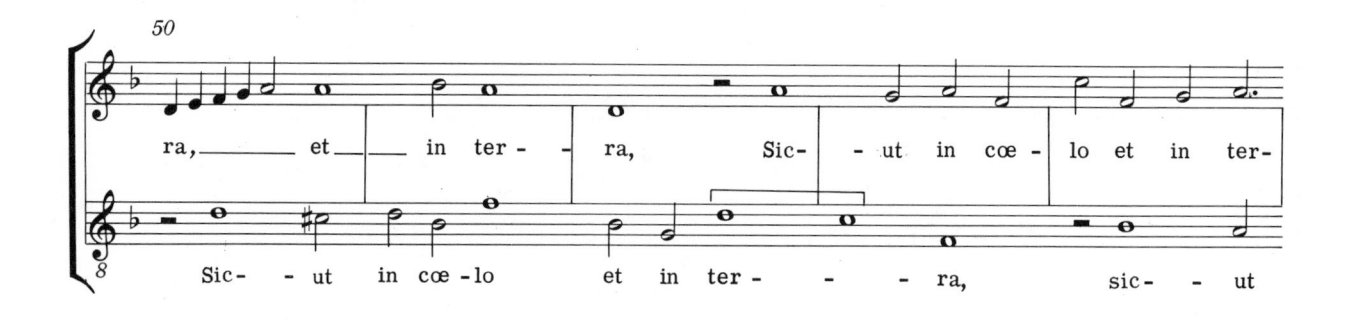

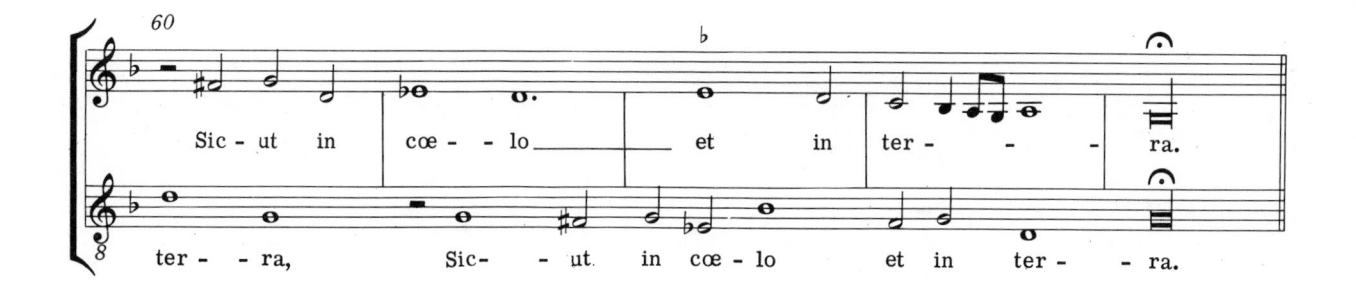

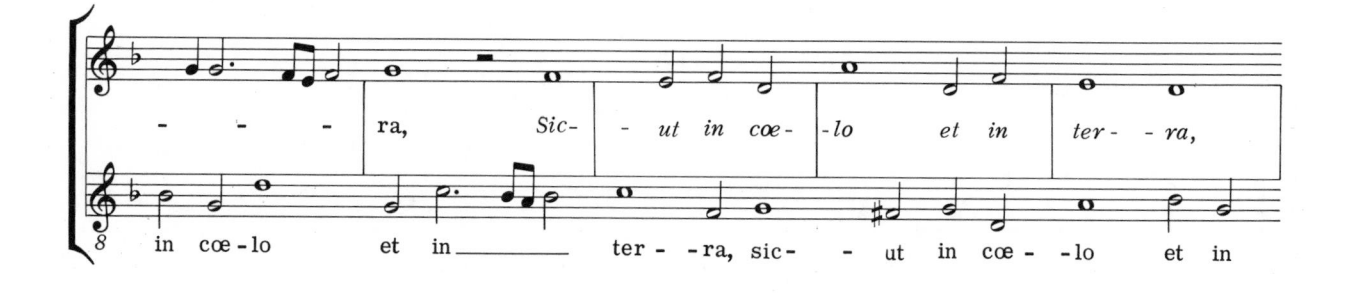

SECUNDA PARS

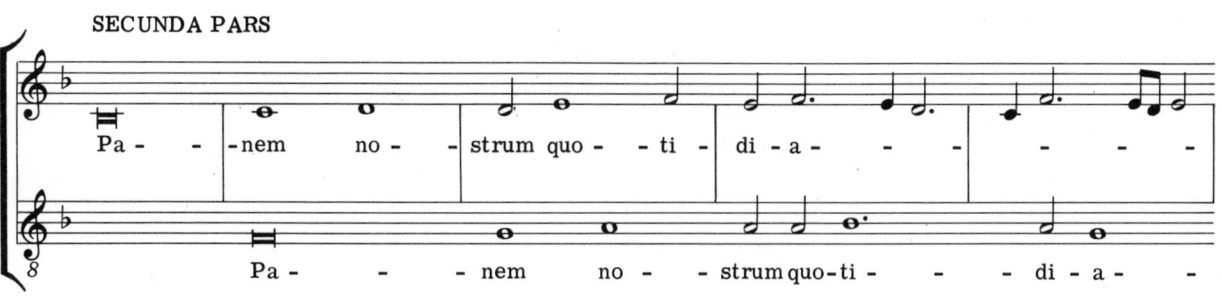

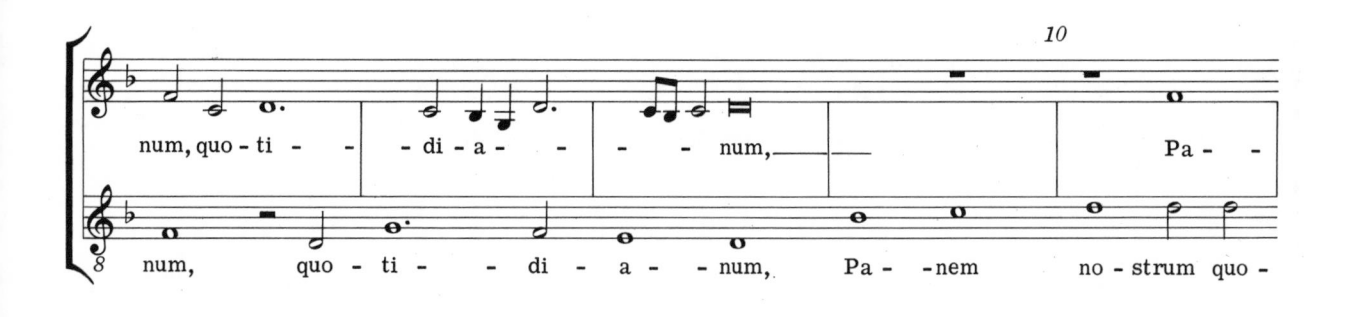

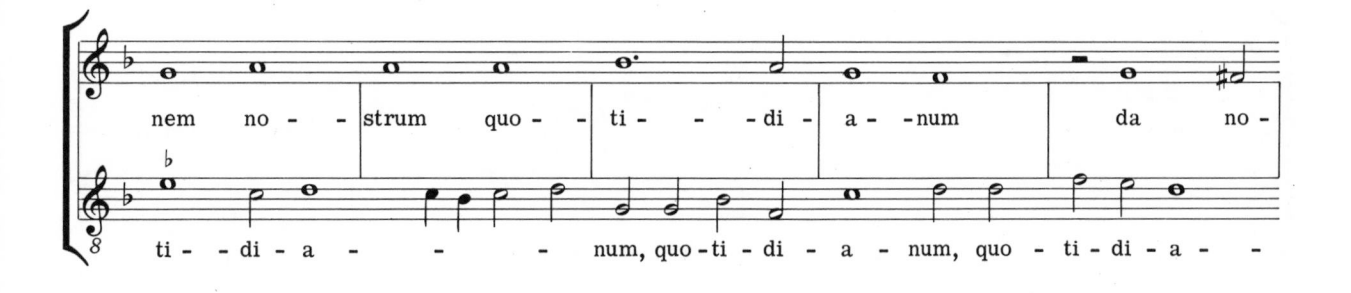

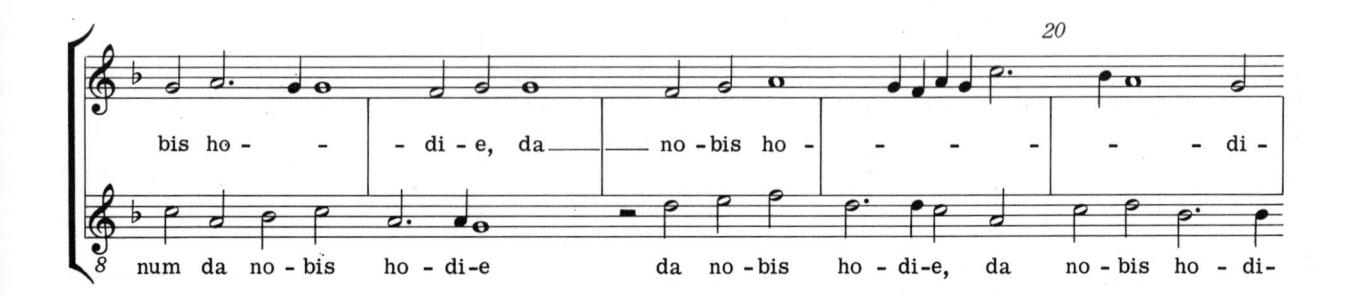

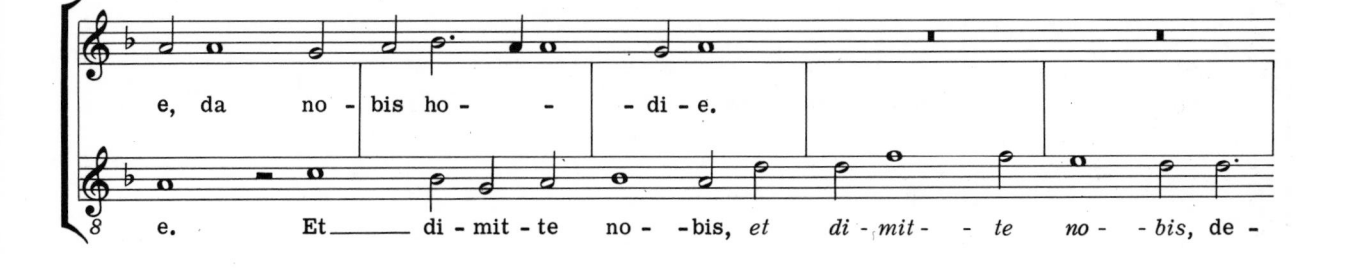

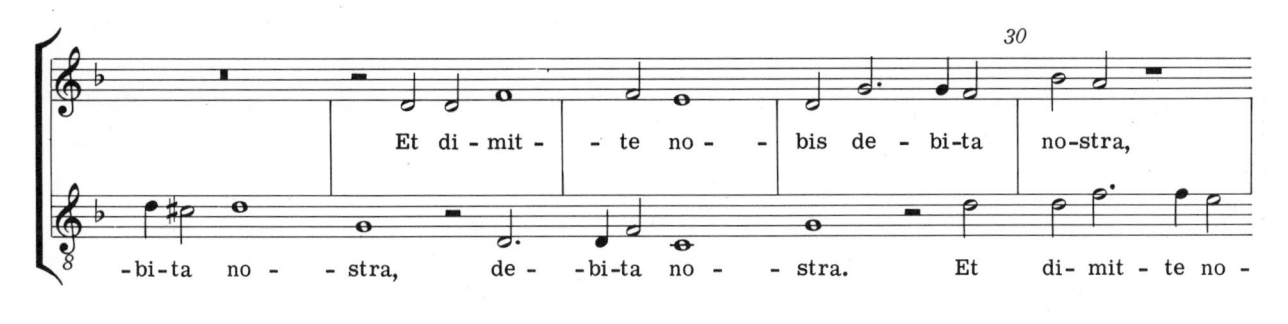

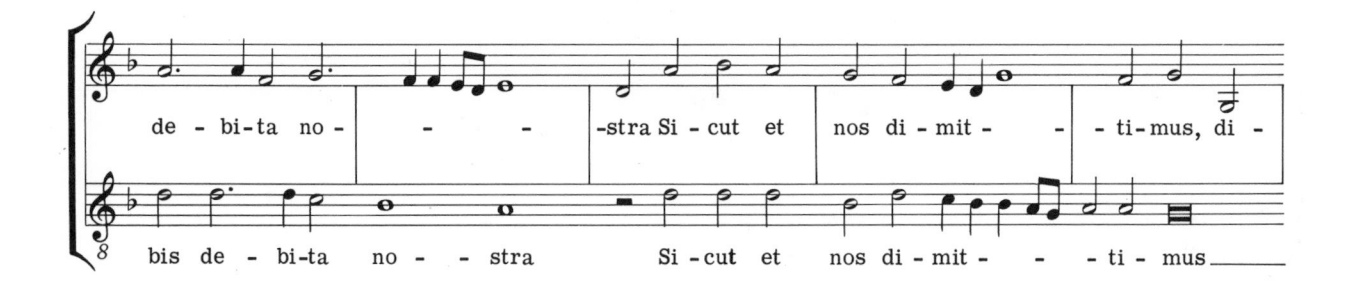

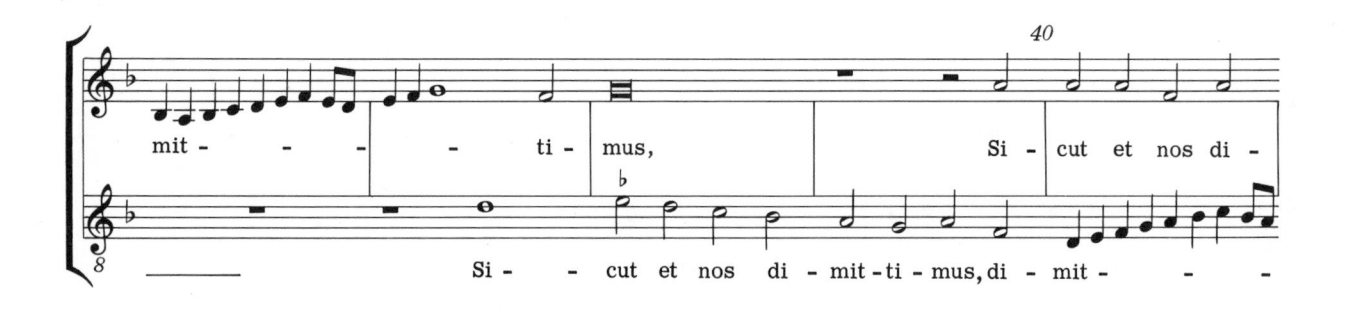

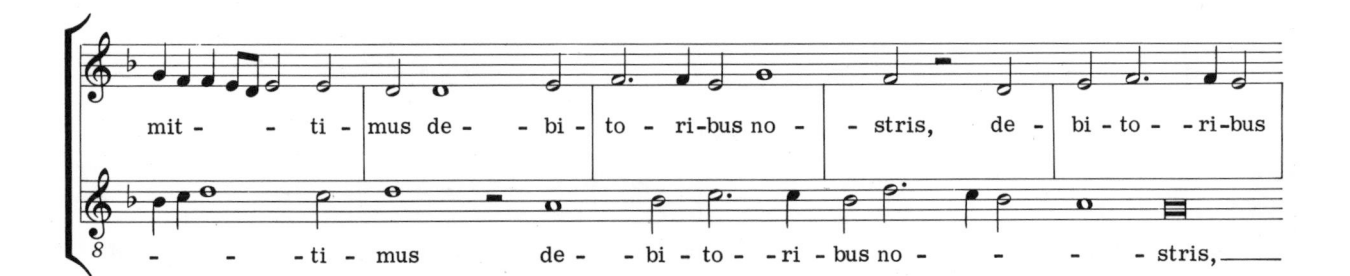

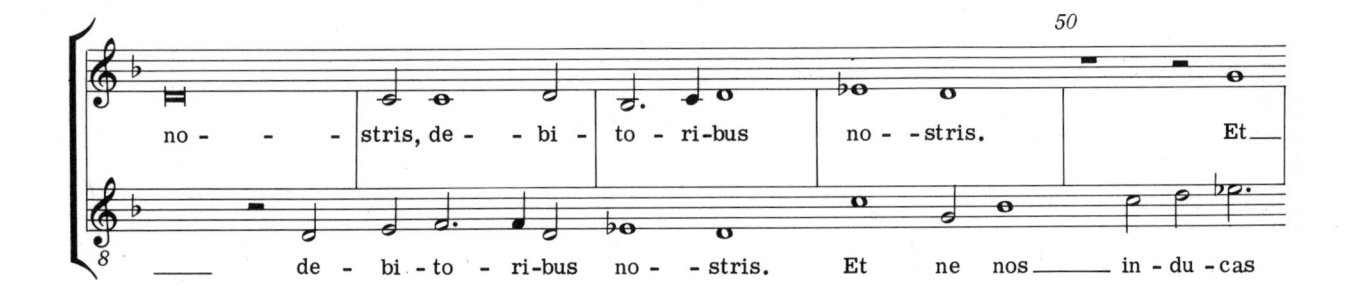

19

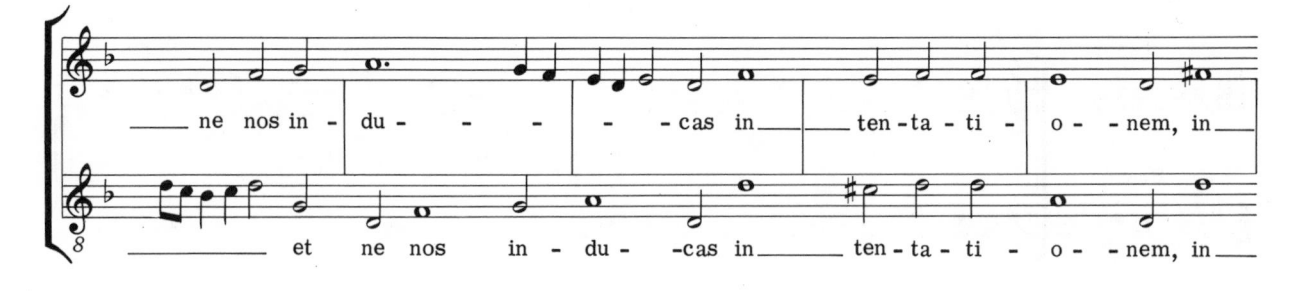

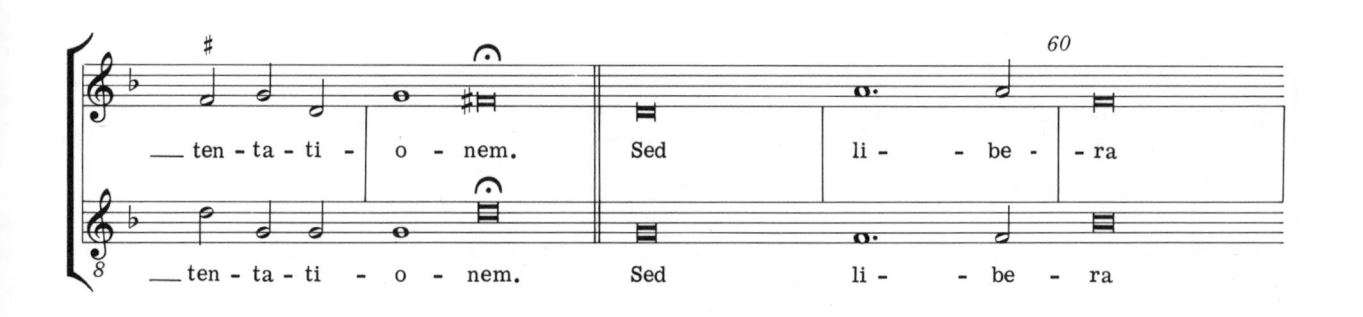

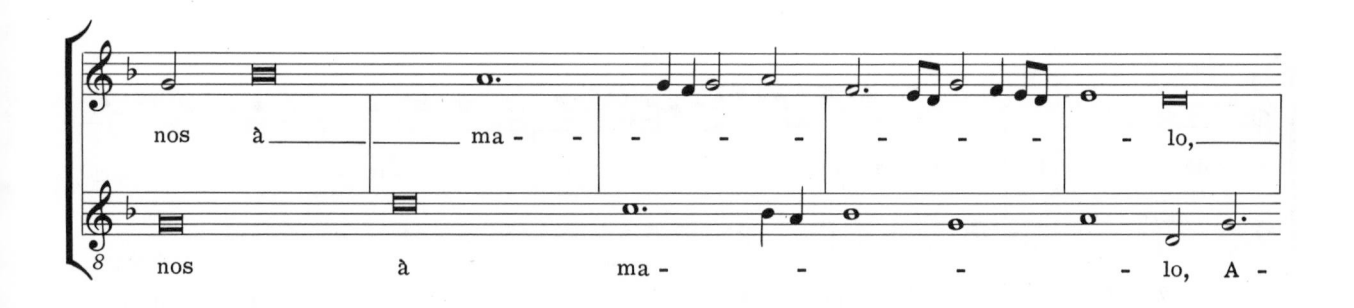

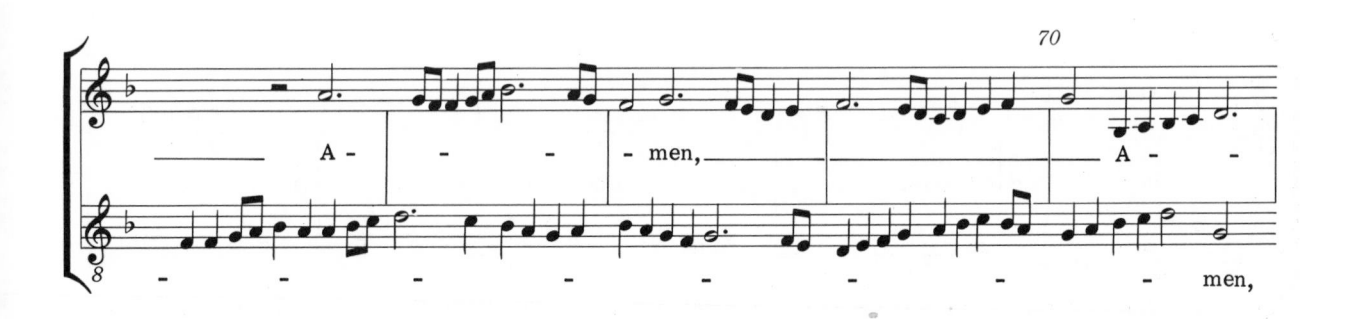

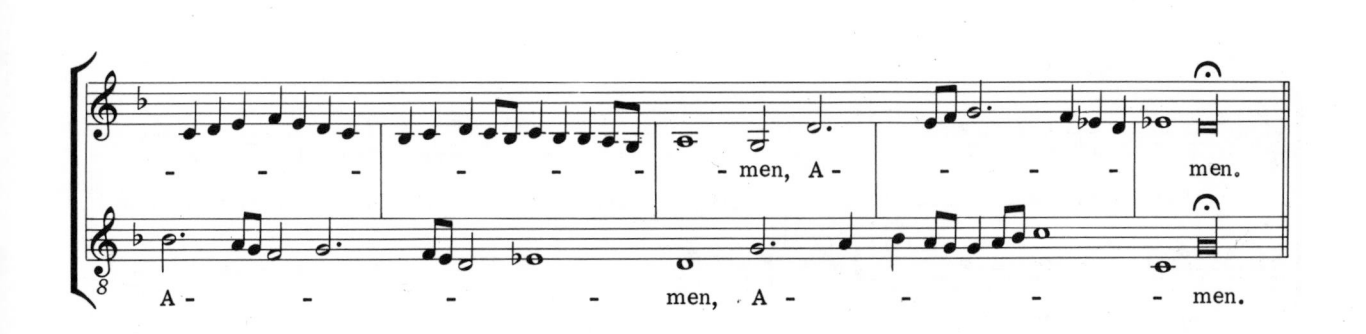

3. Exultate iusti in Domino

Ps. XXXII, 1-4

Paris 1565

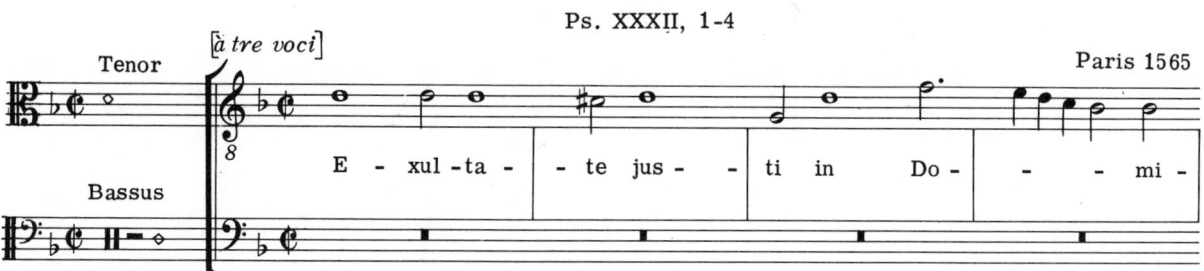

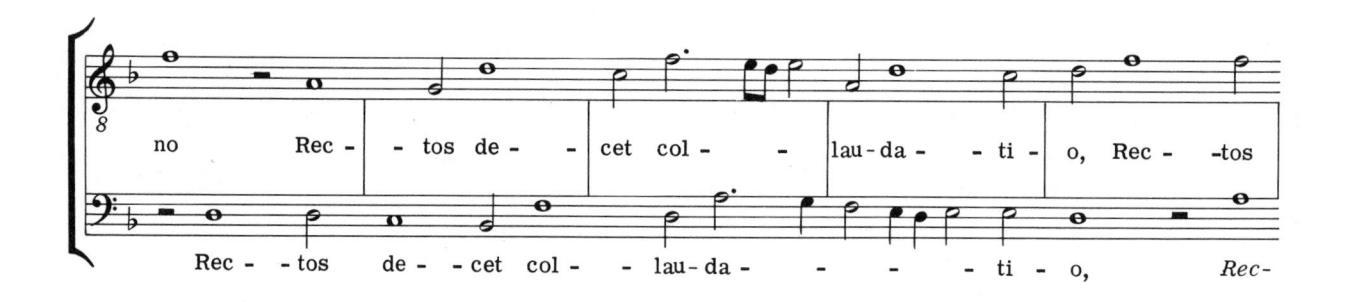

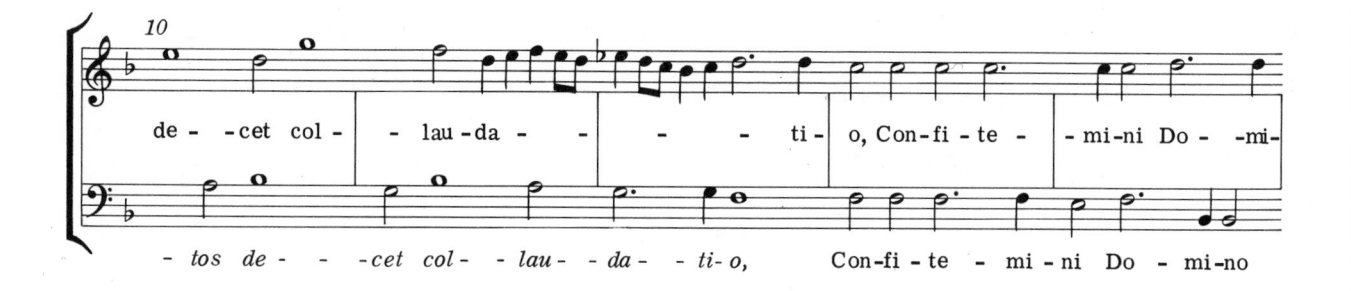

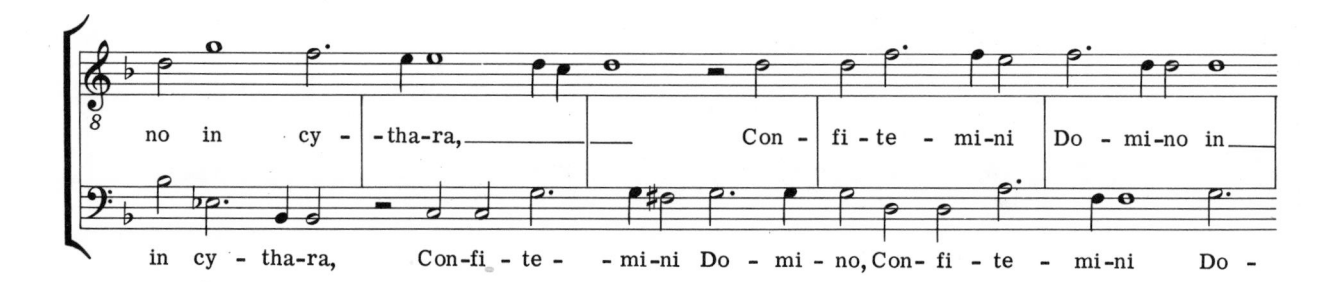

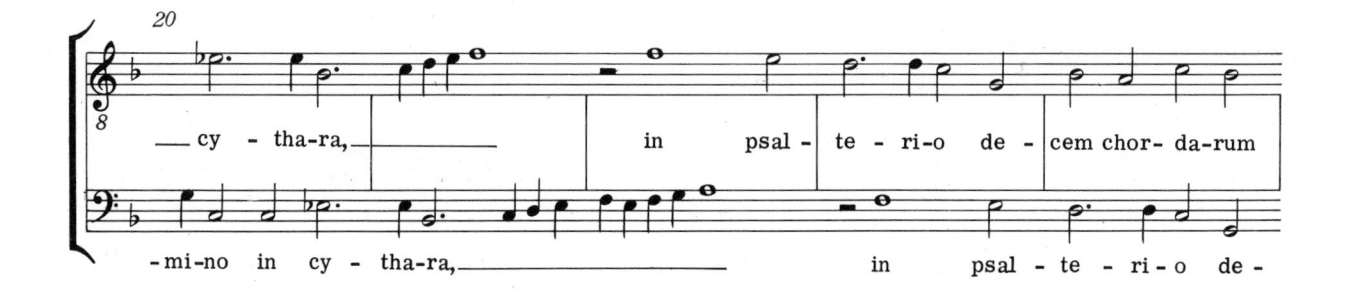

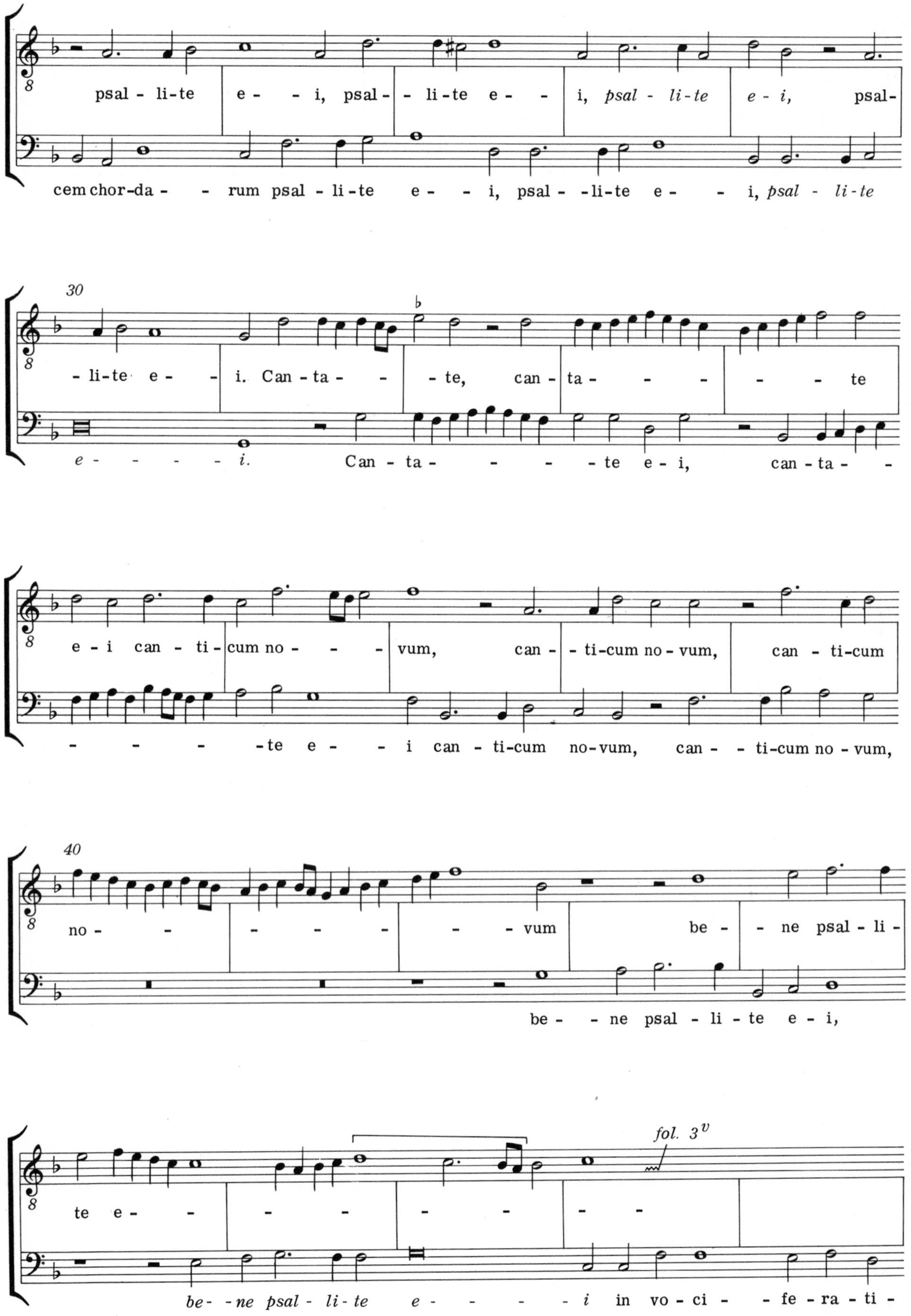

psal - li-te e - i, psal - li-te e - i, *psal - li-te e - i,* psal-

cem chor-da - - rum psal - li-te e - i, psal - li-te e - i, *psal - li-te*

30

- li-te e - i. Can-ta - - te, can - ta - - te

e - - - i. Can - ta - - te e - i, can - ta -

e - i can - ti-cum no - - vum, can - ti-cum no-vum, can - ti-cum

- - - -te e - i can - ti-cum no-vum, can - - ti-cum no - vum,

40

no - - - - - -vum be - ne psal - li-

be - - ne psal - li-te e - i,

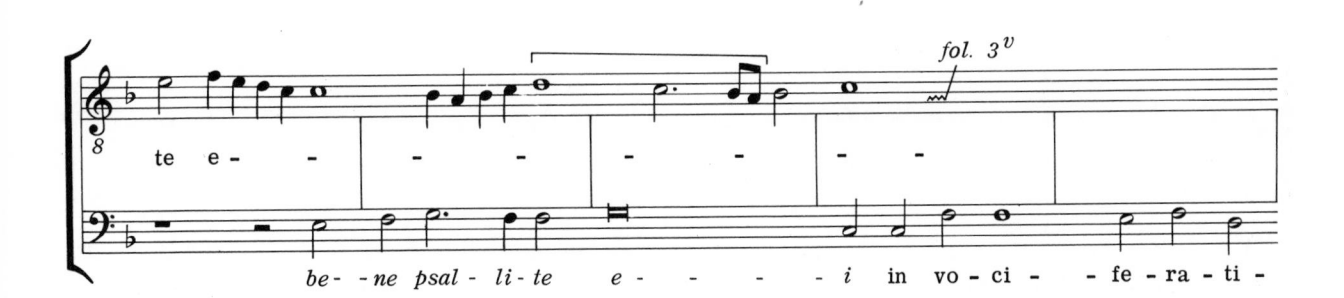

te e - - - - - - -

fol. 3ᵛ

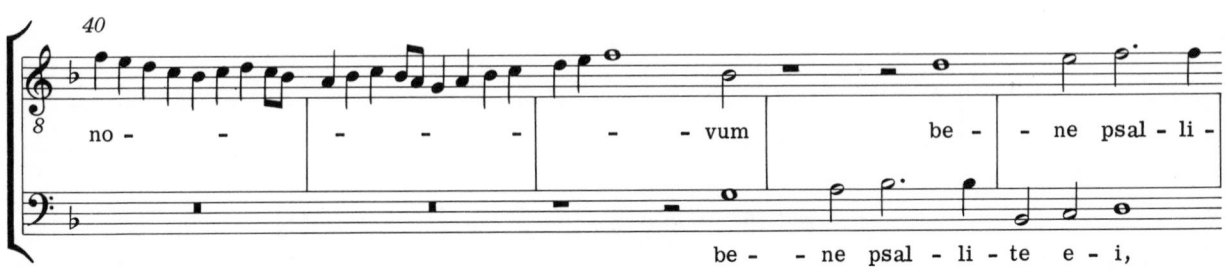

be- -ne psal - li-te e - - - i in vo-ci - - fe - ra-ti-

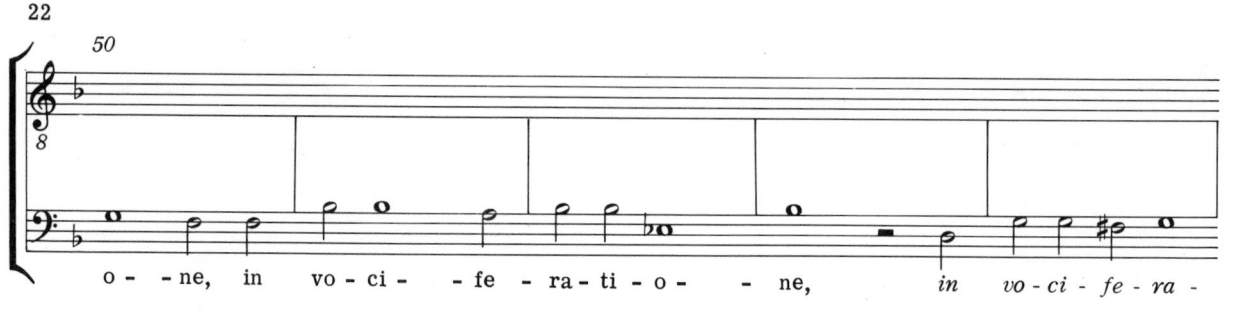

o - -ne, in vo-ci - -fe - -ra-ti-o - -ne, *in vo-ci - fe-ra-*

- *ti - o____ ne* Qui - a rec - tum est ver-bum Do - - -

4. Delectare in Domino
Ps. XXXVI, 4-7

[à 3 voc.]

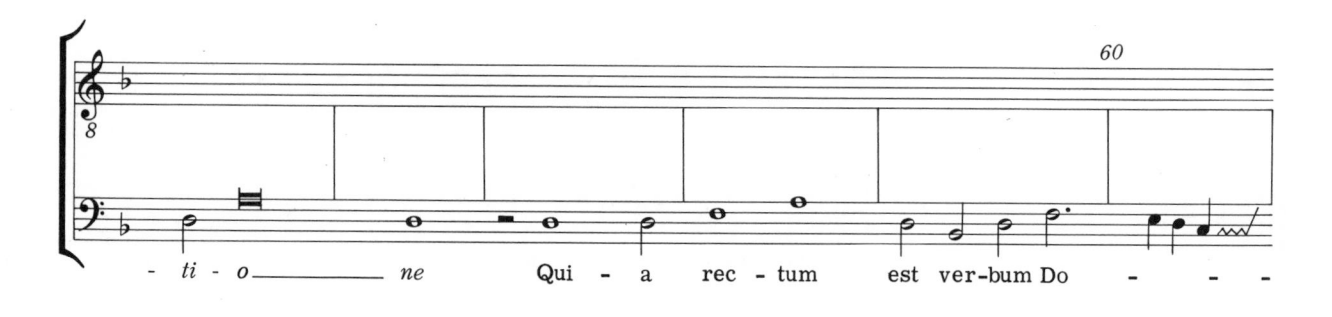

De - lec -ta - - re in Do - - - - - - - -

De -

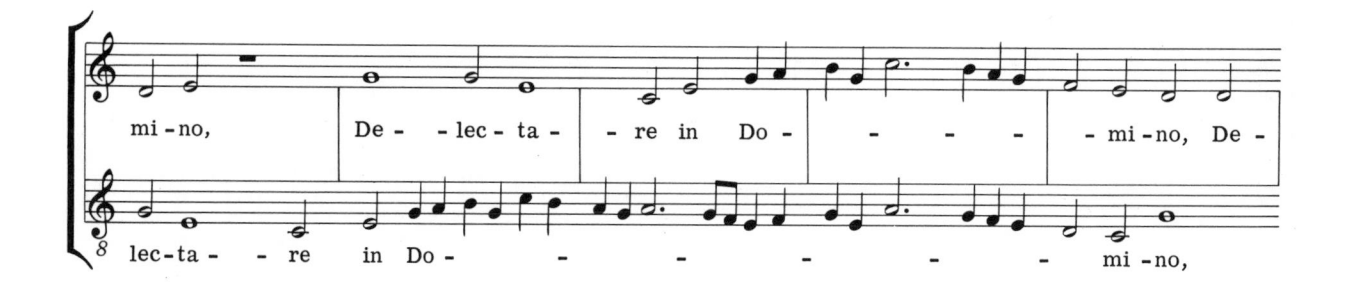

mi - no, De - -lec -ta - - re in Do - - - - mi -no, De -

lec -ta - - re in Do - - - - - - mi -no,

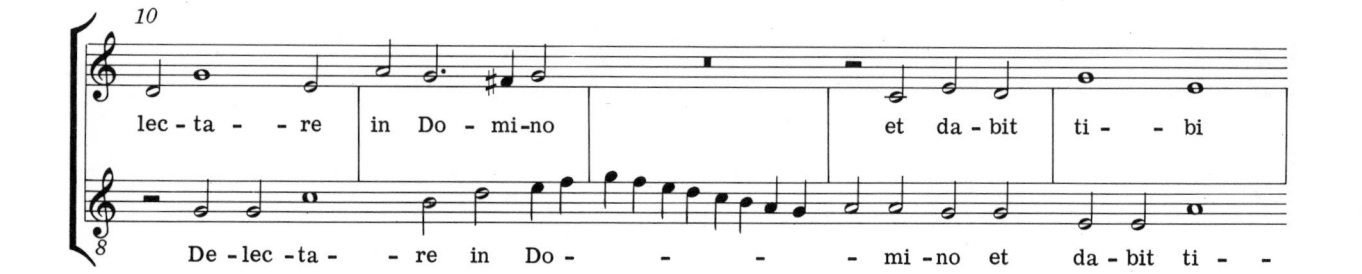

lec -ta - - re in Do - mi-no et da - bit ti - - bi

De - lec -ta - - re in Do - - - - mi -no et da - bit ti - -

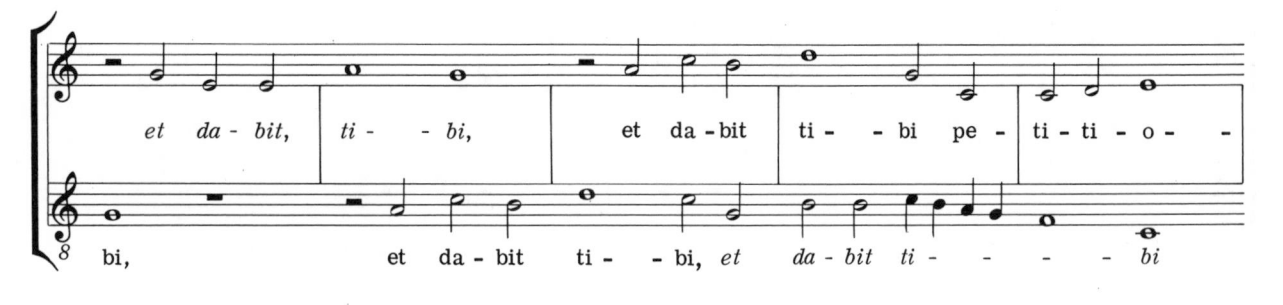

23

et da - bit, ti - bi, et da -bit ti - bi pe - ti - ti - o -

bi, et da - bit ti - bi, et da - bit ti - - - bi

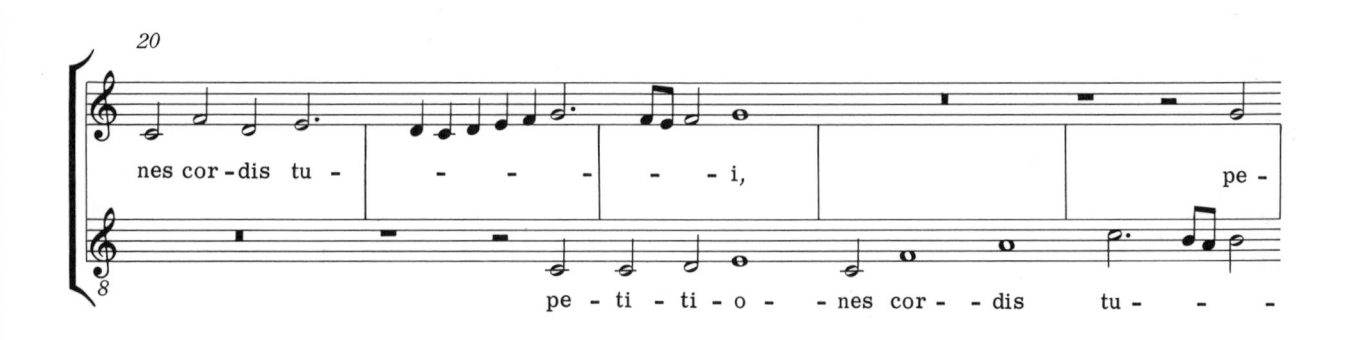

20

nes cor -dis tu - - - - i, pe -

pe - ti - ti - o - nes cor - dis tu - -

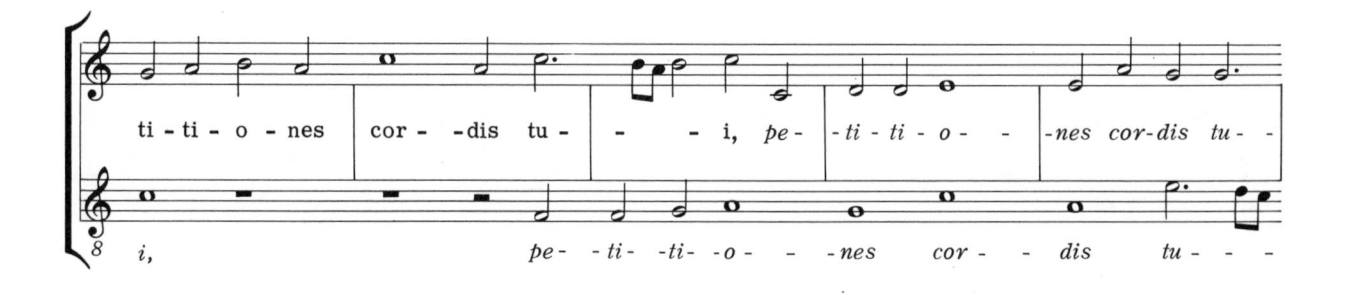

ti - ti - o - nes cor -dis tu - - i, pe - ti - ti - o - -nes cor-dis tu - -

i, pe- -ti- -ti- -o - -nes cor - dis tu - -

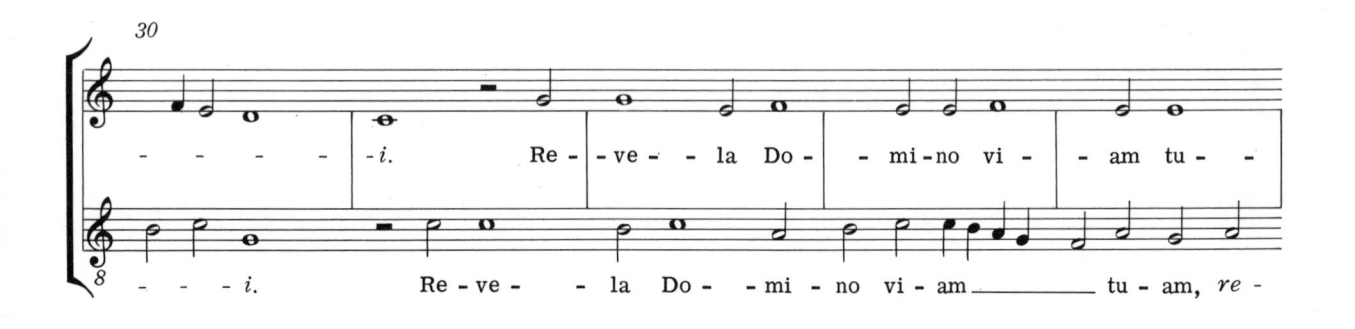

30

- - - -i. Re - -ve - la Do - -mi-no vi - -am tu - -

- - i. Re - ve - la Do - -mi - no vi - am tu - am, re -

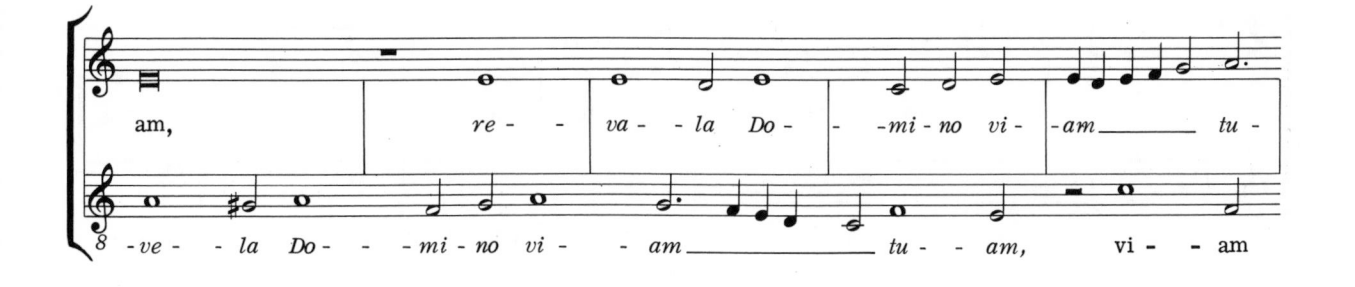

am, re - va - la Do - -mi - no vi -am tu -

-ve - la Do - -mi -no vi - am tu - am, vi - am

24

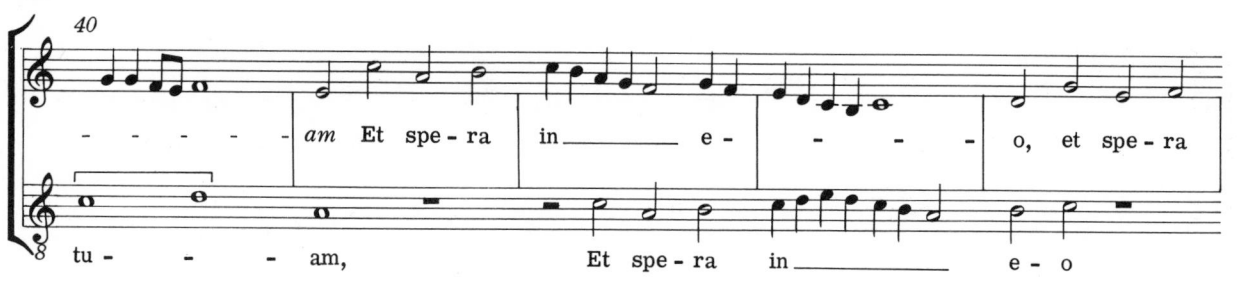

Et spe-ra in ___ e - - o, et spe-ra

tu - - - am, Et spe-ra in ___ e - o

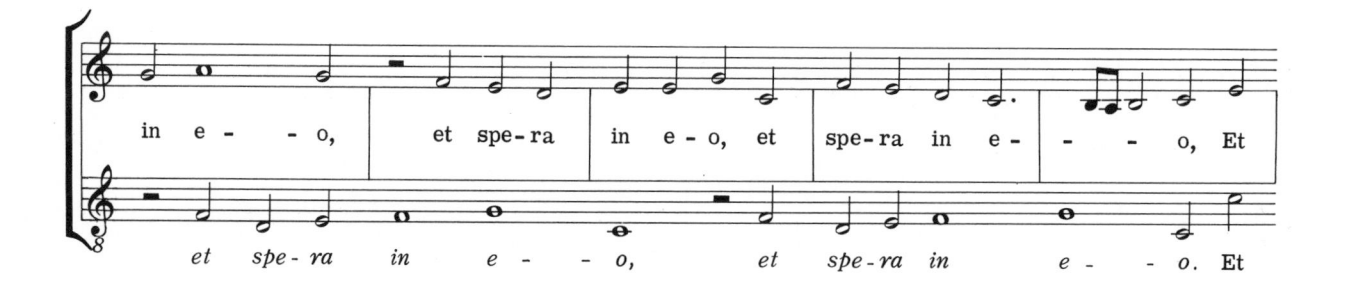

in e - - o, et spe-ra in e - o, et spe-ra in e - - o, Et

et spe-ra in e - - o, et spe-ra in e - - o. Et

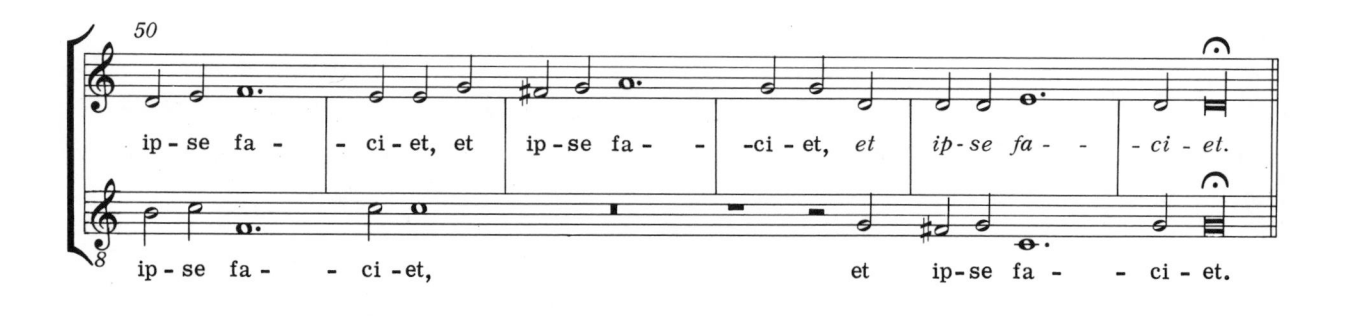

ip-se fa - - ci-et, et ip-se fa - - -ci-et, *et ip-se fa - - ci - et.*

ip-se fa - - ci-et, et ip-se fa - ci - et.

SECUNDA PARS

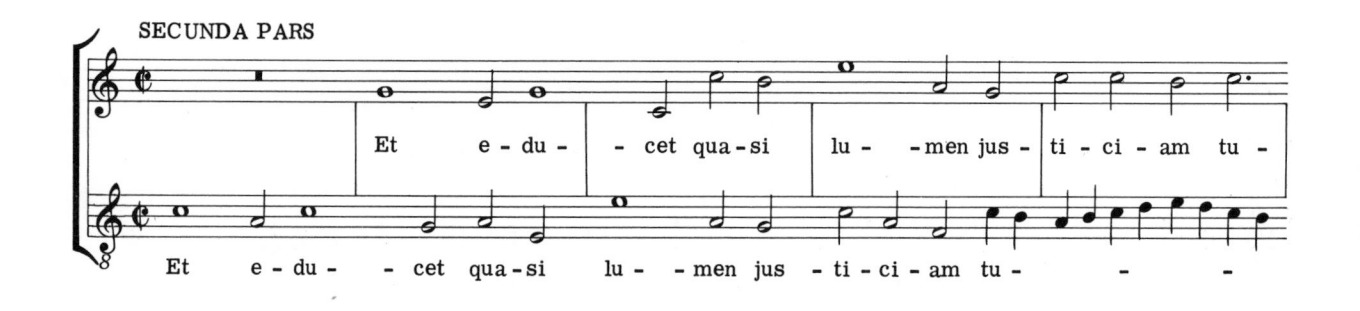

Et e-du - - cet qua-si lu - -men jus - ti-ci-am tu -

Et e-du - - cet qua-si lu - men jus - ti-ci-am tu - -

10

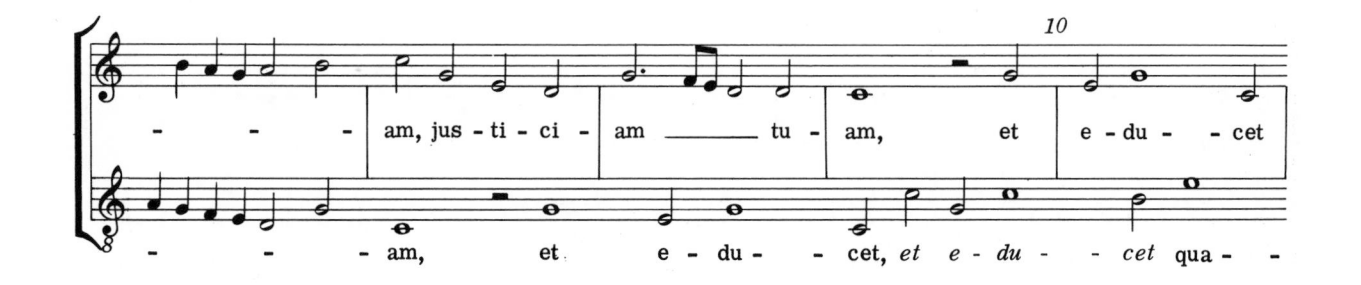

- - - am, jus-ti-ci - am ___ tu - am, et e-du - - cet

- - - am, *et e - du - - cet, et e-du - - cet qua -*

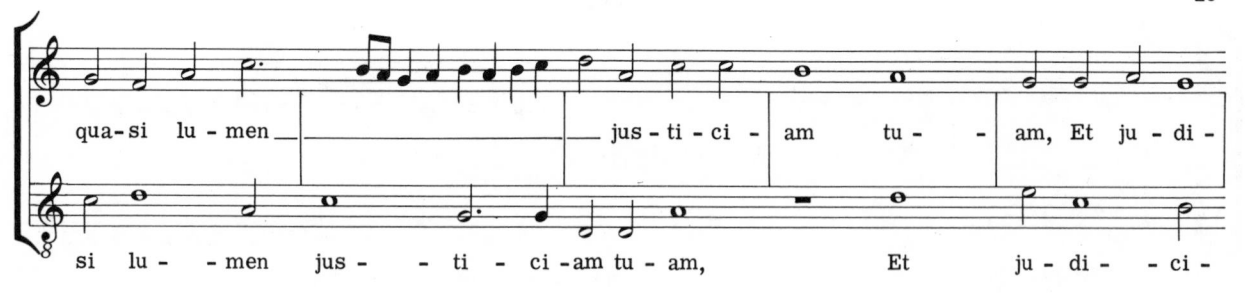

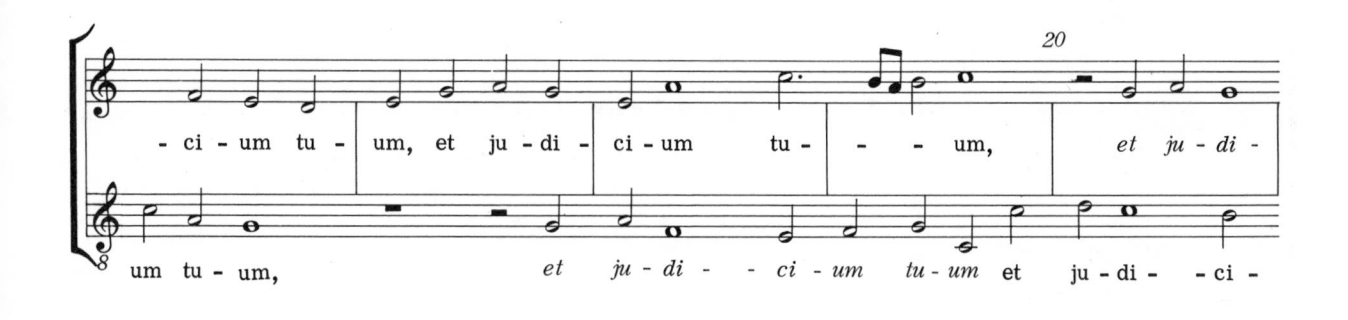

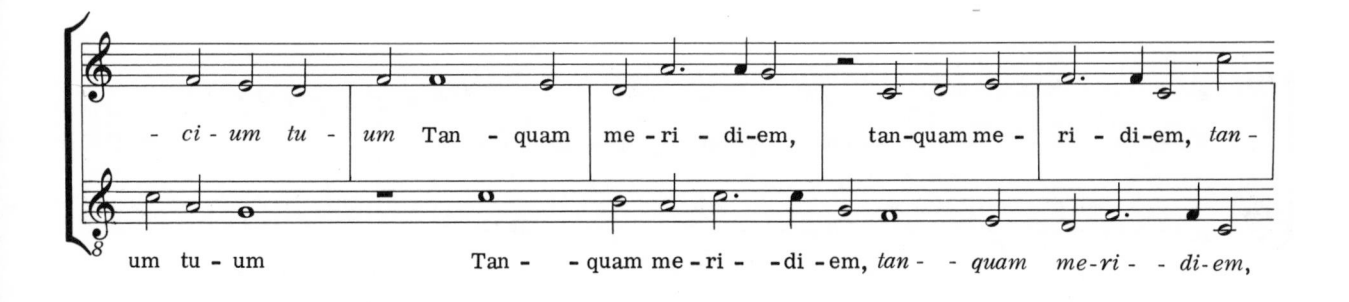

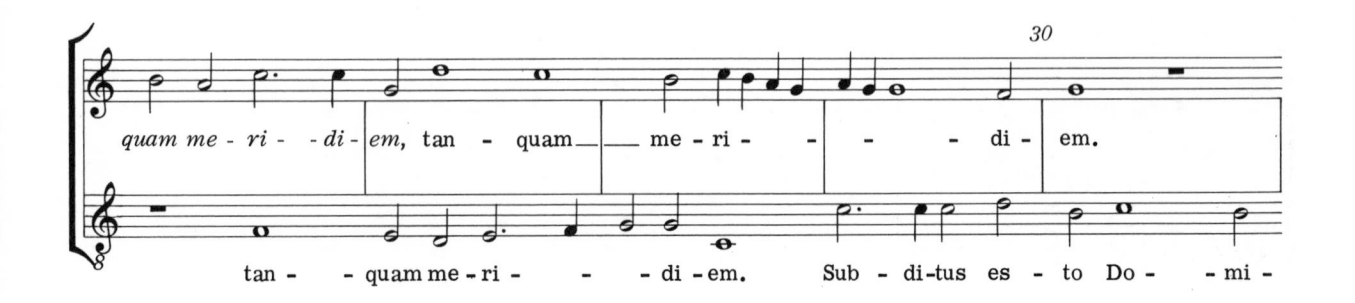

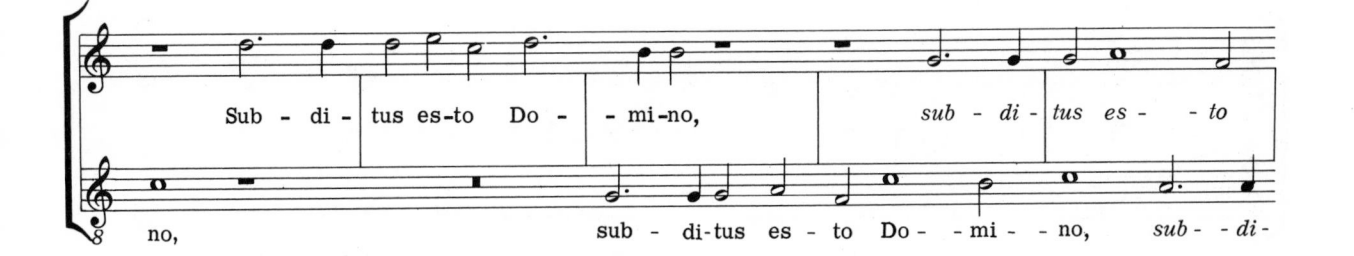

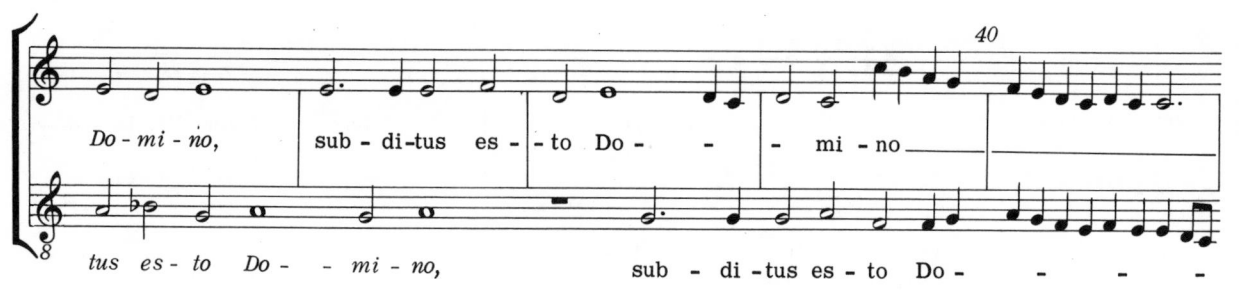

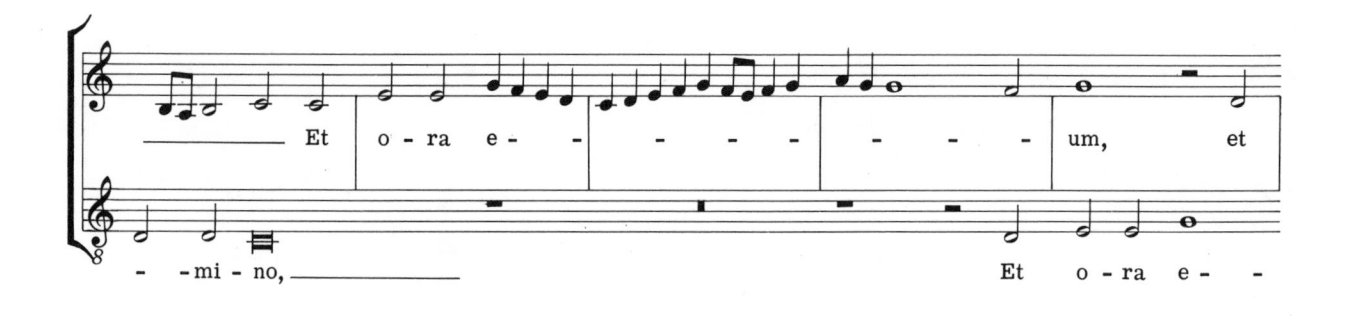

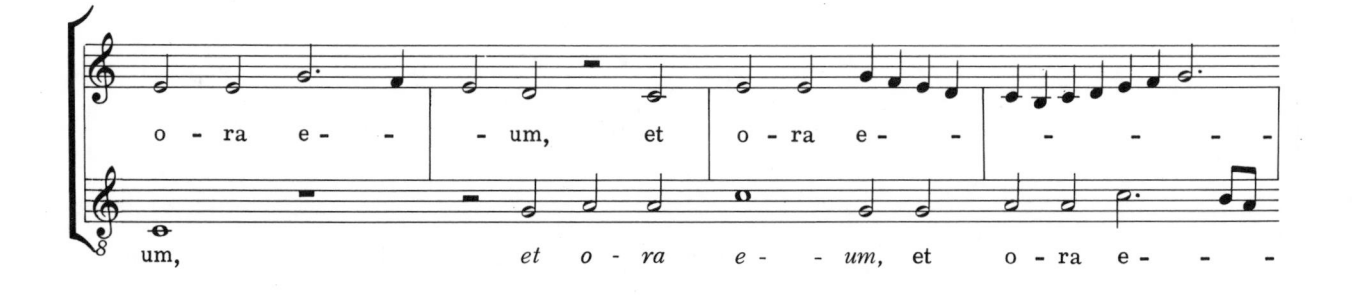

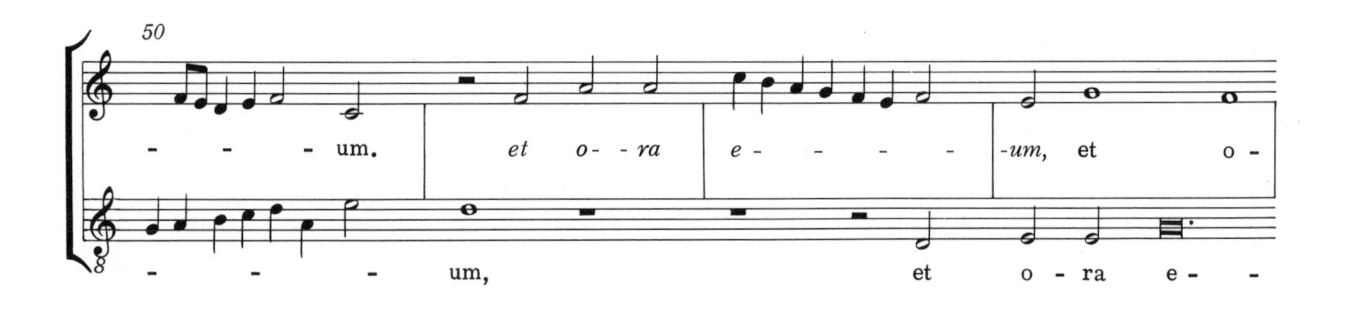

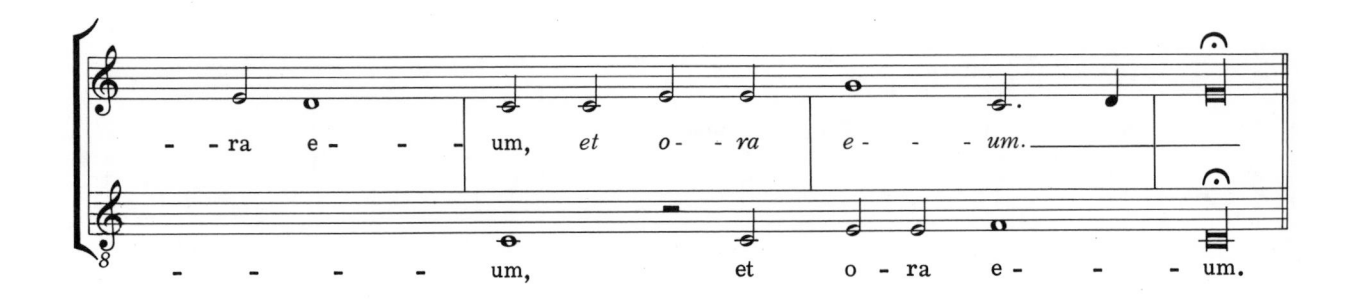

5. Qui au conseil des malins n'a esté

Paris 1562

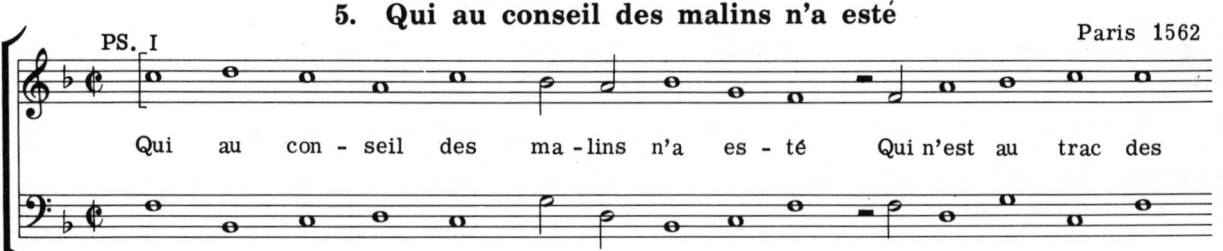

PS. I

Qui au con - seil des ma - lins n'a es - té Qui n'est au trac des

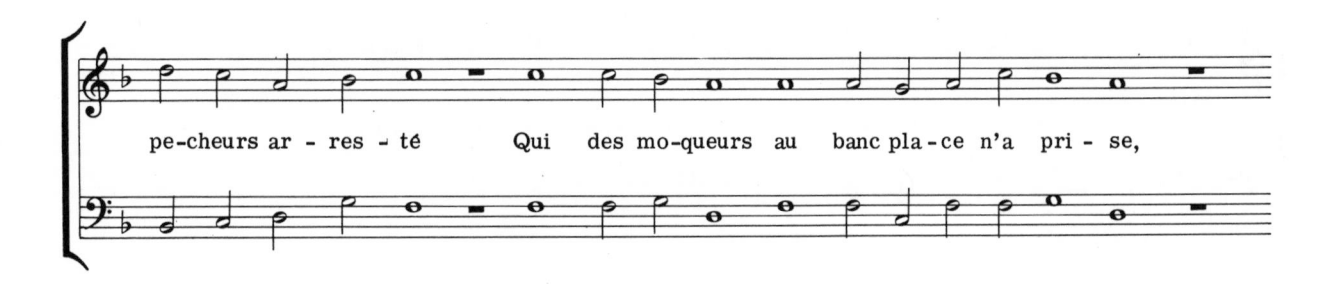

pe - cheurs ar - res - té Qui des mo - queurs au banc pla - ce n'a pri - se,

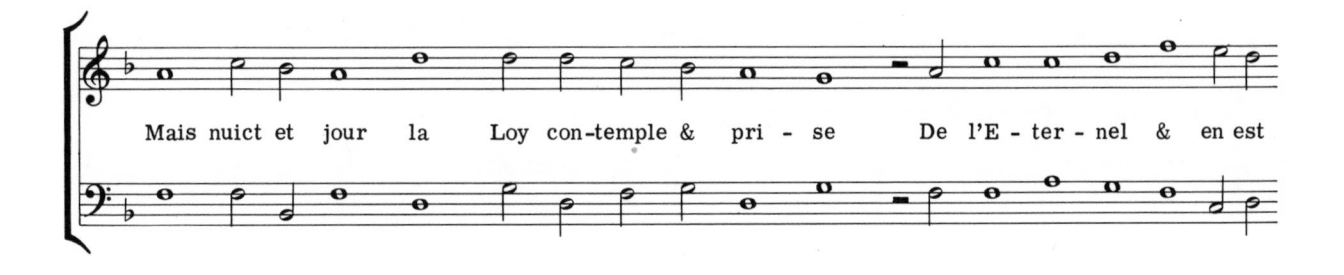

Mais nuict et jour la Loy con - temple & pri - se De l'E - ter - nel & en est

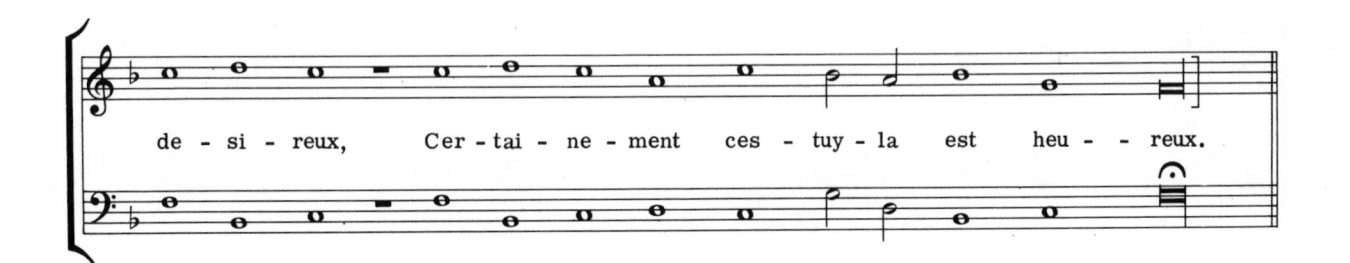

de - si - reux, Cer - tai - ne - ment ces - tuy - la est heu - - reux.

6. Pourquoy font bruit, et s'assemblent les gens

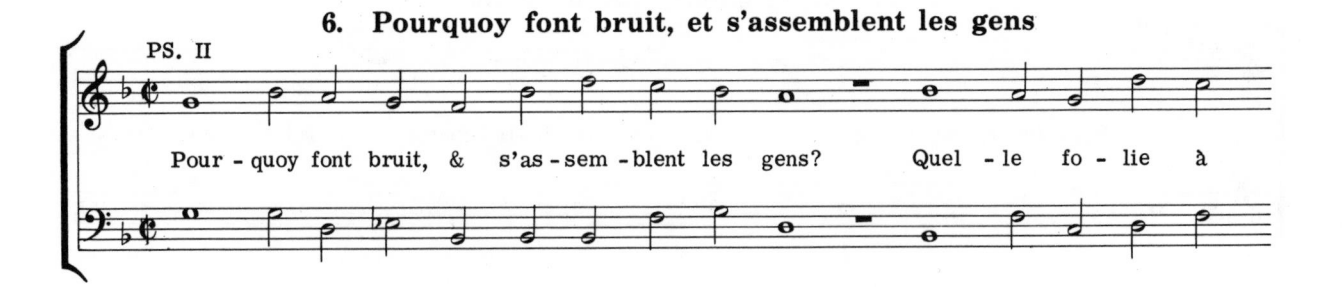

PS. II

Pour - quoy font bruit, & s'as - sem - blent les gens? Quel - le fo - lie à

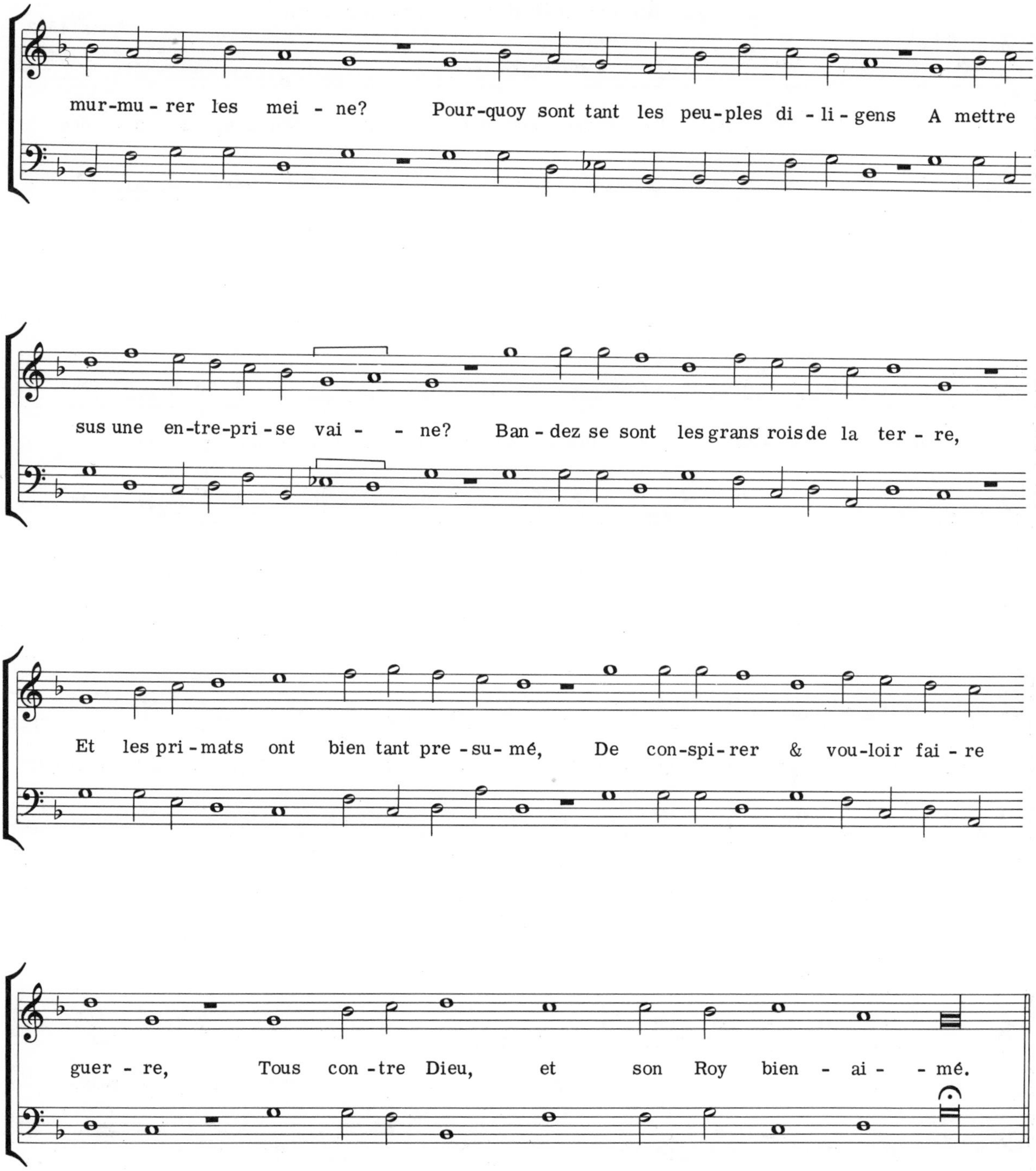

28

mur-mu-rer les mei – ne? Pour-quoy sont tant les peu-ples di-li-gens A mettre

sus une en-tre-pri-se vai – ne? Ban-dez se sont les grans rois de la ter-re,

Et les pri-mats ont bien tant pre-su-mé, De con-spi-rer & vou-loir fai-re

guer-re, Tous con-tre Dieu, et son Roy bien-ai-mé.

7. O Seigneur, que de gens

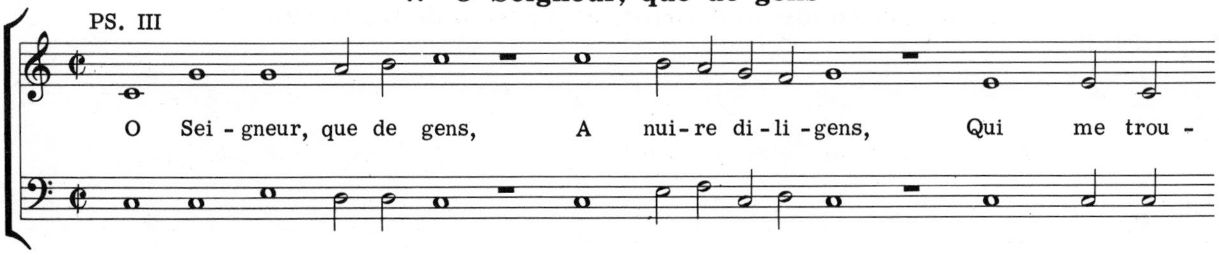

PS. III

O Sei-gneur, que de gens, A nui-re di-li-gens, Qui me trou-

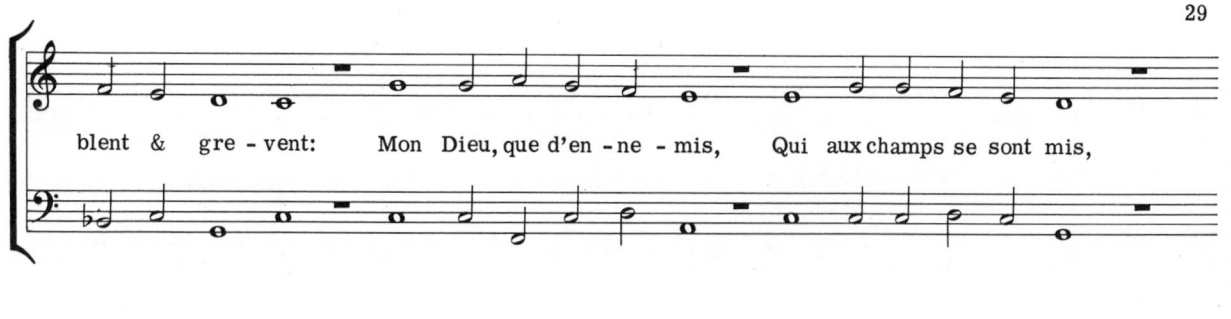

blent & gre - vent: Mon Dieu, que d'en - ne - mis, Qui aux champs se sont mis,

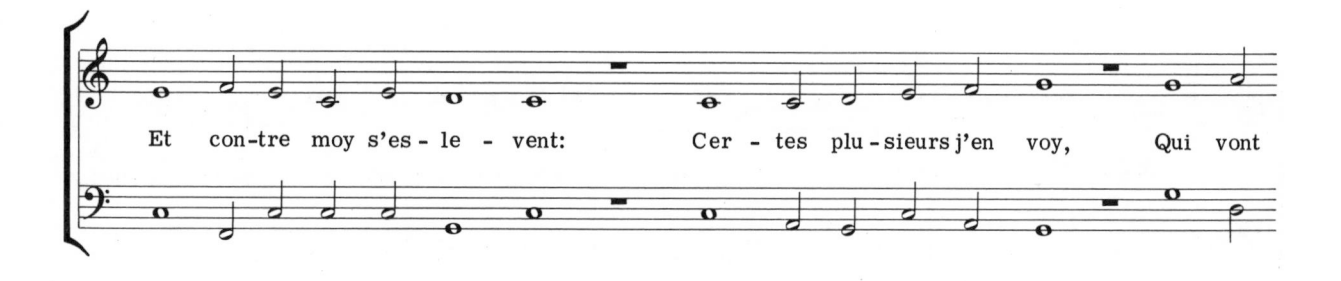

Et con-tre moy s'es - le - vent: Cer - tes plu - sieurs j'en voy, Qui vont

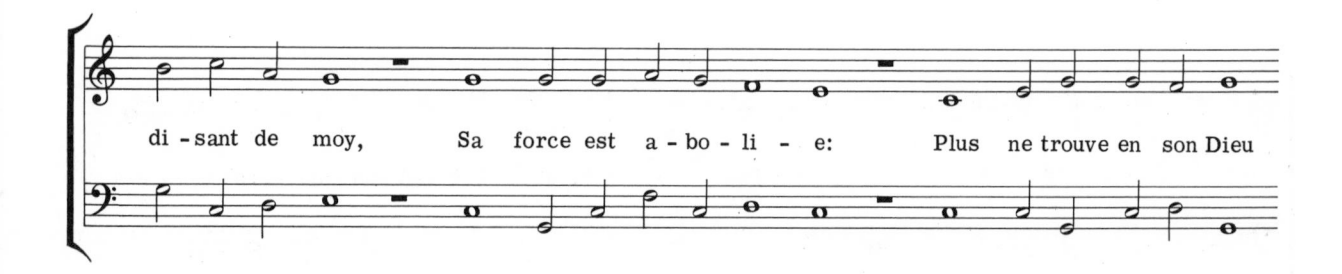

di - sant de moy, Sa force est a - bo - li - e: Plus ne trouve en son Dieu

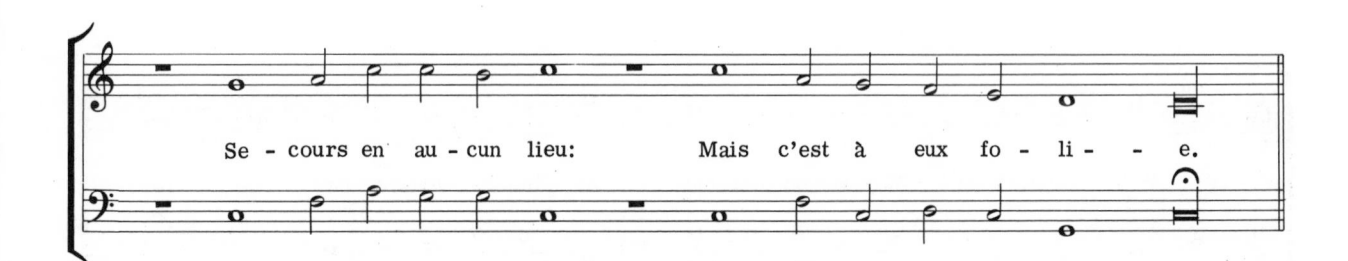

Se - cours en au-cun lieu: Mais c'est à eux fo - li - e.

8: Quand je t'invoque, helas, escoute

PS. IV

Quand je t'in - voque, he - las, es - cou - te, O Dieu de ma cause &

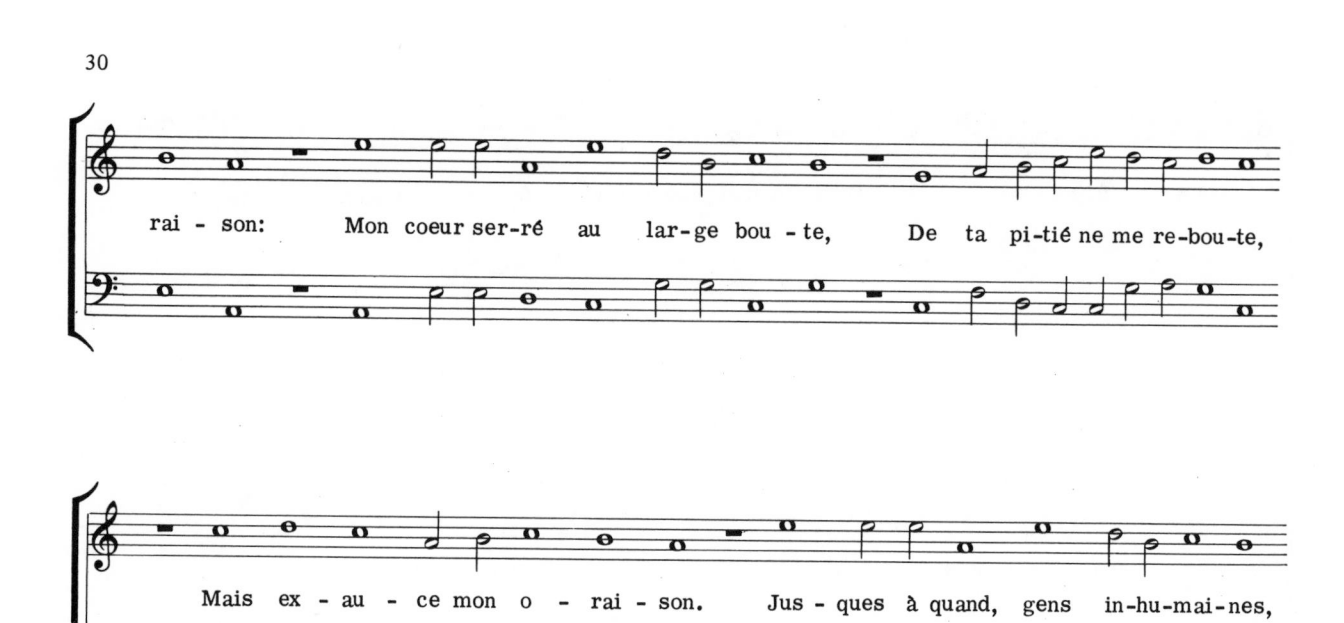

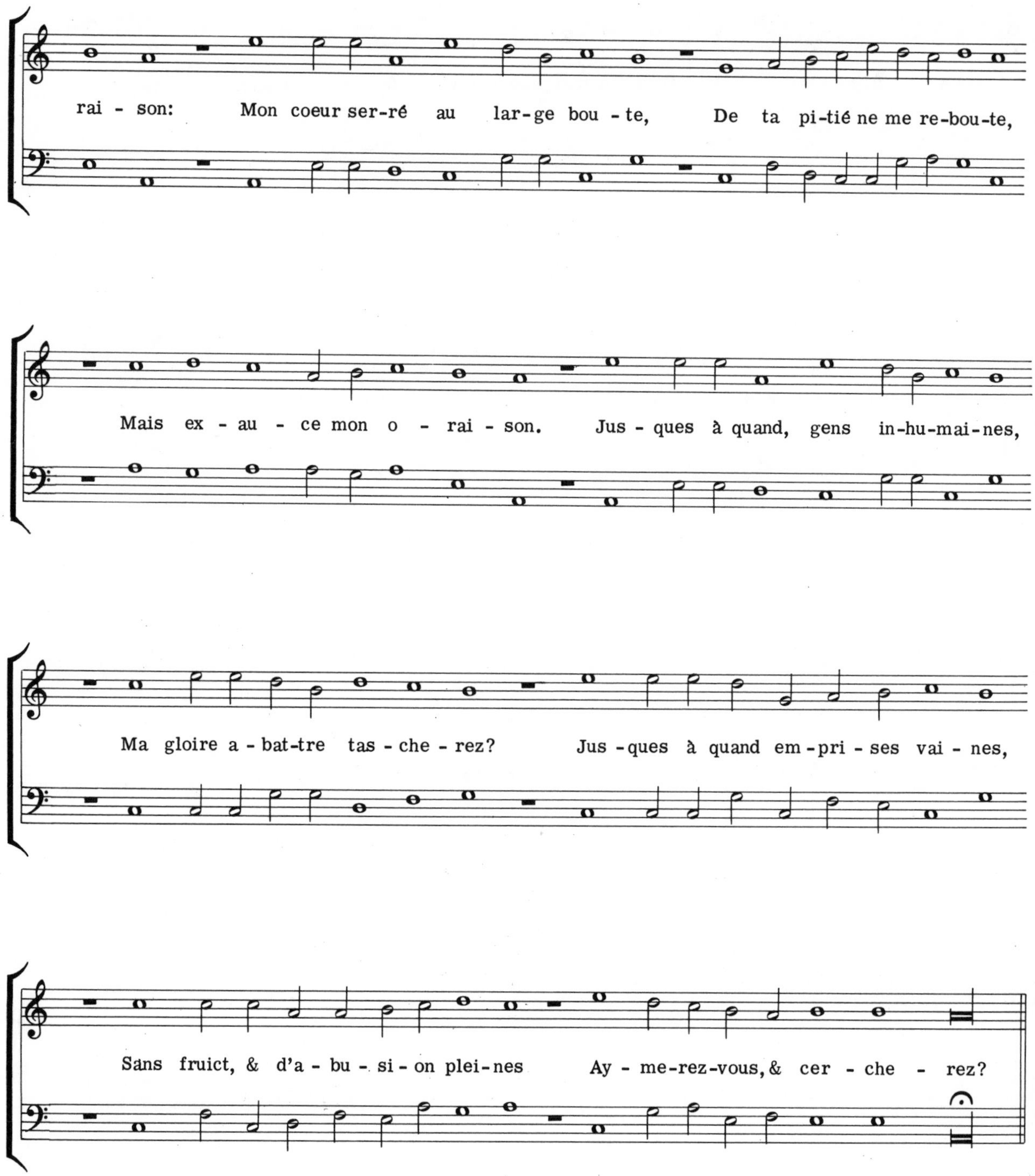

rai - son: Mon coeur ser-ré au lar-ge bou - te, De ta pi-tié ne me re-bou-te,

Mais ex - au - ce mon o - rai - son. Jus - ques à quand, gens in-hu-mai-nes,

Ma gloire a - bat-tre tas - che - rez? Jus - ques à quand em-pri - ses vai - nes,

Sans fruict, & d'a - bu - si - on plei-nes Ay - me-rez-vous,& cer - che - rez?

9. Aux paroles que je veux dire

PS. V

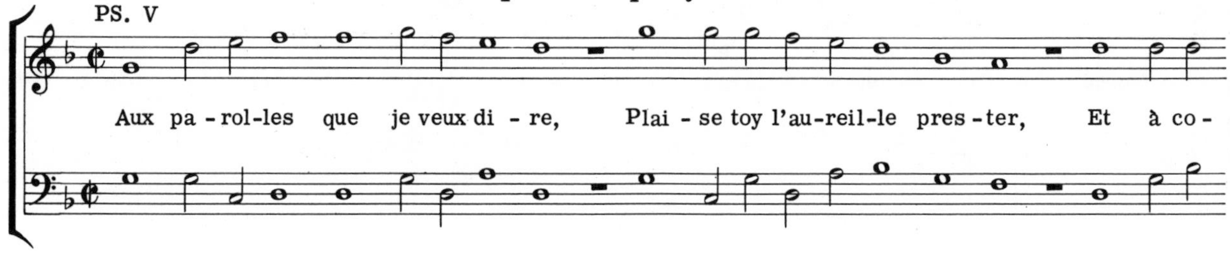

Aux pa - rol-les que je veux di - re, Plai - se toy l'au-reil-le pres-ter, Et à co-

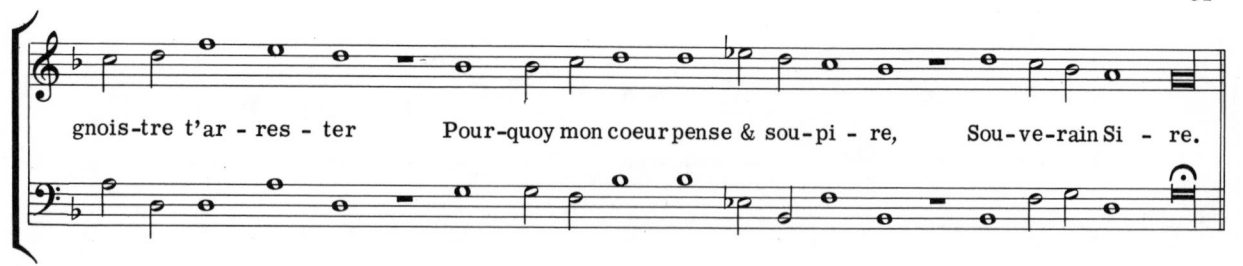

gnois-tre t'ar - res - ter Pour-quoy mon coeur pense & sou-pi - re, Sou-ve-rain Si - re.

10. Ne vueilles pas, ô Sire

PS. VI

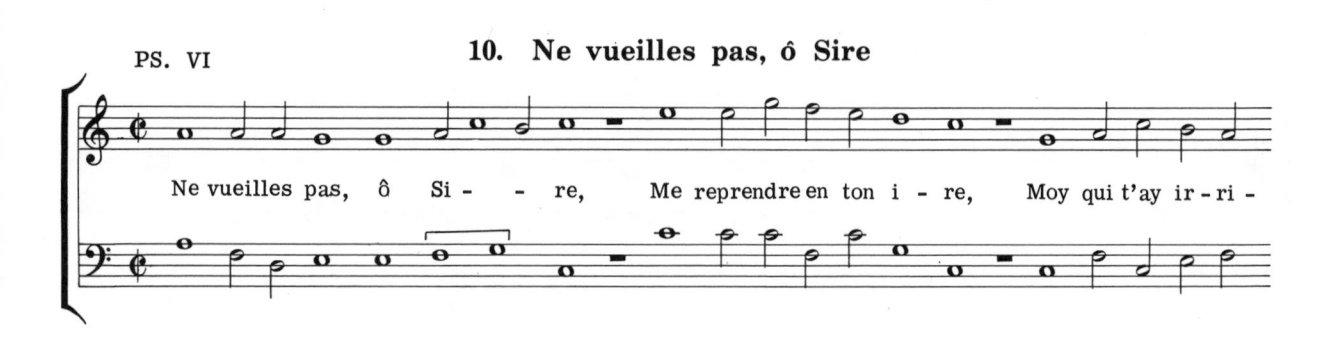

Ne vueilles pas, ô Si - - re, Me reprendre en ton i - re, Moy qui t'ay ir-ri-

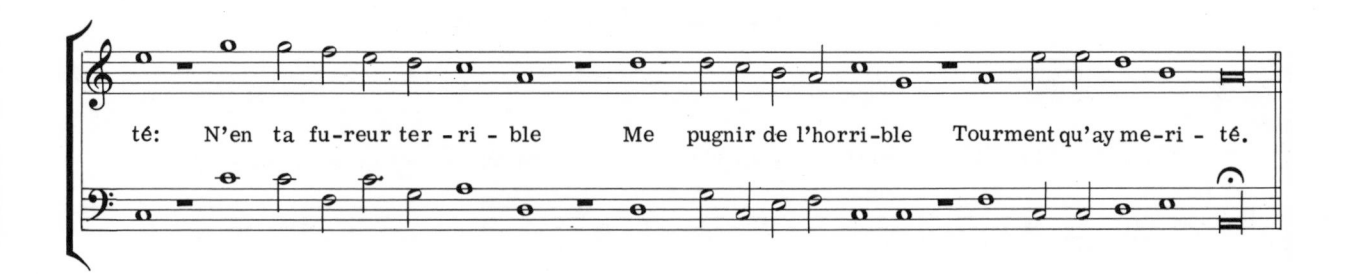

té: N'en ta fu-reur ter-ri - ble Me pugnir de l'horri-ble Tourment qu'ay me-ri - té.

11. Mon Dieu, j'ay en toy esperance

PS. VII

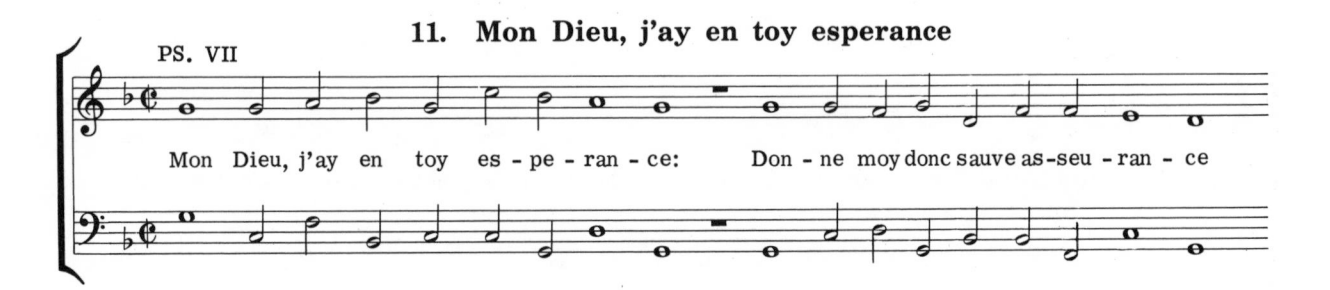

Mon Dieu, j'ay en toy es-pe-ran-ce: Don - ne moy donc sauve as-seu-ran - ce

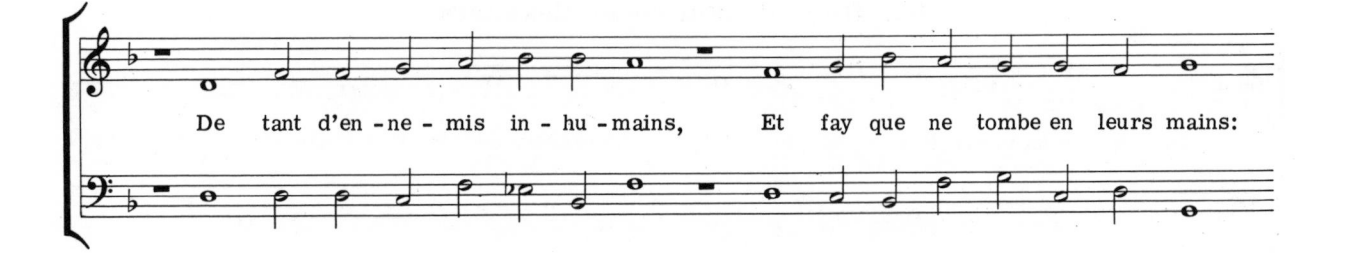

De tant d'en-ne-mis in - hu-mains, Et fay que ne tombe en leurs mains:

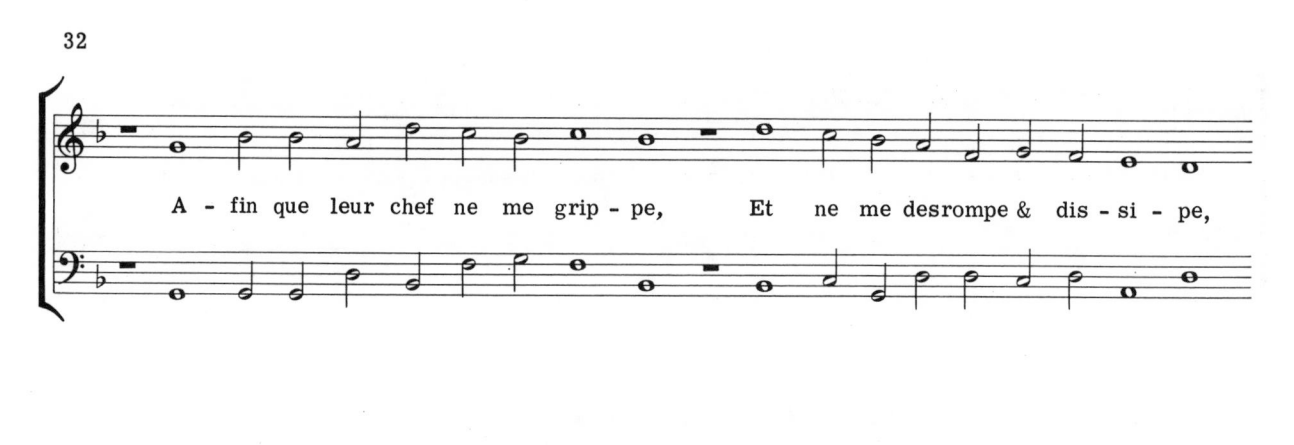

A - fin que leur chef ne me grip - pe, Et ne me desrompe & dis - si - pe,

Ain - si qu'un li - on de - vo - rant, Sans que nul me soit se - cou - rant.

12. O nostre Dieu, et Seigneur amiable

PS. VIII

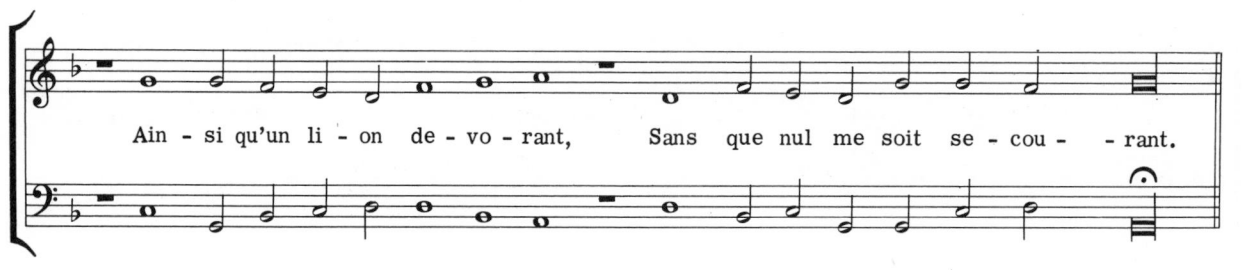

O nos-tre Dieu, & Seigneur a - mi - a - ble, Com-bien ton Nom est grand & ad - mi - ra -

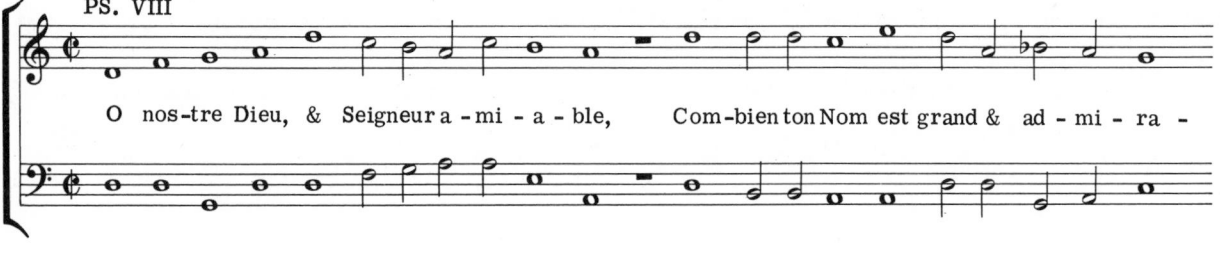
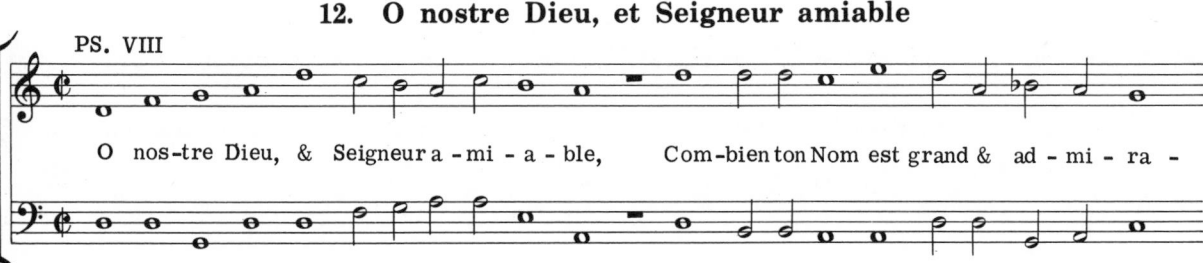

ble, Partout ce val ter-res-tre, spa-ci - eux, Qui ta puis-sance e - le-ve sur les cieux.

13. De tout mon coeur t'exalteray

PS. IX

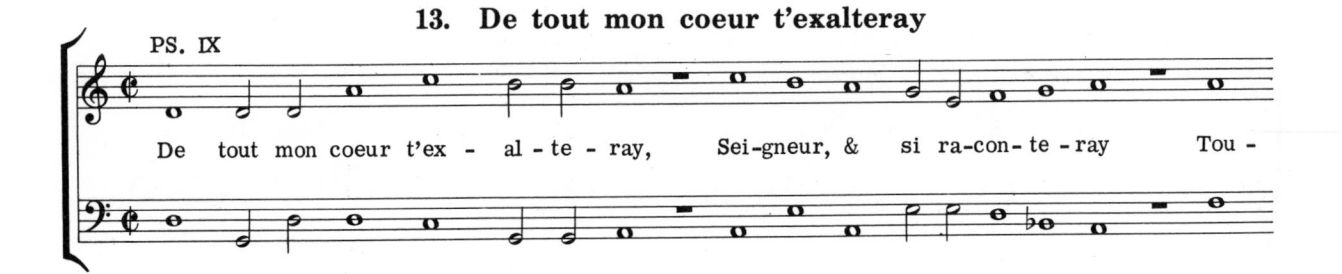

De tout mon coeur t'ex - al - te - ray, Sei-gneur, & si ra-con-te-ray Tou -

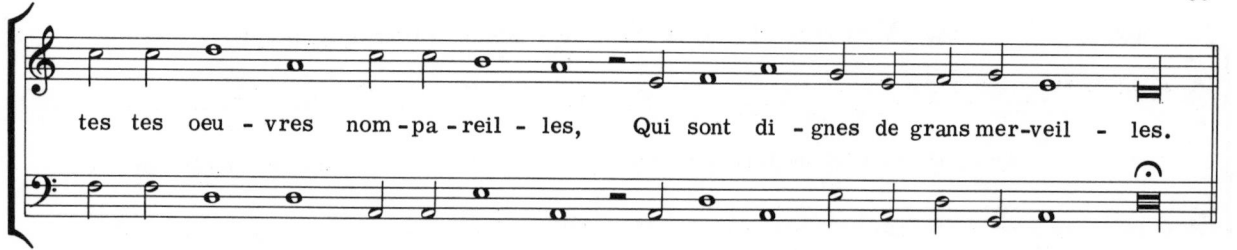

 tes tes oeu - vres nom - pa - reil - les, Qui sont di - gnes de grans mer - veil - les.

14. D'où vient cela, Seigneur, je te supply

PS. X

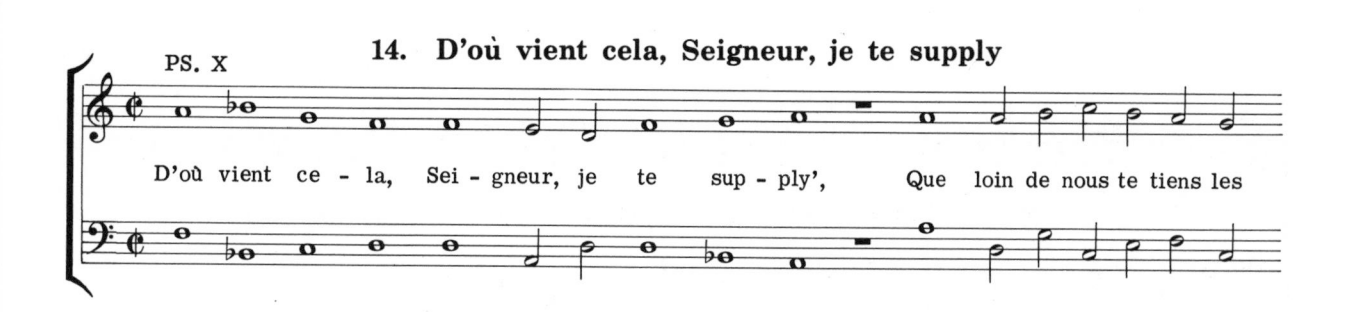

D'où vient ce - la, Sei - gneur, je te sup - ply', Que loin de nous te tiens les

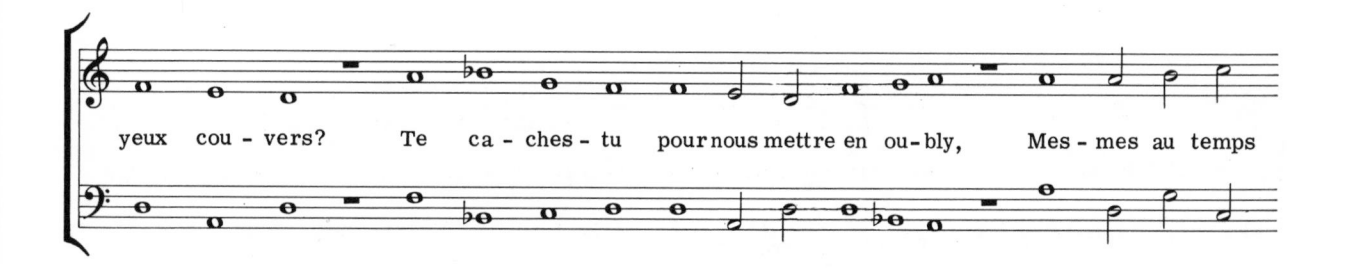

yeux cou - vers? Te ca - ches - tu pour nous mettre en ou - bly, Mes - mes au temps

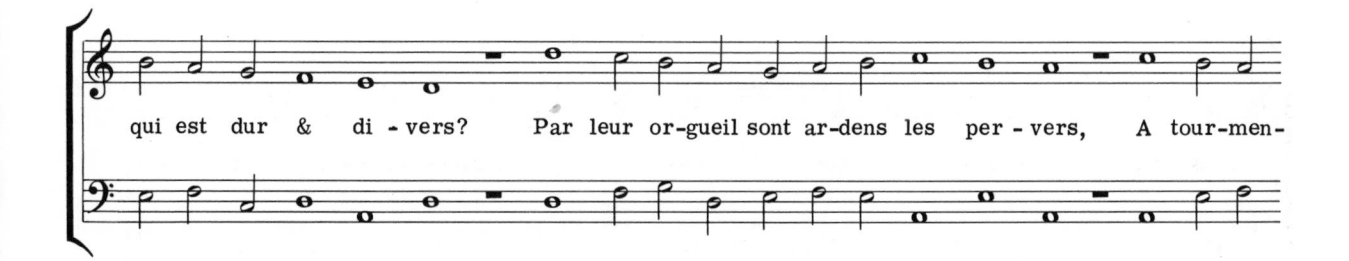

qui est dur & di - vers? Par leur or - gueil sont ar - dens les per - vers, A tour - men-

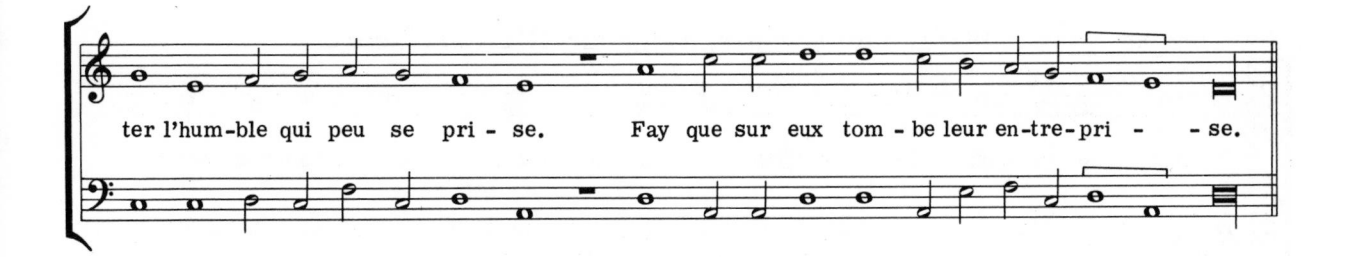

ter l'hum - ble qui peu se pri - se. Fay que sur eux tom - be leur en - tre - pri - se.

PS. XI   **15. Veu que du tout en Dieu mon coeur s'appuye**

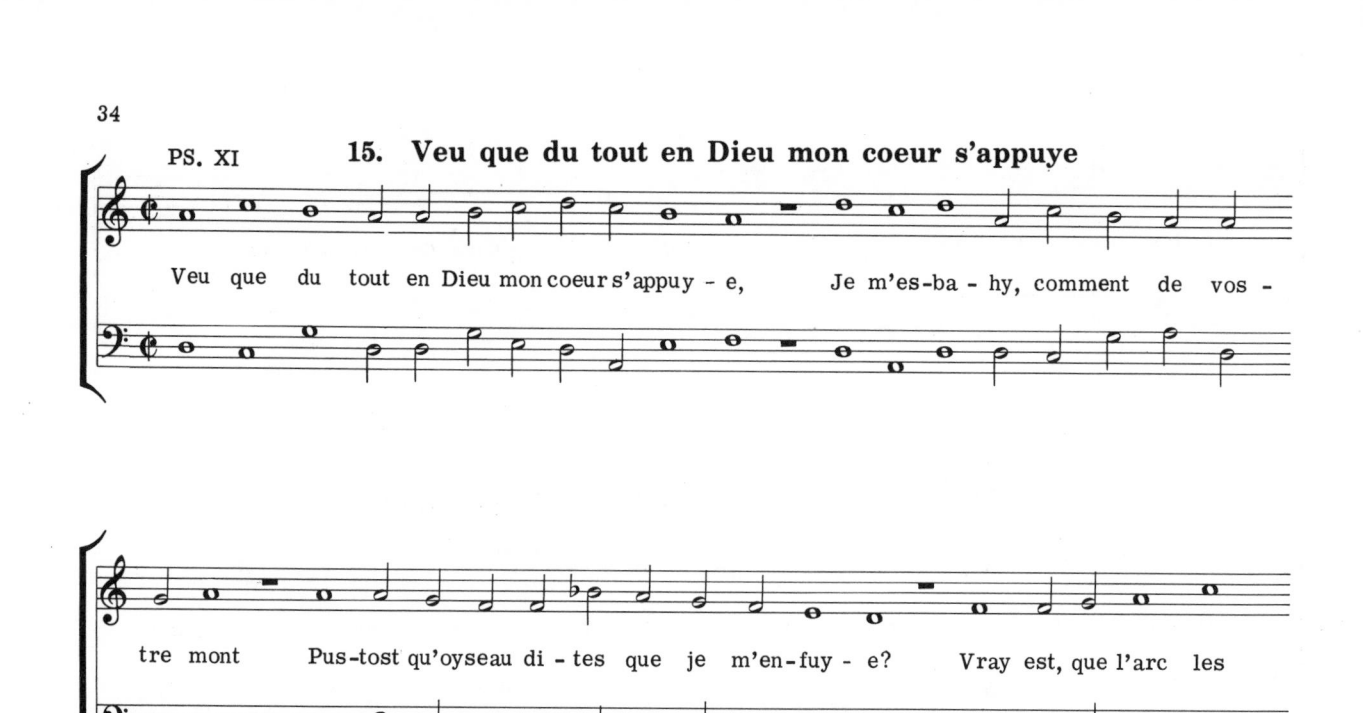

Veu que du tout en Dieu mon coeur s'appuy - e, Je m'es-ba - hy, comment de vos -

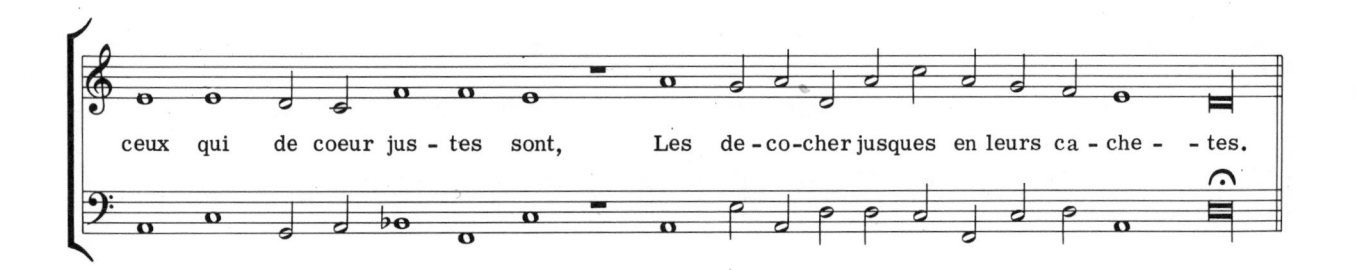

tre mont Pus-tost qu'oyseau di - tes que je m'en-fuy - e? Vray est, que l'arc les

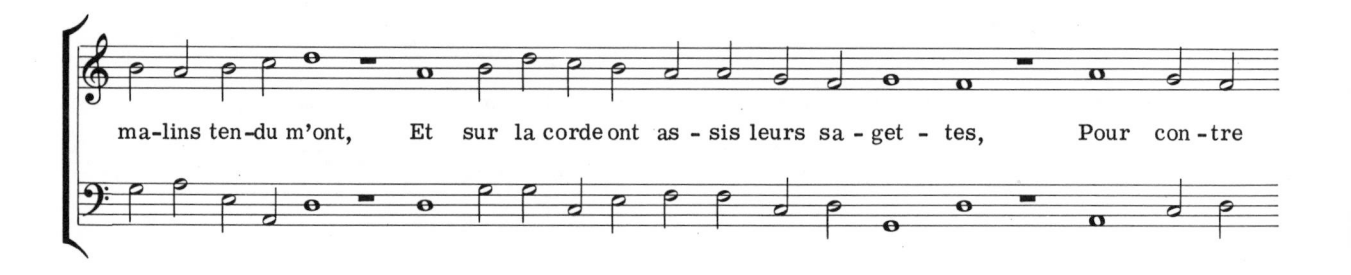

ma-lins ten-du m'ont, Et sur la corde ont as - sis leurs sa - get - tes, Pour con -tre

ceux qui de coeur jus - tes sont, Les de - co - cher jusques en leurs ca - che - - tes.

PS. XII   **16. Donne secours, Seigneur, il en est heure**

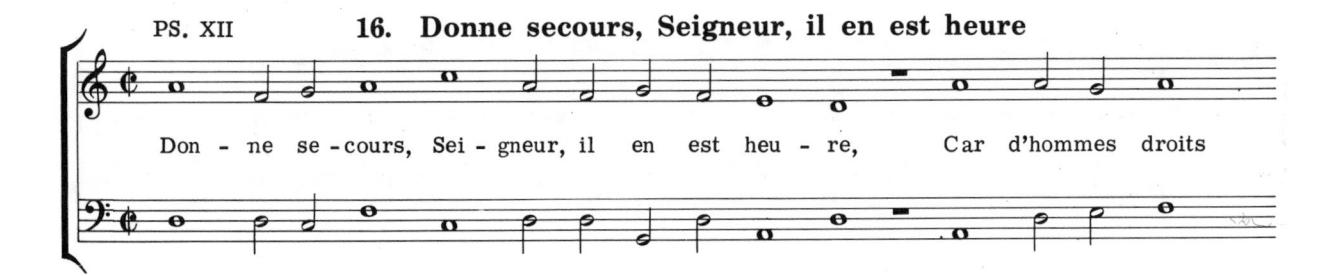

Don - ne se - cours, Sei - gneur, il en est heu - re, Car d'hommes droits

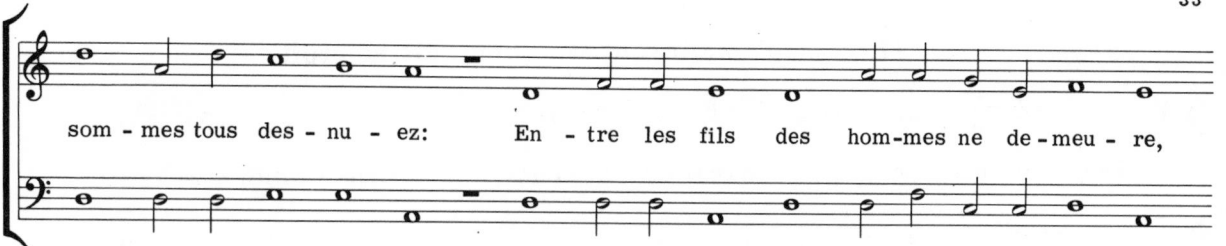

som - mes tous des - nu – ez: En - tre les fils des hom-mes ne de-meu - re,

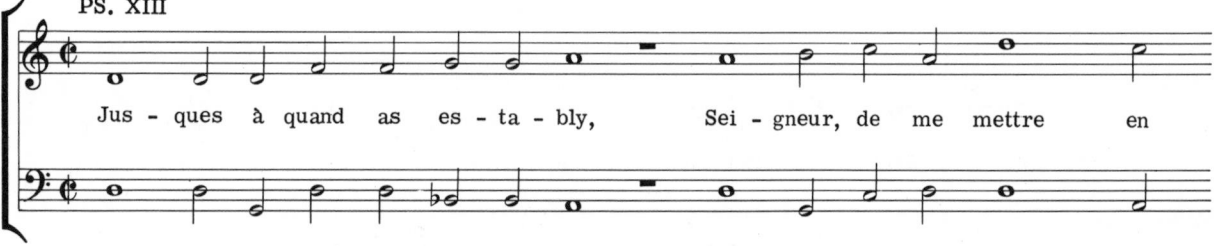

Un qui ayt foy, tant sont di - mi - nu - ez.

19. Jusques a quand as estably

PS. XIII

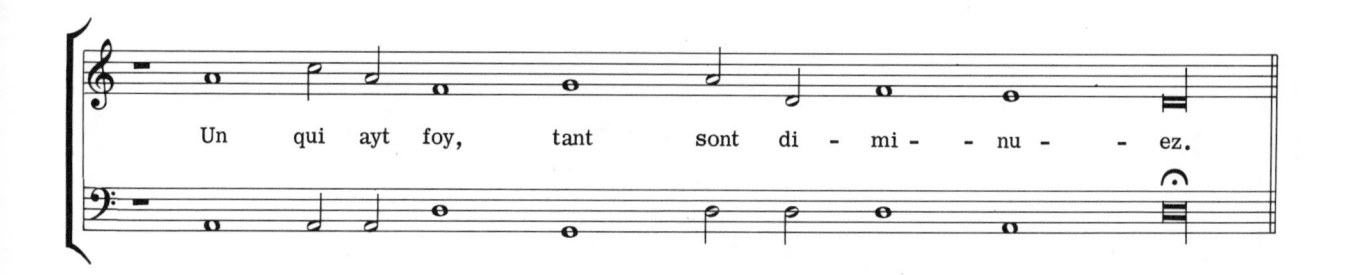

Jus - ques à quand as es - ta - bly, Sei - gneur, de me mettre en

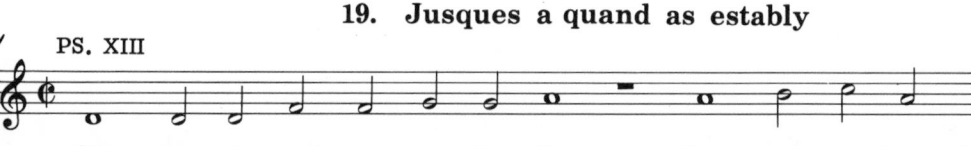
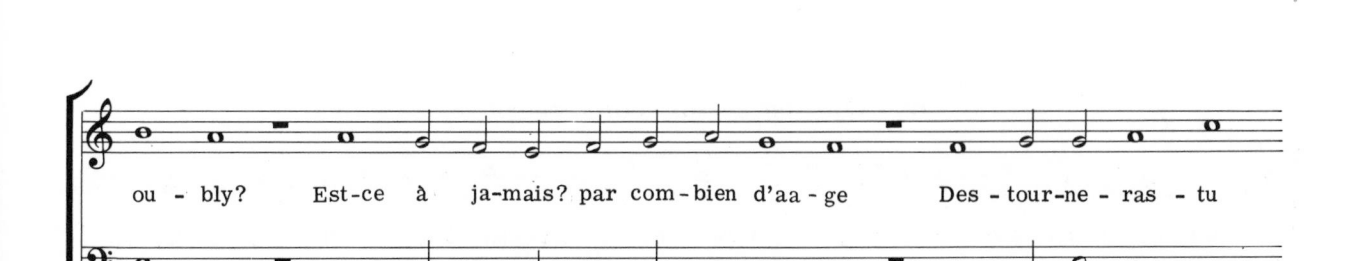

ou - bly? Est-ce à ja-mais? par com-bien d'aa - ge Des - tour-ne - ras - tu

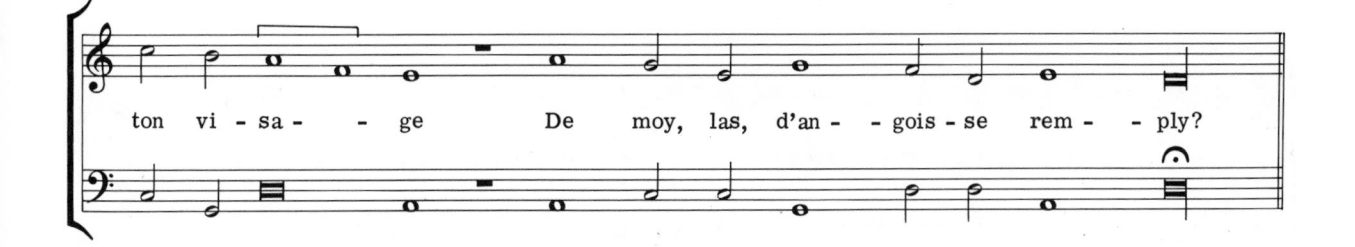

ton vi - sa - ge De moy, las, d'an - gois-se rem - - ply?

17. Le fol malin en son coeur dit et croit

PS. XIV

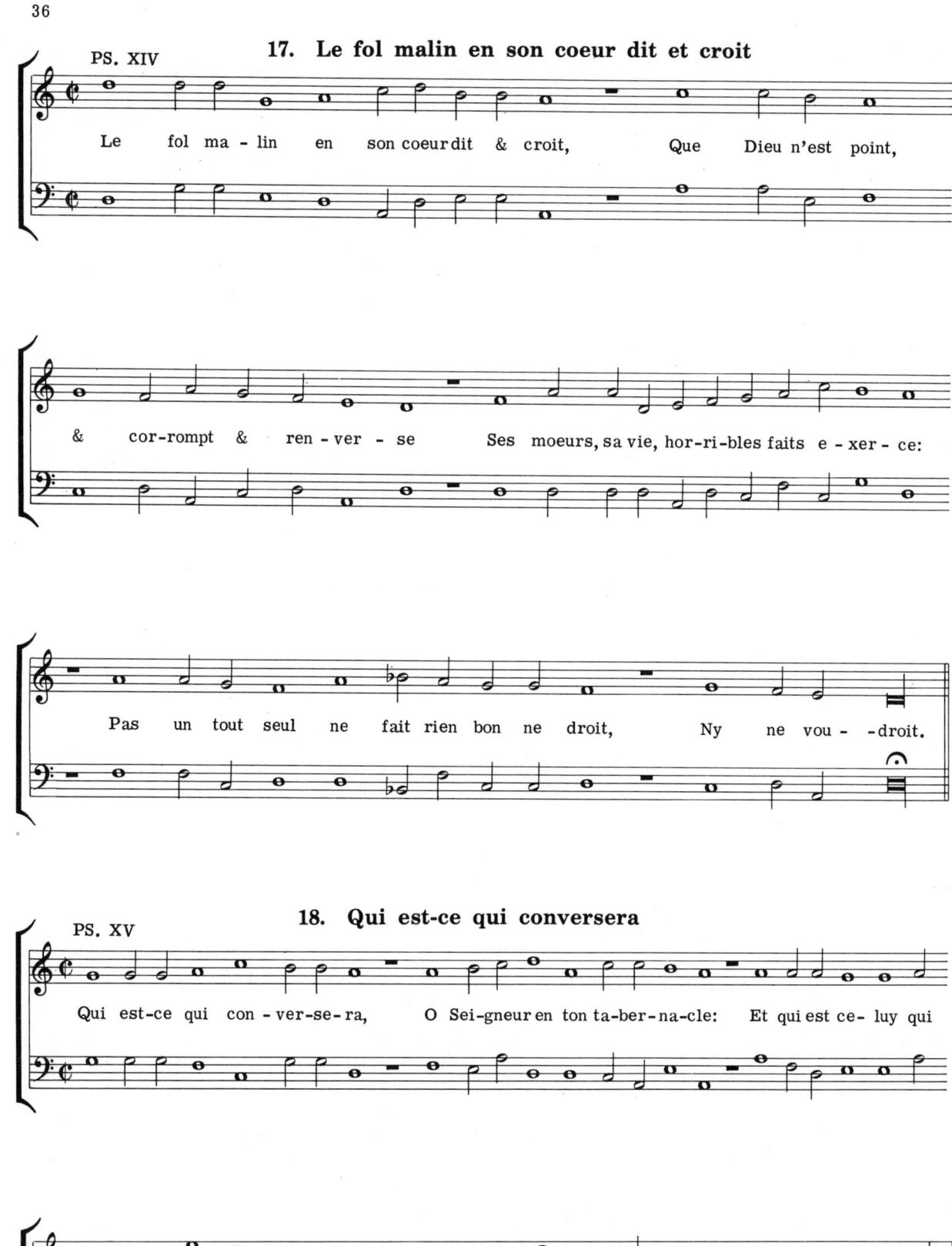

Le fol ma - lin en son coeur dit & croit, Que Dieu n'est point,

& cor-rompt & ren - ver - se Ses moeurs, sa vie, hor-ri-bles faits e - xer - ce:

Pas un tout seul ne fait rien bon ne droit, Ny ne vou - -droit.

18. Qui est-ce qui conversera

PS. XV

Qui est-ce qui con - ver-se-ra, O Sei-gneur en ton ta-ber-na-cle: Et qui est ce- luy qui

se - ra Si heu-reux, que par grace au - ra Sur ton saint mont seur ha -bi - ta - - cle?

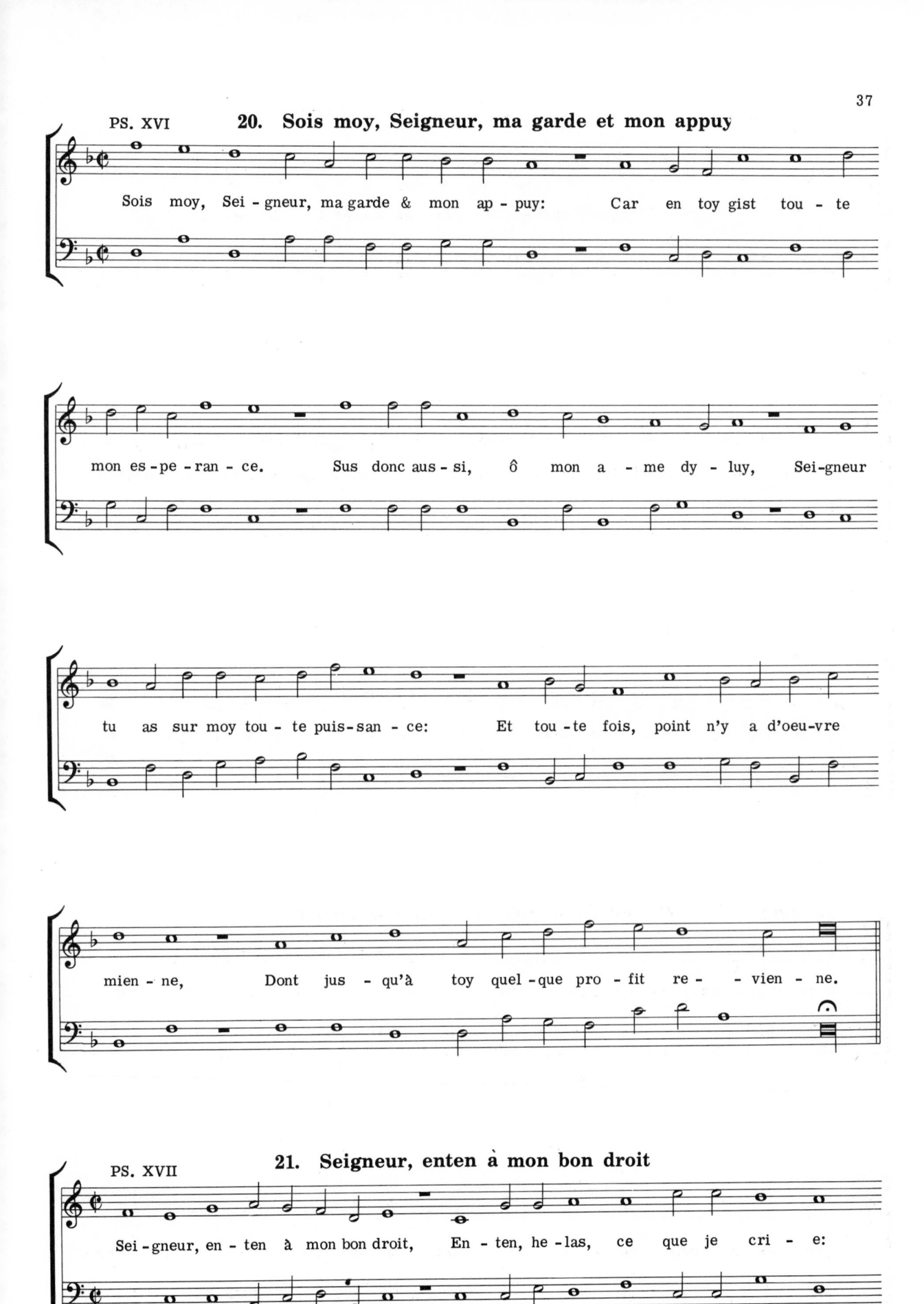

PS. XVI

20. Sois moy, Seigneur, ma garde et mon appuy

Sois moy, Sei - gneur, ma garde & mon ap - puy: Car en toy gist tou - te

mon es - pe - ran - ce. Sus donc aus - si, ô mon a - me dy - luy, Sei - gneur

tu as sur moy tou - te puis-san - ce: Et tou - te fois, point n'y a d'oeu-vre

mien - ne, Dont jus - qu'à toy quel - que pro - fit re - - vien - ne.

PS. XVII

21. Seigneur, enten à mon bon droit

Sei - gneur, en - ten à mon bon droit, En - ten, he - las, ce que je cri - e:

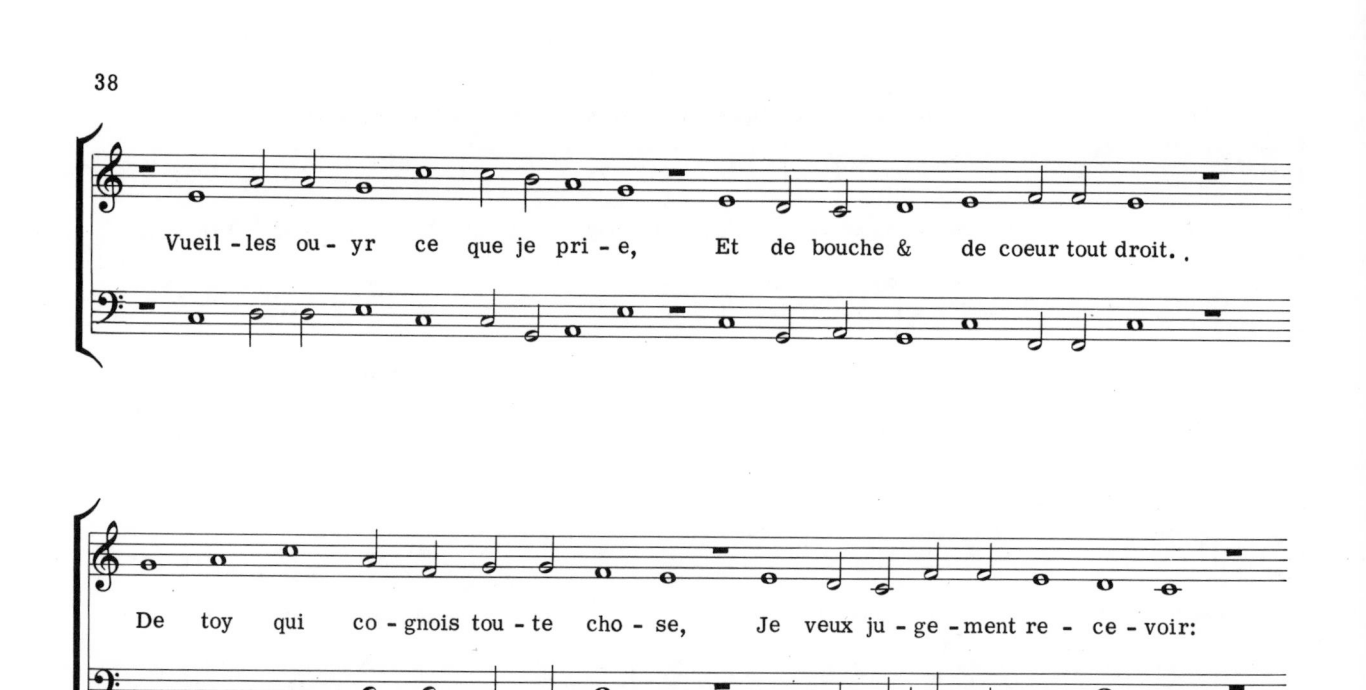

Vueil -les ou - yr ce que je pri - e, Et de bouche & de coeur tout droit. .

De toy qui co - gnois tou - te cho - se, Je veux ju - ge - ment re - ce - voir:

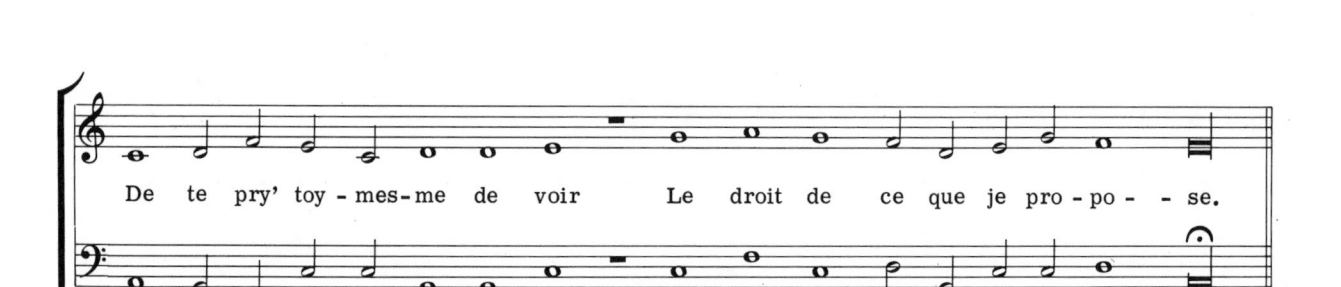

De te pry' toy - mes - me de voir Le droit de ce que je pro - po - se.

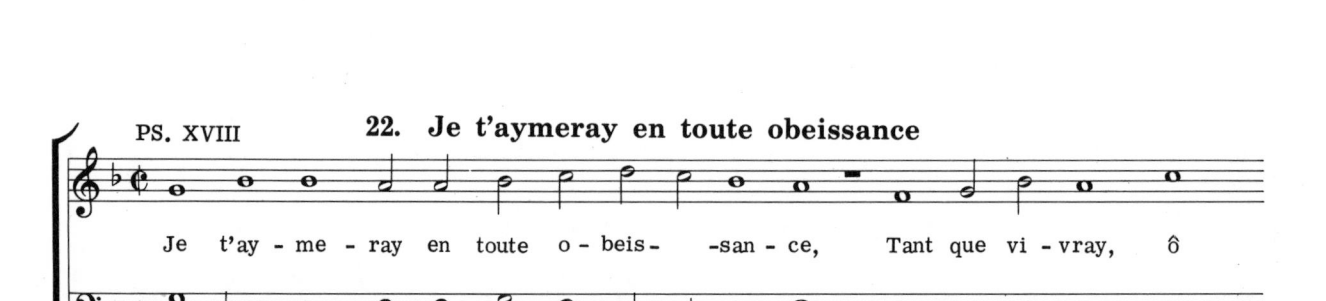

PS. XVIII

22. Je t'aymeray en toute obeissance

Je t'ay - me - ray en toute o - beis- -san - ce, Tant que vi - vray, δ

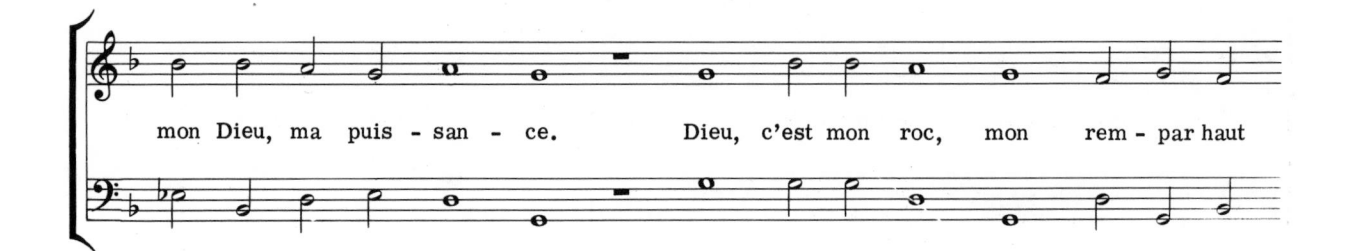

mon Dieu, ma puis - san - ce. Dieu, c'est mon roc, mon rem - par haut

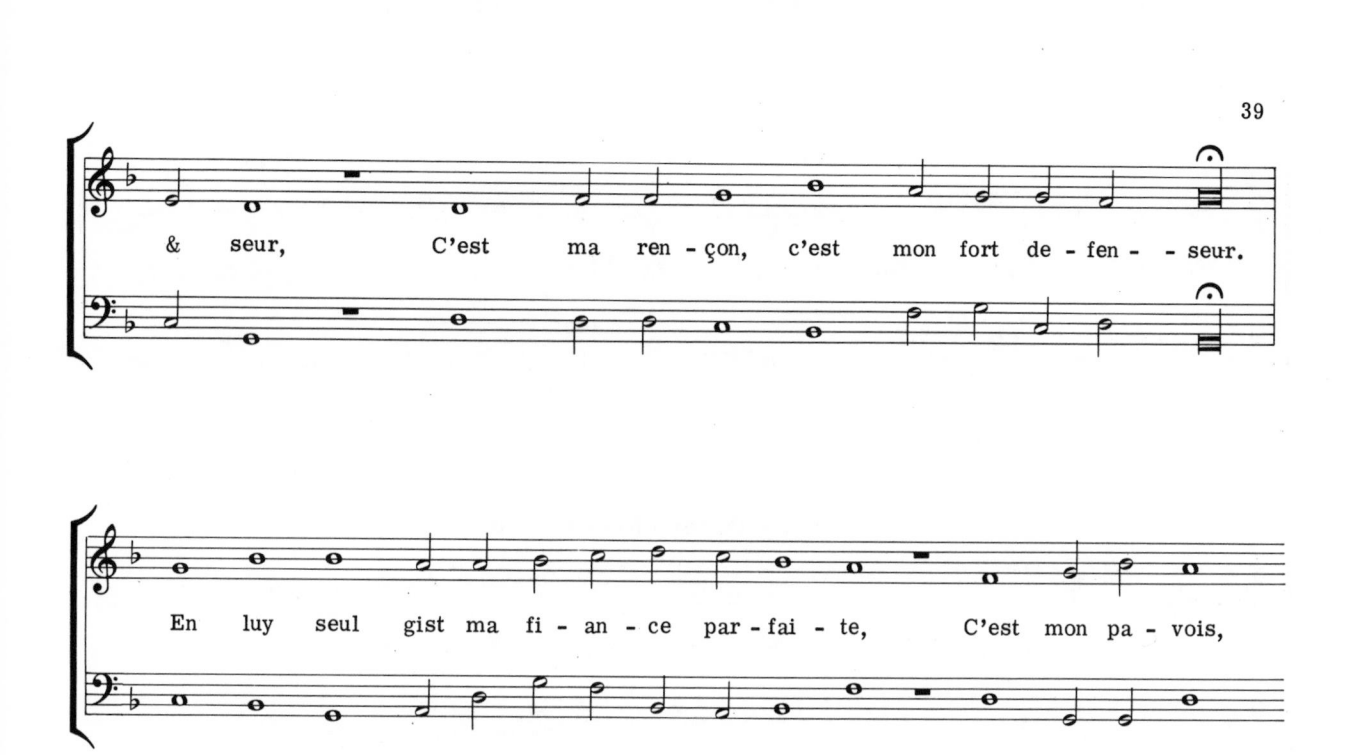

& seur, C'est ma ren-çon, c'est mon fort de-fen--seur.

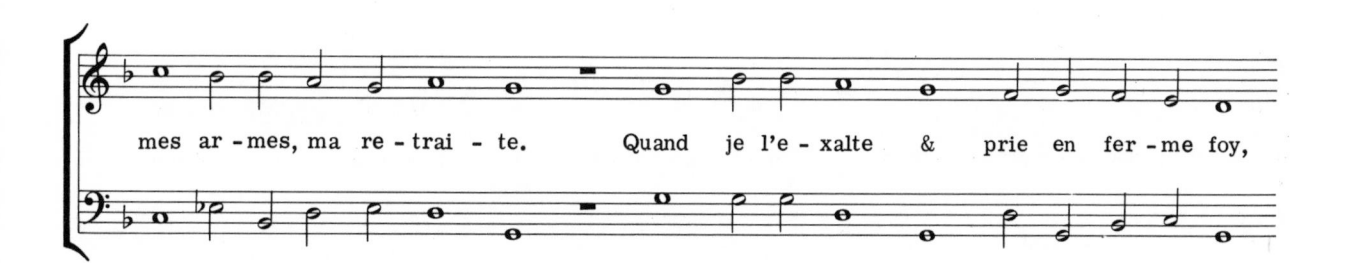

En luy seul gist ma fi-an-ce par-fai-te, C'est mon pa-vois,

mes ar-mes, ma re-trai-te. Quand je l'e-xalte & prie en fer-me foy,

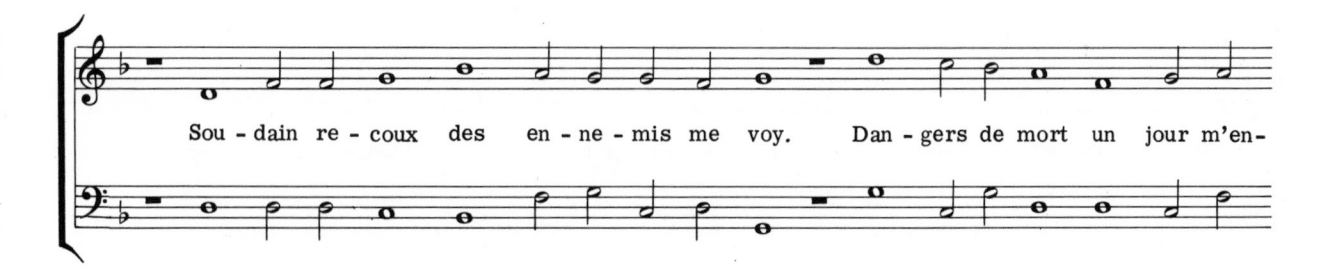

Sou-dain re-coux des en-ne-mis me voy. Dan-gers de mort un jour m'en-

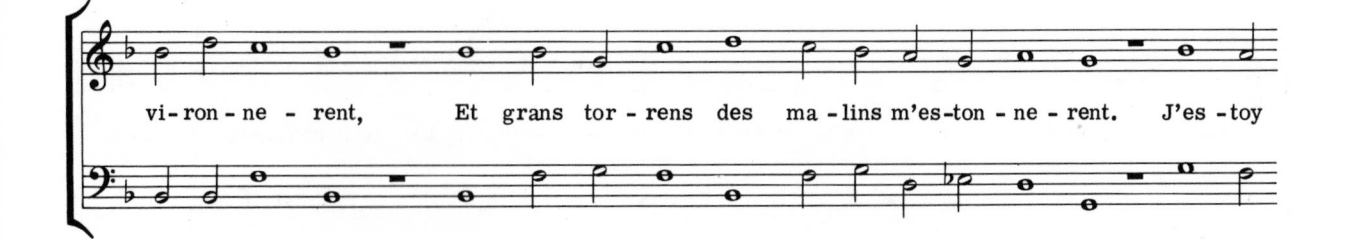

vi-ron-ne-rent, Et grans tor-rens des ma-lins m'es-ton-ne-rent. J'es-toy

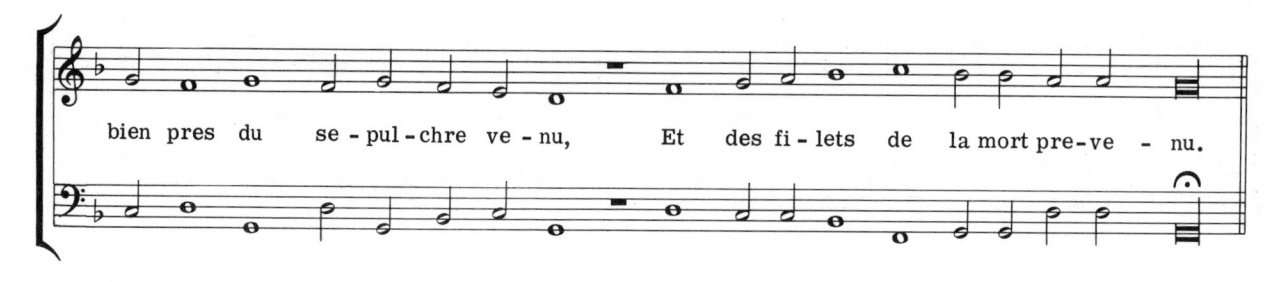

bien pres du se-pul-chre ve-nu, Et des fi-lets de la mort pre-ve-nu.

PS. XIX — 23. Les cieux en chacun lieu

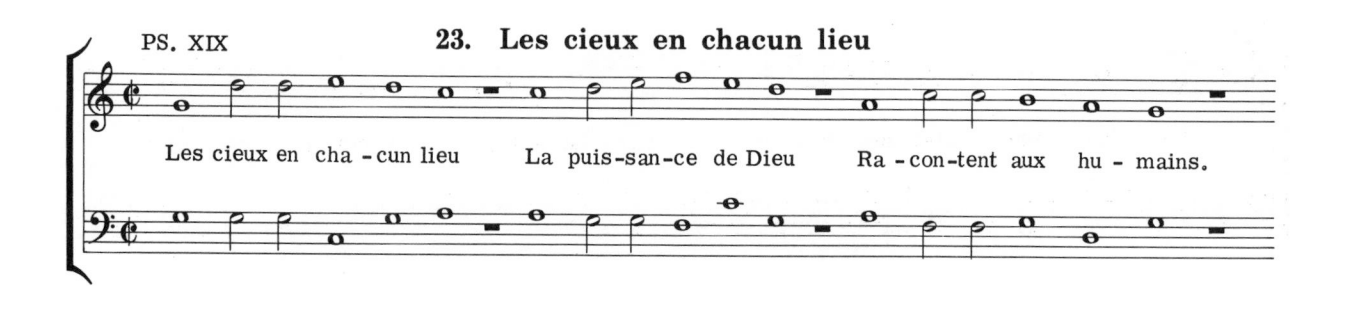

Les cieux en cha-cun lieu La puis-san-ce de Dieu Ra-con-tent aux hu-mains.

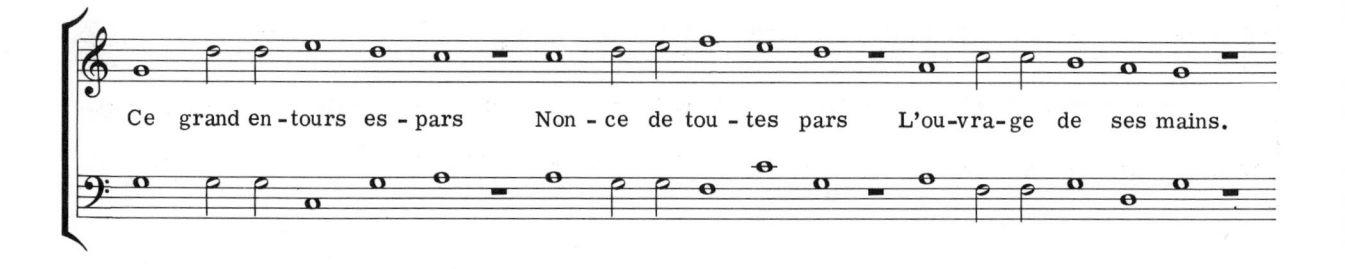

Ce grand en-tours es-pars Non-ce de tou-tes pars L'ou-vra-ge de ses mains.

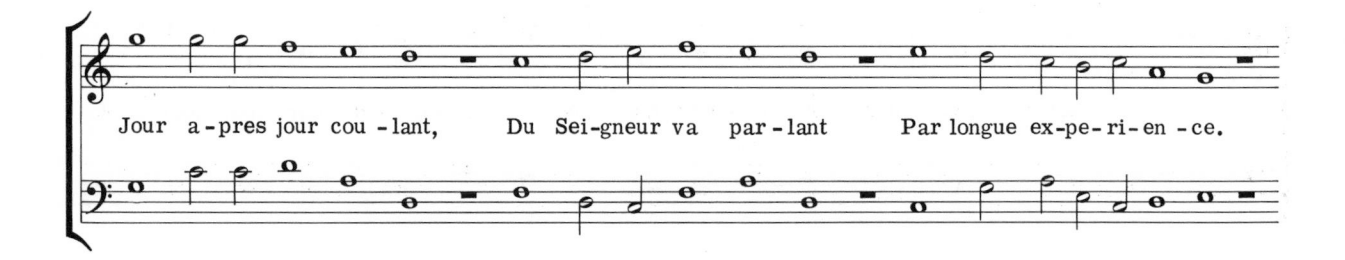

Jour a-pres jour cou-lant, Du Sei-gneur va par-lant Par longue ex-pe-ri-en-ce.

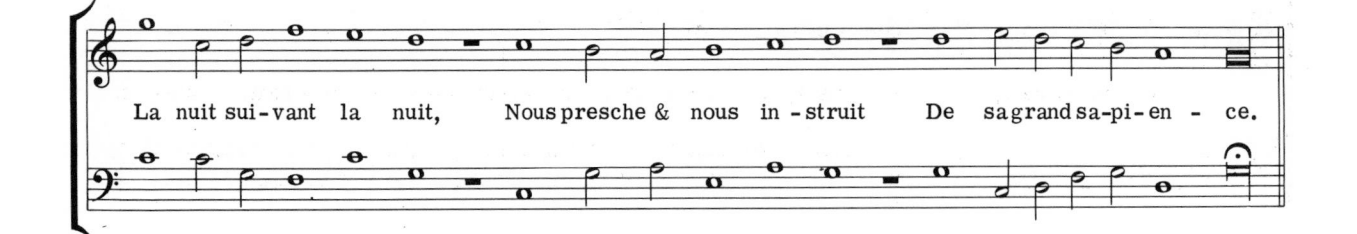

La nuit sui-vant la nuit, Nous presche & nous in-struit De sa grand sa-pi-en-ce.

24. Le Seigneur ta priere entende

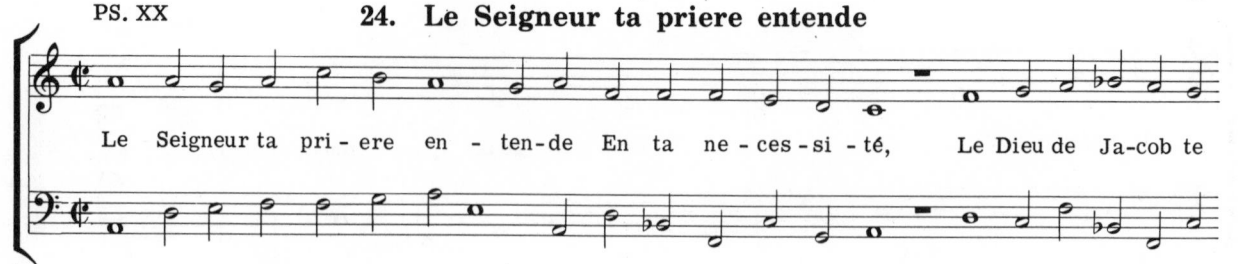

Le Seigneur ta pri - ere en - ten-de En ta ne - ces - si - té, Le Dieu de Ja-cob te

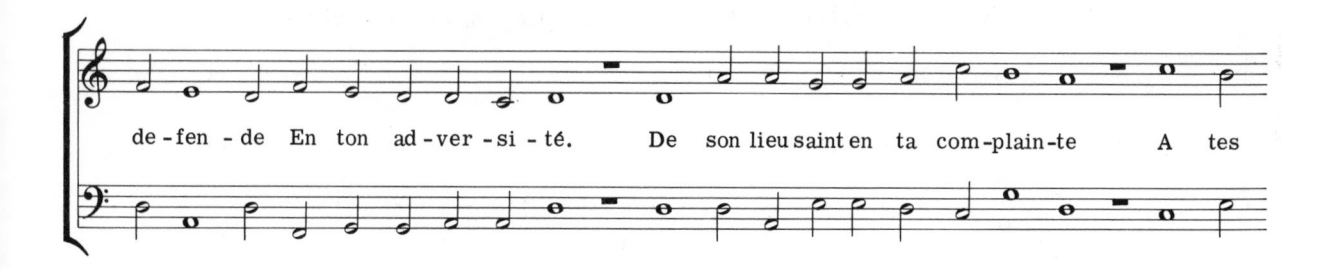

de -fen - de En ton ad -ver -si - té. De son lieu saint en ta com -plain-te A tes

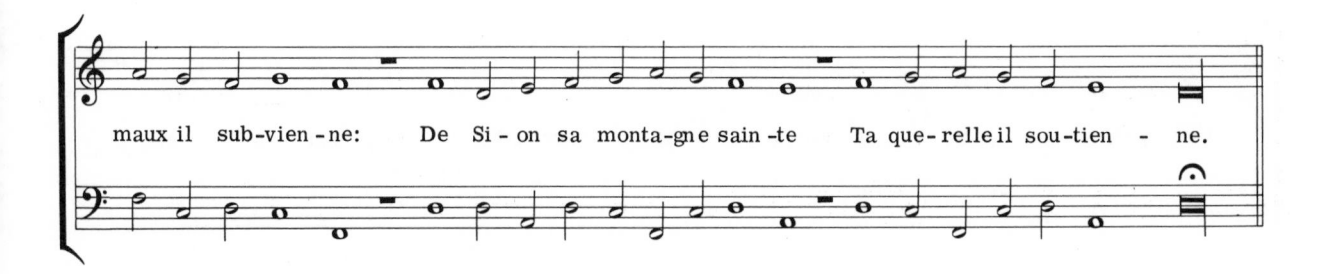

maux il sub-vien -ne: De Si - on sa monta-gne sain -te Ta que - relle il sou -tien - ne.

25. Seigneur, le Roy s'esjouyra

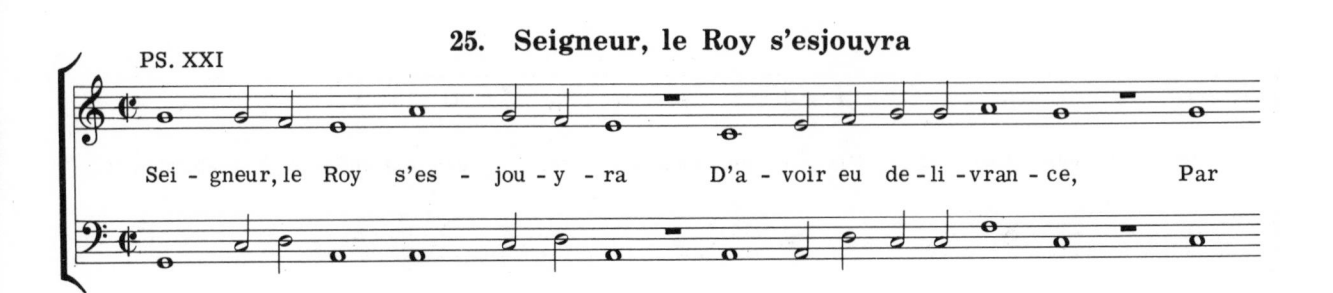

Sei - gneur, le Roy s'es - jou -y - ra D'a - voir eu de -li -vran - ce, Par

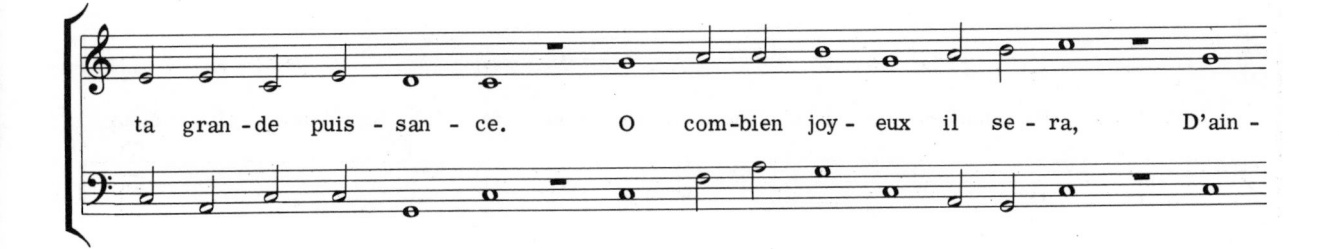

ta gran -de puis - san - ce. O com-bien joy -eux il se - ra, D'ain -

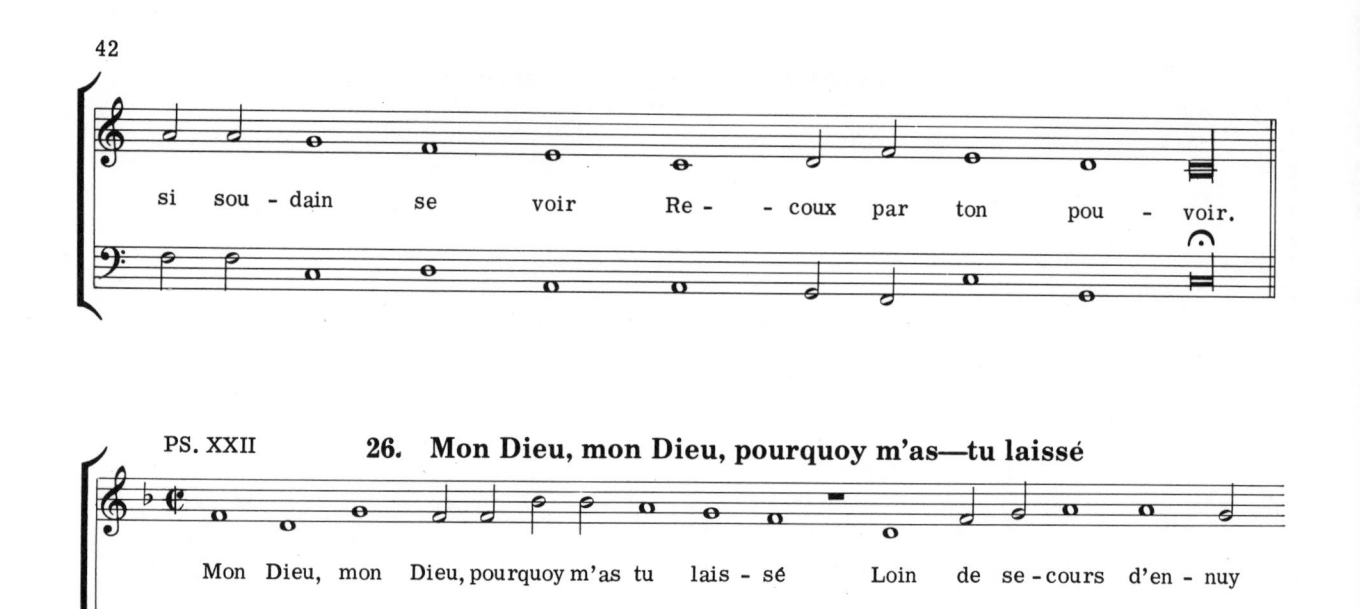

si sou - dain se voir Re - - coux par ton pou - voir.

PS. XXII

26. Mon Dieu, mon Dieu, pourquoy m'as—tu laissé

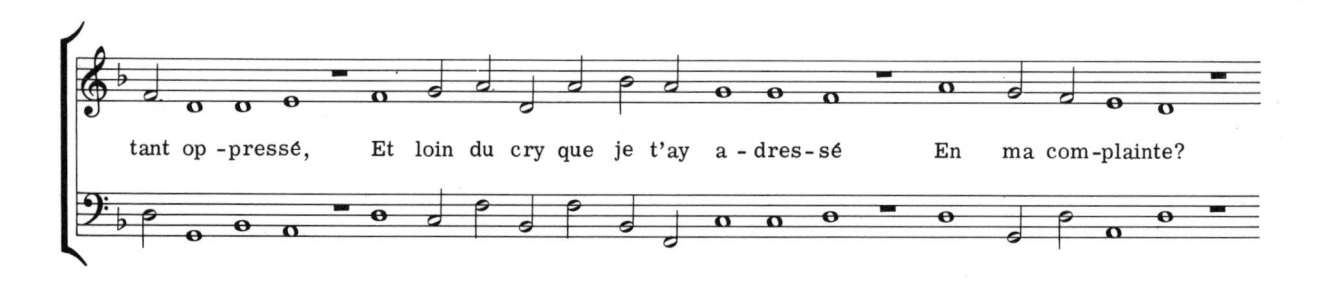

Mon Dieu, mon Dieu, pourquoy m'as tu lais - sé Loin de se - cours d'en - nuy

tant op -pressé, Et loin du cry que je t'ay a - dres - sé En ma com-plainte?

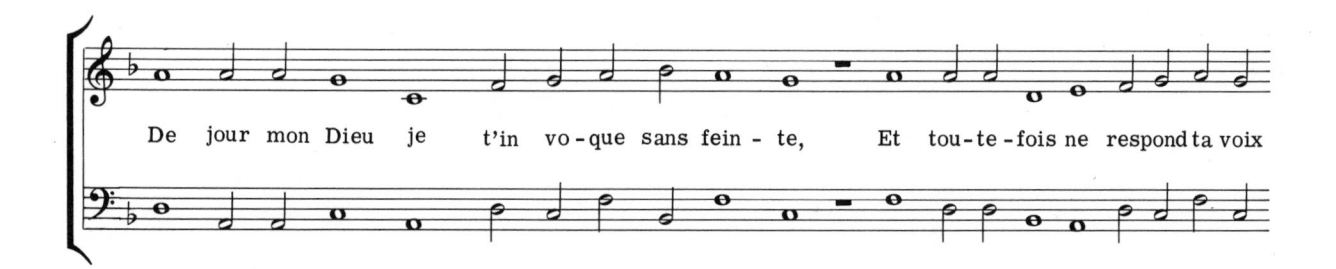

De jour mon Dieu je t'in vo -que sans fein - te, Et tou-te -fois ne respond ta voix

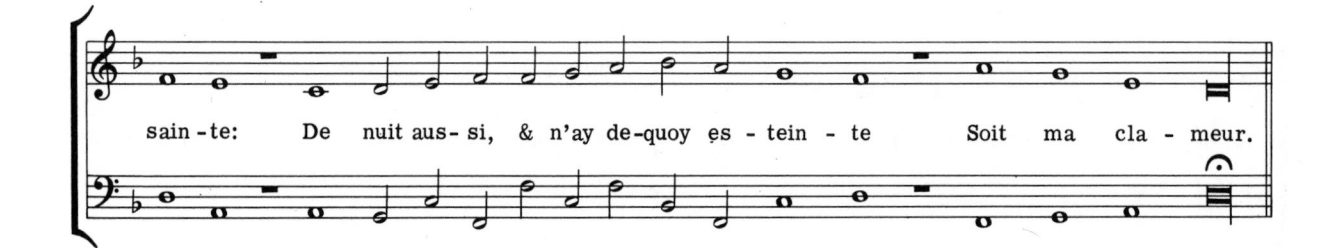

sain -te: De nuit aus - si, & n'ay de-quoy ęs - tein - te Soit ma cla - meur.

43

PS. XXIII

27. Mon Dieu me paist sous sa puissance haute

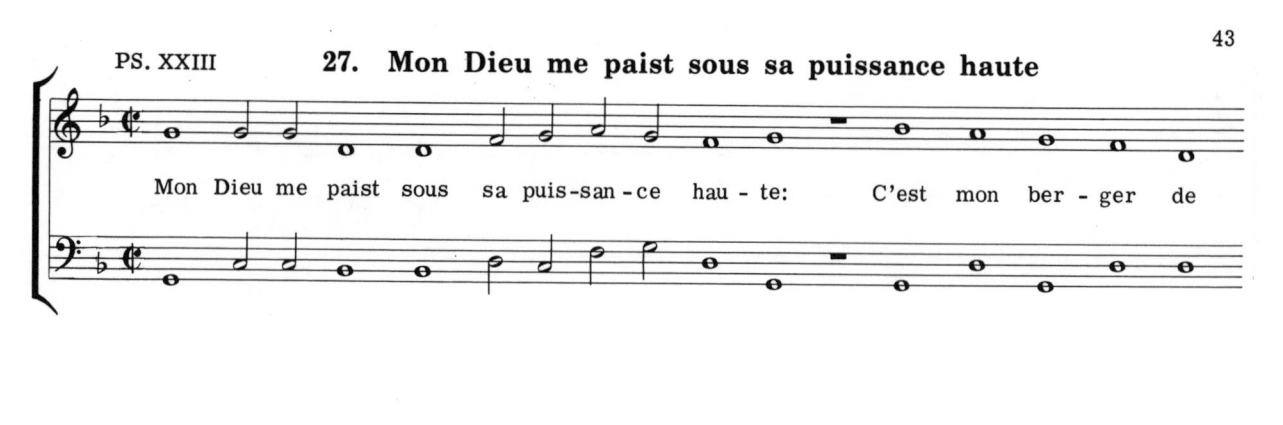

Mon Dieu me paist sous sa puis-san-ce hau-te: C'est mon ber-ger de

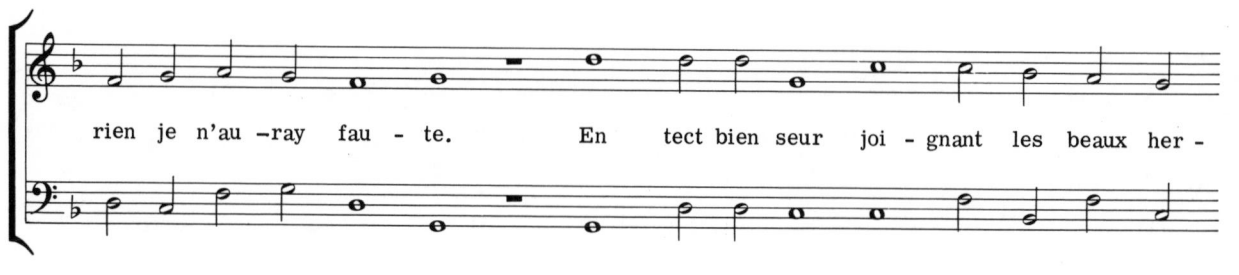

rien je n'au —ray fau - te. En tect bien seur joi -gnant les beaux her -

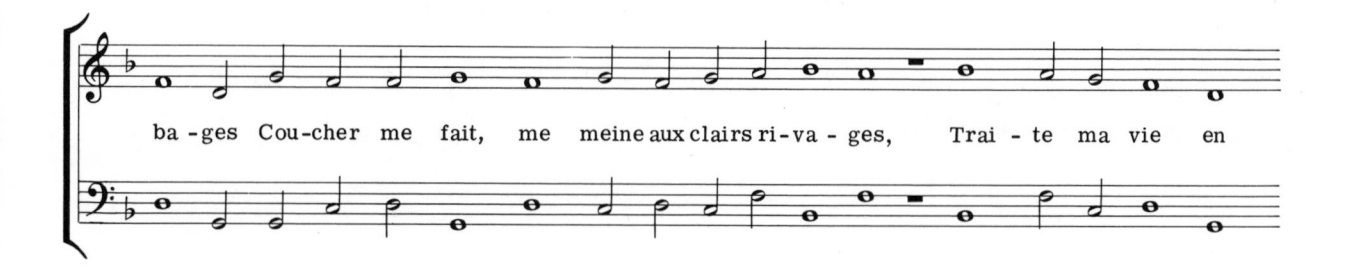

ba -ges Cou-cher me fait, me meine aux clairs ri-va - ges, Trai - te ma vie en

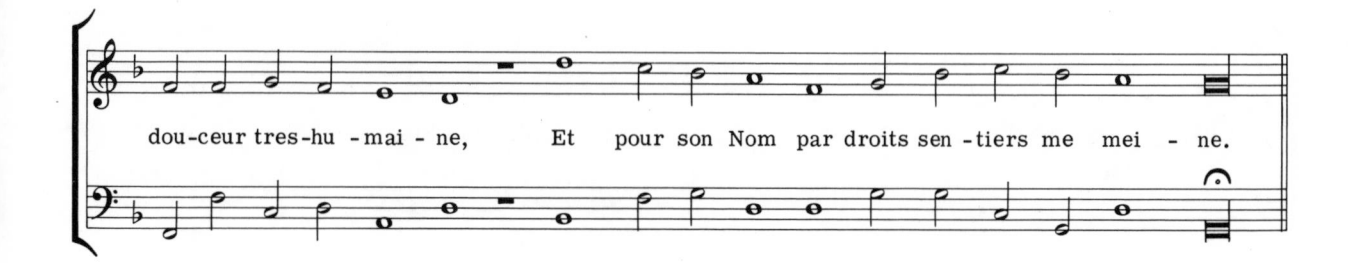

dou-ceur tres-hu -mai - ne, Et pour son Nom par droits sen -tiers me mei - ne.

PS. XXIV

28. La terre au Seigneur appartient

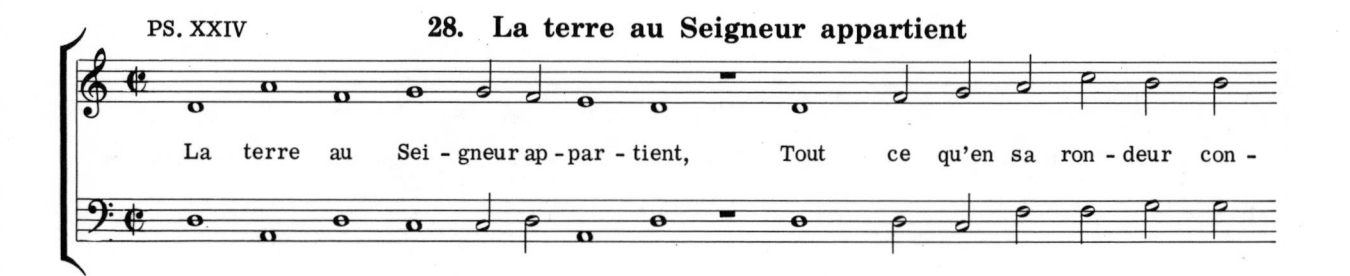

La terre au Sei - gneur ap-par - tient, Tout ce qu'en sa ron - deur con -

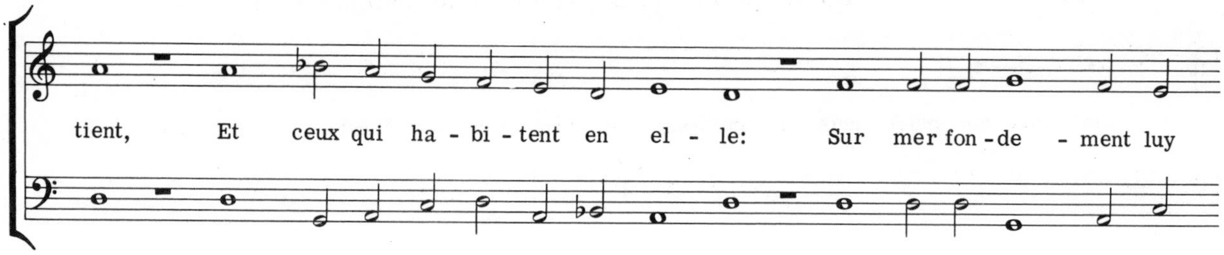

tient, Et ceux qui ha - bi - tent en el - le: Sur mer fon - de - ment luy

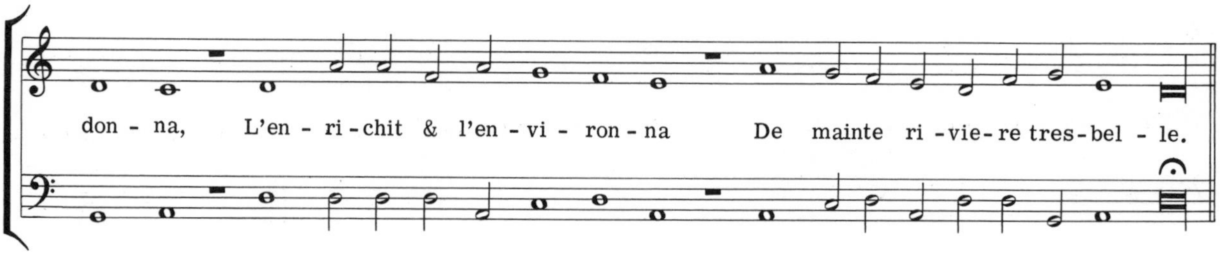

don - na, L'en - ri - chit & l'en - vi - ron - na De mainte ri - vie - re tres-bel - le.

29. A toy, mon Dieu, mon coeur monte

PS. XXV

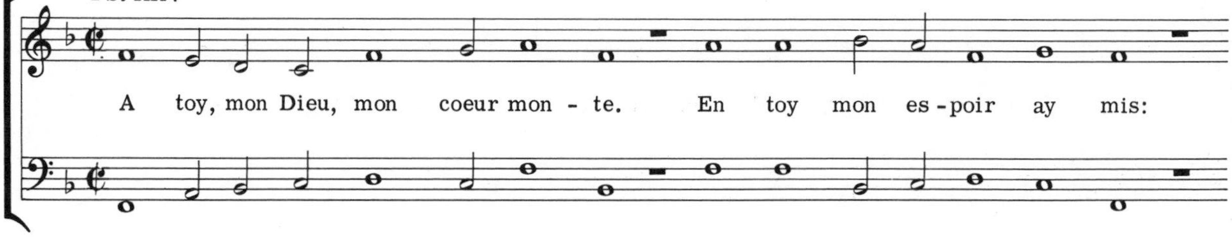

A toy, mon Dieu, mon coeur mon - te. En toy mon es - poir ay mis:

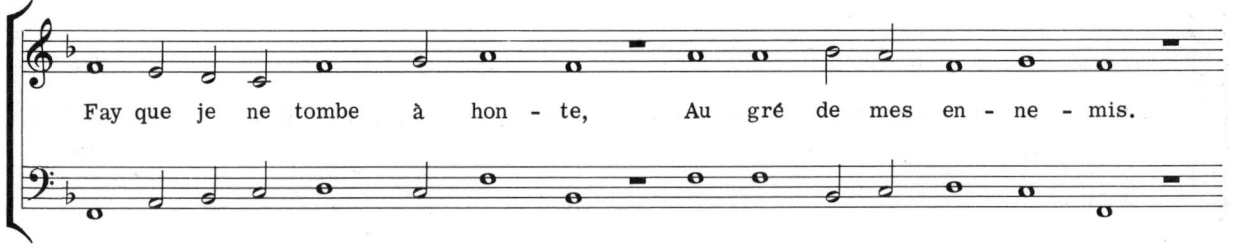

Fay que je ne tombe à hon - te, Au gré de mes en - ne - mis.

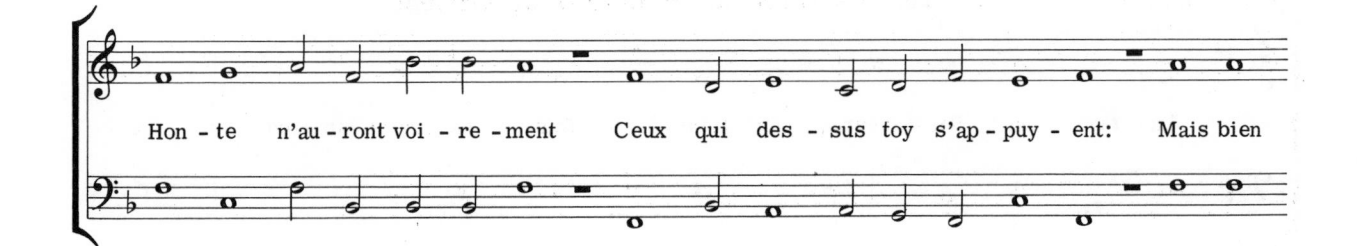

Hon - te n'au-ront voi - re - ment Ceux qui des - sus toy s'ap - puy - ent: Mais bien

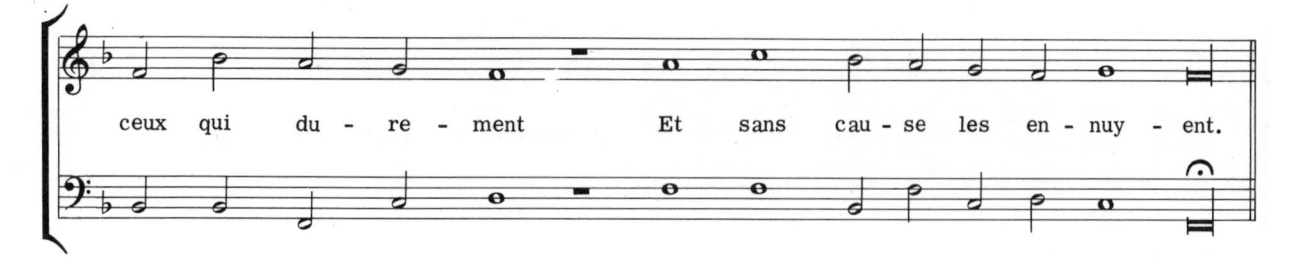

ceux qui du - re - ment   Et   sans   cau - se les en - nuy - ent.

PS. XXVI

30. Seigneur garde mon droict

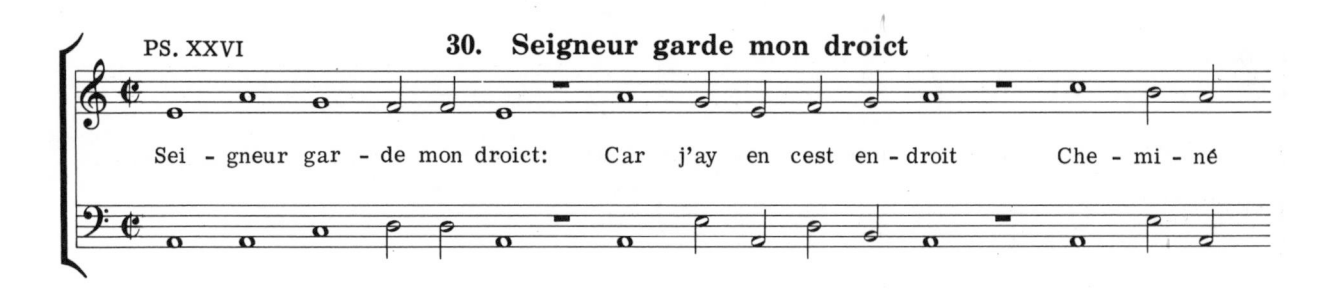

Sei - gneur gar - de mon droict: Car   j'ay   en   cest en - droit   Che - mi - né

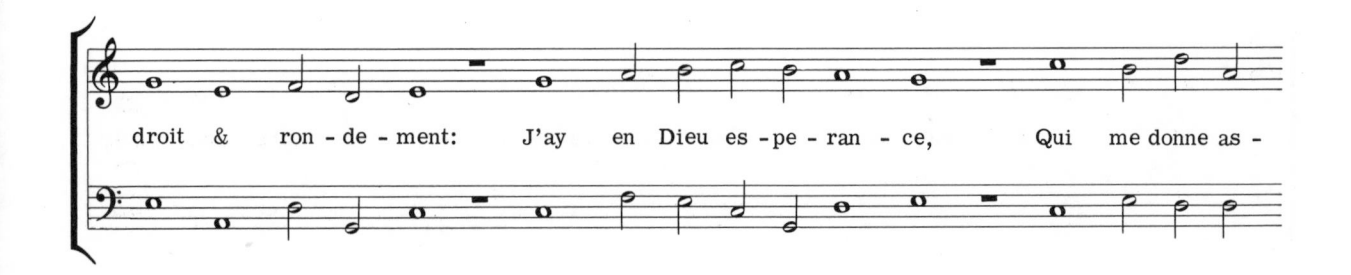

droit & ron - de - ment: J'ay   en   Dieu es - pe - ran - ce,   Qui   me donne as -

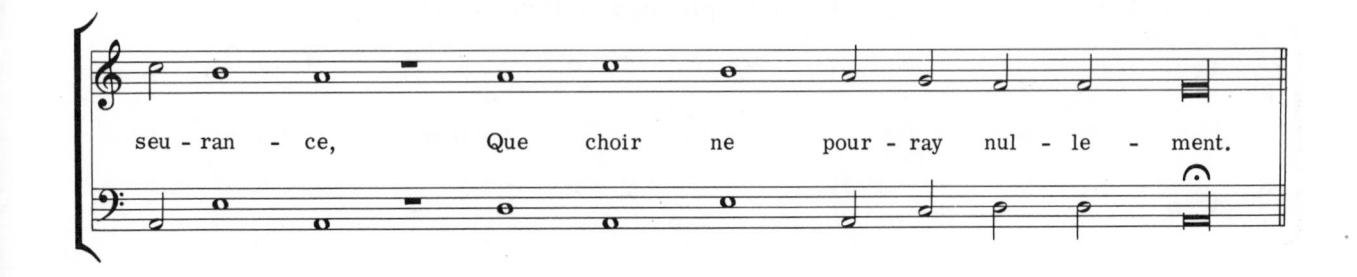

seu - ran - ce,   Que   choir   ne   pour - ray   nul - le - ment.

PS. XXVII

31. Le Seigneur est la clarté qui m'adresse

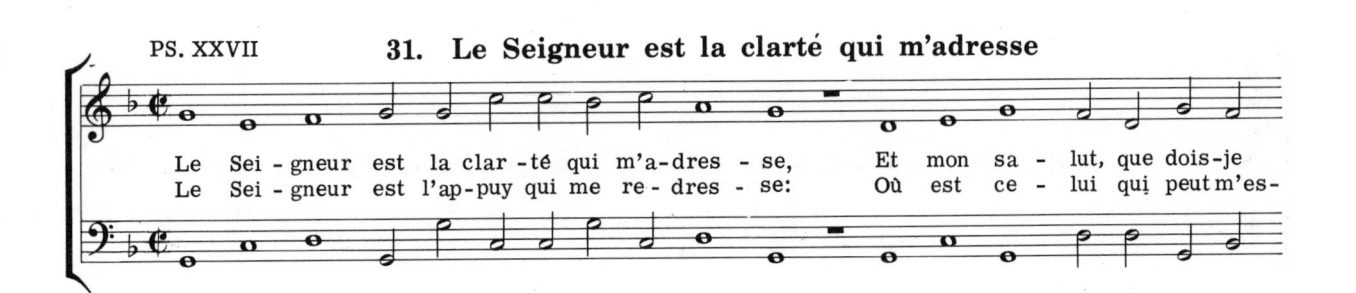

Le   Sei - gneur est   la clar - té qui m'a - dres - se,   Et   mon sa - lut, que dois-je
Le   Sei - gneur est   l'ap - puy qui me re - dres - se: Où   est ce - lui qui peut m'es-

46

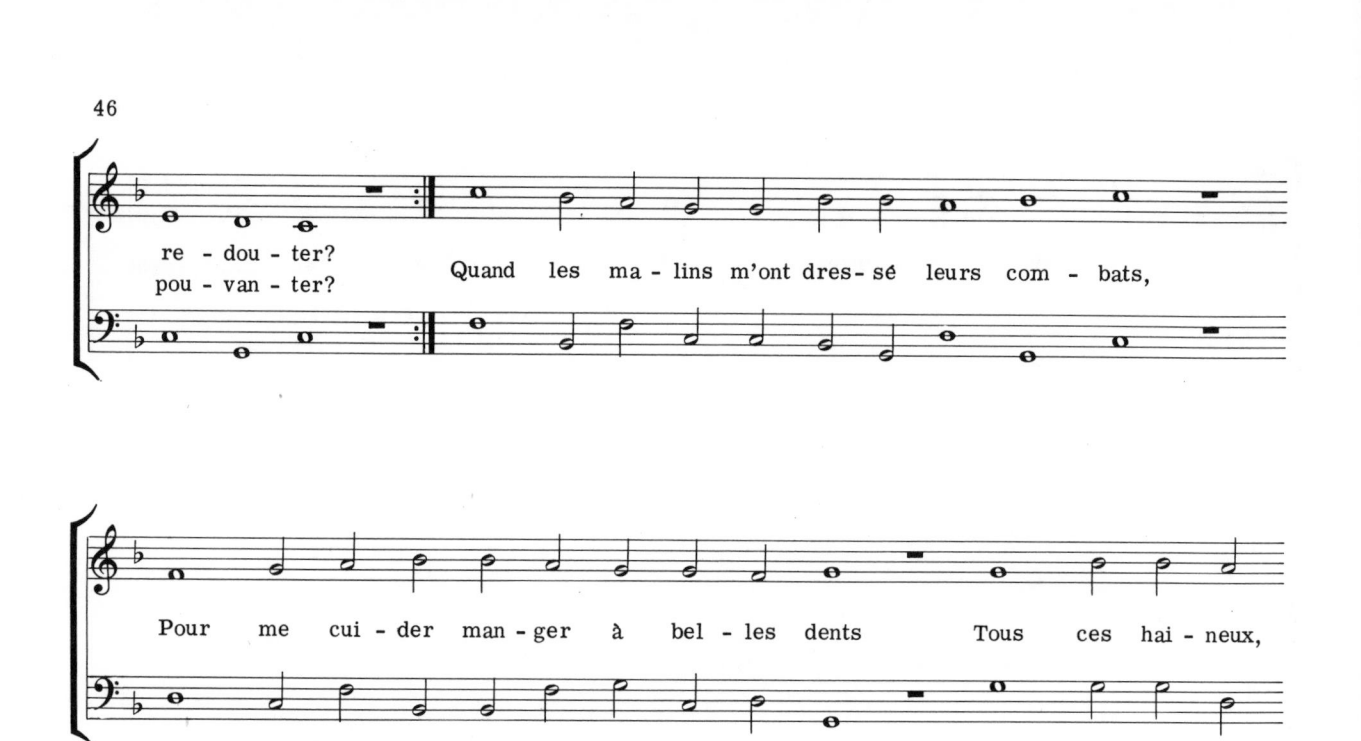

re - dou - ter?
pou - van - ter?

Quand les ma - lins m'ont dres - sé leurs com - bats,

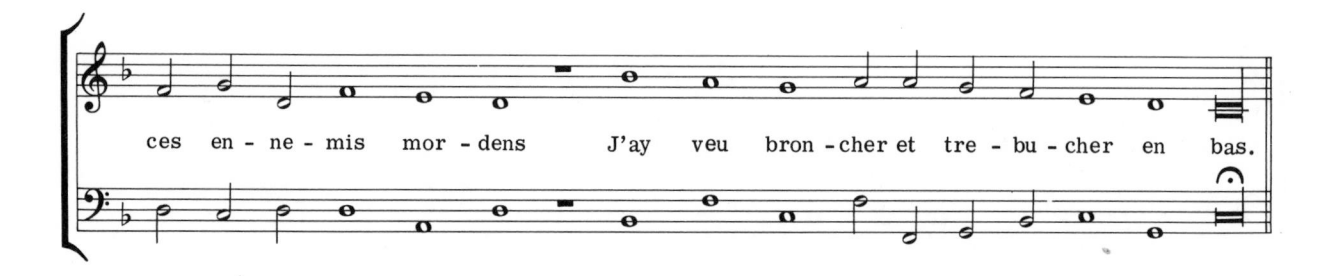

Pour me cui - der man - ger à bel - les dents   Tous   ces hai - neux,

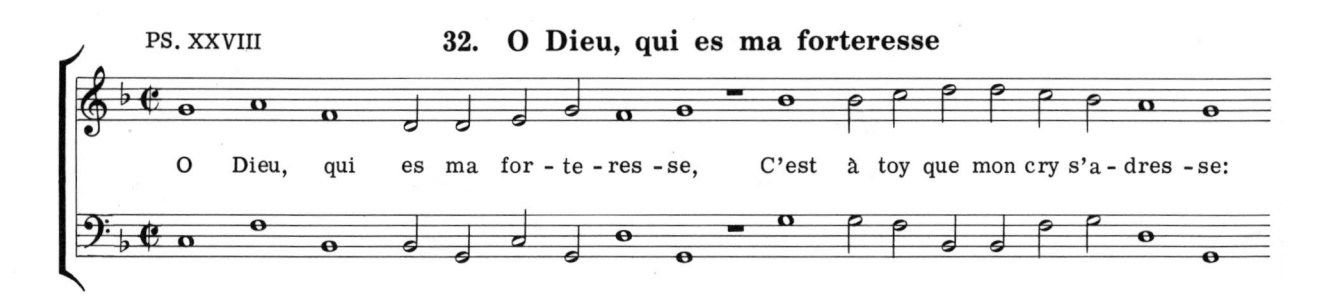

ces en - ne - mis mor - dens   J'ay   veu bron - cher et tre - bu - cher en   bas.

PS. XXVIII   **32. O Dieu, qui es ma forteresse**

O   Dieu,   qui   es ma for - te - res - se,   C'est   à toy que mon cry s'a - dres - se:

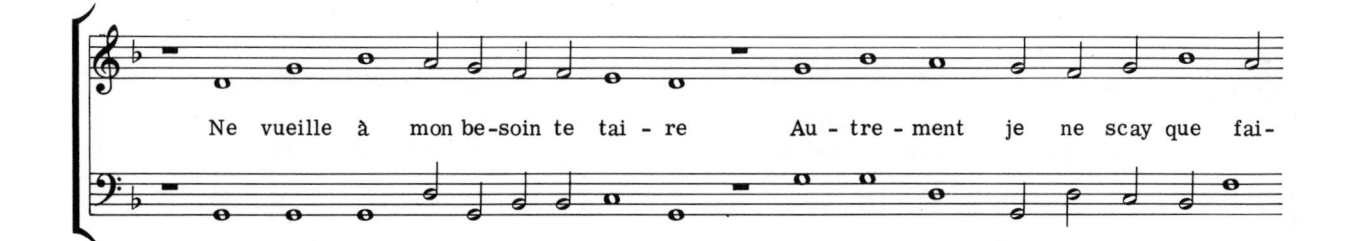

Ne vueille à   mon be - soin te tai - re   Au - tre - ment   je   ne scay que fai-

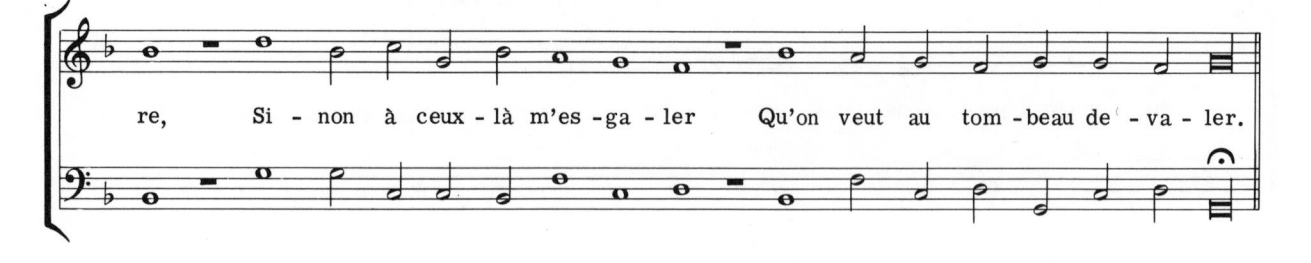

re,   Si - non à ceux - là m'es - ga - ler   Qu'on veut au tom - beau de - va - ler.

PS. XXIX

33. Vous tous princes et Seigneurs

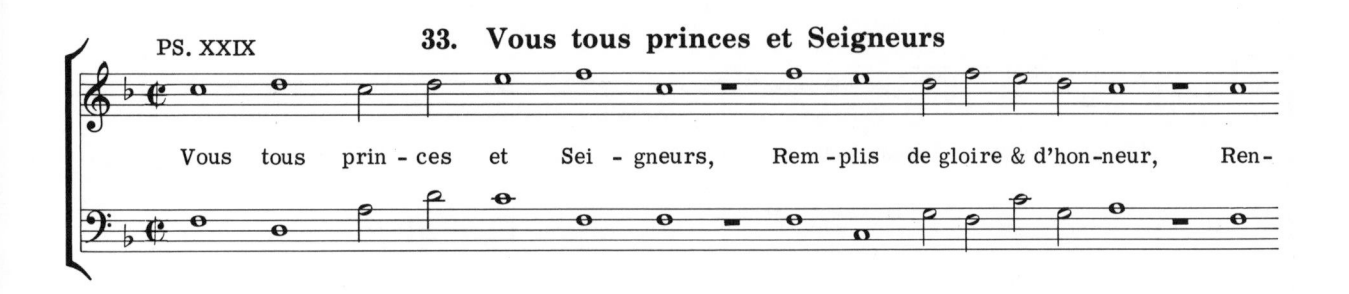

Vous tous prin - ces et Sei - gneurs,   Rem - plis de gloire & d'hon - neur,   Ren -

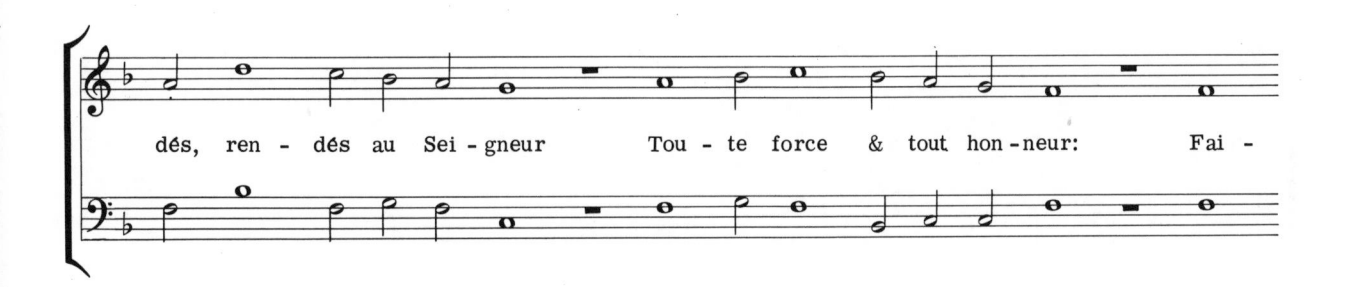

dés, ren - dés au Sei - gneur   Tou - te force & tout hon - neur: Fai -

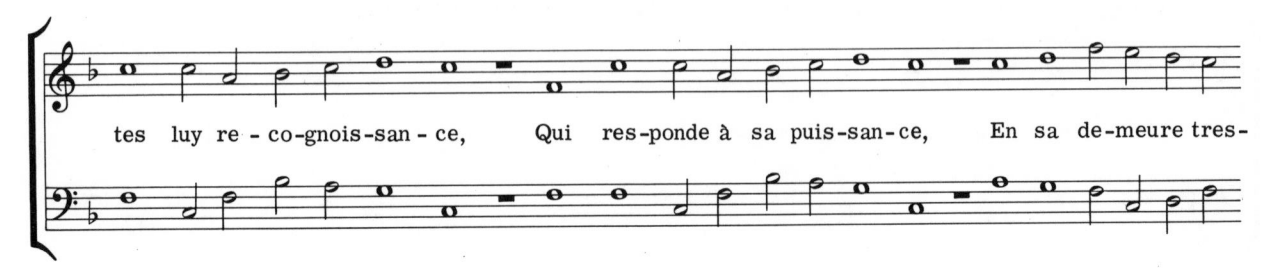

tes luy re - co - gnois - san - ce,   Qui res - ponde à sa puis - san - ce,   En sa de - meure tres -

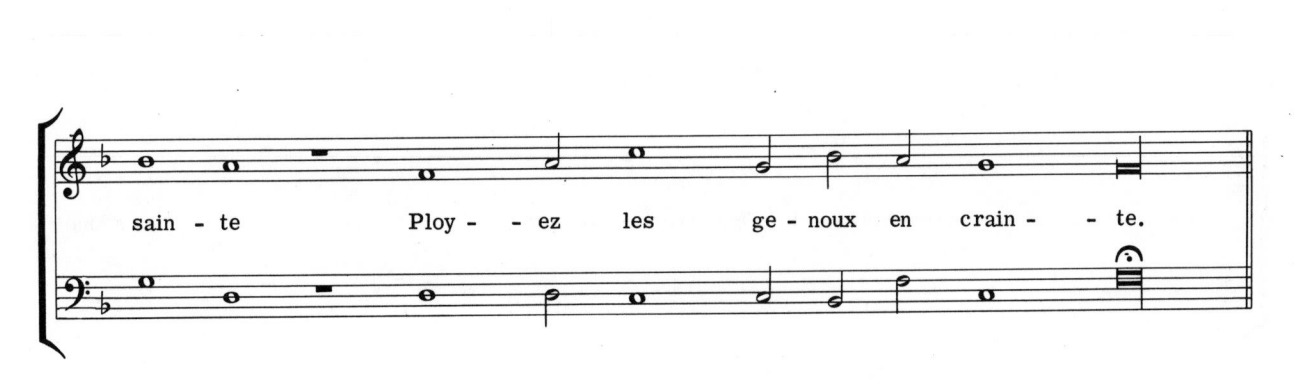

sain - te   Ploy - - ez les ge - noux en crain - te.

34. Seigneur, puis que m'as retiré

PS. XXX

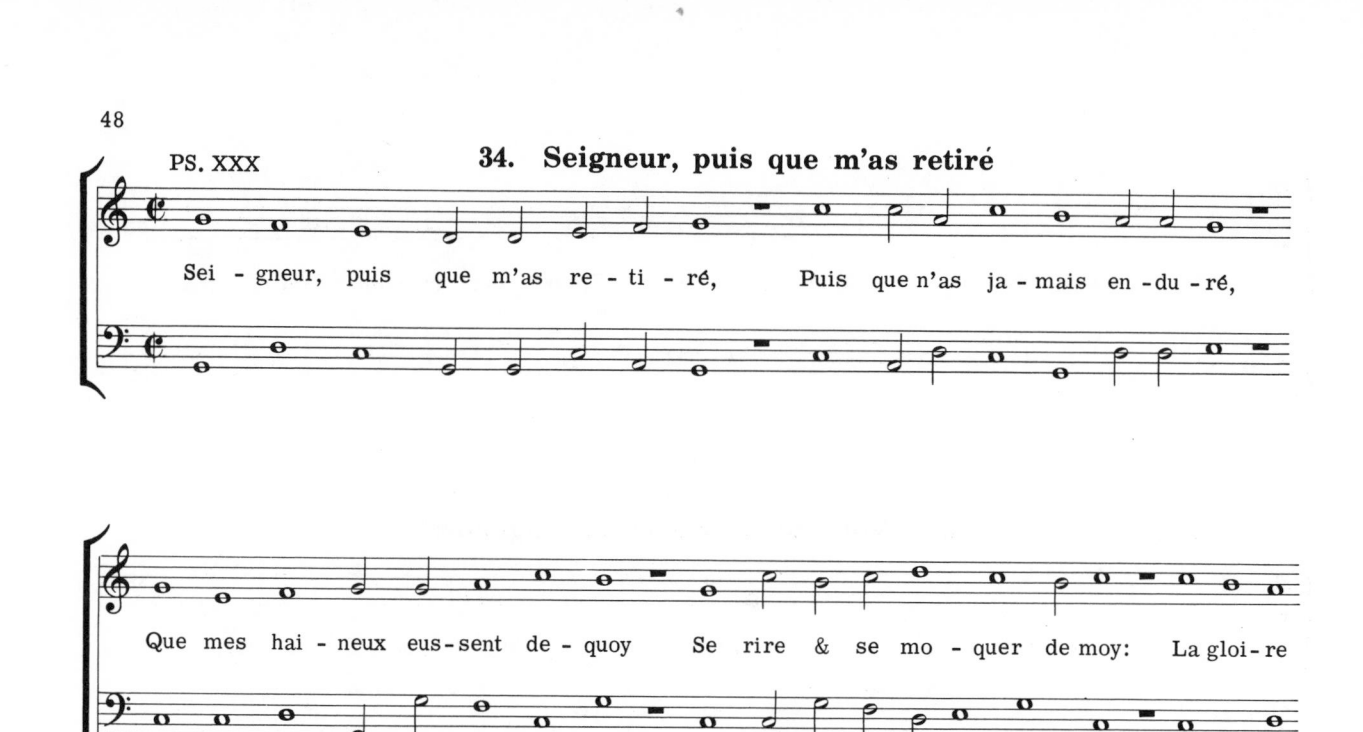

Sei - gneur, puis que m'as re - ti - ré, Puis que n'as ja - mais en -du - ré,

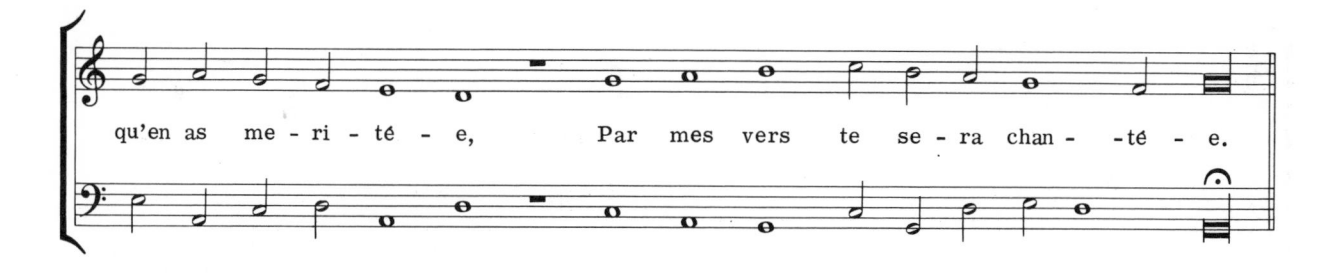

Que mes hai - neux eus-sent de - quoy Se rire & se mo -quer de moy: La gloi-re

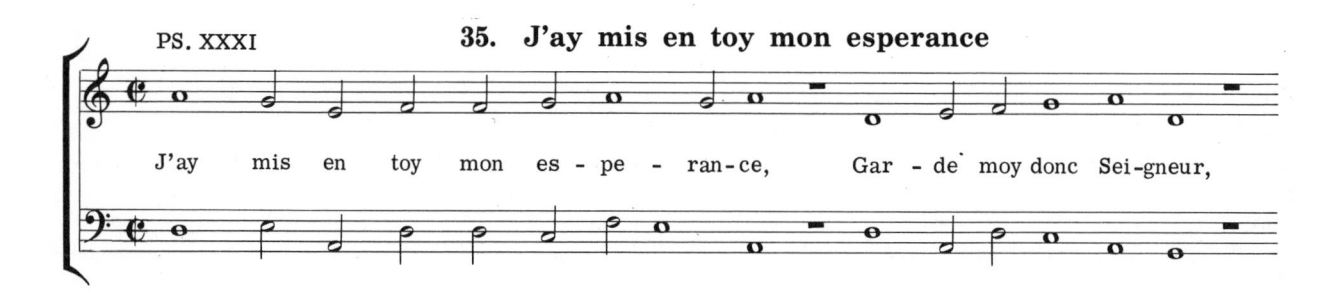

qu'en as me - ri - té - e, Par mes vers te se - ra chan - té - e.

35. J'ay mis en toy mon esperance

PS. XXXI

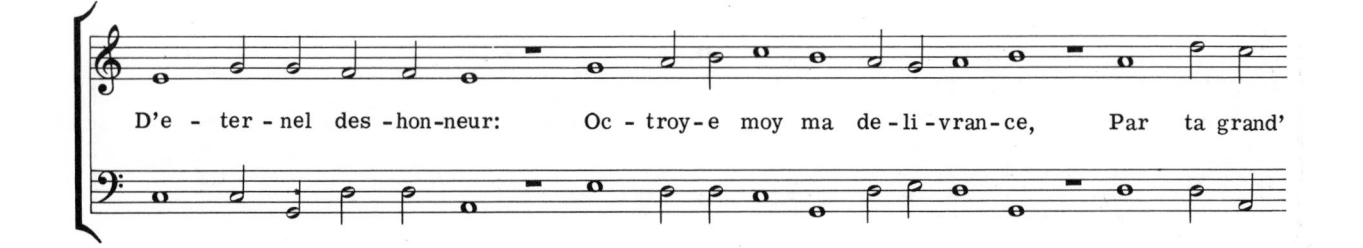

J'ay mis en toy mon es - pe - ran-ce, Gar - de' moy donc Sei-gneur,

D'e - ter - nel des -hon-neur: Oc - troy-e moy ma de -li -vran-ce, Par ta grand'

bon - té hau - - te, Qui ja - mais ne fit fau - - te.

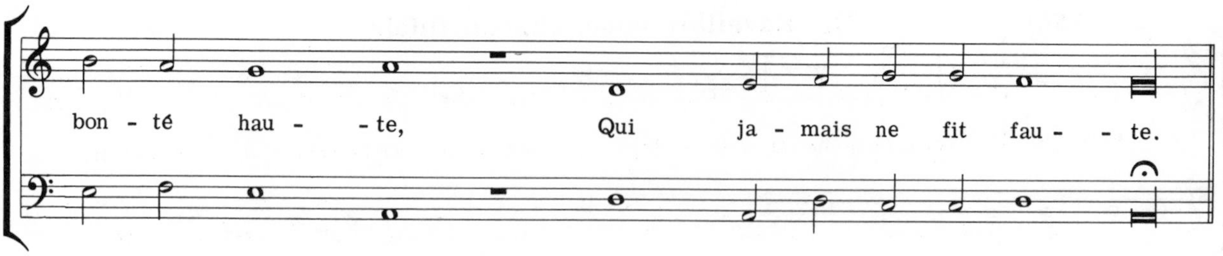

PS. XXXII

36. O bienheureux celuy dont les commises

O bien - heu - reux ce - luy dont les commi - ses Transgressi - ons sont par gra - ce re -

mi - ses, Du - quel aus - si les i - ni - ques pe - chés De - vant son Dieu sont

cou - vers & ca - chés. O com - bien plein de bon - heur je re - pu - te L'homme

à qui Dieu son pe - ché point n'im - pu - te, Et en l'es - prit du - quel n'ha -

bi - te point D'hy - po - cri - sie & de fraude un seul point.

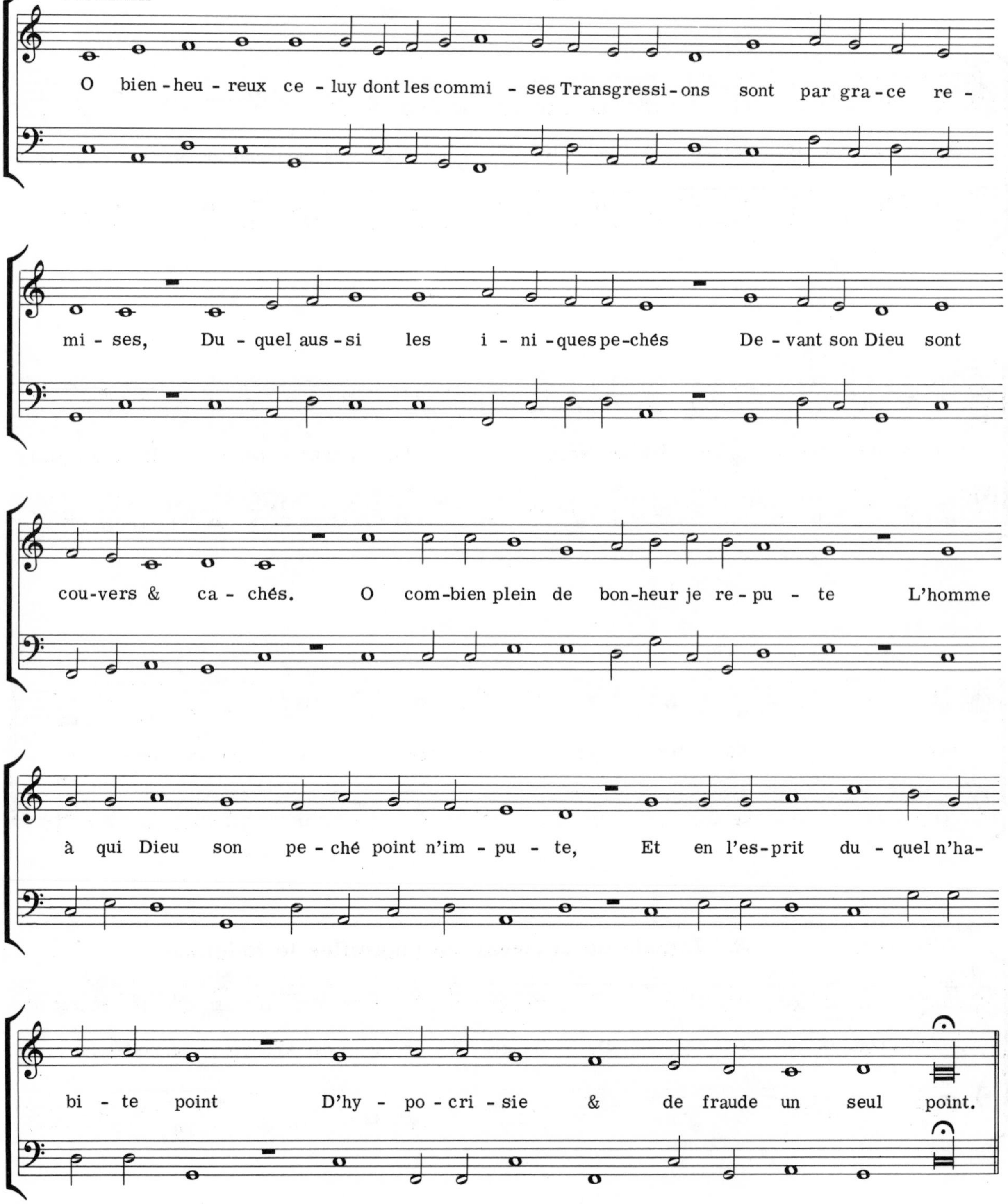

PS. XXXIII

37. Reveillés vous, chacun fidele

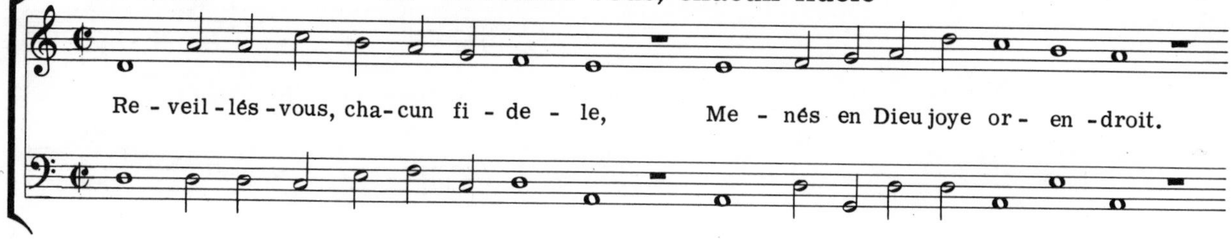

Re - veil - lés - vous, cha - cun fi - de - le, Me - nés en Dieu joye or - en - droit.

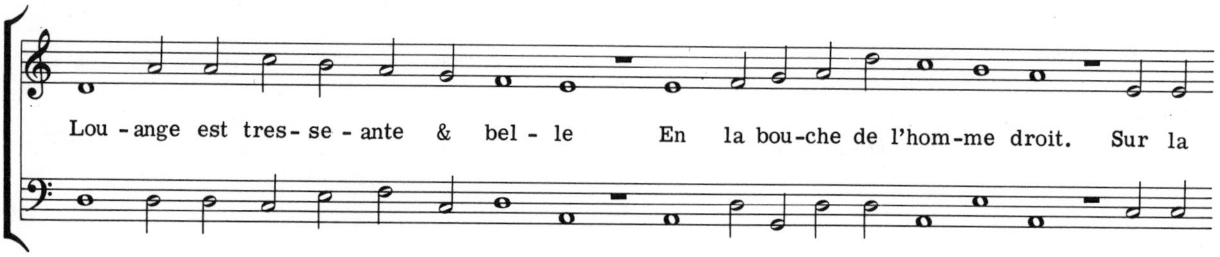

Lou - ange est tres - se - ante & bel - le En la bou - che de l'hom - me droit. Sur la

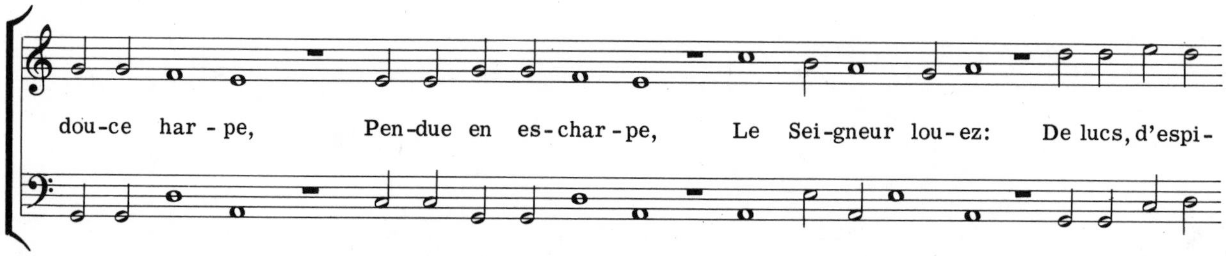

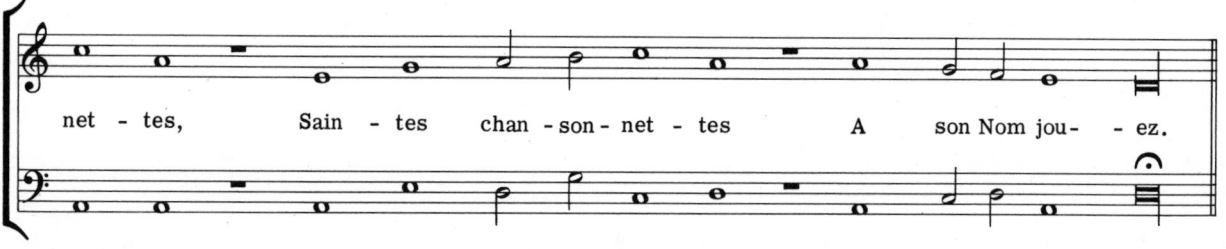

dou - ce har - pe, Pen - due en es - char - pe, Le Sei - gneur lou - ez: De lucs, d'espi -

net - tes, Sain - tes chan - son - net - tes A son Nom jou - - ez.

PS. XXXIV

38. Jamais ne cesseray de magnifier le Seigneur

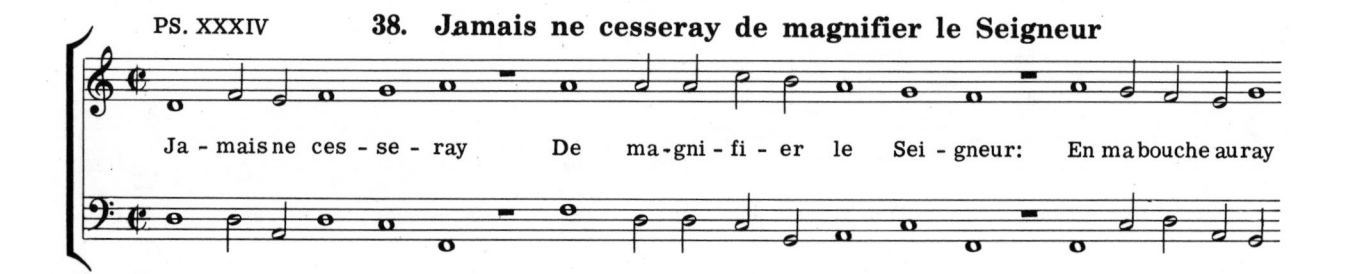

Ja - mais ne ces - se - ray De ma - gni - fi - er le Sei - gneur: En ma bouche auray

son honneur Tant que vi - vant se - ray. Mon coeur plai-sir n'au-ra, Qu'à

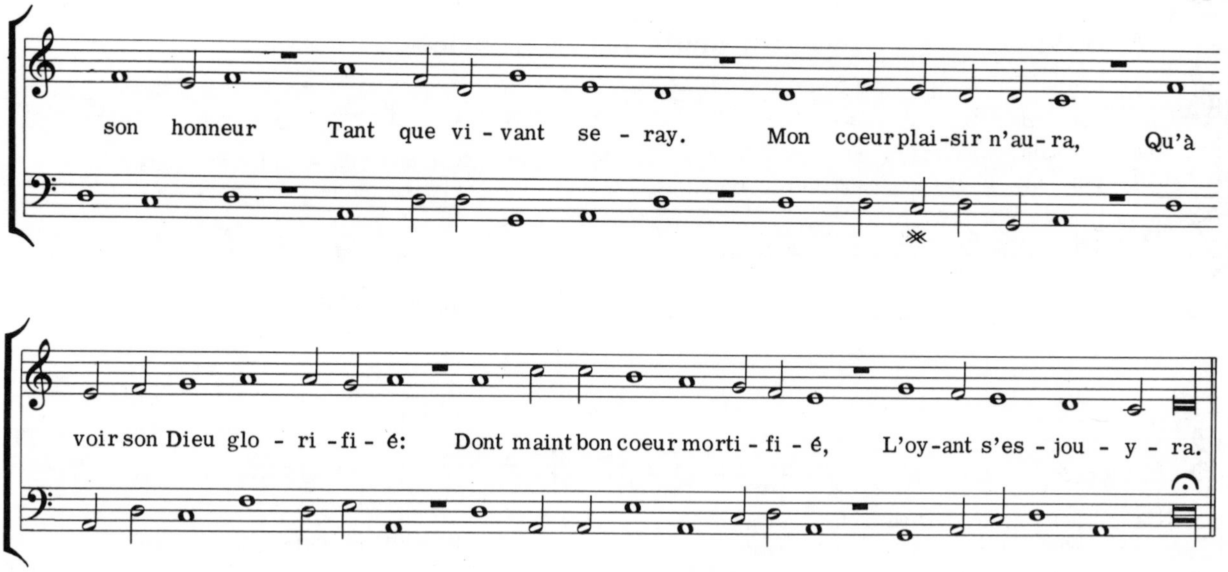

voir son Dieu glo - ri -fi - é: Dont maint bon coeur morti - fi - é, L'oy-ant s'es - jou - y - ra.

39. Deba contre mes debateurs

PS. XXXV

De - ba con-tre mes de-ba -teurs Com - ba, Sei-gneur mes com-ba-teurs,

Em - poi-gne moy bou-clier & lan - ce, Et pour me se -cou-rir t'a-van - ce.

Ti - re l'es-pée & va de-vant, Gar-de — les d'al-ler plus a -vant. Dy

à mon ame, A - - me, je suis Ce -luy qui ga - ren - tir te puis.

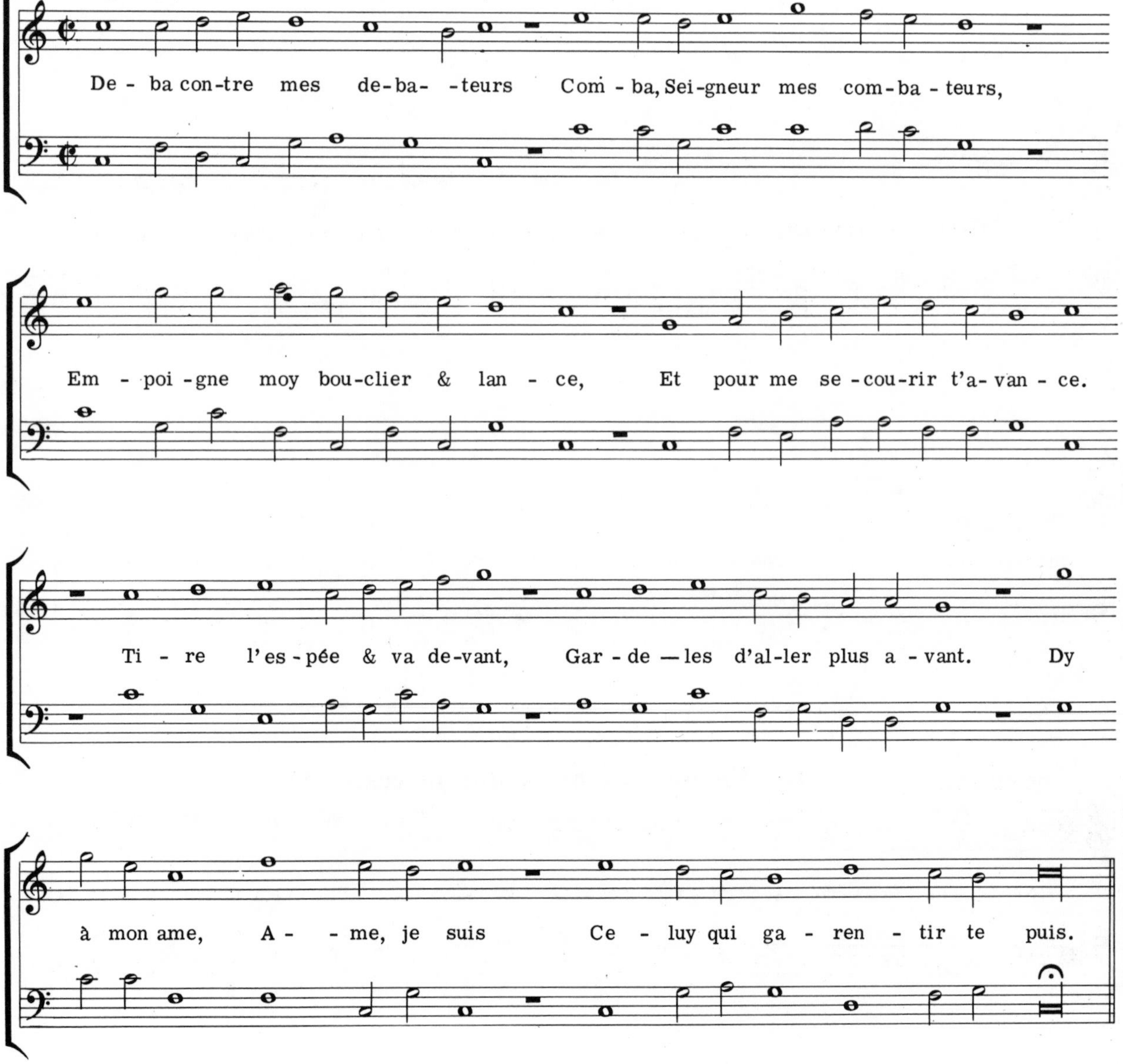

PS. XXXVI

40. Du malin les faits vicieux

Du ma-lin les faits vi-ci-eux Me di-sent que de-vant ses yeux
Car tant se plait en son er-reur, Que l'a-voir en haine & hor-reur,

N'a point de Dieu la crain-te. Son par-ler est nui-sant & fin:
C'est bien force & con-train-te.

Doc-tri-ne va fuy-ant, a-fin De ja-mais bien ne fai-re: Songe en son lit mes-

chan-ce-té, Au che-min tors est ar-res-té: A nul mal n'est contrai-re.

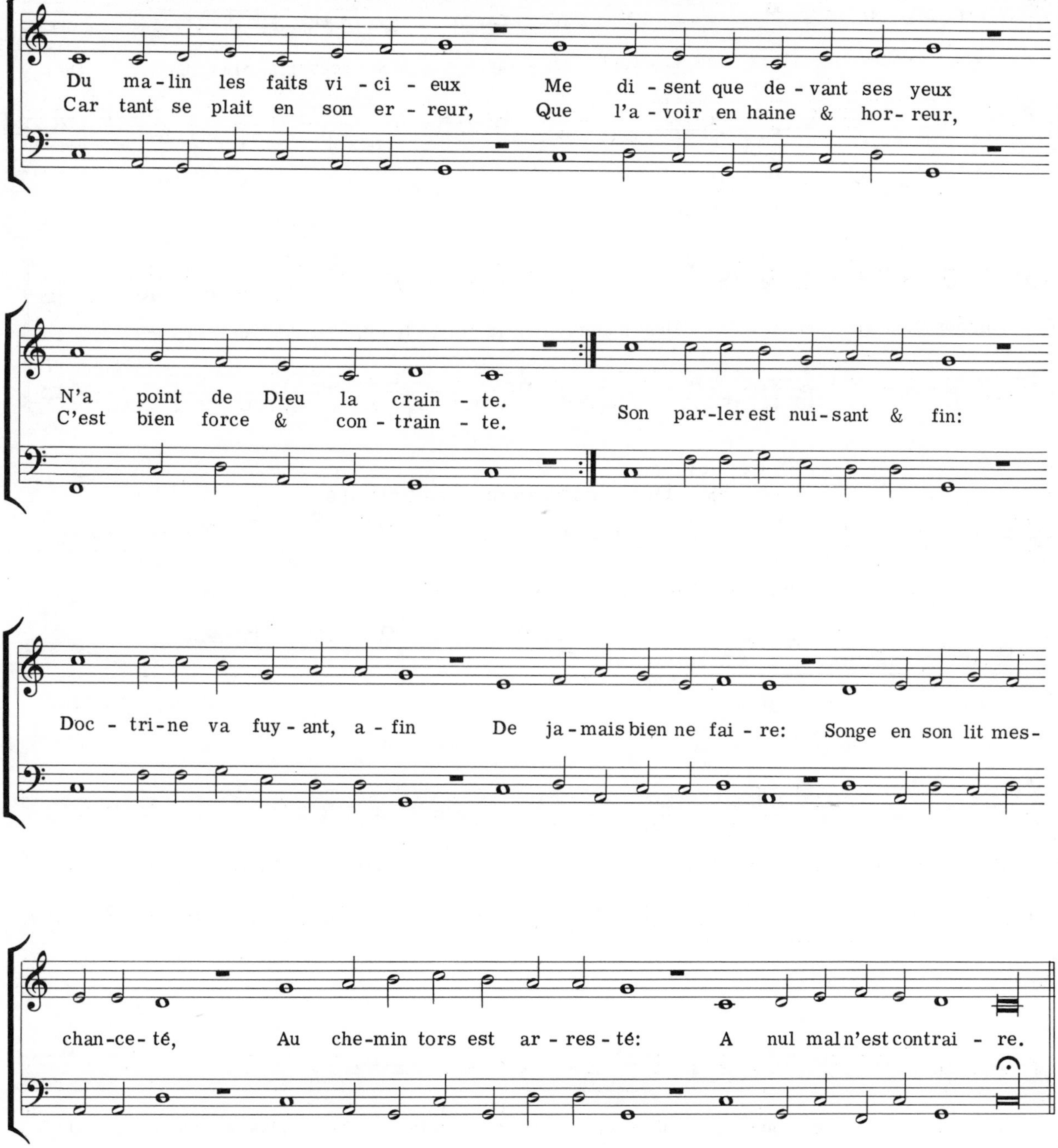

PS. XXXVII

41. Ne sois fasché si durant ceste vie

Ne sois fas-ché si du-rant ces-te vi-e Sou-vent tu vois pros-pe-rer

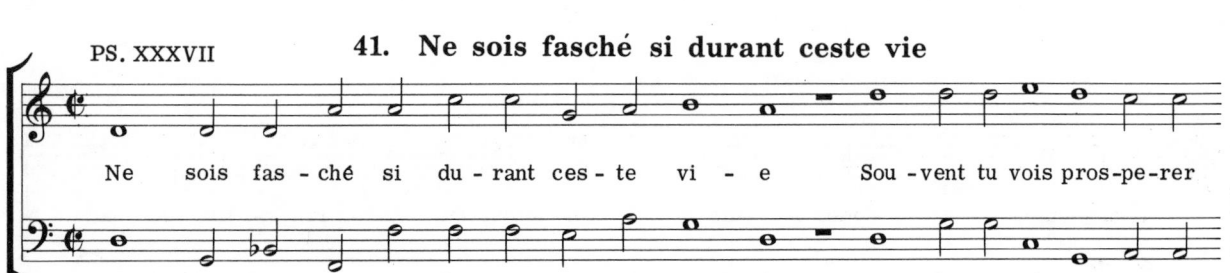

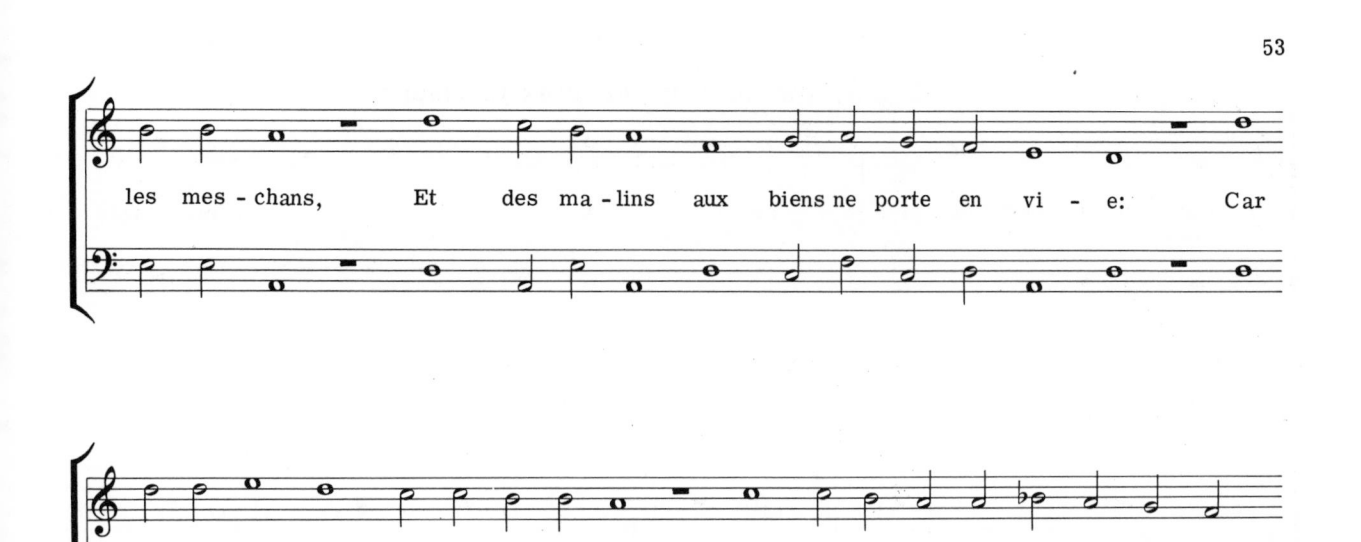

les mes - chans, Et des ma - lins aux biens ne porte en vi - e: Car

en rui - ine à la fin tre - bu - chans Se - ront fau-chez com - me foin en peu

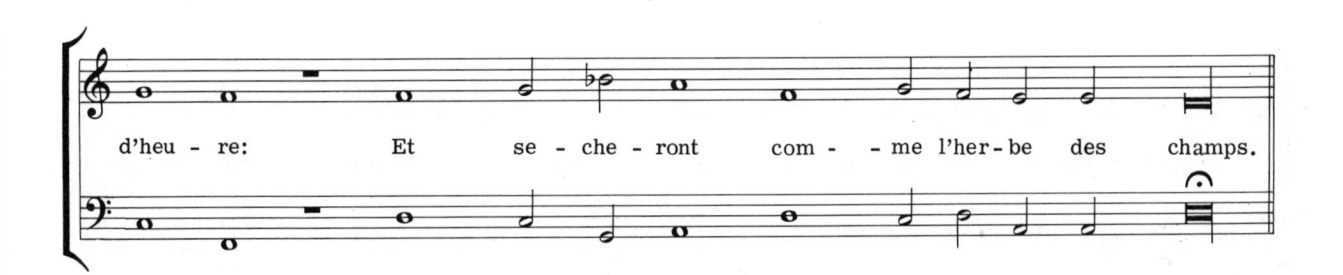

d'heu - re: Et se - che - ront com - - me l'her - be des champs.

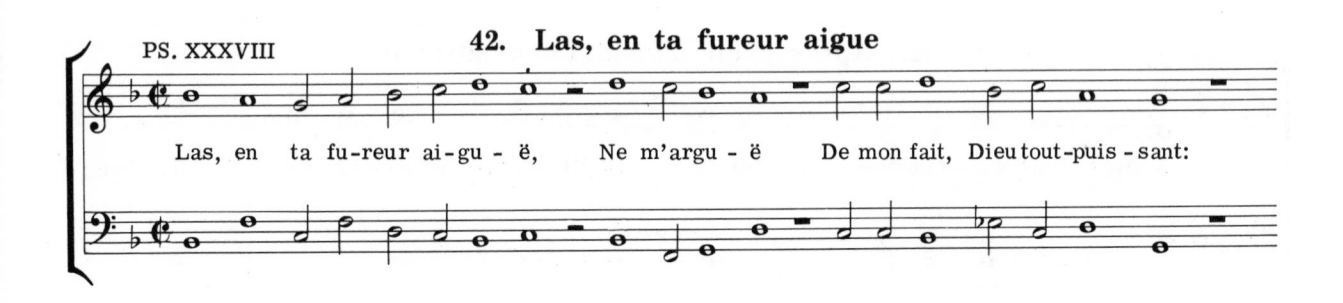

PS. XXXVIII **42. Las, en ta fureur aigue**

Las, en ta fu - reur ai - gu - ë, Ne m'argu - ë De mon fait, Dieu tout - puis - sant:

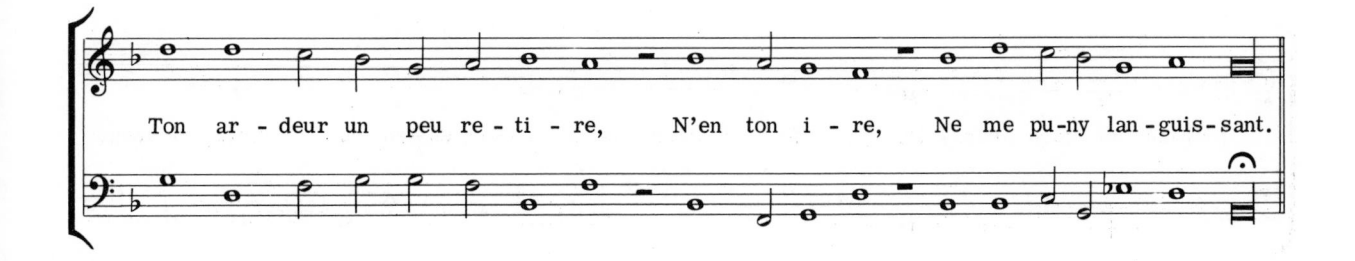

Ton ar - deur un peu re - ti - re, N'en ton i - re, Ne me pu - ny lan - guis - sant.

PS. XXXIX

43. J'ay dit en moy, de pres je viseray

J'ay dit en moy, de pres je vi-se-ray A tout ce-la que je fe-ray, Que

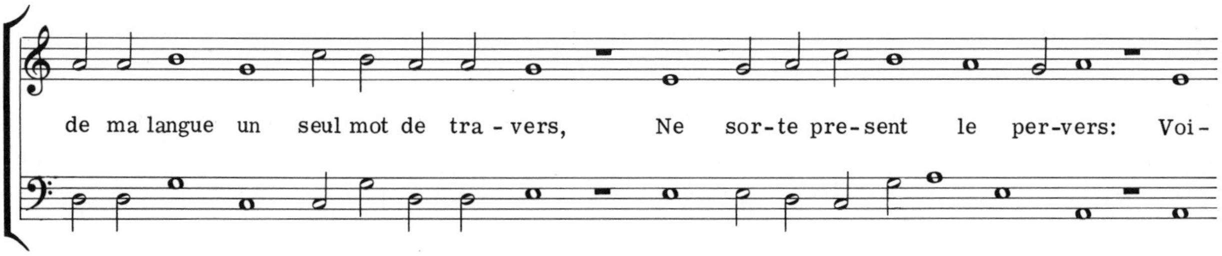

de ma langue un seul mot de tra-vers, Ne sor-te pre-sent le per-vers: Voi-

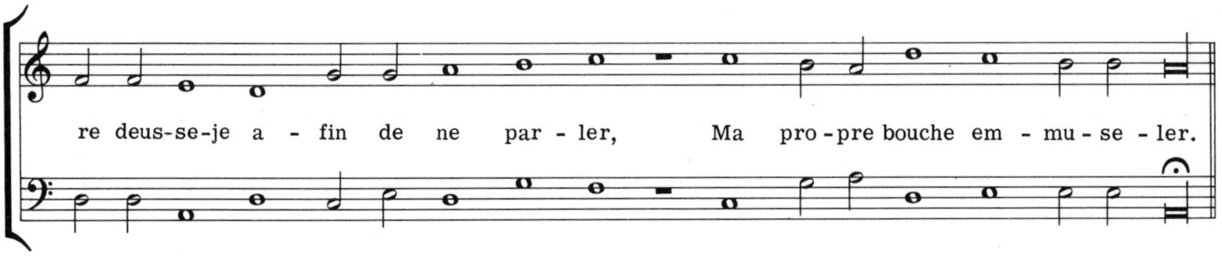

re deus-se-je a - fin de ne par - ler, Ma pro-pre bouche em - mu-se - ler.

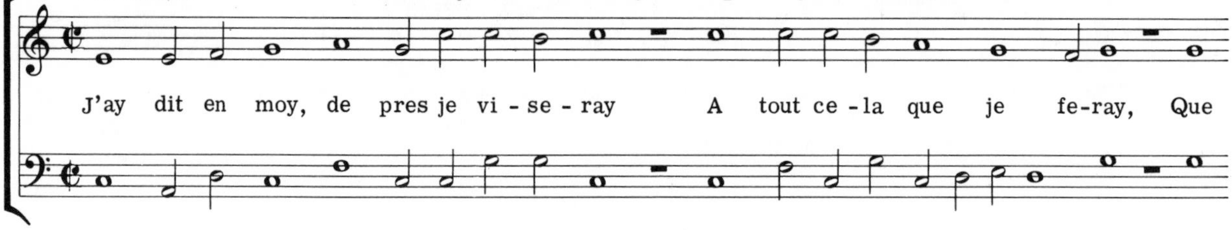

PS. XL

44. Apres avoir constamment attendu

A-pres a-voir con-stamment at - ten-du De l'E-ter-nel la vo - lon -té, Il s'est

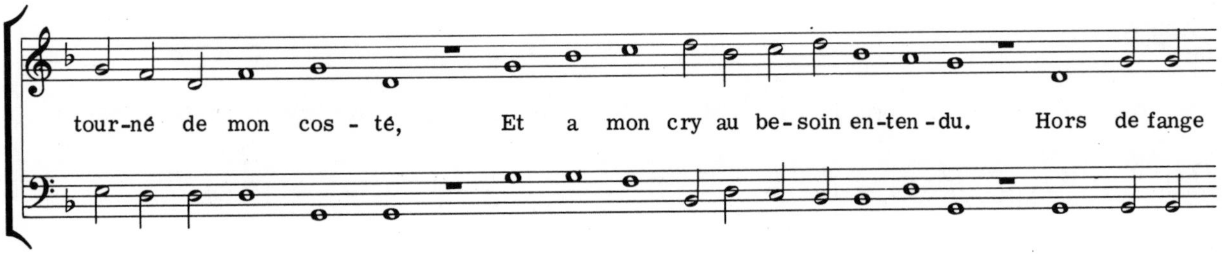

tour-né de mon cos - té, Et a mon cry au be-soin en-ten-du. Hors de fange

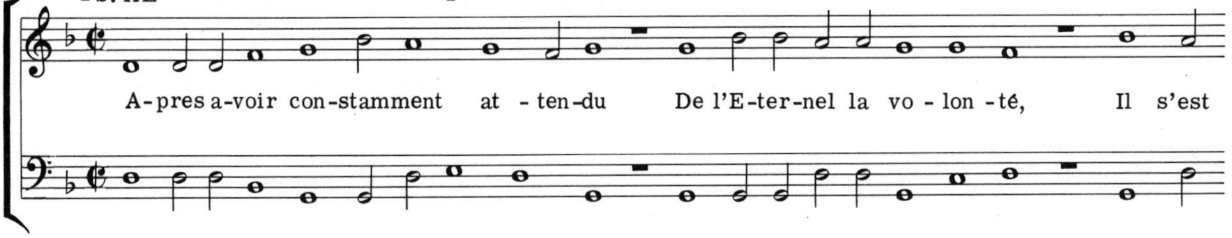

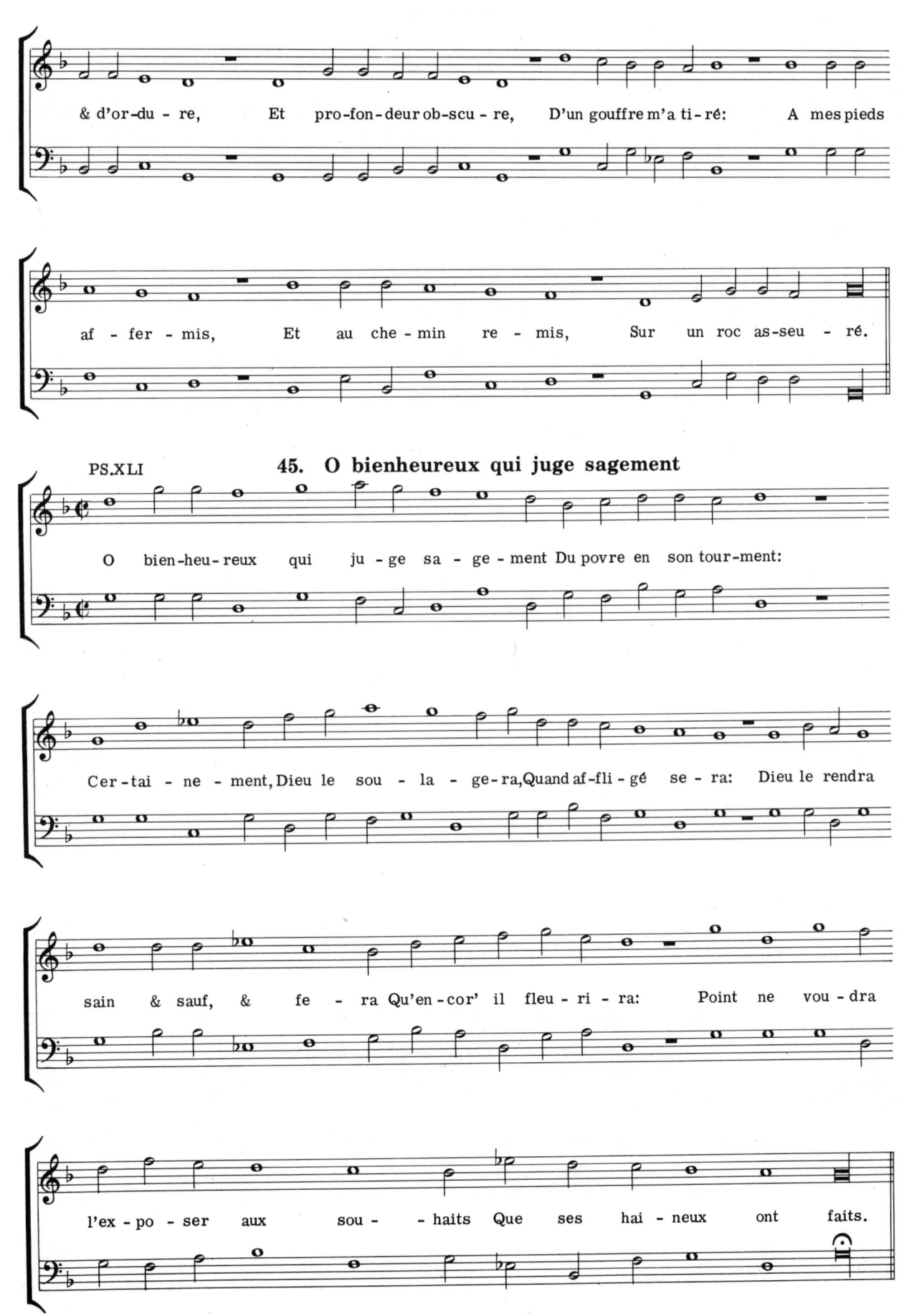

& d'or-du - re, Et pro-fon-deur ob-scu - re, D'un gouffre m'a ti - ré: A mes pieds

af - fer - mis, Et au che - min re - mis, Sur un roc as-seu - ré.

PS.XLI

45. O bienheureux qui juge sagement

O bien-heu-reux qui ju - ge sa - ge - ment Du povre en son tour-ment:

Cer -tai - ne - ment, Dieu le sou - la - ge-ra, Quand af-fli - gé se - ra: Dieu le rendra

sain & sauf, & fe - ra Qu'en-cor' il fleu-ri - ra: Point ne vou-dra

l'ex - po - ser aux sou - - haits Que ses hai - neux ont faits.

46. Ainsi que la biche rée

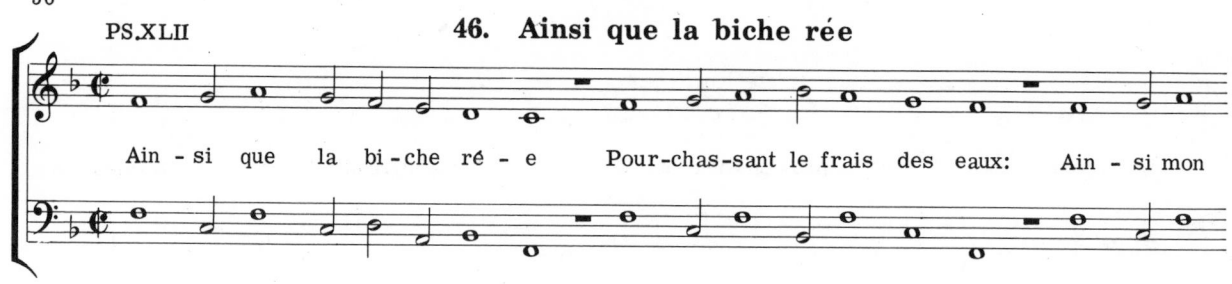

Ain - si que la bi-che ré - e Pour-chas-sant le frais des eaux: Ain - si mon

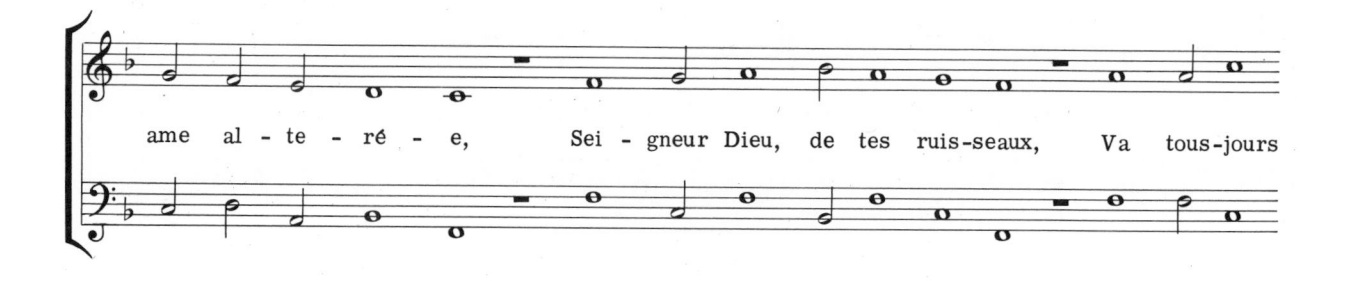

ame al - te - ré - e, Sei - gneur Dieu, de tes ruis-seaux, Va tous-jours

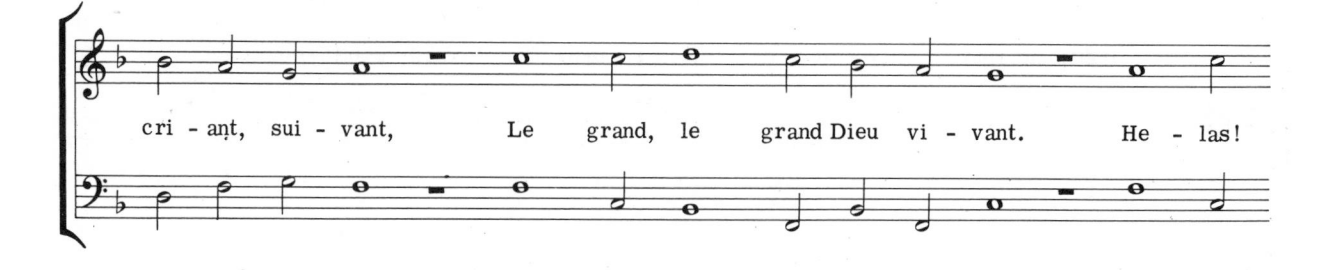

cri - ant, sui - vant, Le grand, le grand Dieu vi - vant. He - las!

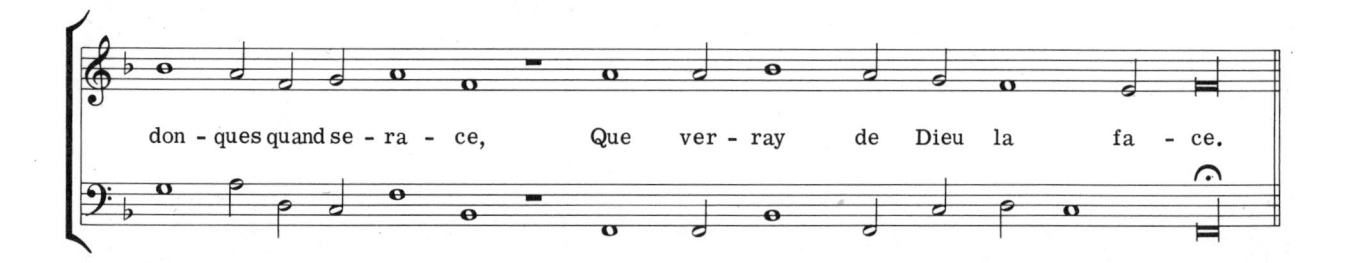

don - ques quand se - ra - ce, Que ver - ray de Dieu la fa - ce.

47. Revenge-moy, pren la querelle

PS. XLIII

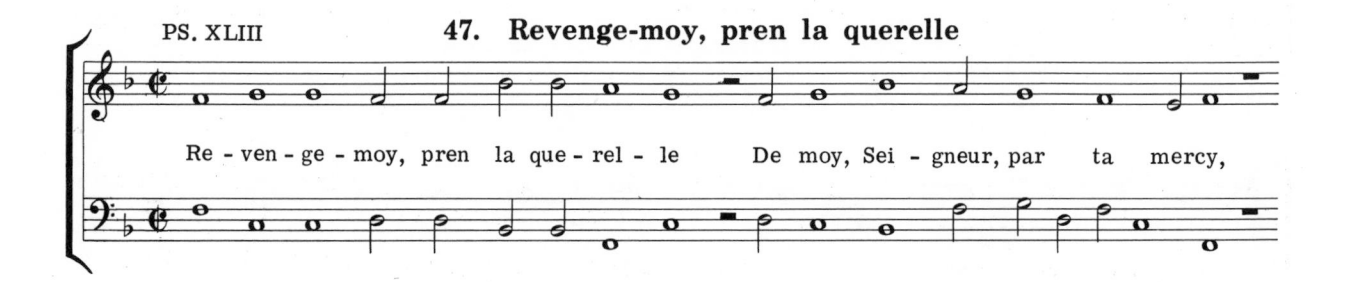

Re - ven - ge - moy, pren la que - rel - le De moy, Sei - gneur, par ta mercy,

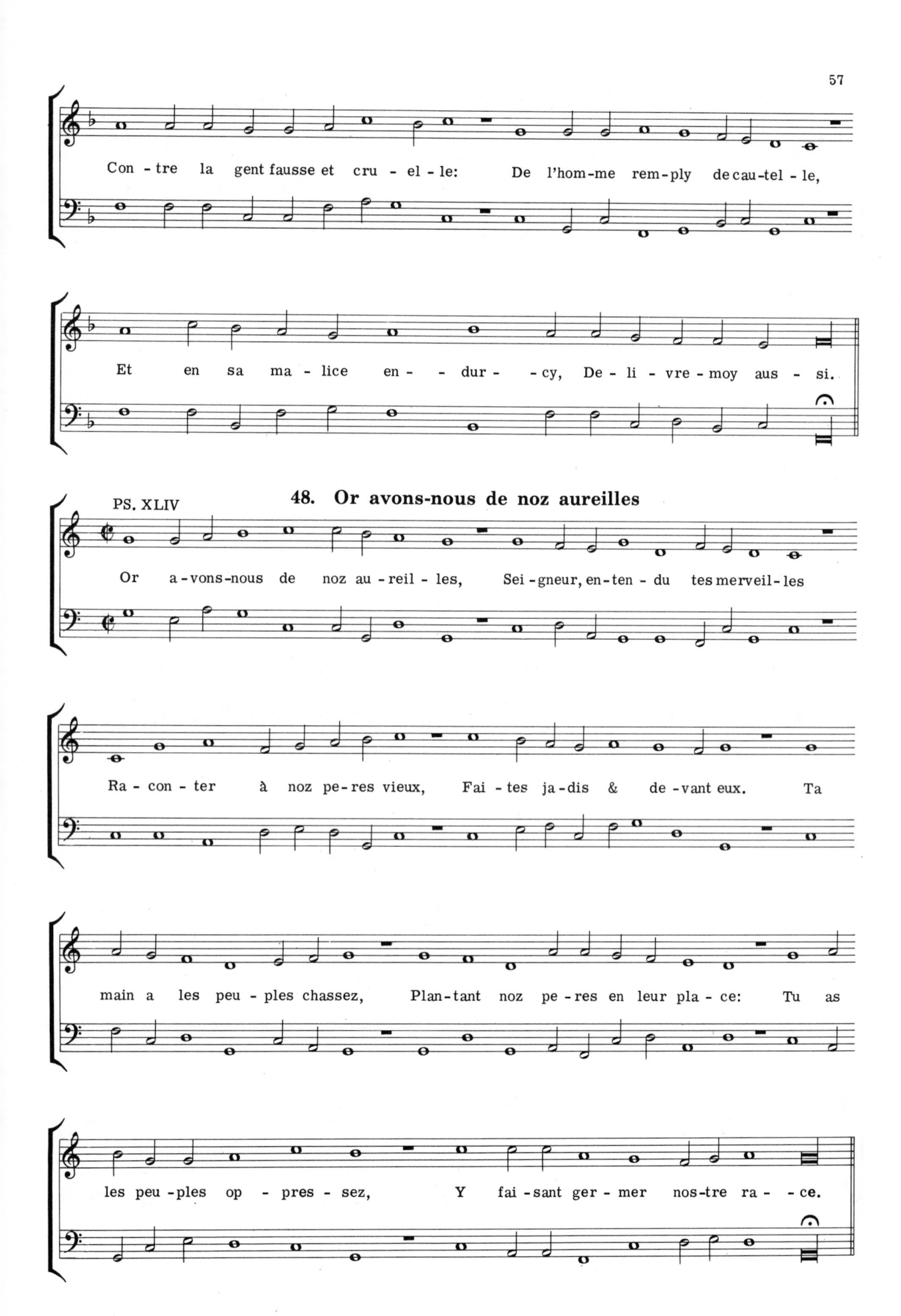

Con - tre la gent fausse et cru - el - le: De l'hom-me rem-ply de cau-tel - le,

Et en sa ma - lice en - dur - cy, De - li - vre-moy aus - si.

PS. XLIV

48. Or avons-nous de noz aureilles

Or a - vons-nous de noz au - reil - les, Sei - gneur, en-ten - du tes merveil-les

Ra - con - ter à noz pe-res vieux, Fai - tes ja-dis & de - vant eux. Ta

main a les peu - ples chassez, Plan-tant noz pe - res en leur pla - ce: Tu as

les peu-ples op - pres - sez, Y fai-sant ger - mer nos-tre ra - - ce.

PS. XLV

49. Propos exquis faut que de mon coeur sorte

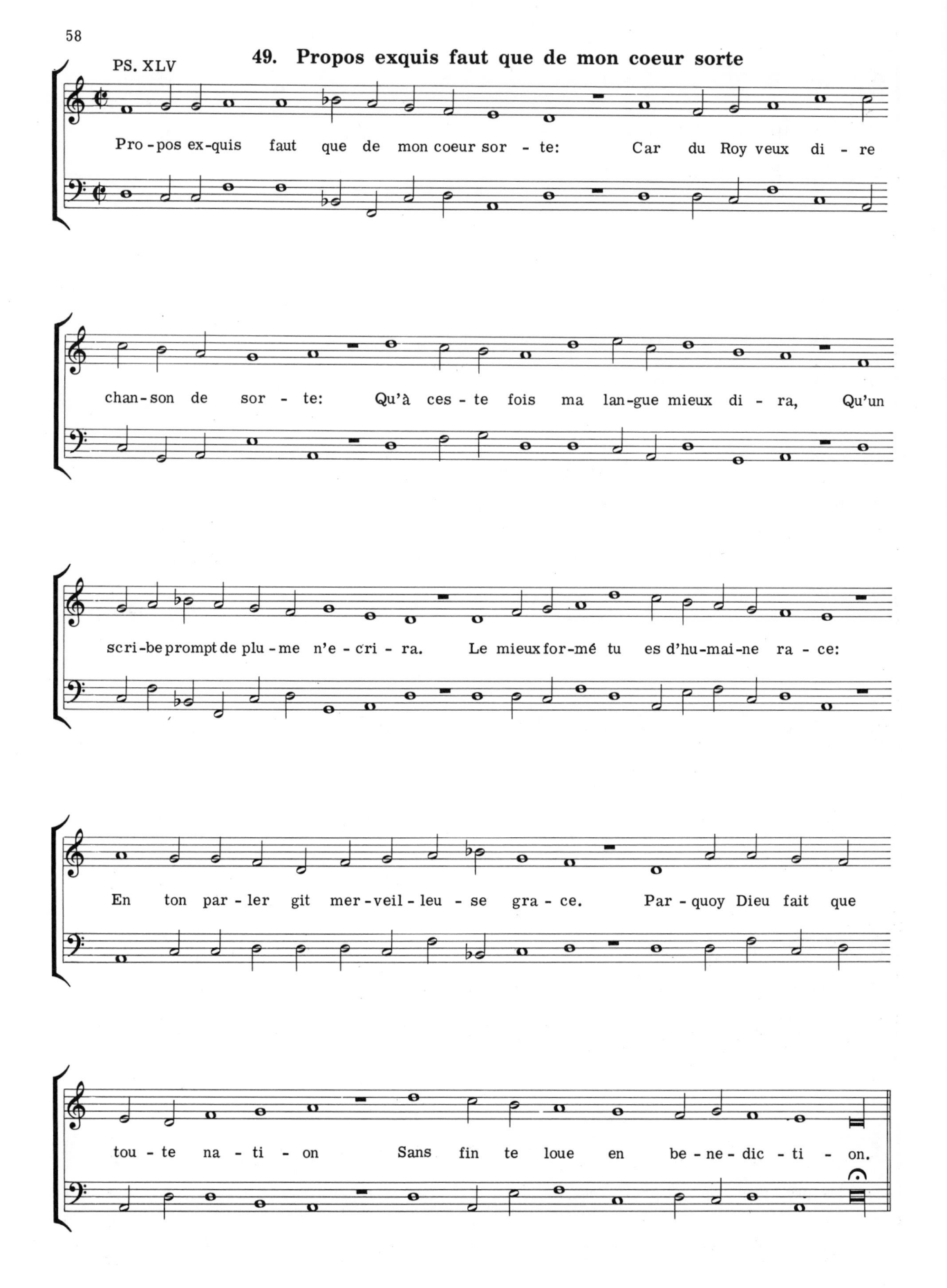

Pro - pos ex-quis faut que de mon coeur sor - te: Car du Roy veux di - re

chan - son de sor - te: Qu'à ces - te fois ma lan-gue mieux di - ra, Qu'un

scri-be prompt de plu - me n'e - cri - ra. Le mieux for-mé tu es d'hu-mai-ne ra - ce:

En ton par - ler git mer-veil-leu - se gra - ce. Par - quoy Dieu fait que

tou - te na - ti - on Sans fin te loue en be - ne - dic - ti - on.

50. Dès qu'adversité nous offense

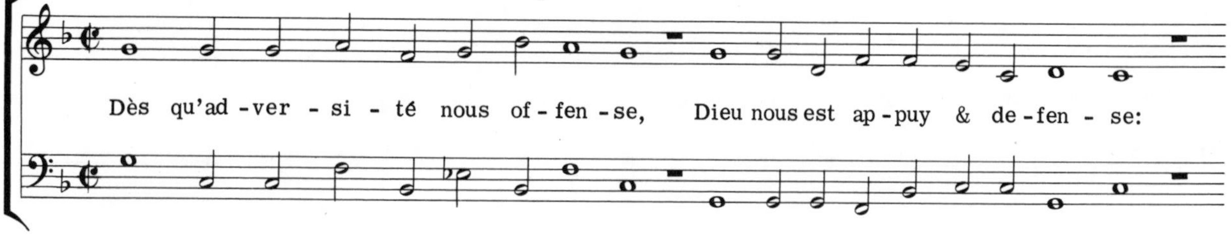

PS. XLVI

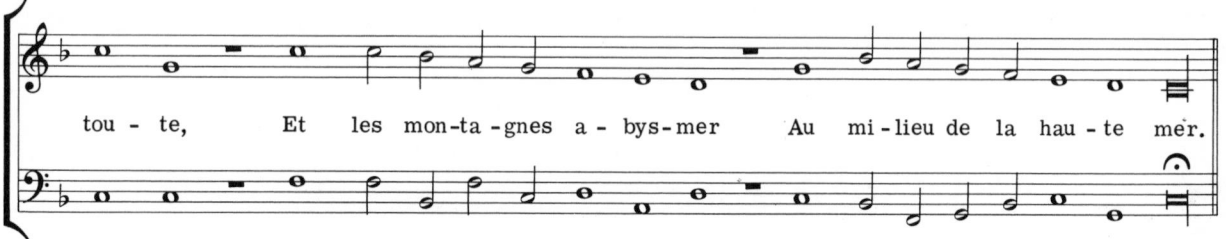

Dès qu'ad-ver-si-té nous of-fen-se, Dieu nous est ap-puy & de-fen-se:

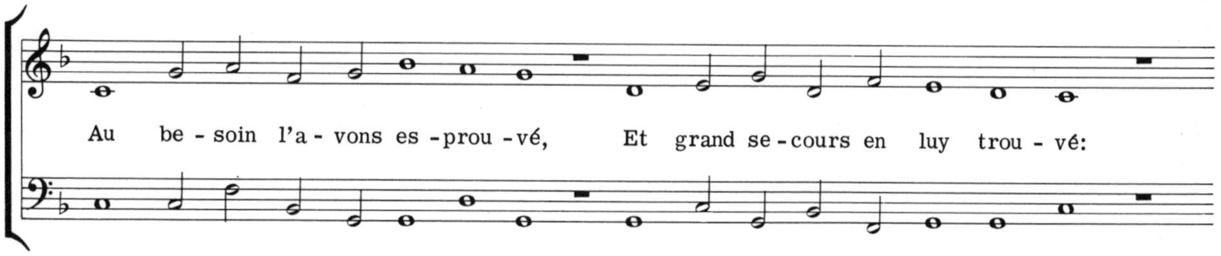

Au be-soin l'a-vons es-prou-vé, Et grand se-cours en luy trou-vé:

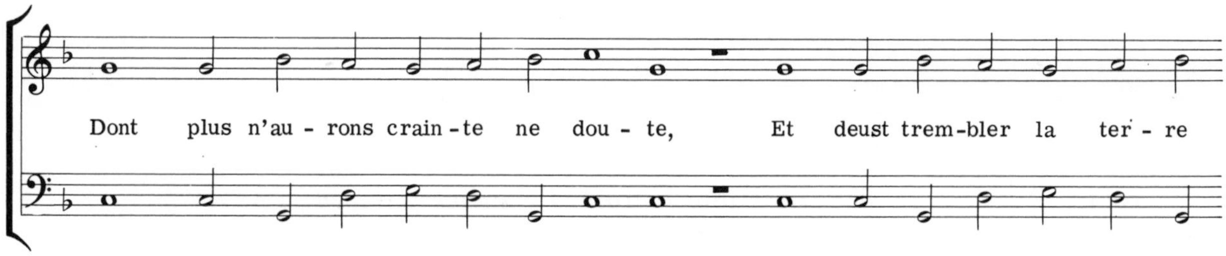

Dont plus n'au-rons crain-te ne dou-te, Et deust trem-bler la ter-re

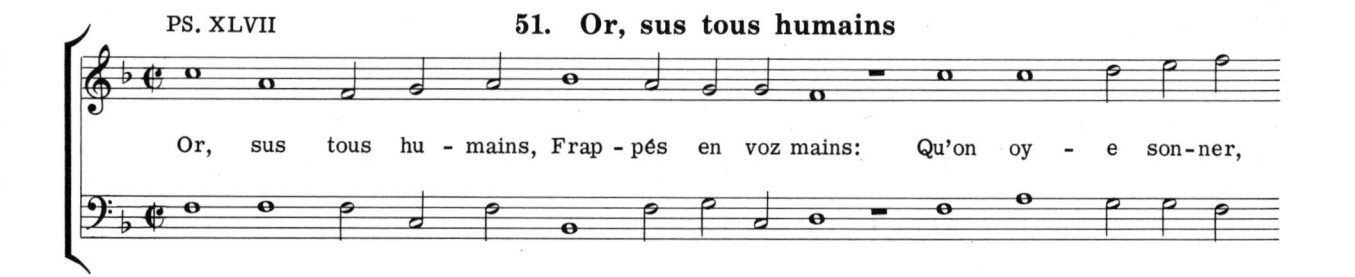

tou-te, Et les mon-ta-gnes a-bys-mer Au mi-lieu de la hau-te mer.

51. Or, sus tous humains

PS. XLVII

Or, sus tous hu-mains, Frap-pés en voz mains: Qu'on oy-e son-ner,

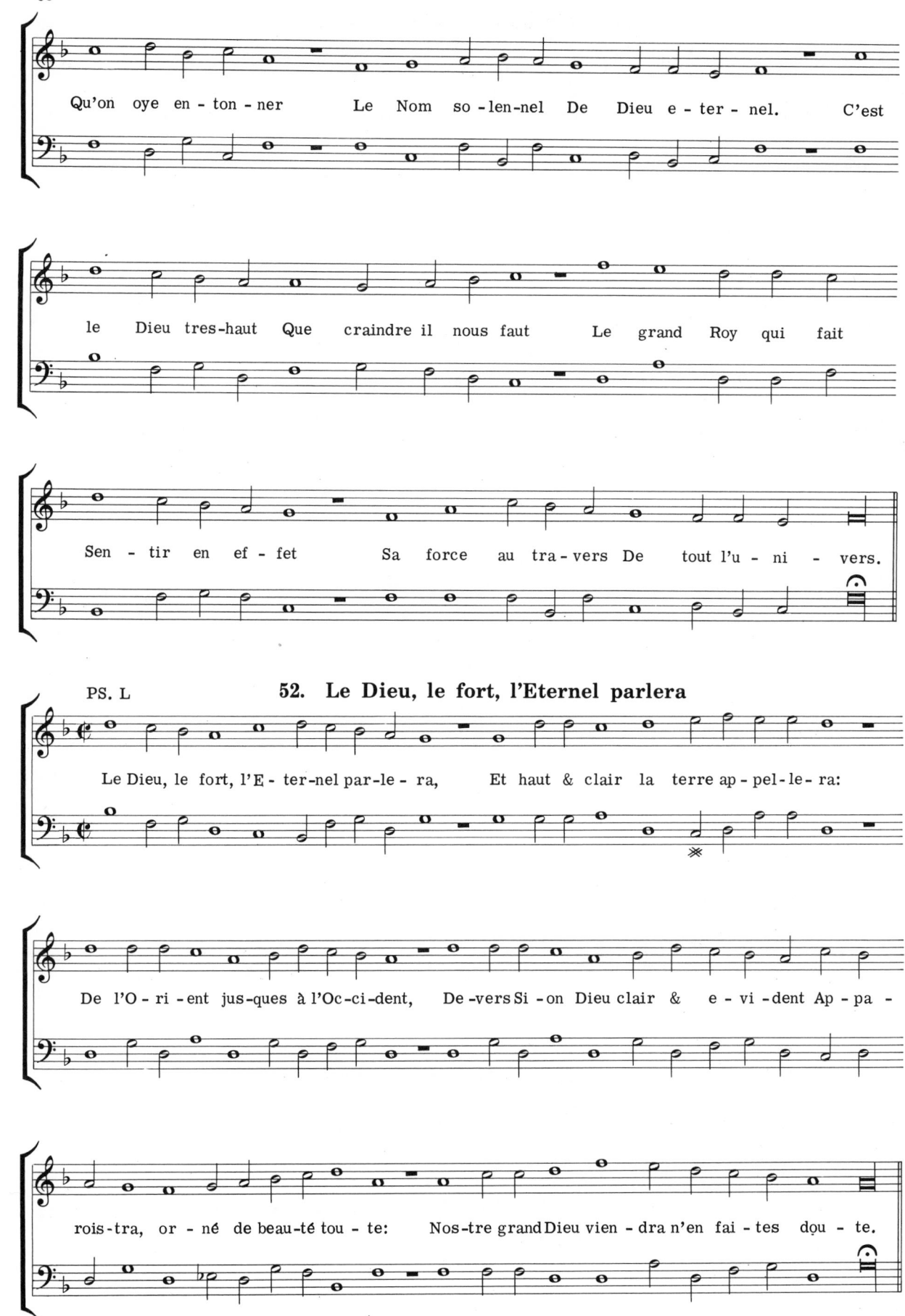

Qu'on oye en - ton - ner Le Nom so - len - nel De Dieu e - ter - nel. C'est

le Dieu tres-haut Que craindre il nous faut Le grand Roy qui fait

Sen - tir en ef - fet Sa force au tra - vers De tout l'u - ni - vers.

PS. L

52. Le Dieu, le fort, l'Eternel parlera

Le Dieu, le fort, l'E - ter-nel par-le - ra, Et haut & clair la terre ap-pel-le - ra:

De l'O - ri - ent jus-ques à l'Oc-ci-dent, De -vers Si - on Dieu clair & e - vi -dent Ap - pa -

rois-tra, or - né de beau-té tou - te: Nos-tre grand Dieu vien - dra n'en fai - tes dou - te.

PS. LI   **53. Misericorde au povre vicieux**

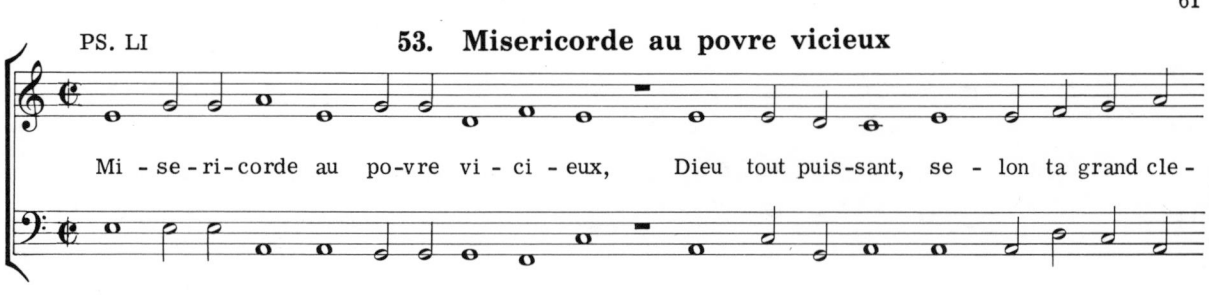

Mi - se - ri - corde au po-vre vi - ci - eux,   Dieu tout puis-sant, se - lon ta grand cle -

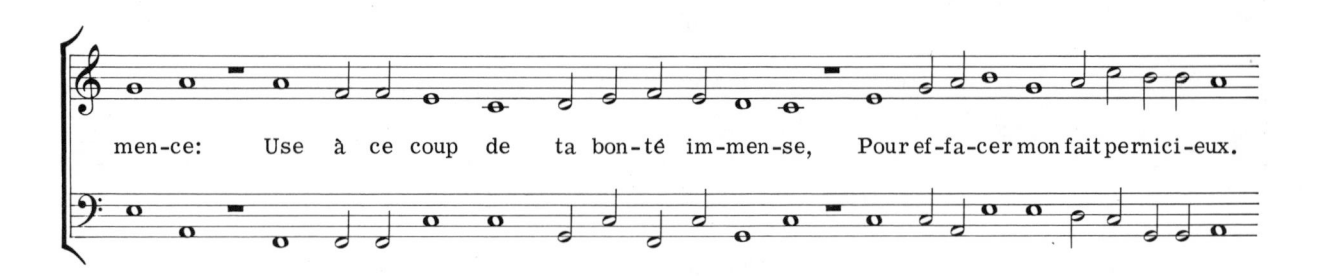

men-ce: Use à ce coup de   ta bon-té im-men-se,   Pour ef-fa-cer mon fait pernici-eux.

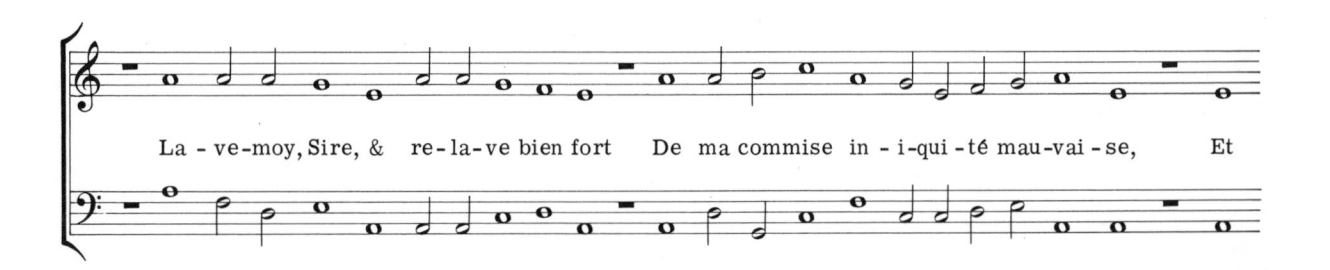

La - ve-moy, Sire, & re-la-ve bien fort   De ma commise in - i-qui-té mau-vai-se,   Et

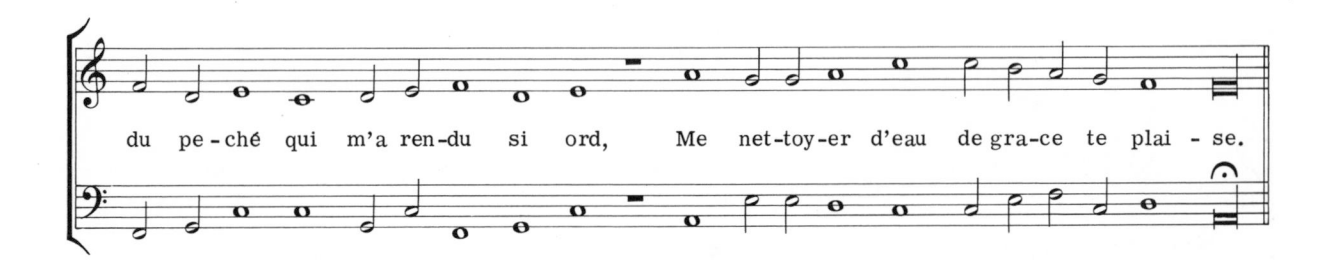

du pe-ché qui m'a ren-du si ord,   Me net-toy-er d'eau de gra-ce te plai - se.

PS. LXXII   **54. Tes jugemens, Dieu veritable**

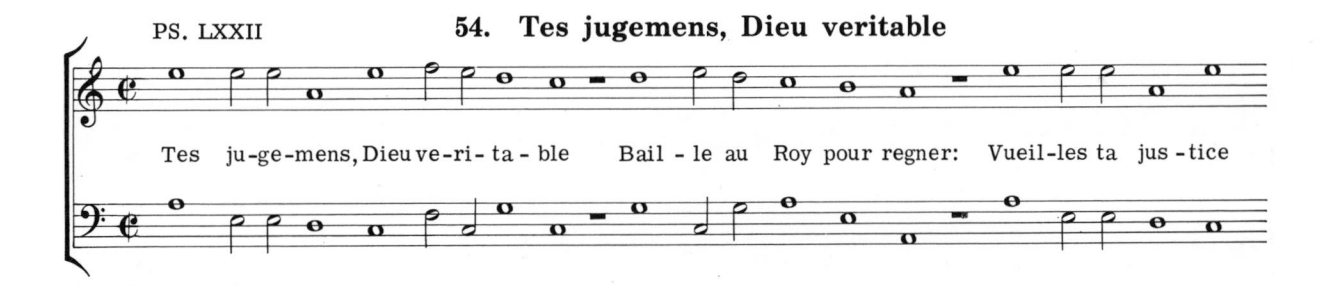

Tes ju-ge-mens, Dieu ve-ri-ta - ble   Bail - le au Roy pour regner: Vueil-les ta jus -tice

62

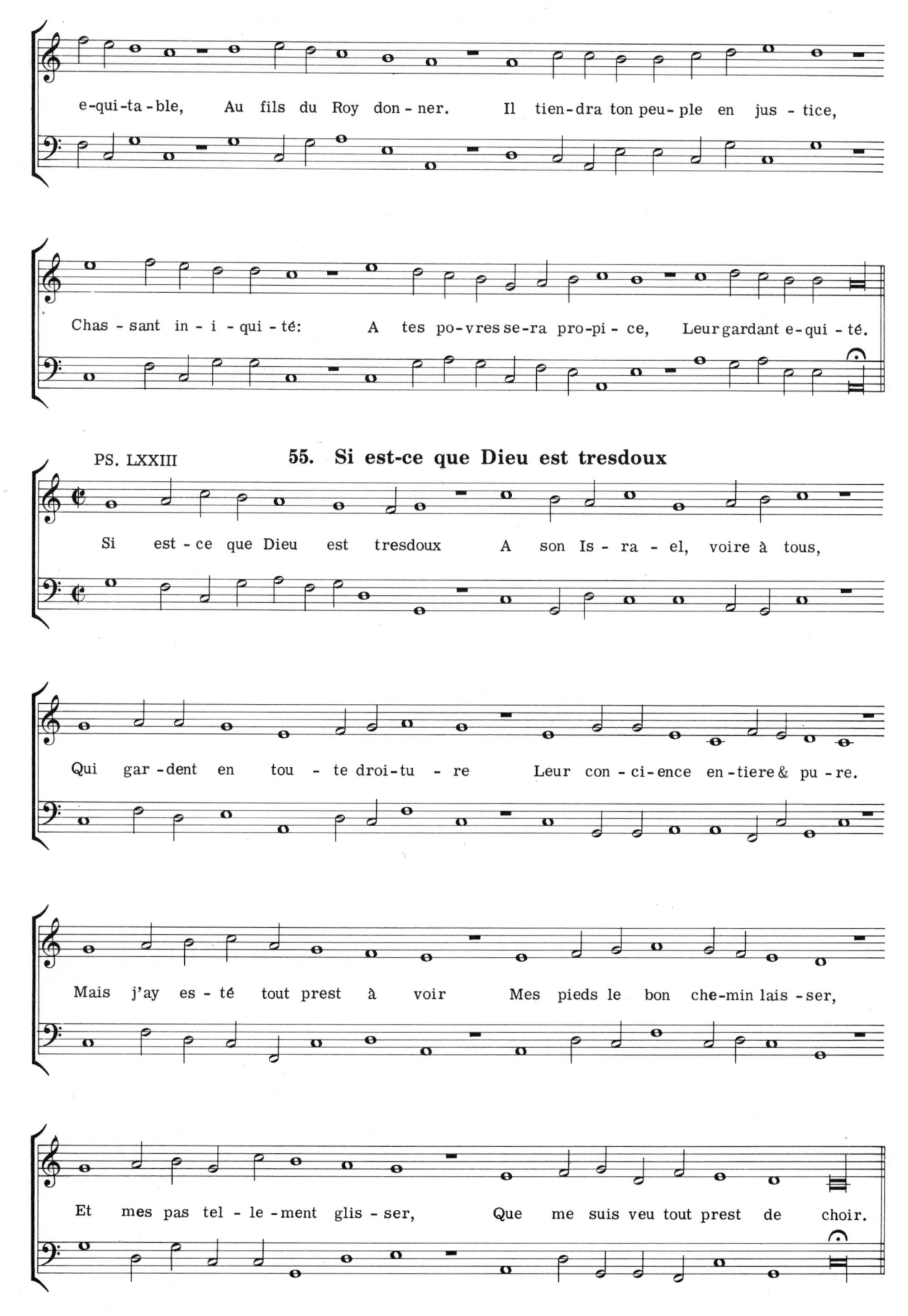

e-qui-ta-ble, Au fils du Roy don-ner. Il tien-dra ton peu-ple en jus - tice,

Chas - sant in - i - qui - té: A tes po-vres se-ra pro-pi - ce, Leur gardant e-qui - té.

PS. LXXIII   **55. Si est-ce que Dieu est tresdoux**

Si est - ce que Dieu est tresdoux A son Is - ra - el, voire à tous,

Qui gar - dent en tou - te droi-tu - re Leur con - ci-ence en -tiere & pu - re.

Mais j'ay es - té tout prest à voir Mes pieds le bon che-min lais - ser,

Et mes pas tel - le -ment glis - ser, Que me suis veu tout prest de choir.

56. Le gens entrés sont en ton heritage

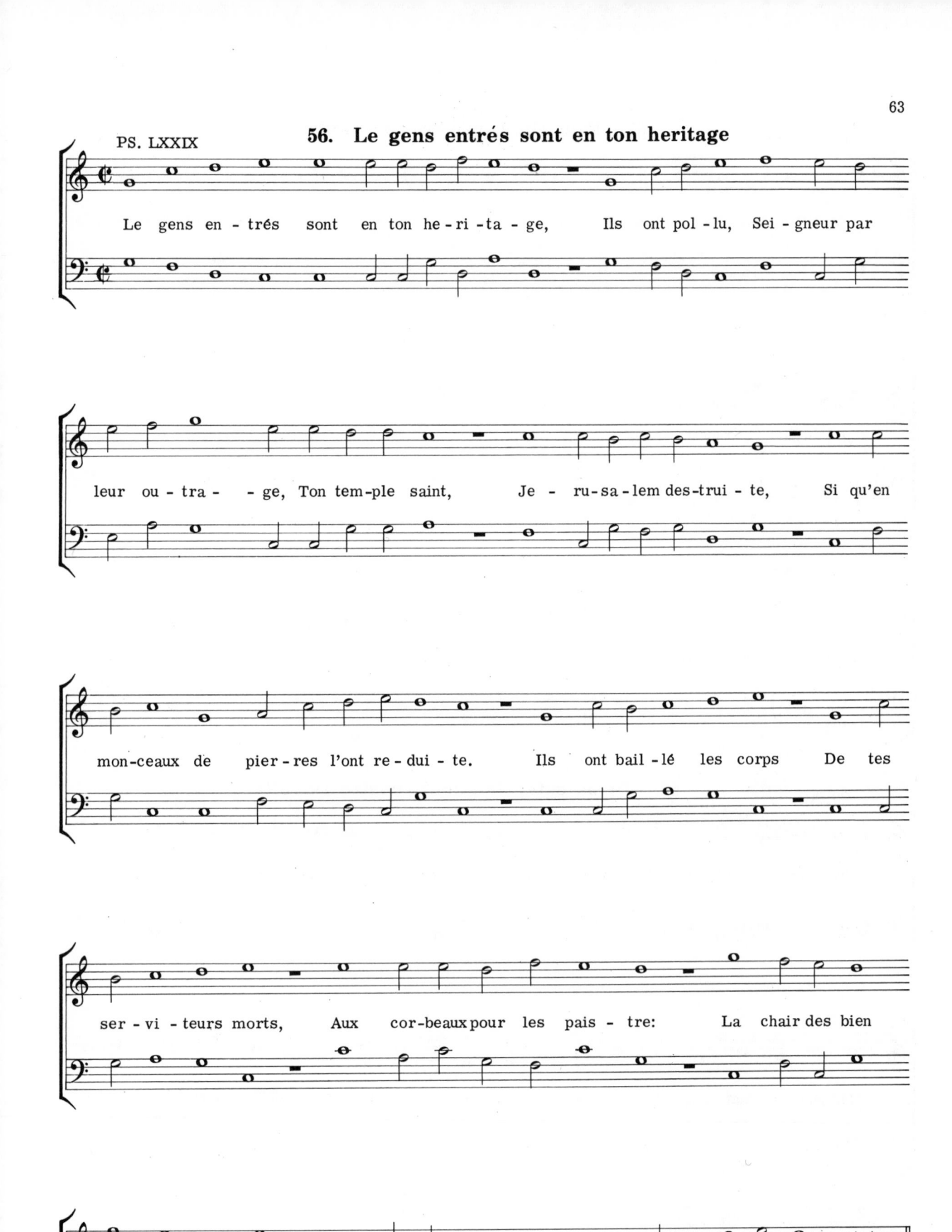

Le gens en - trés sont en ton he - ri - ta - ge, Ils ont pol - lu, Sei - gneur par

leur ou - tra - - ge, Ton tem-ple saint, Je - ru-sa-lem des-trui - te, Si qu'en

mon-ceaux de pier-res l'ont re - dui - te. Ils ont bail - lé les corps De tes

ser - vi - teurs morts, Aux cor-beaux pour les pais - tre: La chair des bien

vi - vans, Aux a - ni - maux sui - vans Bois & plai - ne cham-pes - tre.

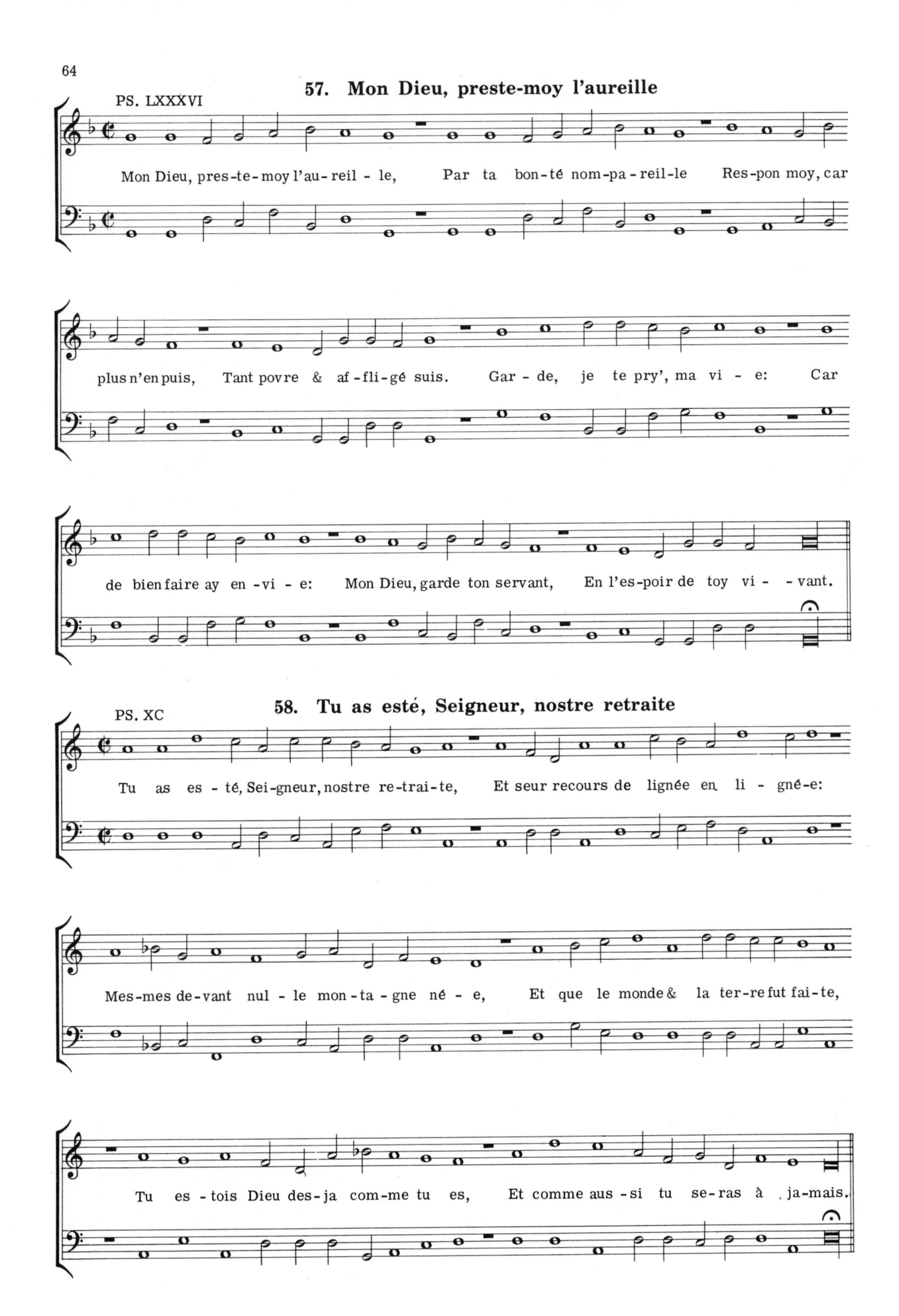

64

PS. LXXXVI

57. Mon Dieu, preste-moy l'aureille

Mon Dieu, pres-te-moy l'au-reil - le, Par ta bon-té nom-pa-reil-le Res-pon moy, car plus n'en puis, Tant povre & af-fli-gé suis. Gar - de, je te pry', ma vi - e: Car de bien faire ay en -vi - e: Mon Dieu, garde ton servant, En l'es-poir de toy vi - -vant.

PS. XC

58. Tu as esté, Seigneur, nostre retraite

Tu as es -té, Sei-gneur, nostre re-trai-te, Et seur recours de lignée en li - gné-e: Mes-mes de-vant nul - le mon -ta-gne né - e, Et que le monde & la ter-re fut fai-te, Tu es -tois Dieu des-ja com-me tu es, Et comme aus -si tu se-ras à ja-mais.

59. Qui en la garde du haut Dieu

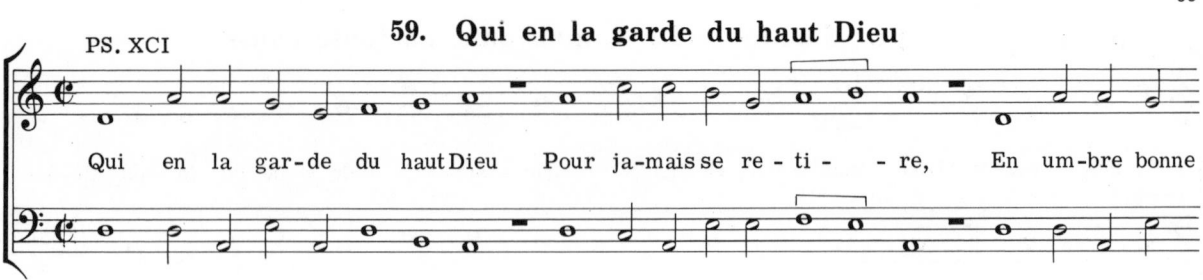

Qui en la gar-de du haut Dieu Pour ja-mais se re-ti-re, En um-bre bonne

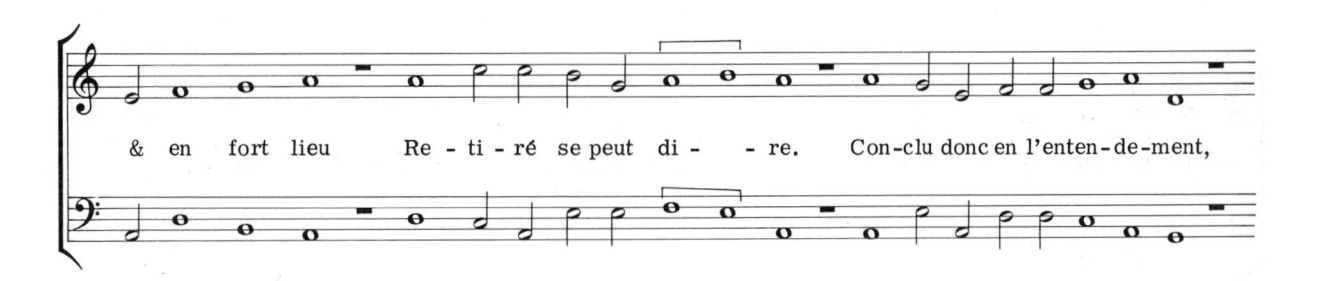

& en fort lieu Re-ti-ré se peut di-re. Con-clu donc en l'enten-de-ment,

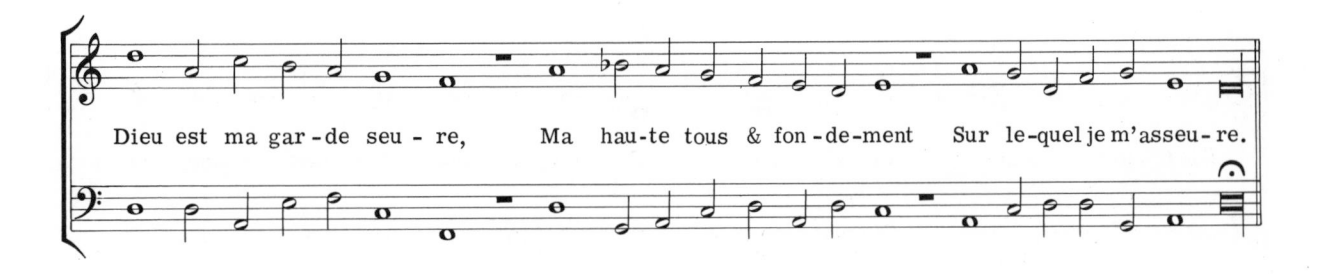

Dieu est ma gar-de seu-re, Ma hau-te tous & fon-de-ment Sur le-quel je m'asseu-re.

60. Vouloir m'est pris de mettre en escriture

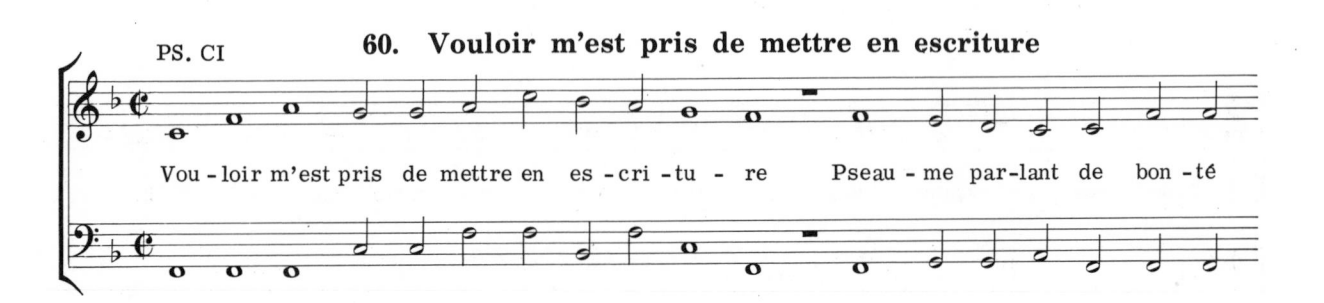

Vou-loir m'est pris de mettre en es-cri-tu-re Pseau-me par-lant de bon-té

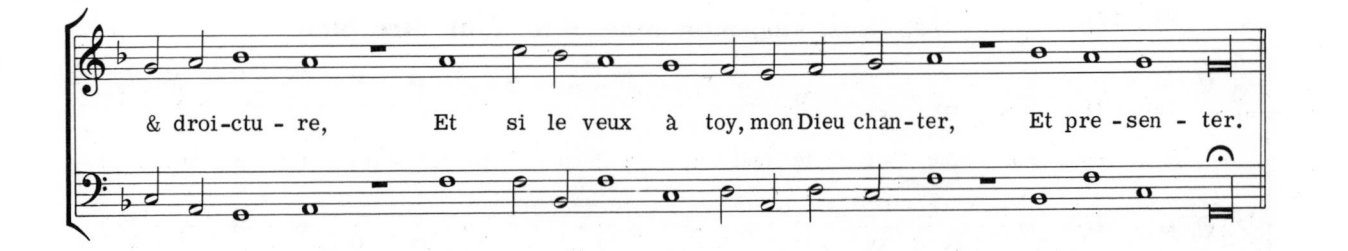

& droi-ctu-re, Et si le veux à toy, mon Dieu chan-ter, Et pre-sen-ter.

66

PS. CIII

61. Sus, louez Dieu, mon ame, en toute chose

Sus, lou-ez Dieu, mon ame, en tou-te cho-se: Et tout ce-la qui de-dans

moy re-po-se, Lou-ez son Nom tres-saint & ac-com-ply. Pre-sente à

Dieu lou-an-ges & ser-vi-ces, O toy, mon ame, & tant de be-ne-

fi-ces Qu'en as re-ceu, ne les mets en ou-bly.

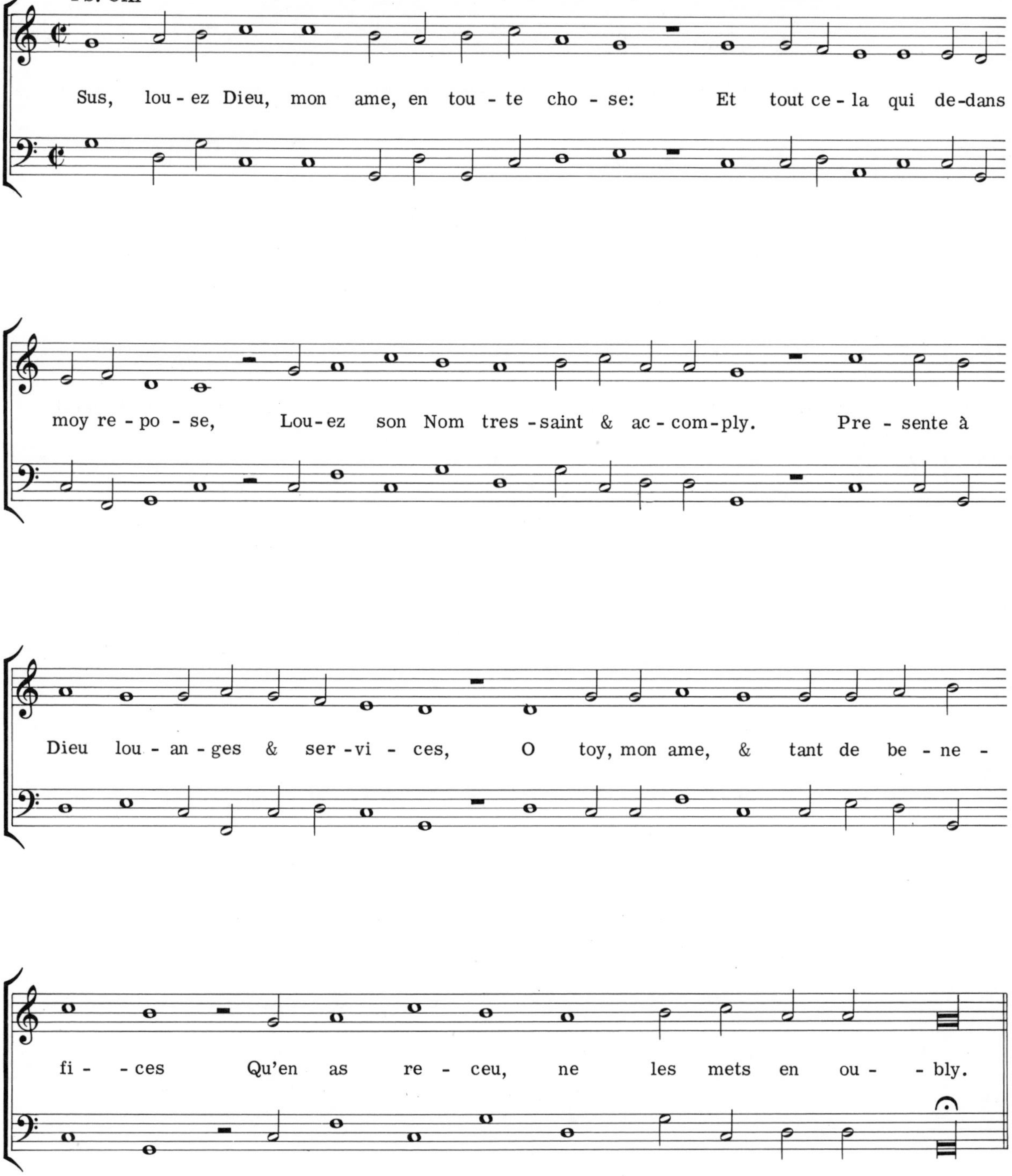

PS. CIV

62. Sus, sus, mon ame, il te faut dire bien

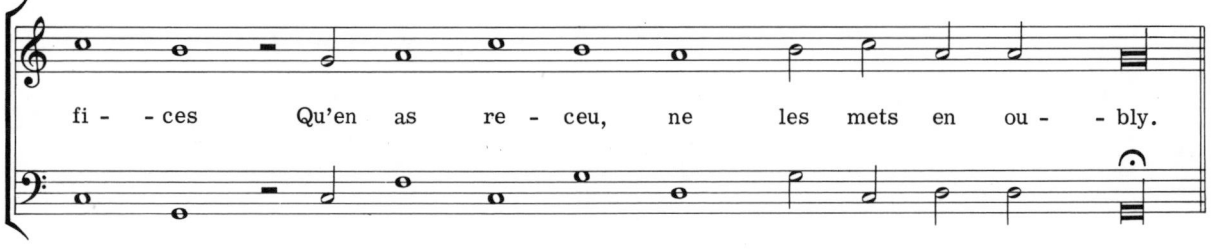

Sus, sus, mon ame, il te faut di-re bien De l'E-ter-nel: ô mon vray

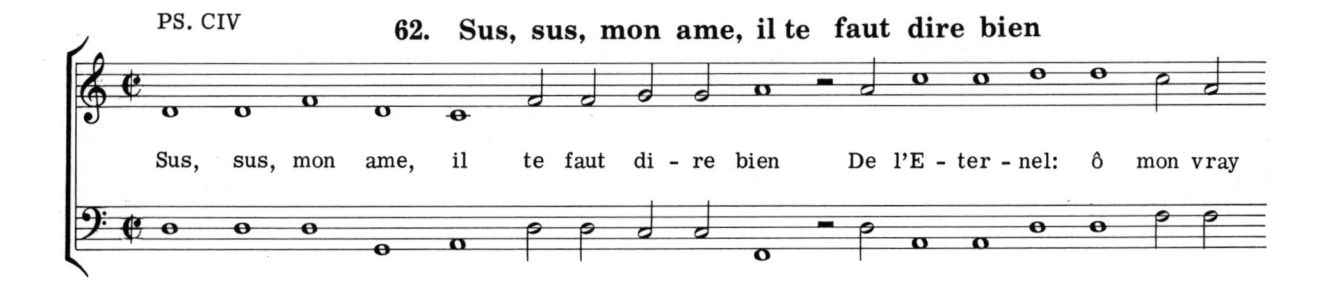

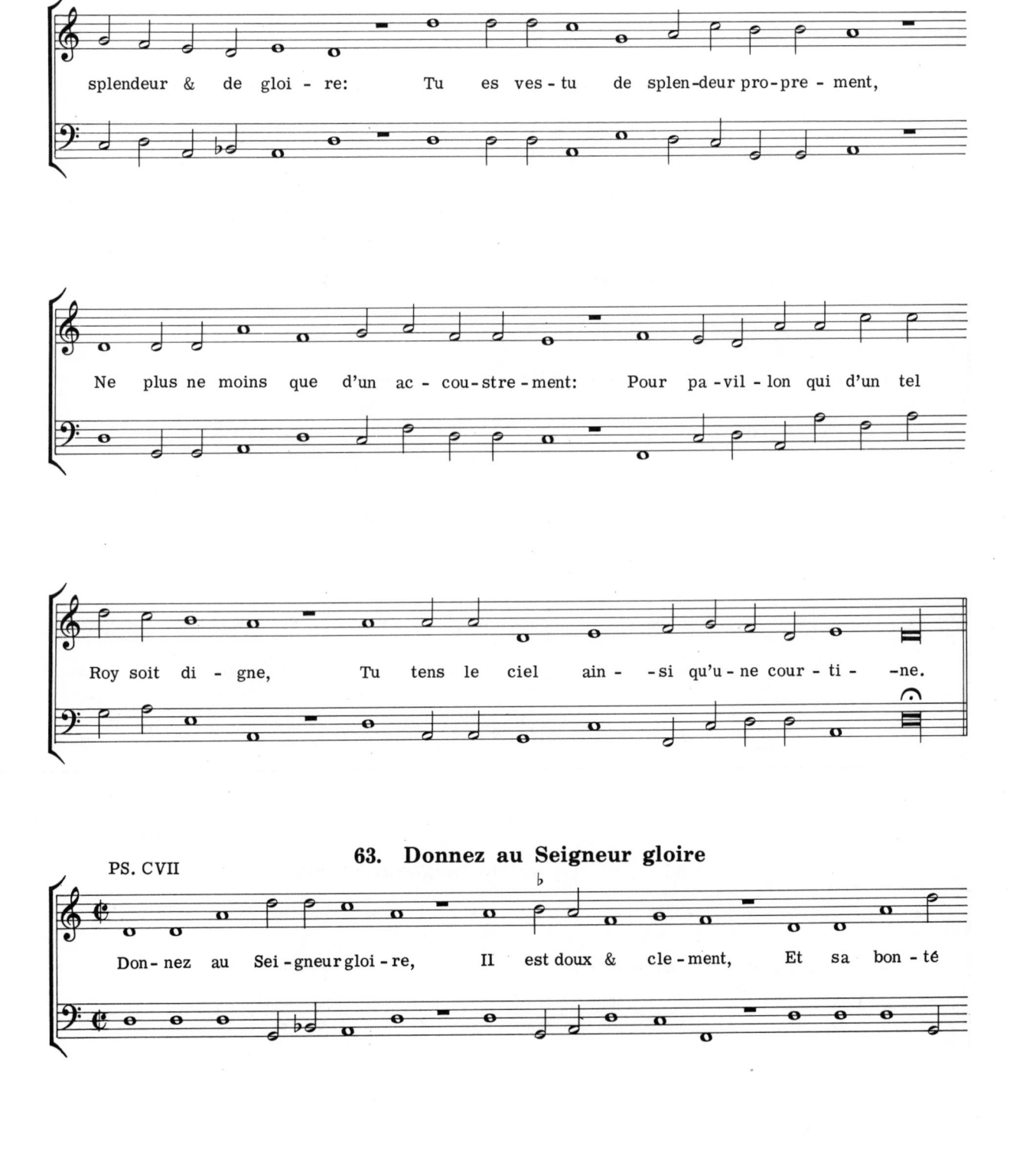

Dieu, com - bien Ta gran-deur est ex - cel-lente & no - toi - re: Tu es ves -tu de

splendeur & de gloi - re: Tu es ves -tu de splen-deur pro-pre - ment,

Ne plus ne moins que d'un ac - cou-stre-ment: Pour pa-vil - lon qui d'un tel

Roy soit di - gne, Tu tens le ciel ain - -si qu'u - ne cour - ti - -ne.

PS. CVII

63. Donnez au Seigneur gloire

Don - nez au Sei - gneur gloi - re, Il est doux & cle - ment, Et sa bon - té

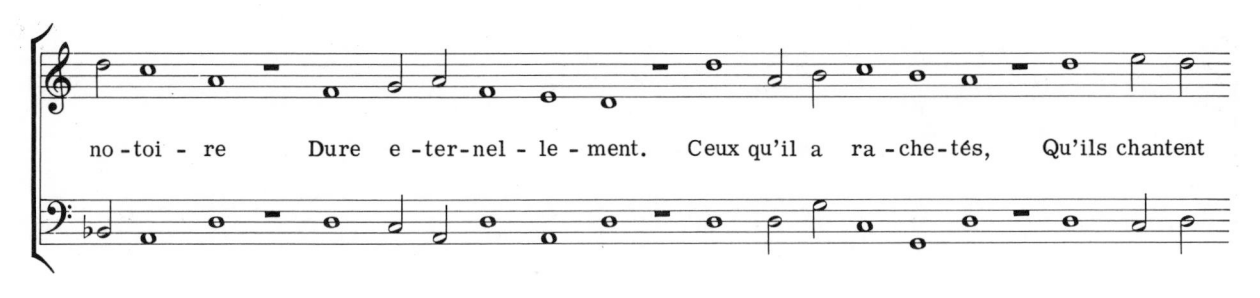

no -toi - re Dure e -ter-nel - le - ment. Ceux qu'il a ra-che-tés, Qu'ils chantent

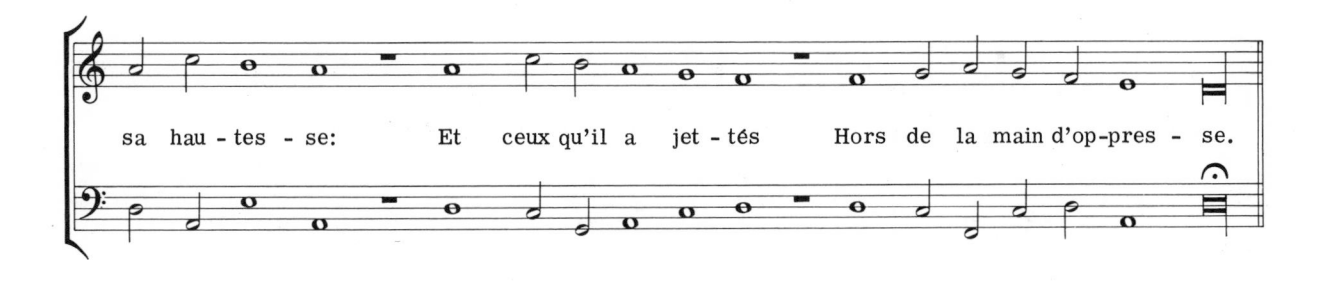

sa hau-tes - se: Et ceux qu'il a jet -tés Hors de la main d'op-pres - se.

PS. CX 64. L'omnipotent à mon Seigneur et Maistre

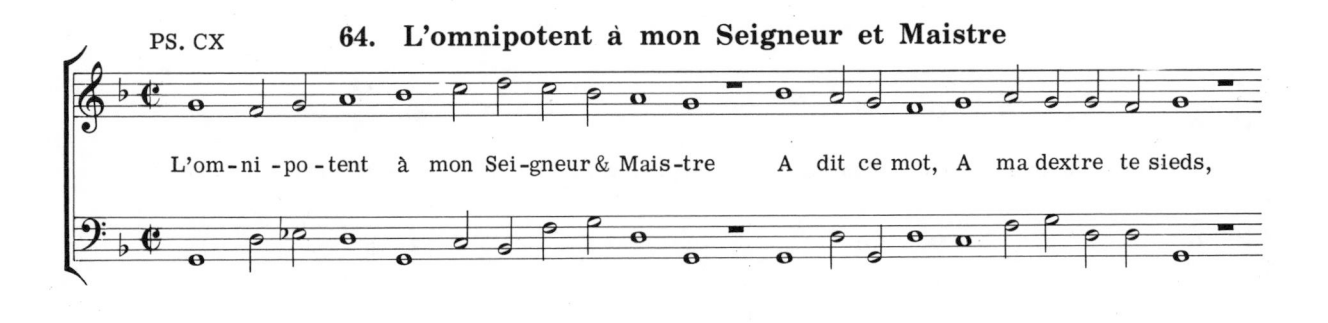

L'om-ni -po-tent à mon Sei-gneur & Mais-tre A dit ce mot, A ma dextre te sieds,

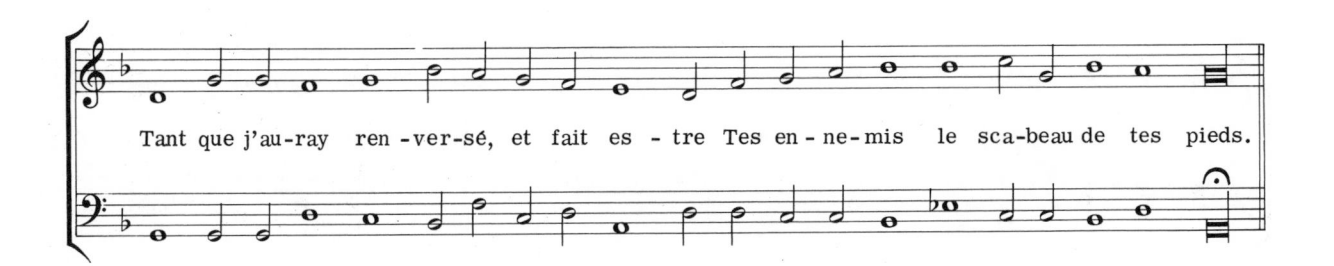

Tant que j'au-ray ren-ver-sé, et fait es - tre Tes en -ne-mis le sca-beau de tes pieds.

PS. CXIII 65. Enfans, qui le Seigneur servez

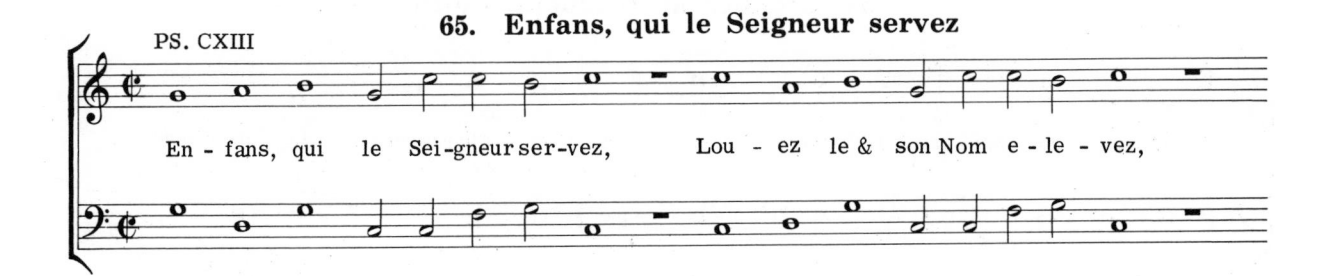

En - fans, qui le Sei-gneur ser-vez, Lou - ez le & son Nom e - le - vez,

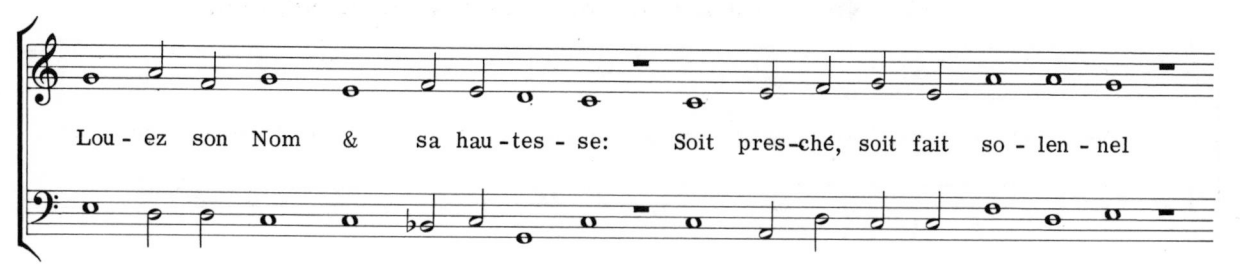

Lou - ez son Nom & sa hau - tes - se: Soit pres-ché, soit fait so - len - nel

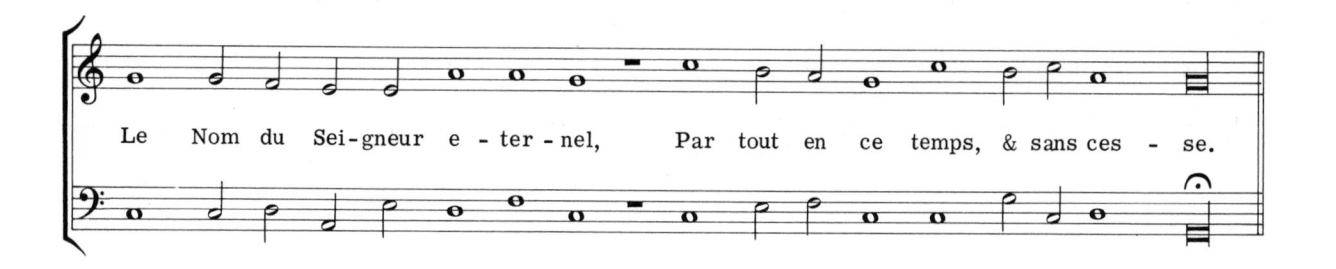

Le Nom du Sei-gneur e - ter-nel, Par tout en ce temps, & sans ces - se.

PS. CXIV

66. Quand Israel hors d'Egypte sortit

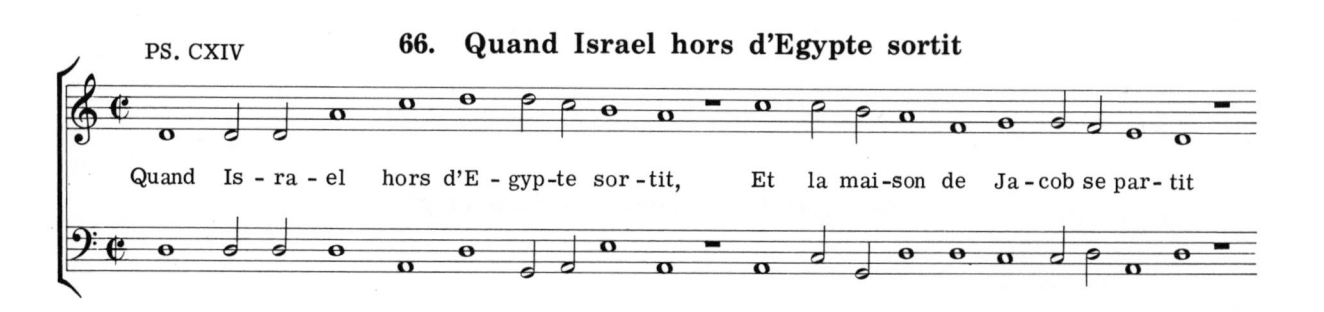

Quand Is - ra - el hors d'E - gyp-te sor-tit, Et la mai-son de Ja - cob se par-tit

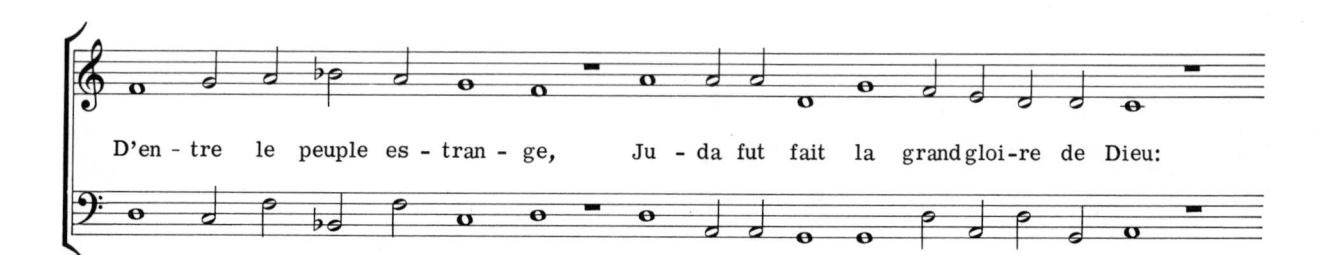

D'en - tre le peuple es - tran - ge, Ju - da fut fait la grandgloi-re de Dieu:

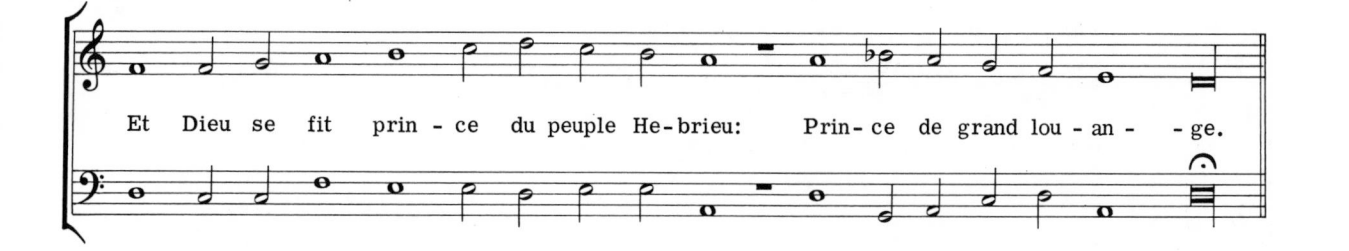

Et Dieu se fit prin - ce du peuple He - brieu: Prin - ce de grand lou - an - ge.

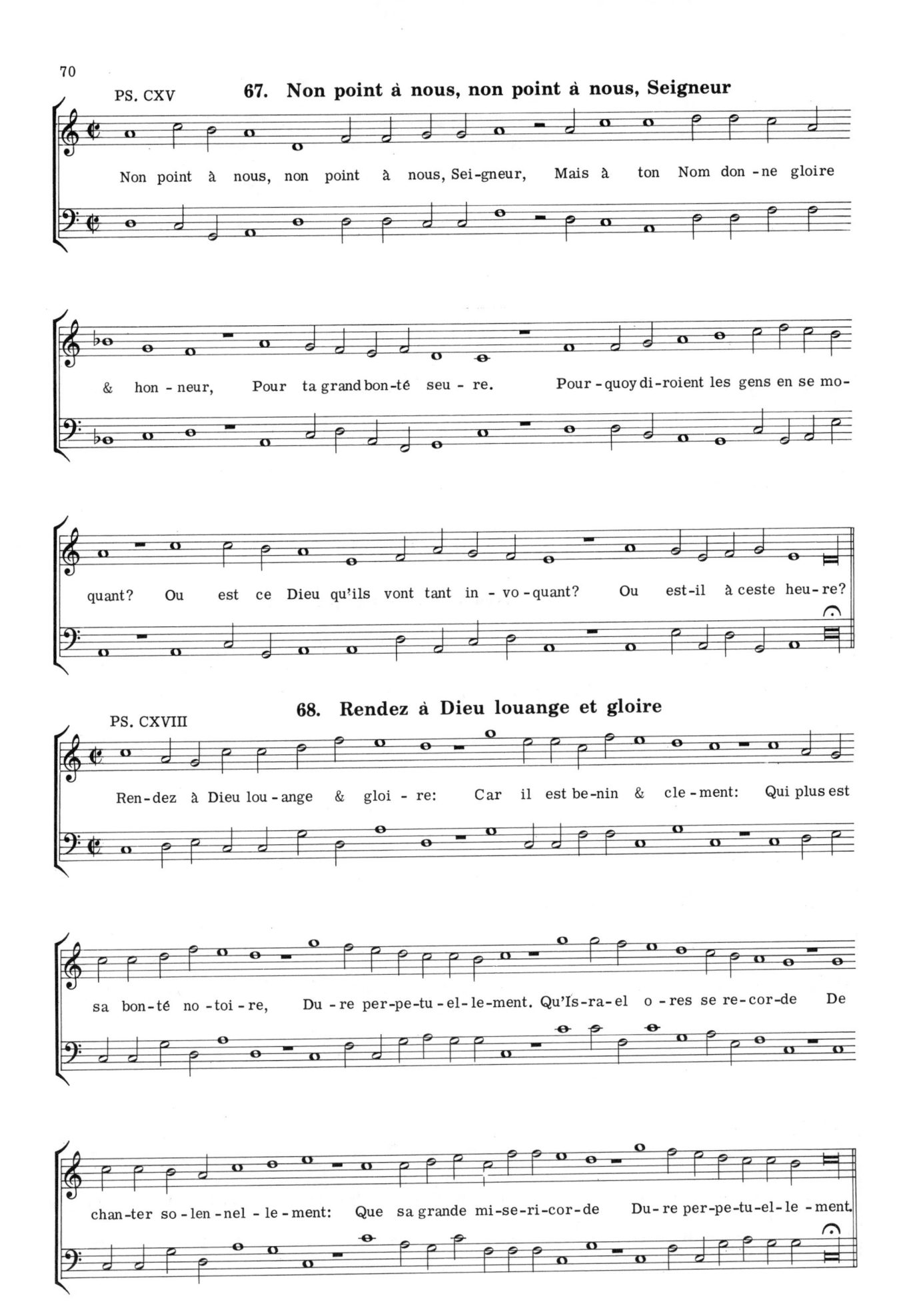

67. Non point à nous, non point à nous, Seigneur

PS. CXV

Non point à nous, non point à nous, Sei-gneur, Mais à ton Nom don-ne gloire & hon-neur, Pour ta grand bon-té seu-re. Pour-quoy di-roient les gens en se mo-quant? Ou est ce Dieu qu'ils vont tant in-vo-quant? Ou est-il à ceste heu-re?

68. Rendez à Dieu louange et gloire

PS. CXVIII

Ren-dez à Dieu lou-ange & gloi-re: Car il est be-nin & cle-ment: Qui plus est sa bon-té no-toi-re, Du-re per-pe-tu-el-le-ment. Qu'Is-ra-el o-res se re-cor-de De chan-ter so-len-nel-le-ment: Que sa grande mi-se-ri-cor-de Du-re per-pe-tu-el-le-ment.

PS. CXIX

69. Bienheureuse est la personne qui vit

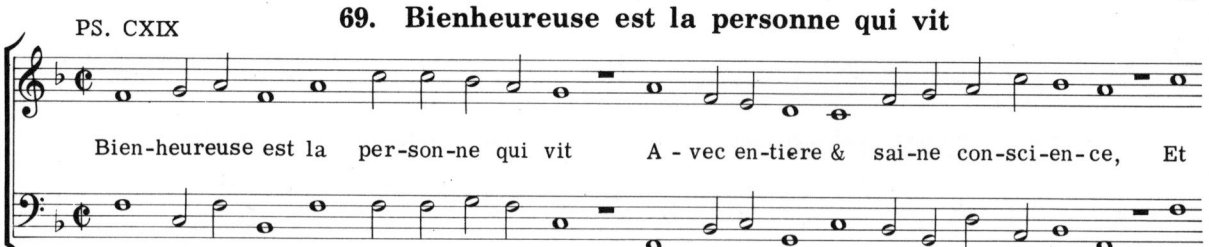

Bien-heureuse est la per-son-ne qui vit A - vec en-tiere & sai-ne con-sci-en-ce, Et

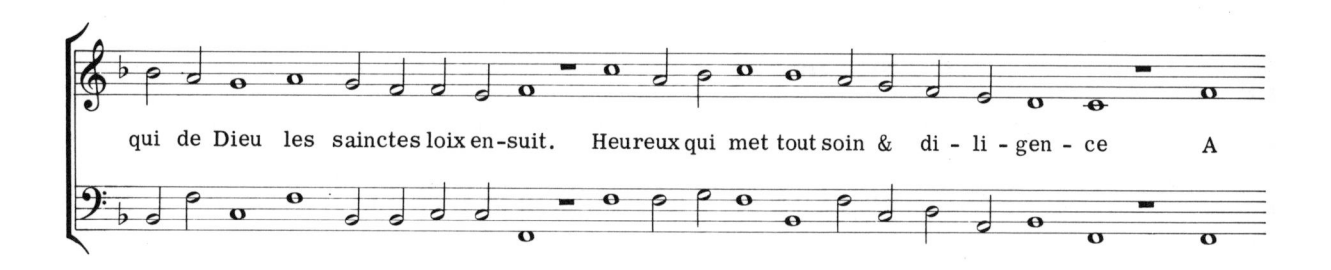

qui de Dieu les sainctes loix en-suit. Heureux qui met tout soin & di - li - gen - ce A

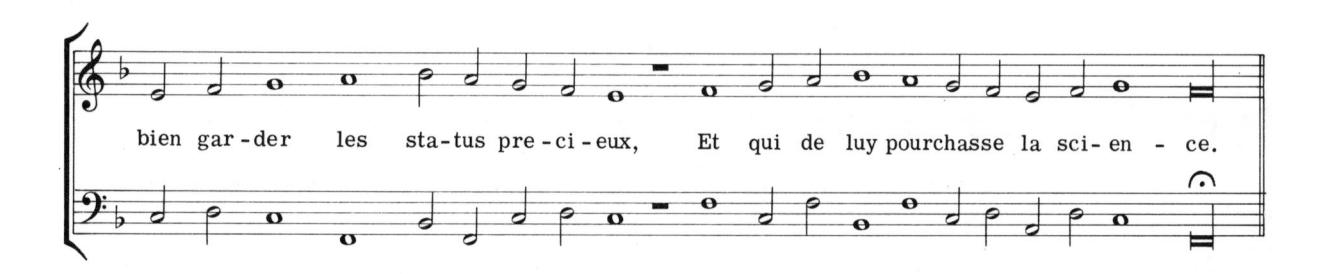

bien gar-der les sta-tus pre-ci-eux, Et qui de luy pourchasse la sci-en - ce.

PS. CXX

70. Alors qu'affliction me presse

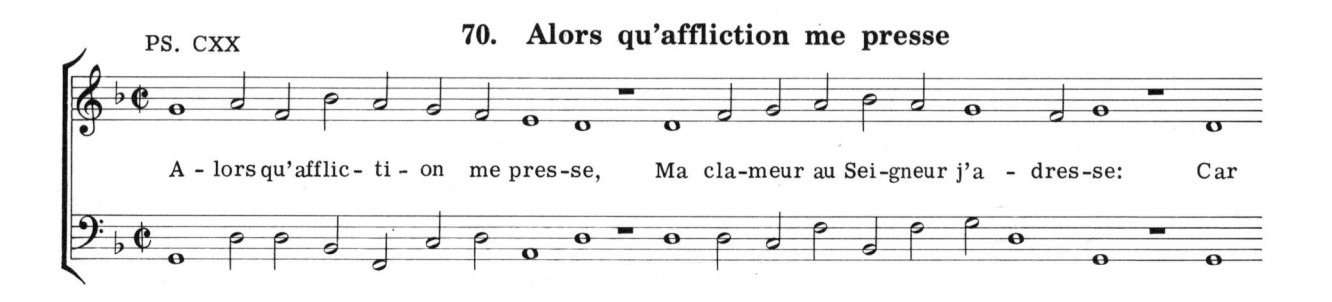

A - lors qu'afflic - ti - on me pres-se, Ma cla-meur au Sei-gneur j'a - dres-se: Car

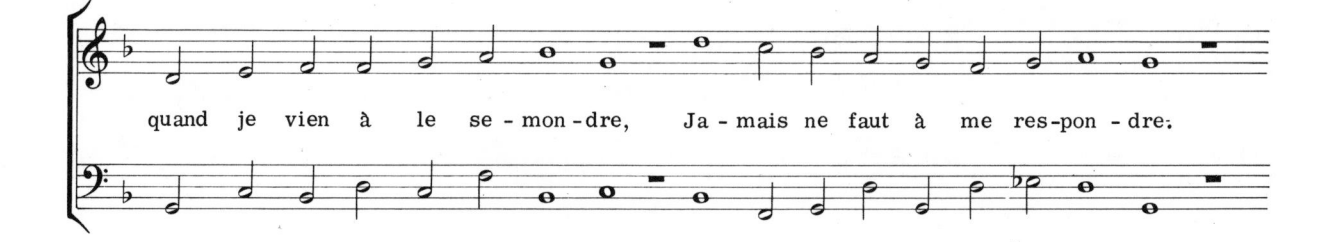

quand je vien à le se-mon-dre, Ja - mais ne faut à me res-pon - dre:

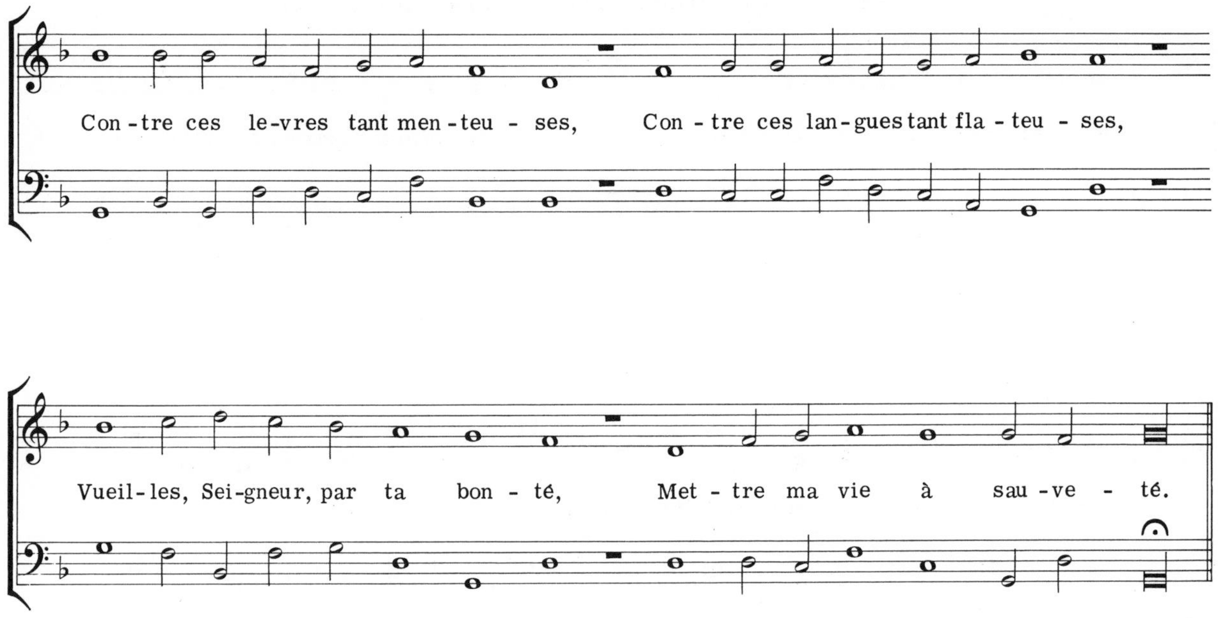

Con - tre ces le - vres tant men - teu - ses, Con - tre ces lan - gues tant fla - teu - ses,

Vueil - les, Sei - gneur, par ta bon - té, Met - tre ma vie à sau - ve - té.

PS. CXXI

71. Vers les monts j'ay levé mes yeux

Vers les monts j'ay le - vé mes yeux: Car ve - nir doit d'en - haut

Le se - cours qu'il me faut. Au grand Dieu qui a fait les

cieux, Et cet - te ter - re ron - de, Tout mon es - poir je fon - de.

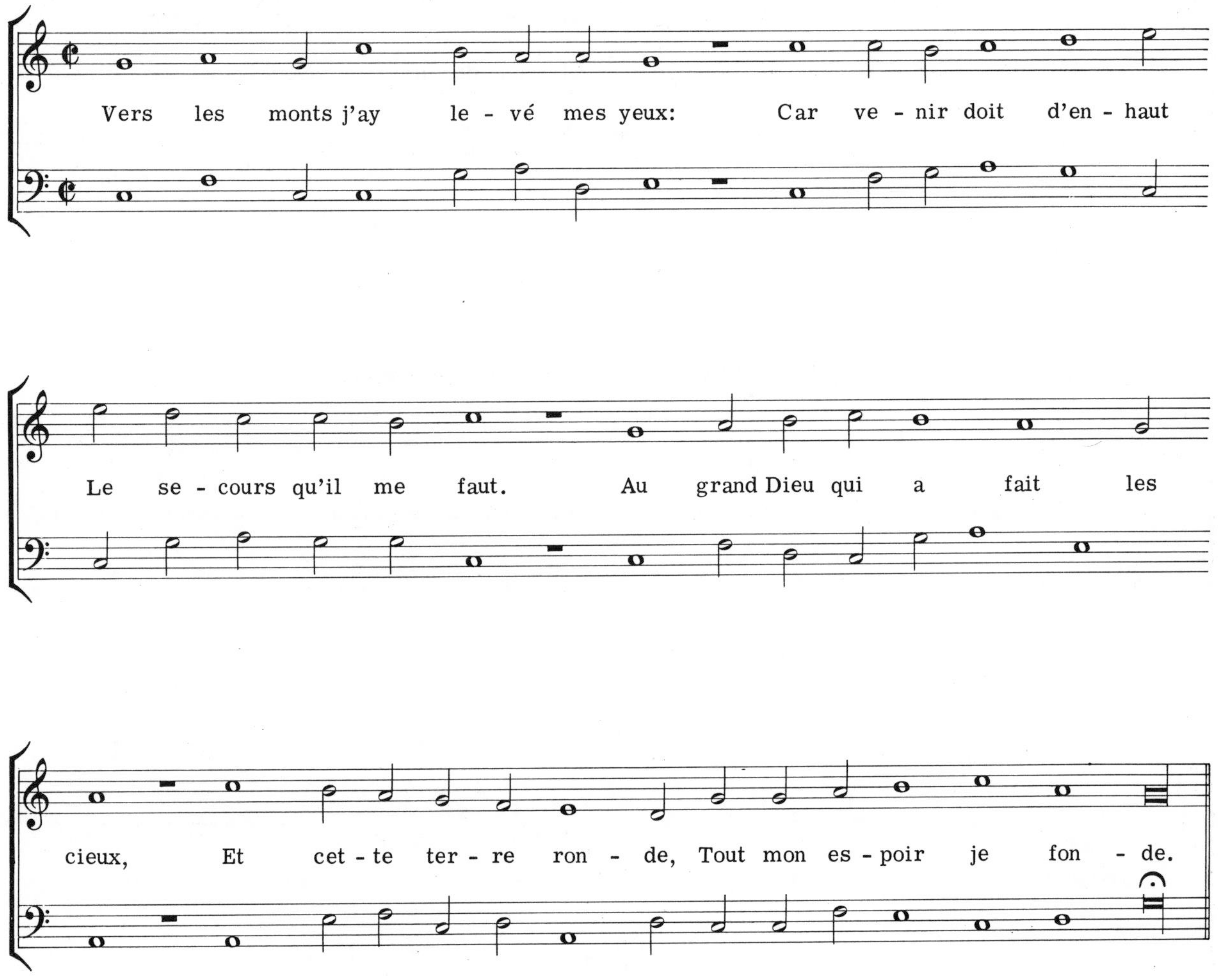

72. Incontinent que j'eu ouy

PS. CXXII

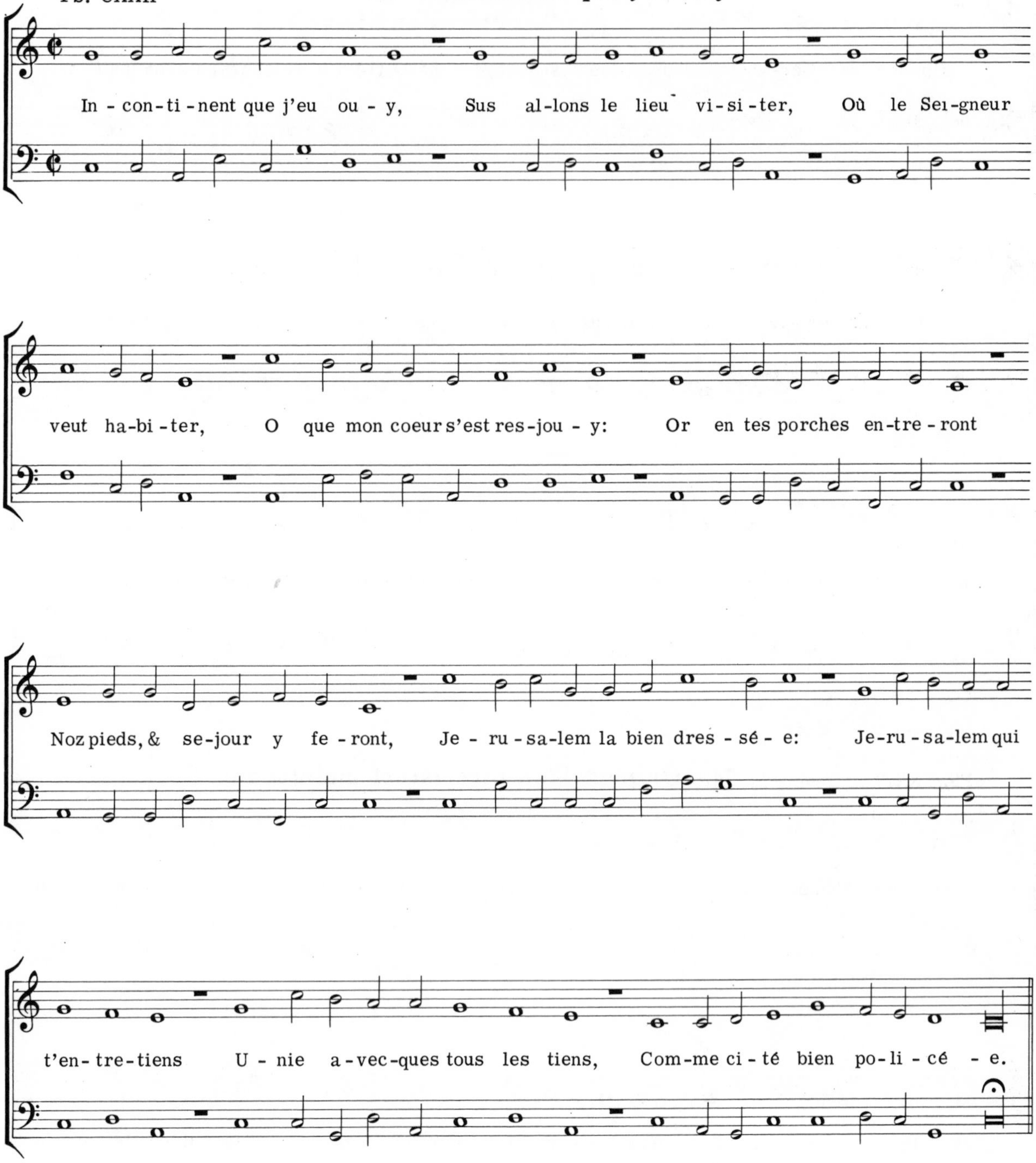

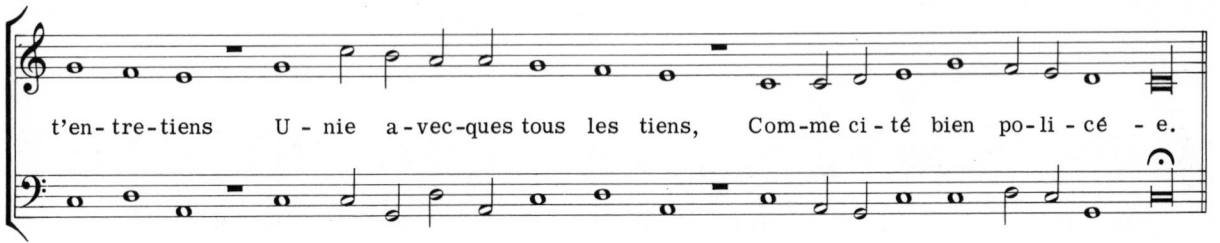

In-con-ti-nent que j'eu ou-y, Sus al-lons le lieu vi-si-ter, Où le Sei-gneur

veut ha-bi-ter, O que mon coeur s'est res-jou-y: Or en tes porches en-tre-ront

Noz pieds, & se-jour y fe-ront, Je-ru-sa-lem la bien dres-sé-e: Je-ru-sa-lem qui

t'en-tre-tiens U-nie a-vec-ques tous les tiens, Com-me ci-té bien po-li-cé-e.

73. A toy, o Dieu, qui es là—haut

PS. CXXIII

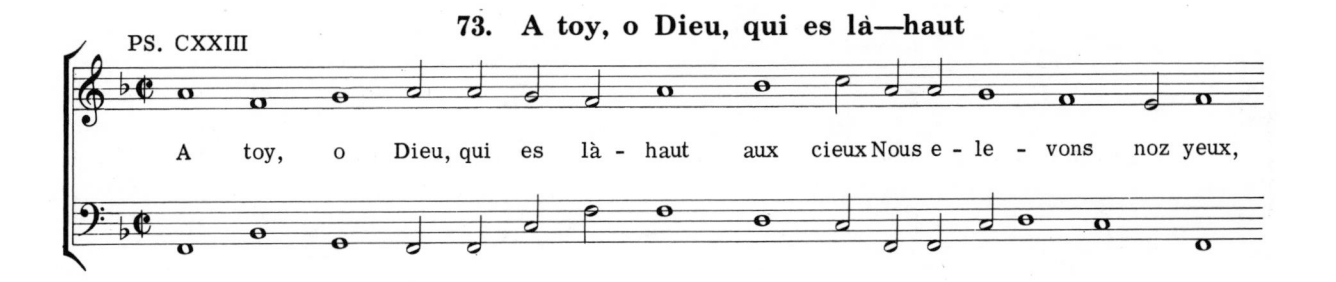

A toy, o Dieu, qui es là-haut aux cieux Nous e-le-vons noz yeux,

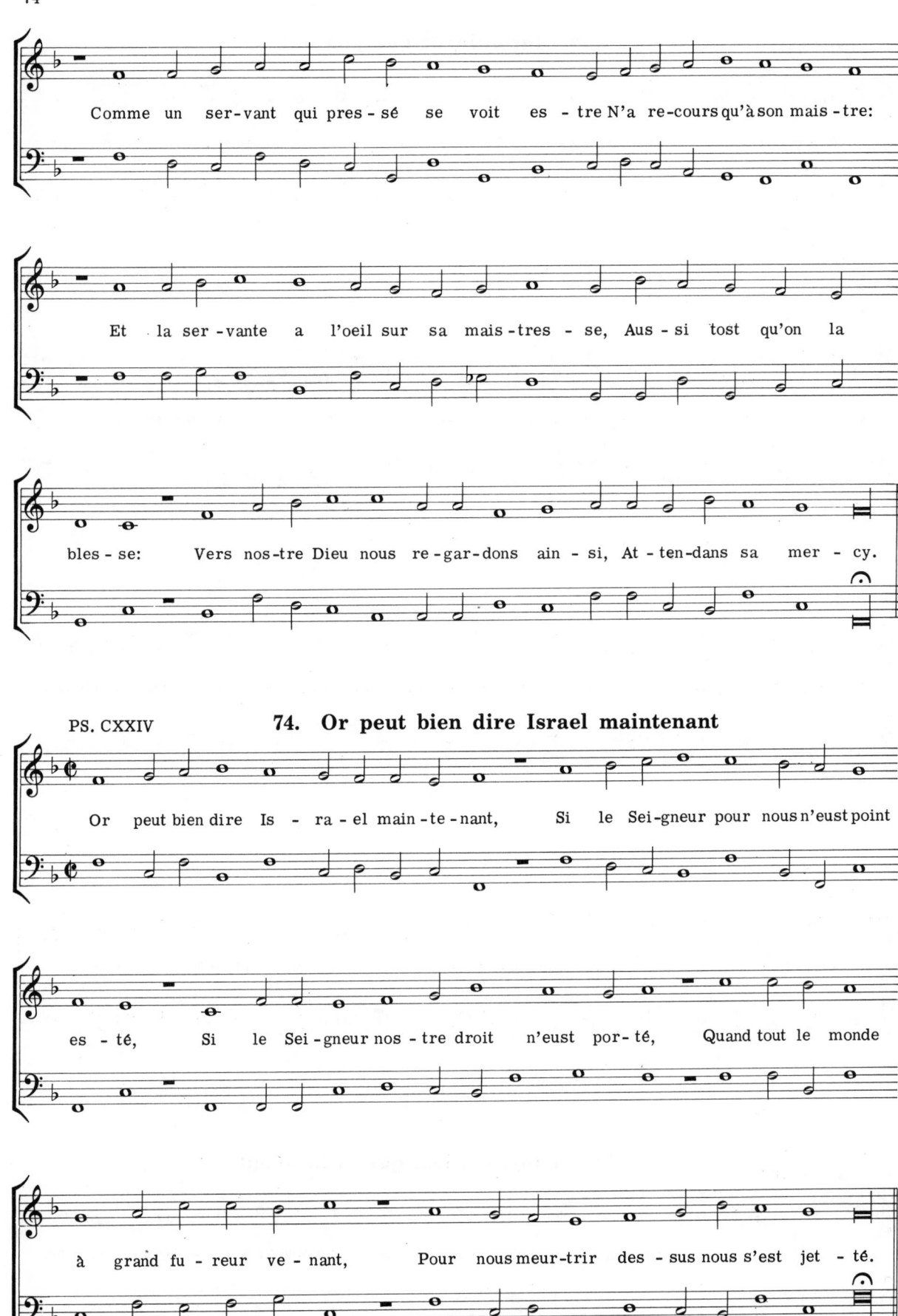

74

Comme un ser-vant qui pres-sé se voit es - tre N'a re-cours qu'à son mais-tre:

Et la ser-vante a l'oeil sur sa mais-tres - se, Aus-si tost qu'on la

bles - se: Vers nos-tre Dieu nous re-gar-dons ain - si, At-ten-dans sa mer-cy.

PS. CXXIV

74. Or peut bien dire Israel maintenant

Or peut bien dire Is - ra-el main-te-nant, Si le Sei-gneur pour nous n'eust point

es - té, Si le Sei-gneur nos-tre droit n'eust por-té, Quand tout le monde

à grand fu-reur ve-nant, Pour nous meur-trir des-sus nous s'est jet-té.

75. Tout homme qui son esperance

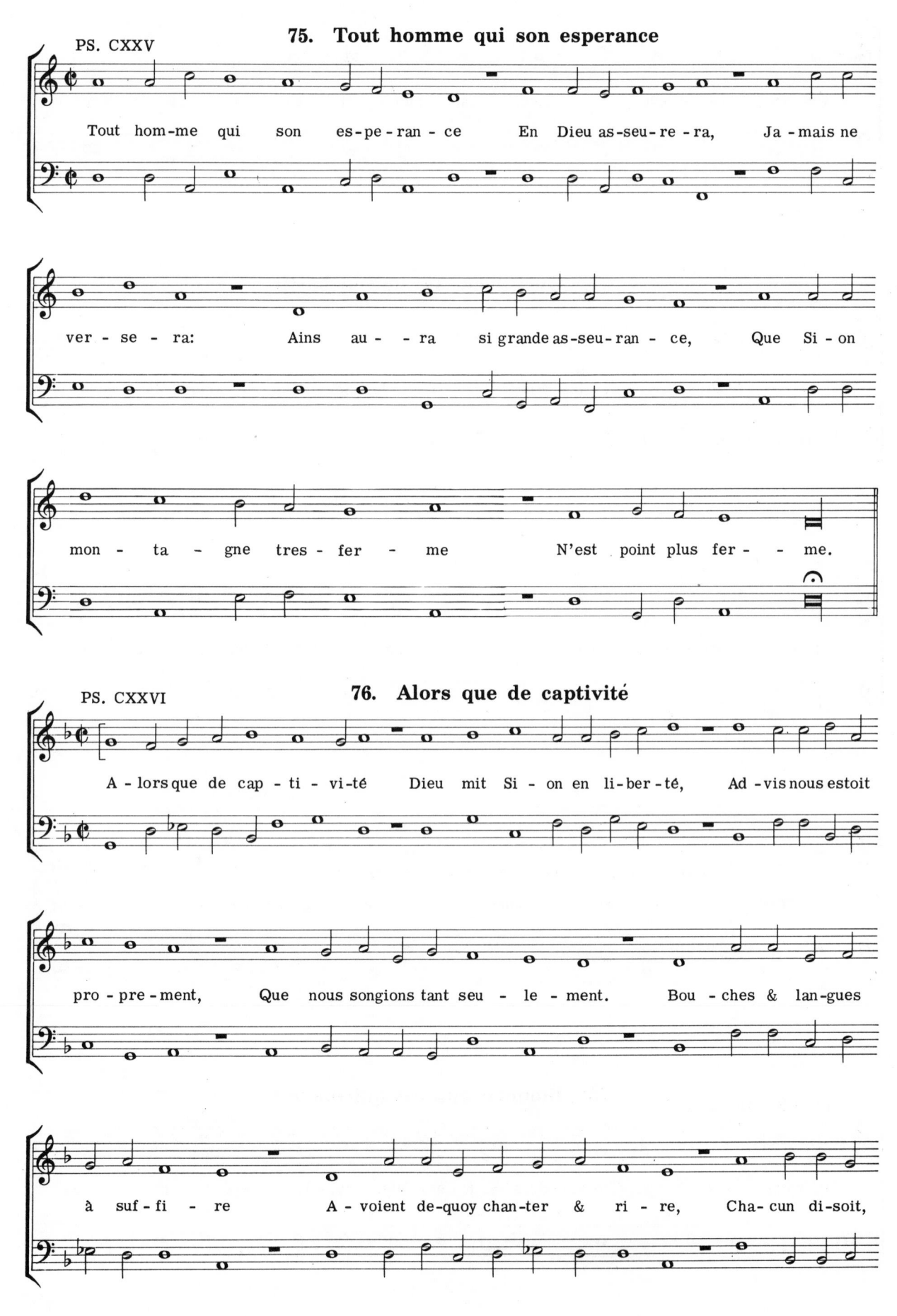

PS. CXXV

Tout hom-me qui son es-pe - ran - ce En Dieu as-seu-re - ra, Ja -mais ne

ver - se - ra: Ains au - ra si grande as-seu-ran - ce, Que Si - on

mon - ta - gne tres - fer - me N'est point plus fer - - me.

76. Alors que de captivité

PS. CXXVI

A - lors que de cap - ti - vi-té Dieu mit Si - on en li-ber -té, Ad -vis nous estoit

pro - pre - ment, Que nous songions tant seu - le - ment. Bou - ches & lan-gues

à suf-fi - re A - voient de-quoy chan-ter & ri - re, Cha-cun di-soit,

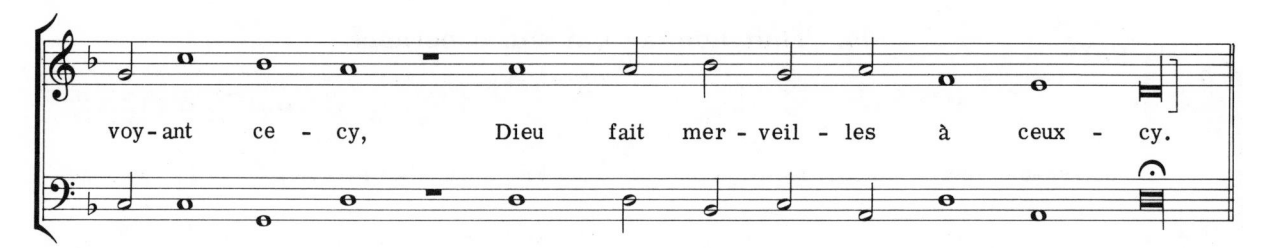

voy-ant ce - cy, Dieu fait mer-veil-les à ceux - cy.

77. On a beau sa maison bastir

PS. CXXVII

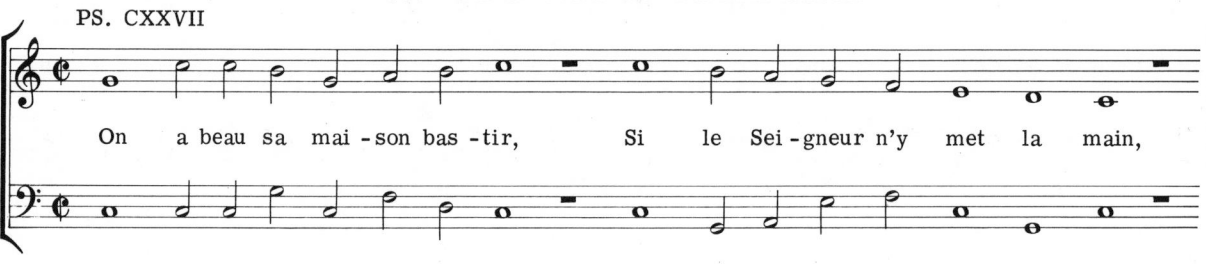

On a beau sa mai-son bas -tir, Si le Sei-gneur n'y met la main,

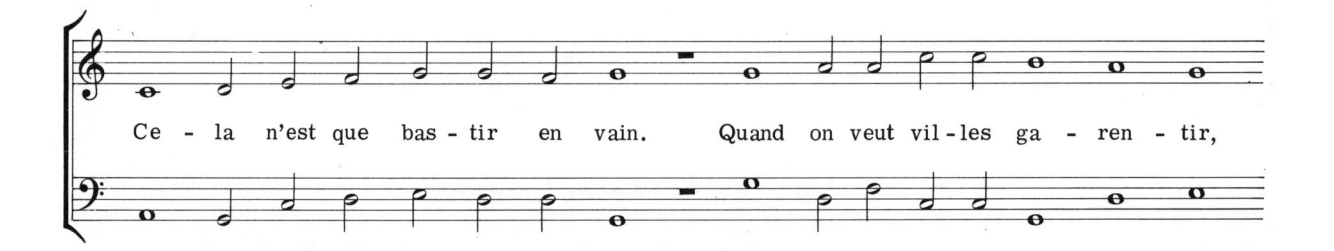

Ce - la n'est que bas - tir en vain. Quand on veut vil-les ga - ren - tir,

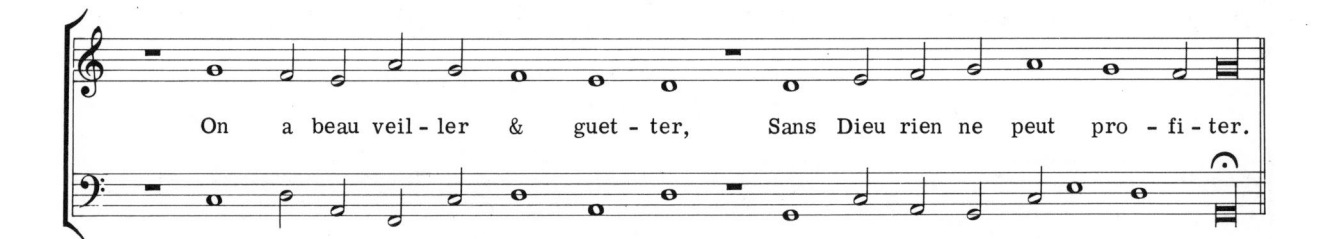

On a beau veil-ler & guet-ter, Sans Dieu rien ne peut pro-fi-ter.

78. Bienheureux est quiconques

PS. CXXVIII

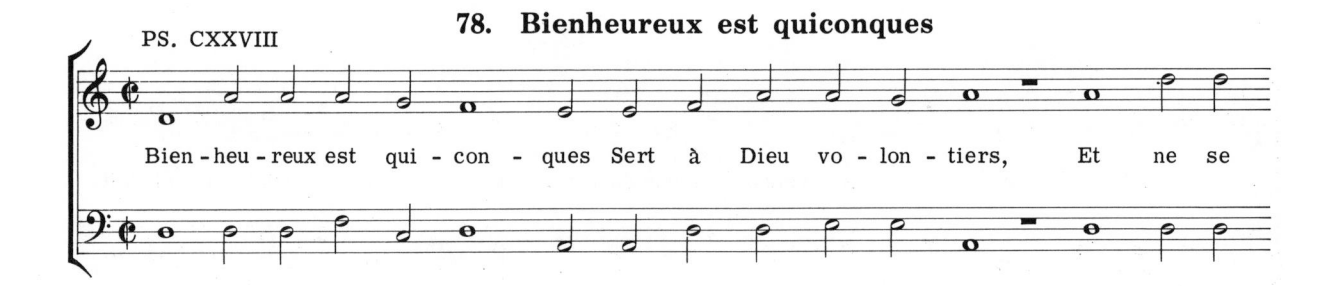

Bien-heu-reux est qui-con-ques Sert à Dieu vo-lon-tiers, Et ne se

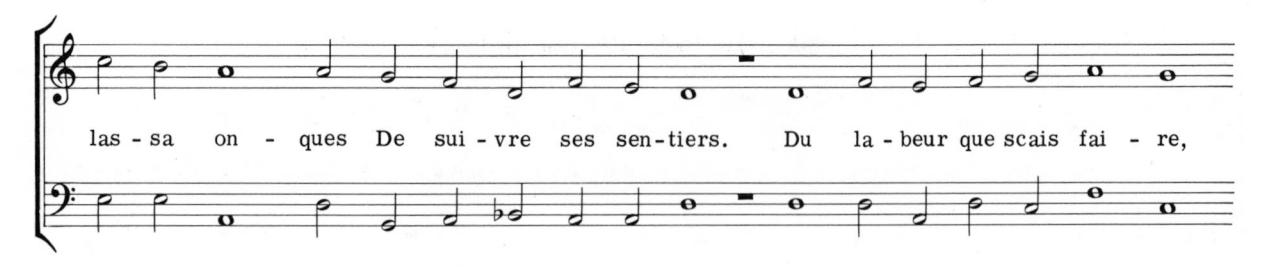

las - sa on - ques De sui - vre ses sen-tiers. Du la - beur que scais fai - re,

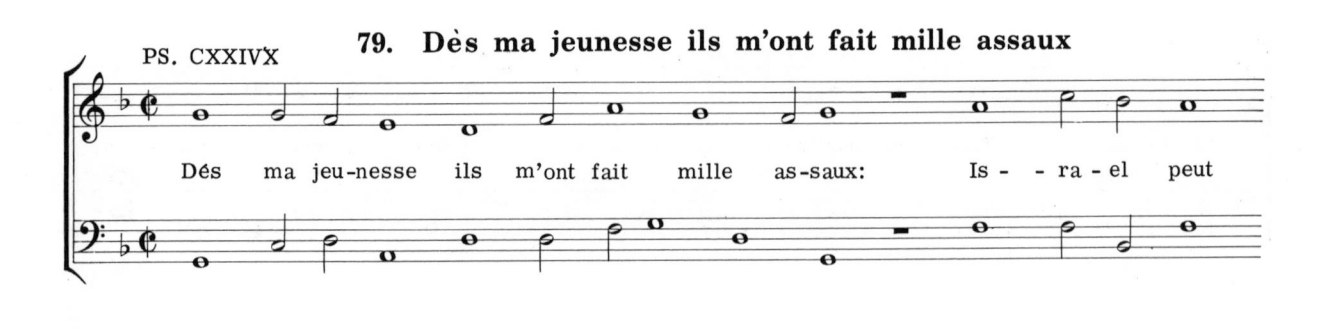

Vi - vras com - mo - de - ment, Et i - ra ton af - fai - re Bien & heu - reu - se - ment.

79. Dès ma jeunesse ils m'ont fait mille assaux

PS. CXXIVX

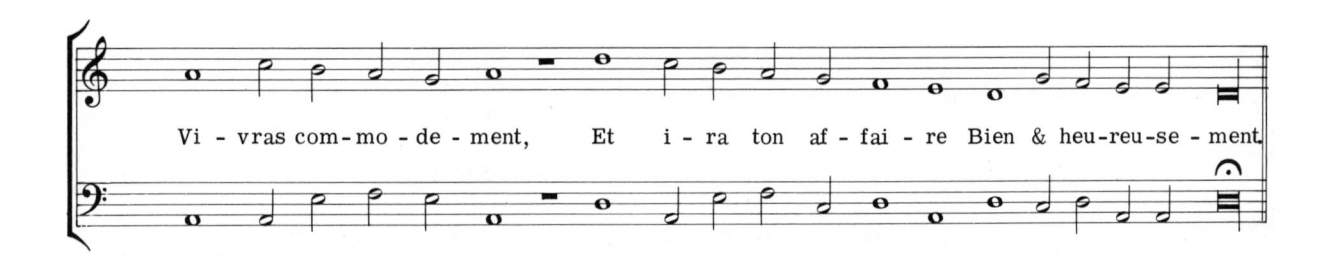

Dés ma jeu-nesse ils m'ont fait mille as-saux: Is - - ra - el peut

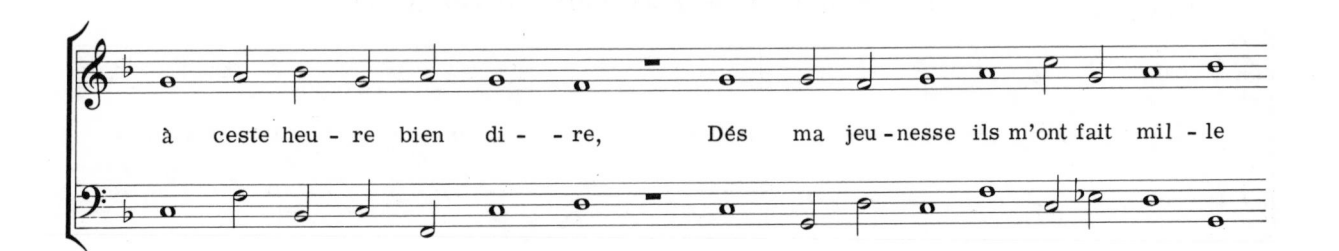

à ceste heu - re bien di - - re, Dés ma jeu-nesse ils m'ont fait mil - le

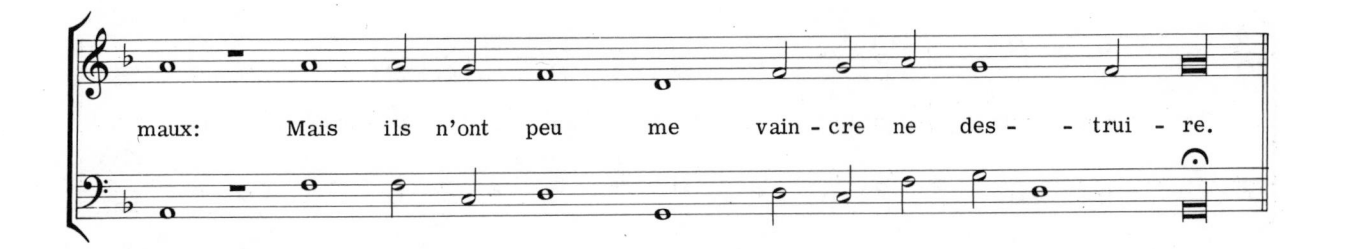

maux: Mais ils n'ont peu me vain - cre ne des - - trui - re.

78

80. Du fons de ma pensée

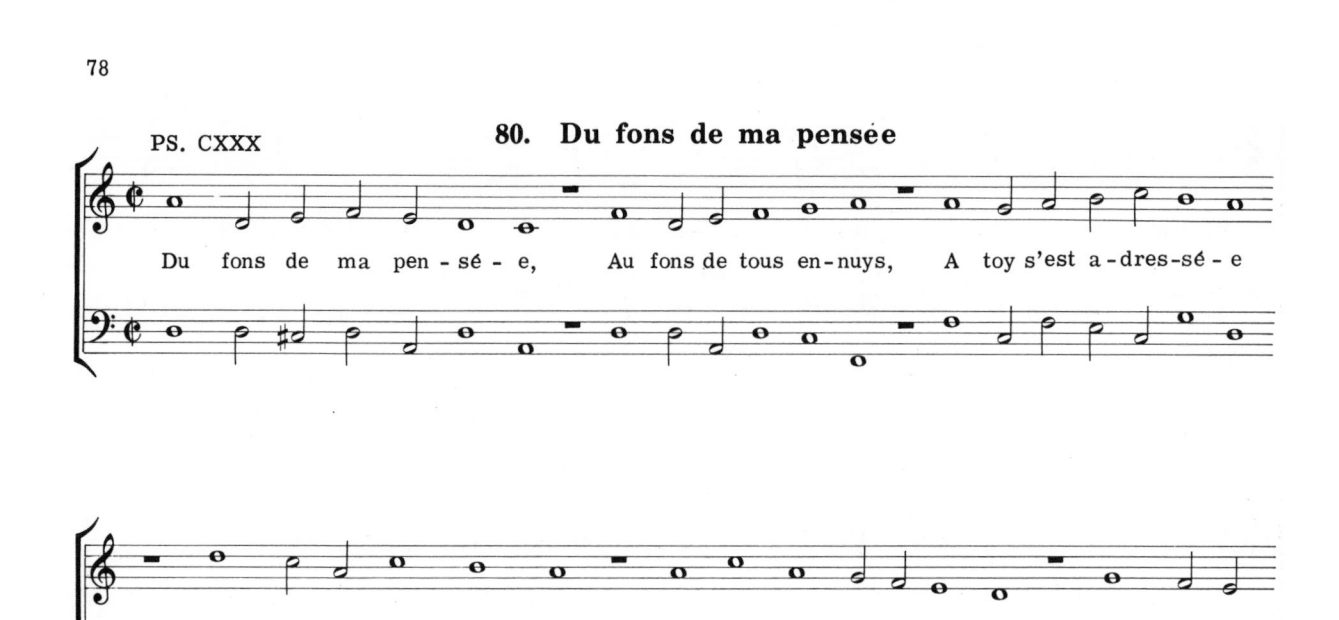

Du fons de ma pen - sé - e, Au fons de tous en - nuys, A toy s'est a - dres - sé - e

Ma cla-meur jours & nuicts. En - ten ma voix plainti - ve, Sei - gneur il

est sai - son: Ton au - reille en - ten - ti - ve Soit à mon o - rai - son.

81. Seigneur, je n'ay point le coeur fier

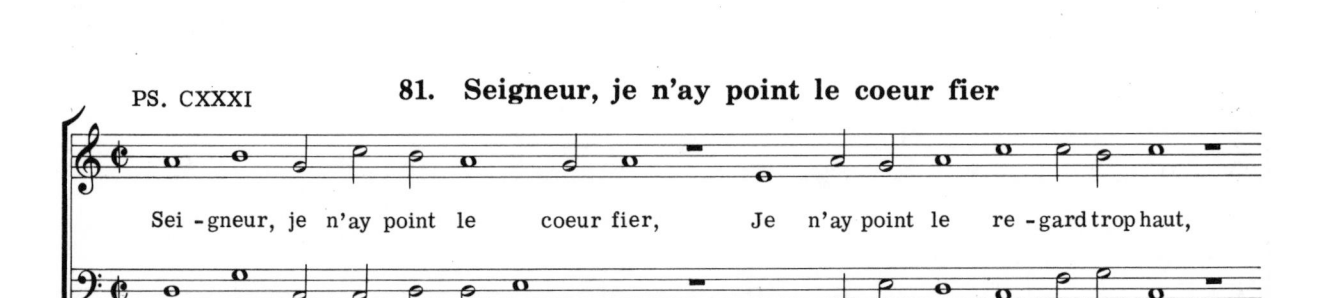

Sei -gneur, je n'ay point le coeur fier, Je n'ay point le re -gard trop haut,

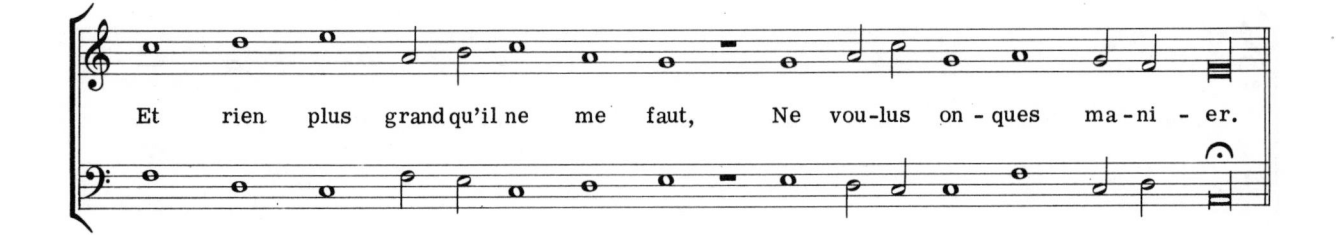

Et rien plus grand qu'il ne me faut, Ne vou-lus on - ques ma -ni - er.

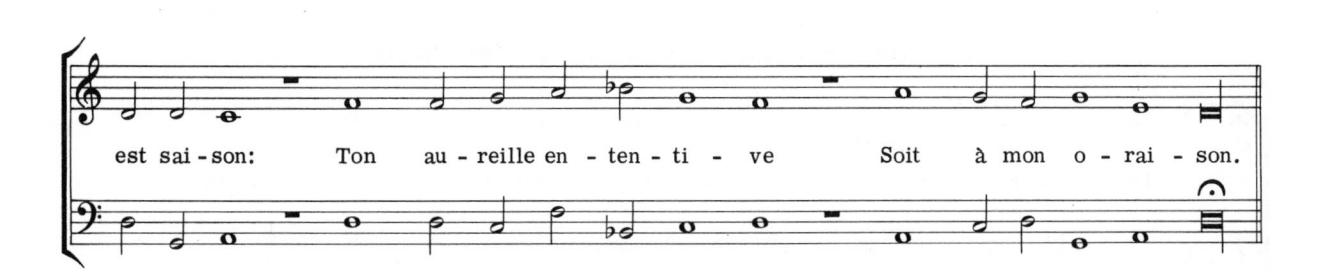

82. Vueilles, Seigneur, estre recors

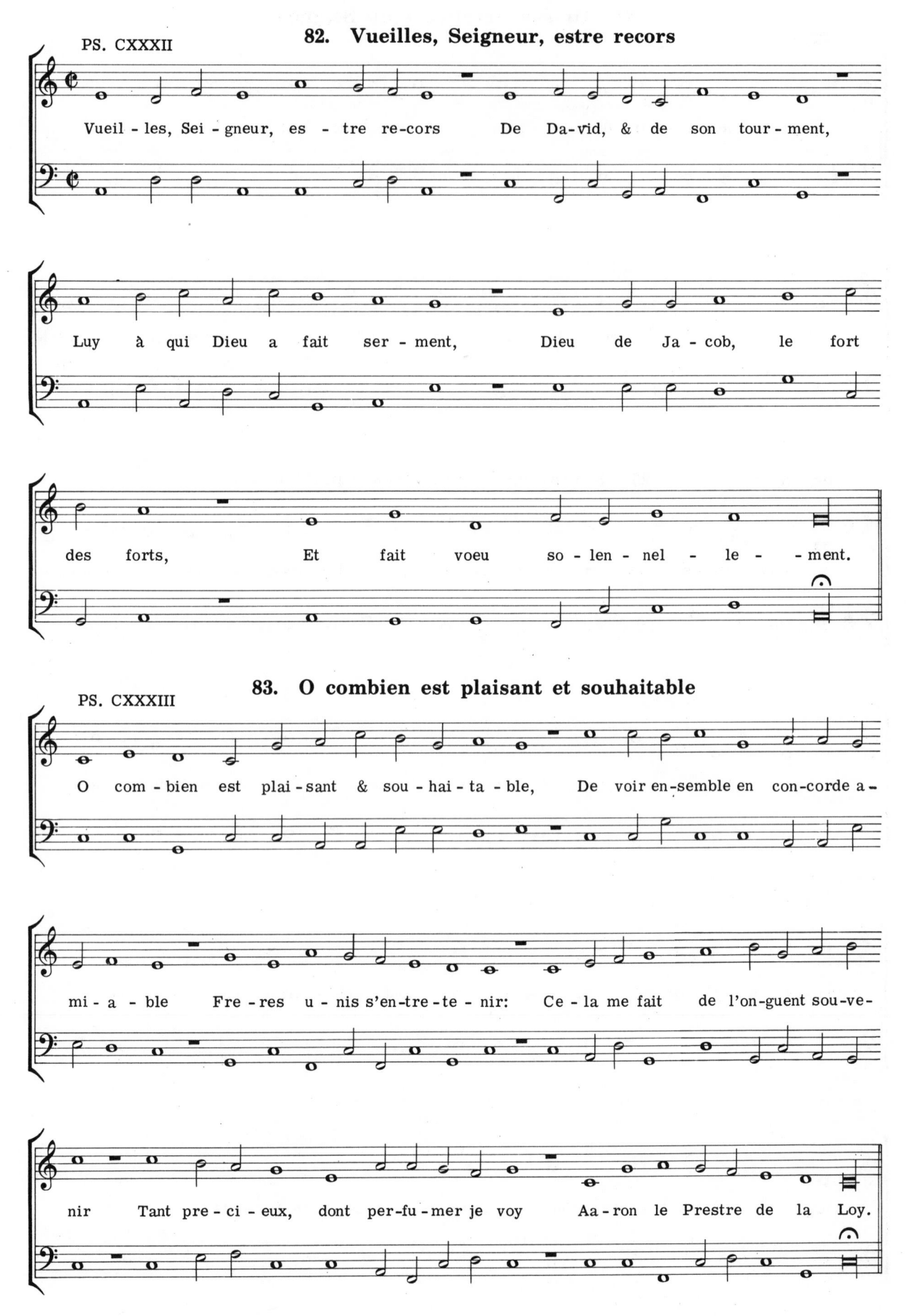

PS. CXXXII

Vueil - les, Sei - gneur, es - tre re-cors   De Da-vid, & de son tour-ment,

Luy à qui Dieu a fait ser - ment,   Dieu de Ja - cob, le fort

des forts,   Et fait voeu so - len - nel - le - - ment.

83. O combien est plaisant et souhaitable

PS. CXXXIII

O com - bien est plai - sant & sou - hai - ta - ble,   De voir en-semble en con-corde a-

mi - a - ble Fre - res u - nis s'en-tre-te - nir: Ce - la me fait   de l'on-guent sou-ve-

nir Tant pre - ci - eux, dont per-fu-mer je voy   Aa-ron le Prestre de la Loy.

84. Or sus, serviteurs du Seigneur

PS. CXXXIV

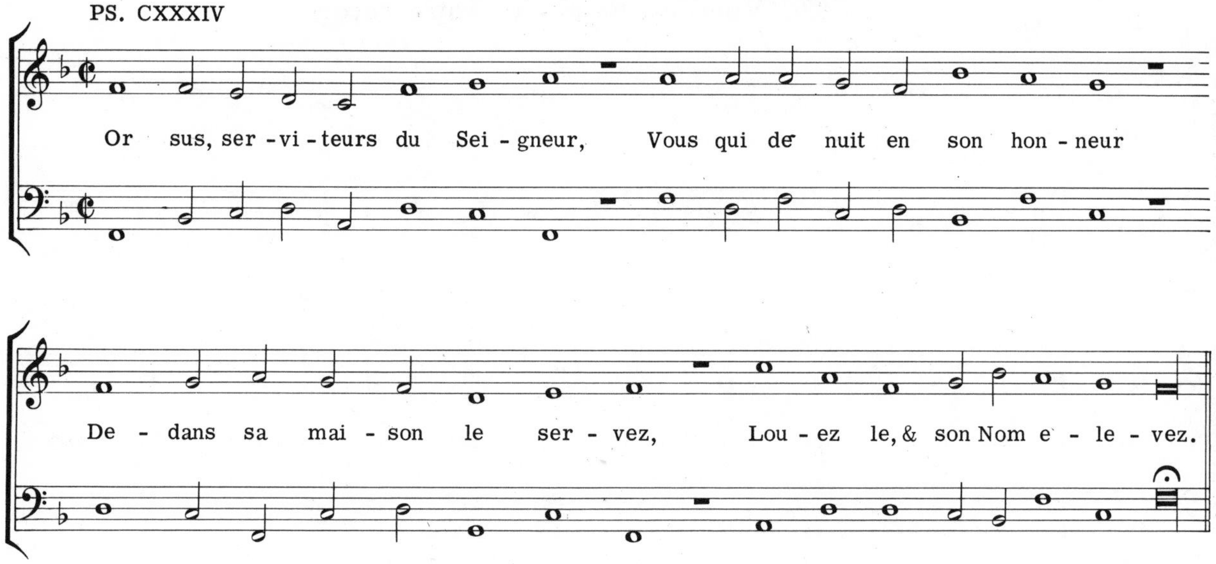
Or sus, ser-vi-teurs du Sei-gneur, Vous qui de nuit en son hon-neur
De-dans sa mai-son le ser-vez, Lou-ez le, & son Nom e-le-vez.

85. Estans assis aux rives aquatiques

PS. CXXXVII

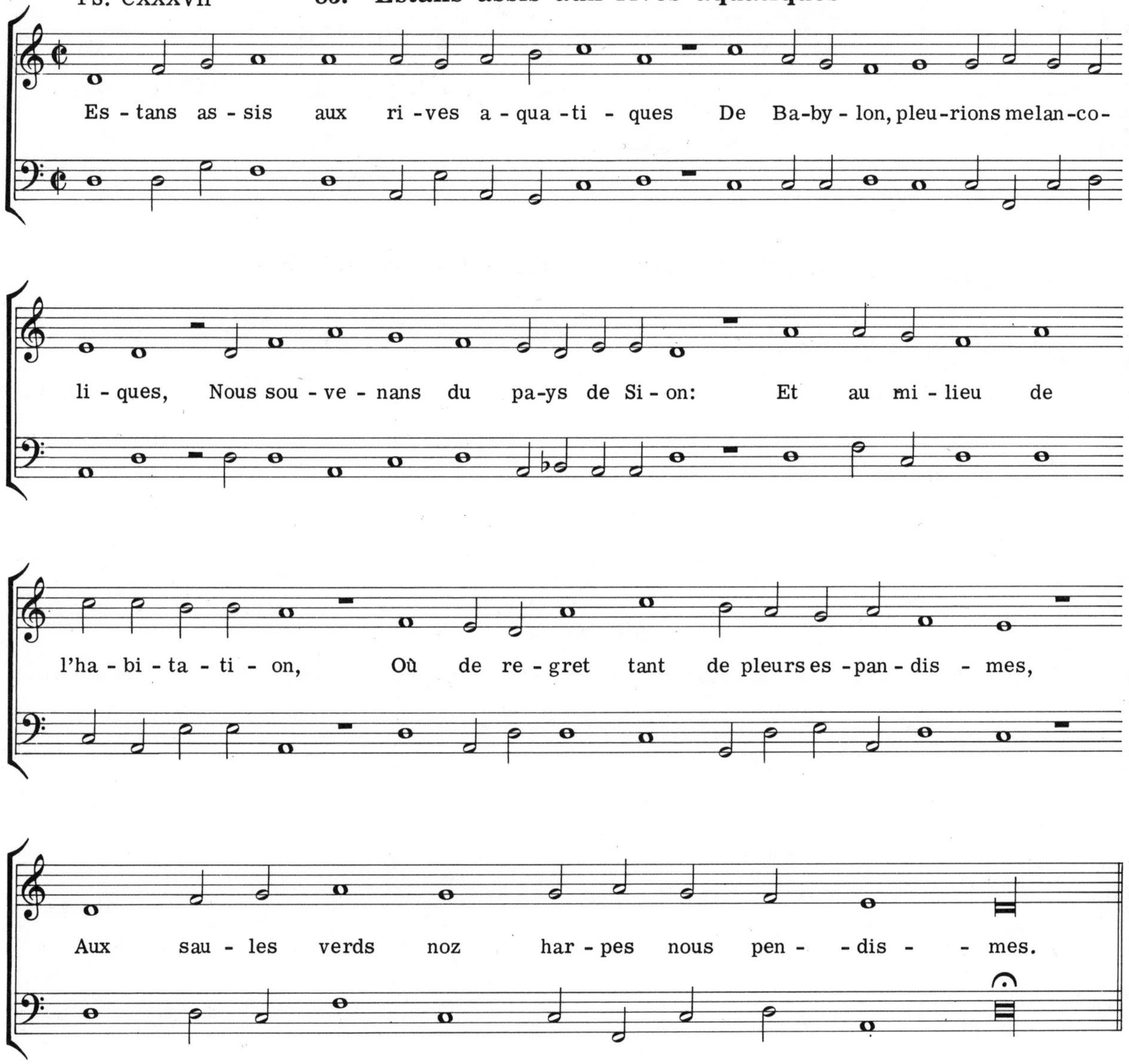
Es-tans as-sis aux ri-ves a-qua-ti-ques De Ba-by-lon, pleu-rions melan-co-
li-ques, Nous sou-ve-nans du pa-ys de Si-on: Et au mi-lieu de
l'ha-bi-ta-ti-on, Où de re-gret tant de pleurs es-pan-dis-mes,
Aux sau-les verds noz har-pes nous pen-dis-mes.

86. Il faut que de tous mes esprits

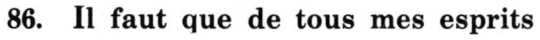

PS. CXXXVIII

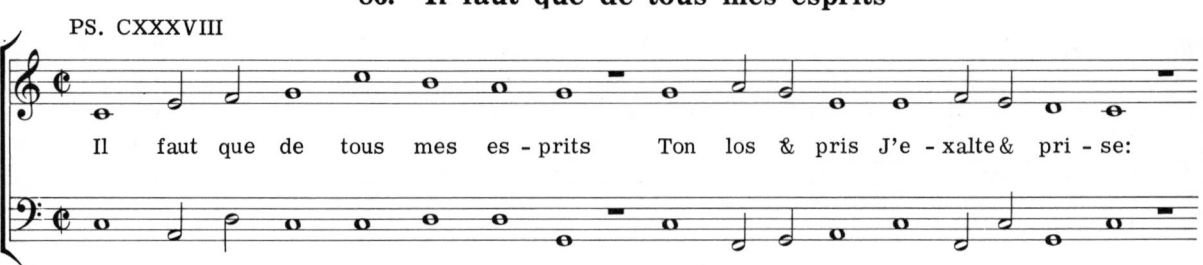

Il faut que de tous mes es-prits Ton los & pris J'e-xalte & pri-se:

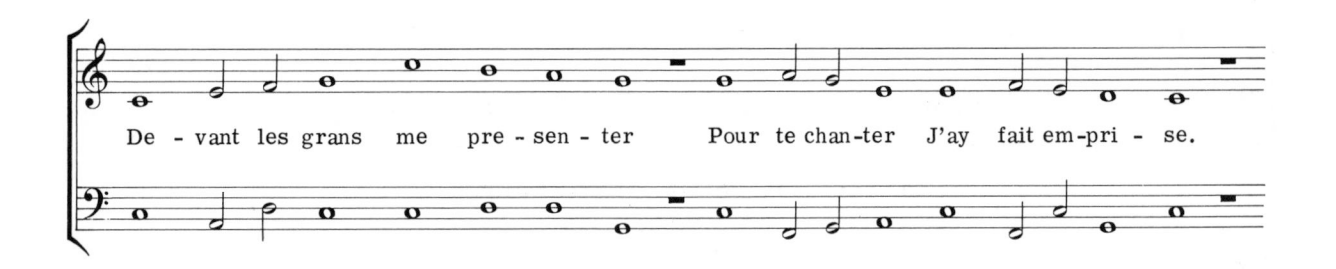

De-vant les grans me pre-sen-ter Pour te chan-ter J'ay fait em-pri-se.

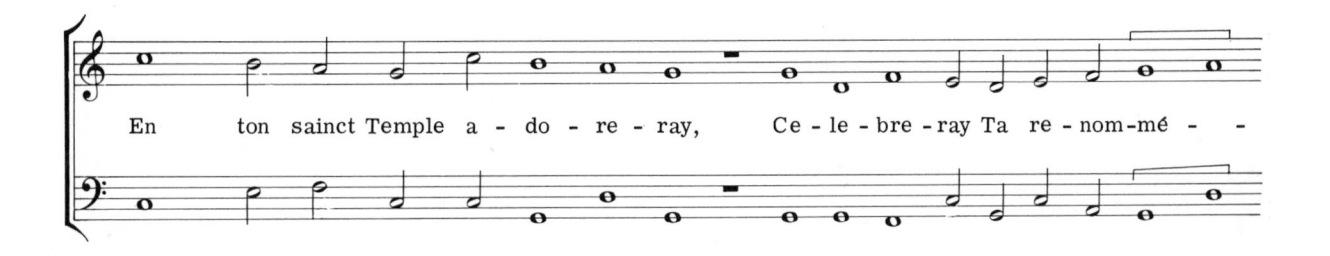

En ton sainct Temple a-do-re-ray, Ce-le-bre-ray Ta re-nom-mé-

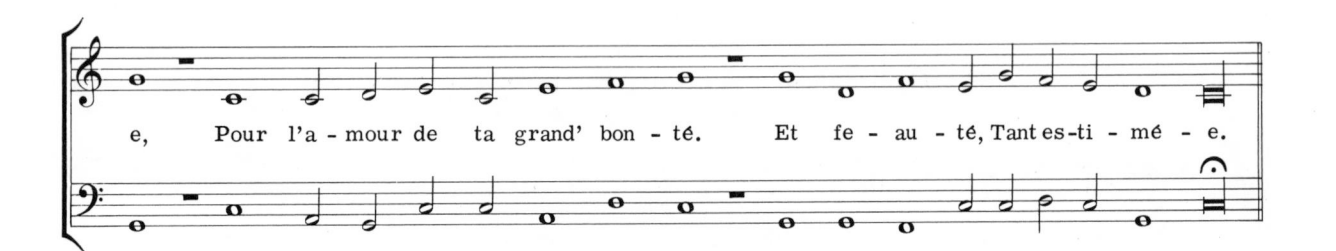

e, Pour l'a-mour de ta grand' bon-té. Et fe-au-té, Tant es-ti-mé-e.

87. Seigneur Dieu, oy l'oraison mienne

PS. CXLIII

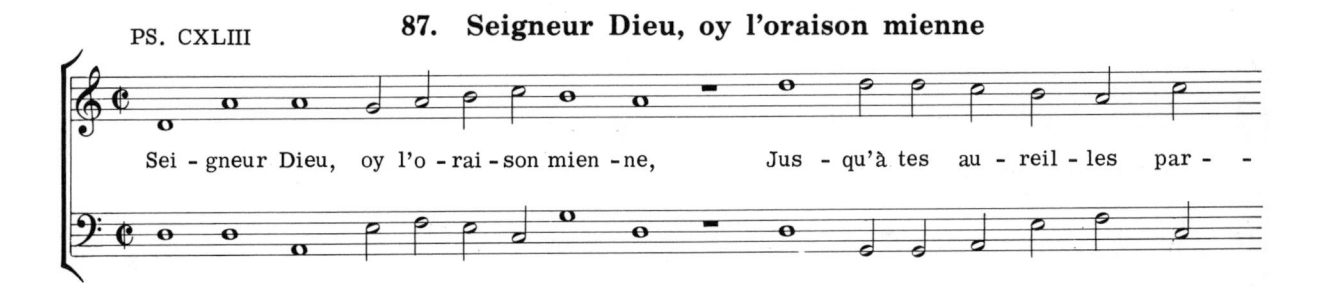

Sei-gneur Dieu, oy l'o-rai-son mien-ne, Jus-qu'à tes au-reil-les par-

82

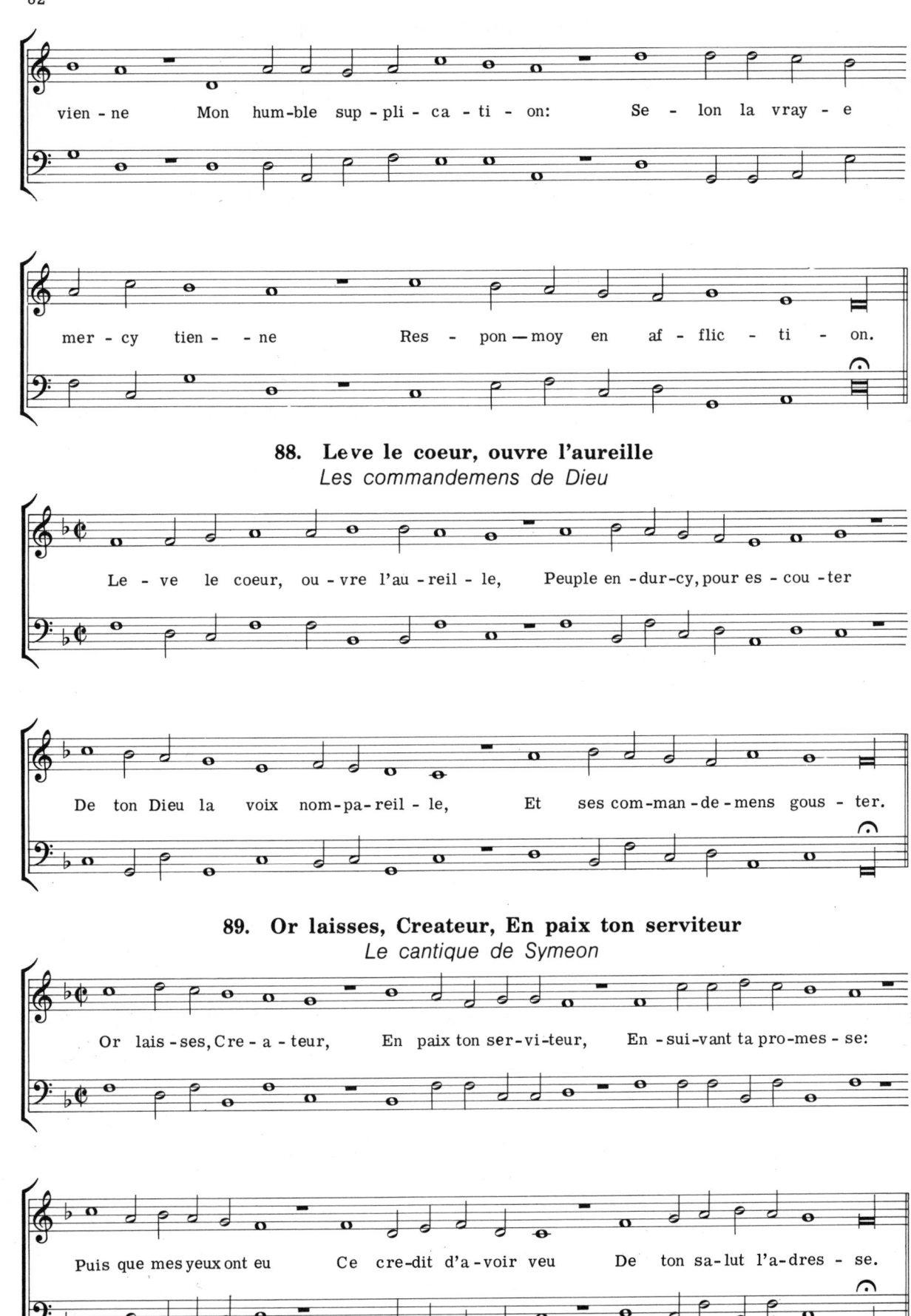

viens — ne   Mon hum-ble sup-pli-ca-ti-on: Se — lon la vray-e

mer-cy tien — ne   Res - pon — moy en af-flic — ti — on.

88. Leve le coeur, ouvre l'aureille
Les commandemens de Dieu

Le - ve le coeur, ou-vre l'au - reil - le,   Peuple en -dur-cy, pour es - cou -ter

De ton Dieu la   voix nom-pa-reil - le,   Et   ses com-man-de-mens gous -ter.

89. Or laisses, Createur, En paix ton serviteur
Le cantique de Symeon

Or lais-ses, Cre - a - teur,   En paix ton ser-vi-teur,   En -sui-vant ta pro-mes - se:

Puis que mes yeux ont eu   Ce cre-dit d'a-voir veu   De   ton sa-lut l'a-dres - se.

90. Escoutez, cieux, et prestez audience
Le cantique de Moyse

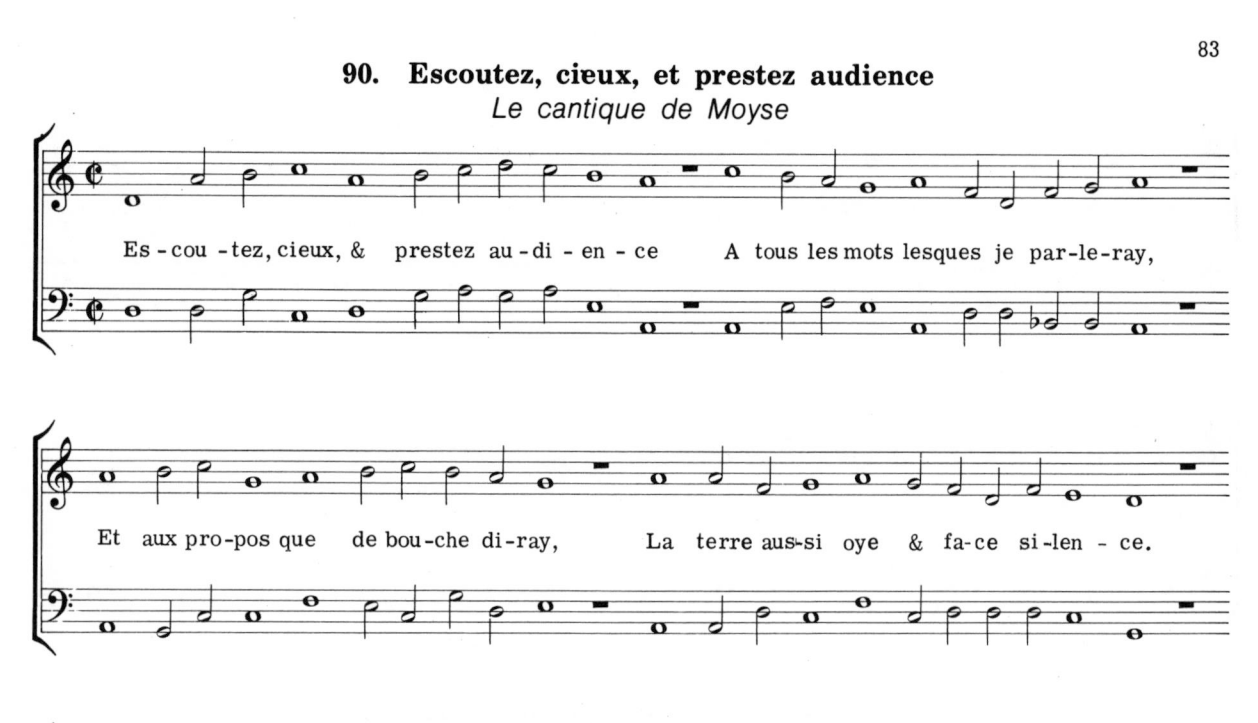

Es - cou - tez, cieux, & prestez au - di - en - ce   A tous les mots lesques je par-le-ray,

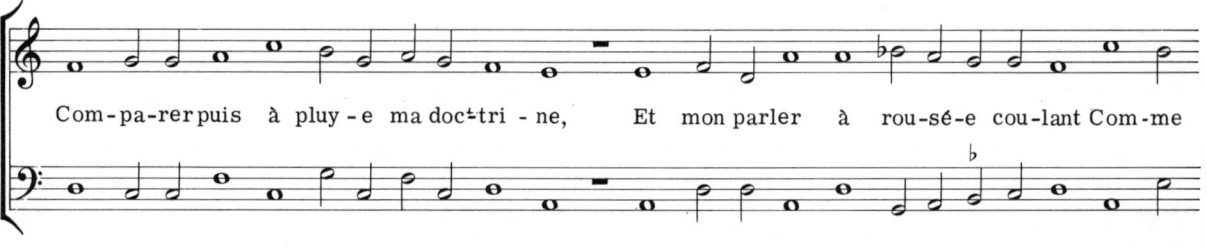

Et aux pro-pos que   de bou-che di-ray,   La terre aus-si oye & fa-ce si-len - ce.

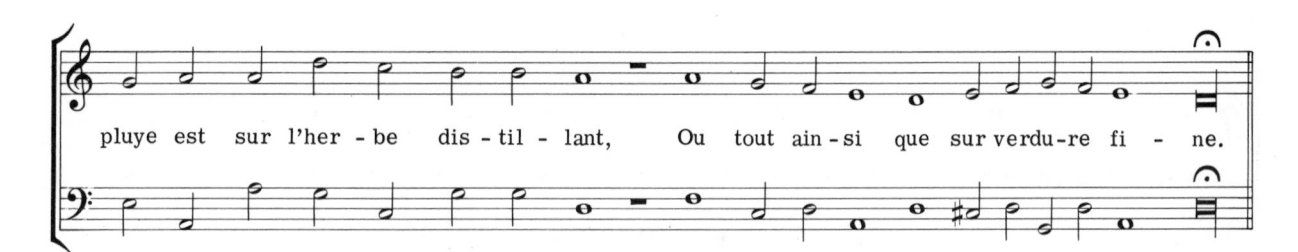

Com-pa-rer puis à pluy - e ma doc-tri - ne,   Et mon parler à rou-sé-e cou-lant Com-me

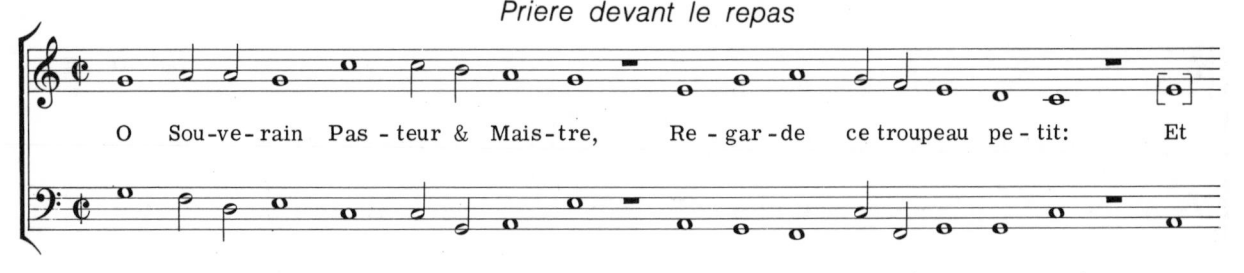

pluye est sur l'her - be dis-til - lant,   Ou tout ain - si que sur verdu-re fi - ne.

91. O Souverain Pasteur et Maistre
Priere devant le repas

O   Sou-ve - rain   Pas - teur & Mais-tre,   Re - gar-de   ce troupeau pe - tit: Et

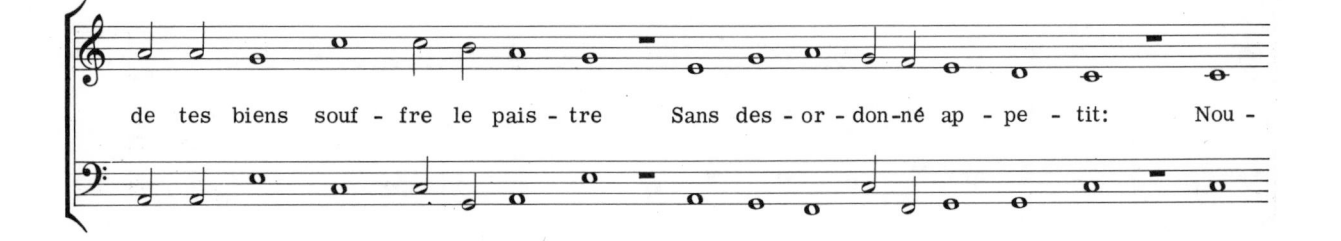

de tes biens souf - fre le pais-tre   Sans des - or - don-né ap - pe - tit: Nou -

84

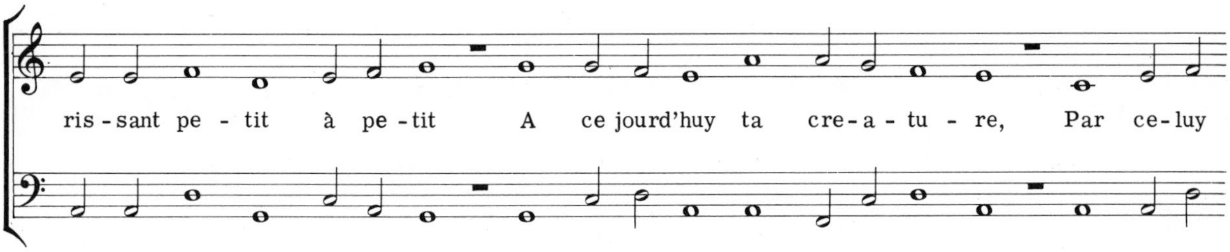

ris -sant pe - tit   à pe -tit   A   ce jourd'huy ta cre-a-tu - re,   Par ce-luy

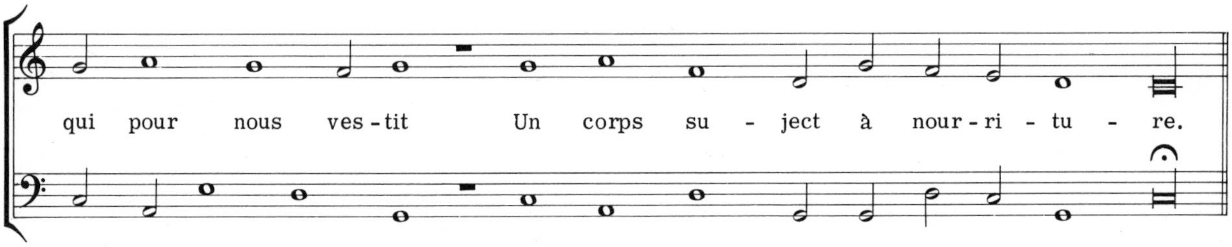

qui pour   nous ves -tit   Un   corps   su - ject à nour-ri -tu - re.

92. Pere Eternel, qui nous ordonnes
Priere apres le repas

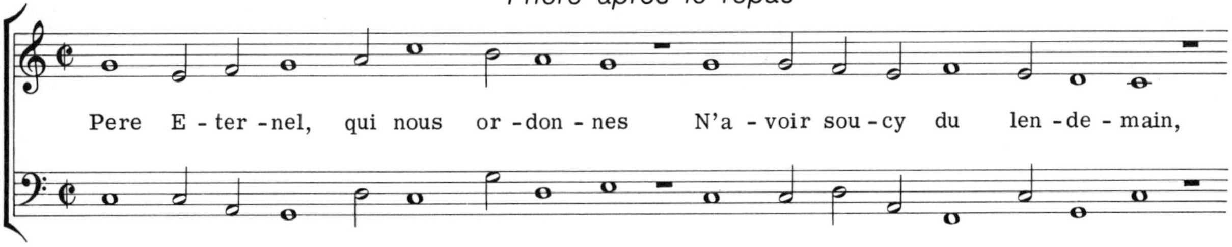

Pere E - ter -nel, qui nous or -don - nes   N'a - voir sou -cy du   len -de - main,

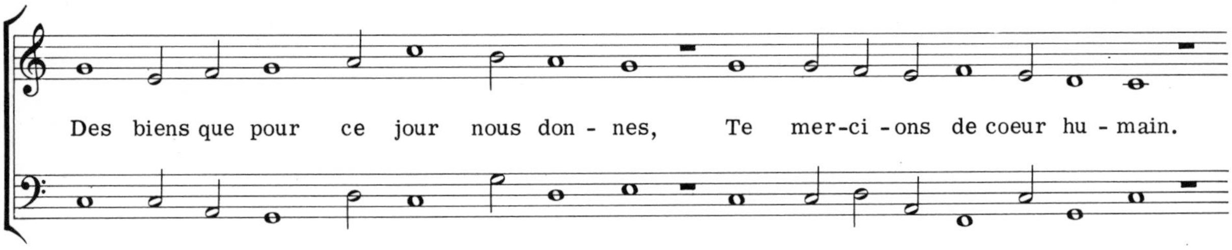

Des biens que pour   ce jour   nous don - nes,   Te   mer-ci -ons de coeur hu - main.

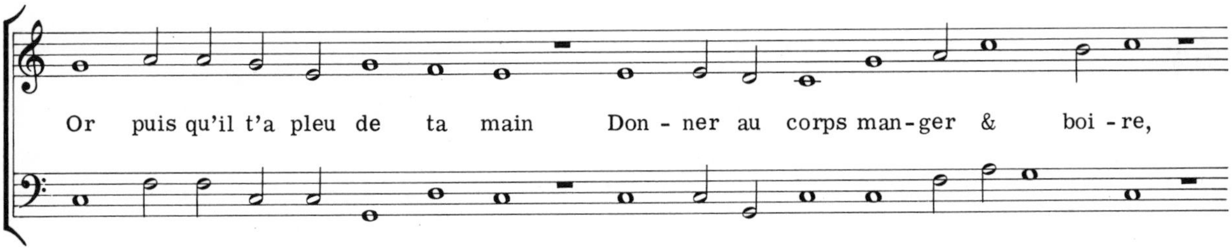

Or   puis qu'il t'a pleu de   ta   main   Don - ner au corps man-ger &   boi - re,

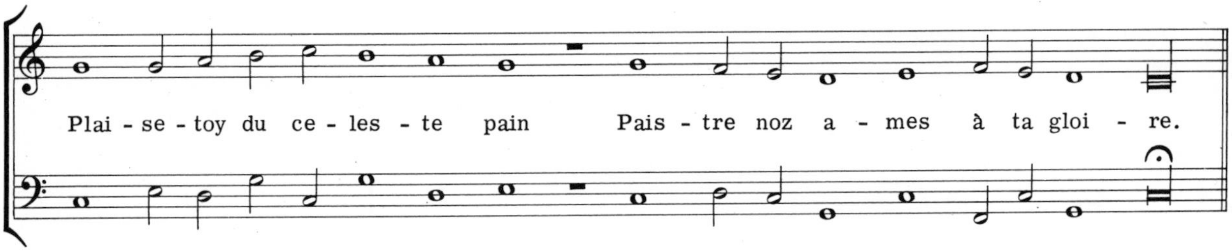

Plai -se -toy du ce -les - te   pain   Pais -tre noz a - mes à ta gloi - re.

Les Tragédies Sainctes
par Louis Des Masures
Genève 1566

93. En la force de toy

I

En la for-ce de toy (Car men-teurs sont les hommes) Par es-pe-rance & foy,

Sei-gneur, as-seu-rés sommes Nous, que le monde a pris En haine & à mes-pris.

Mais sur l'ef-fort hu - main Se - cours vient de ta main.

94. Est-ce donq en vain

II

Est - ce donq en vain Qu'au Sei-gneur j'es-pe - re? Dieu, ta for - te main

N'est - el - le pros - pe - re? Dieu mon Roy, mon pe - re, Si j'es-pere en toy,

Veux - tu qu'il ap - pe - re Que vaine est ma foy?

95. Au grand Dieu vainqueur

III

Au grand Dieu vain-queur, Qui les cieux ha -bi -te, De bouche & de coeur

Soit lou -an -ge di -te. Gloi -re non pe -ti -te Au Dieu qui a mis

En fui -te su — bi — te Tous nos en — ne — mis.

96. Non moi povre, je n'ay point

IV

Non, moy po -vre, je n'ay point Un seul poinct De bien qui mon mal ef -fa-ce,

Dont je puisse, ô Dieu, mon Roy Sans ef -froy Com -pa -roir de -vant ta fa -ce.

Ce que tu gui -des mes pas, Ce n'est pas Qu'en moy en soit le me — ri -te:

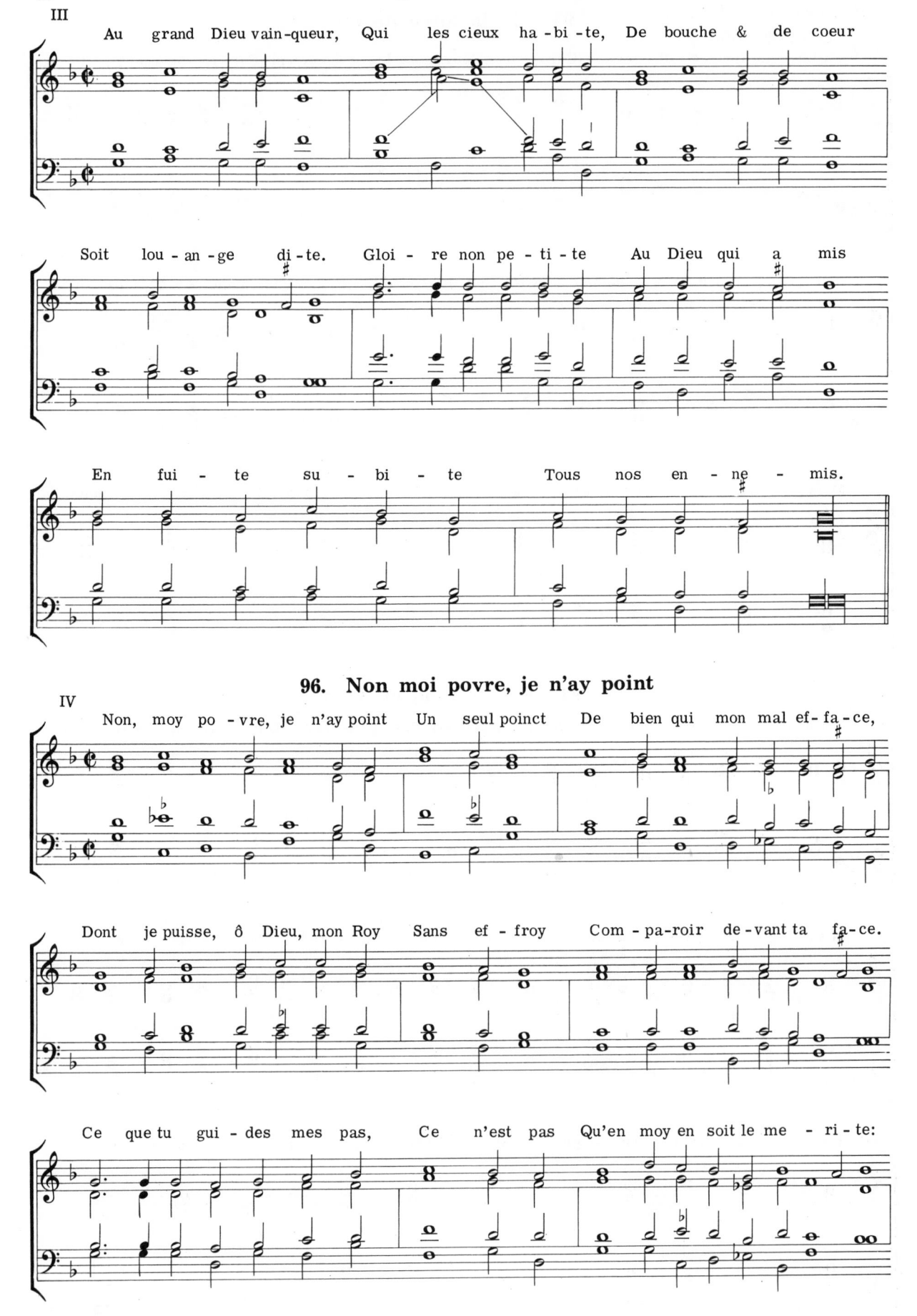

Car en ce que j'ay de bien N'y a rien Qui ne t'of-fense & ir- -ri- te.

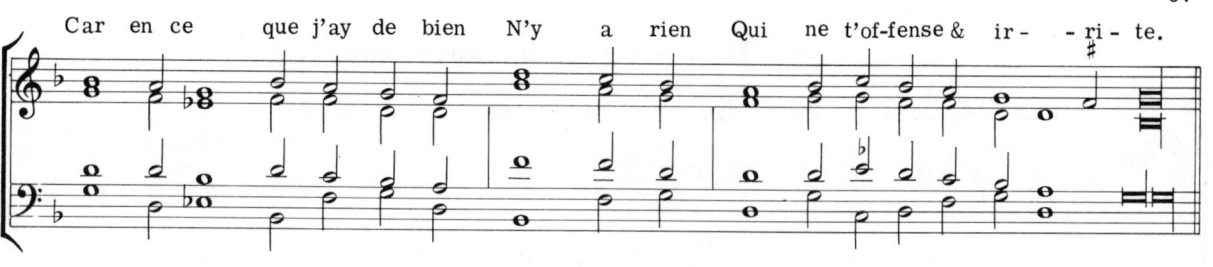

V

97. Je sens (ô dur esmoy)

Je sens (ô dur es-moy!) Tout ce qui est en moy Op - pres-sé de mal - heur.

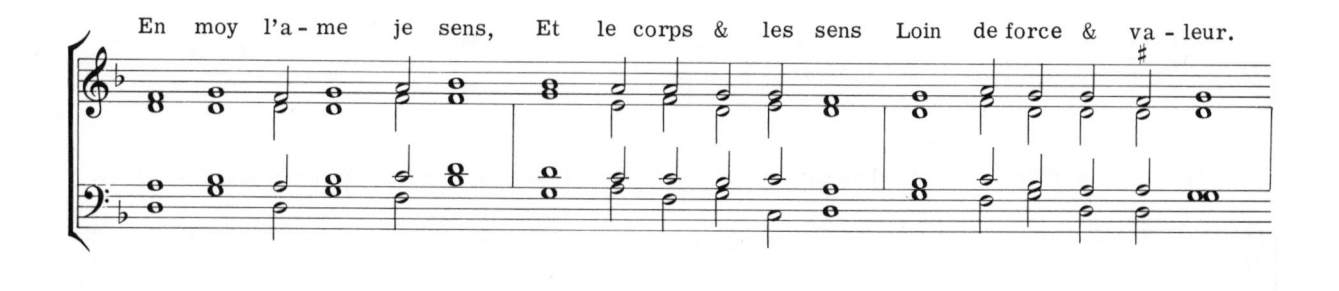

En moy l'a - me je sens, Et le corps & les sens Loin de force & va - leur.

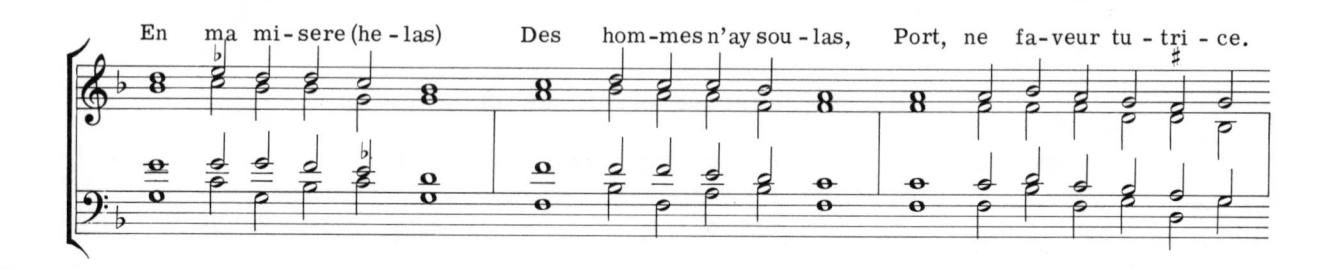

En ma mi-sere (he - las) Des hom-mes n'ay sou - las, Port, ne fa-veur tu - tri - ce.

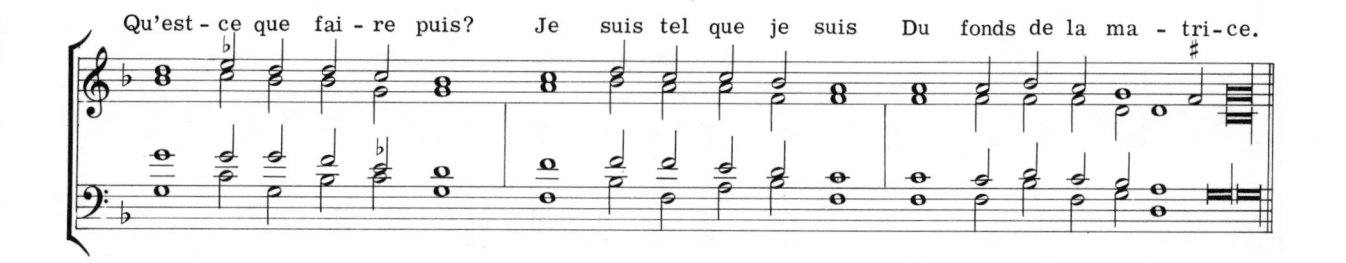

Qu'est - ce que fai - re puis? Je suis tel que je suis Du fonds de la ma - tri-ce.

88

98. Dieu, mon Dieu, sauve—moy

VI

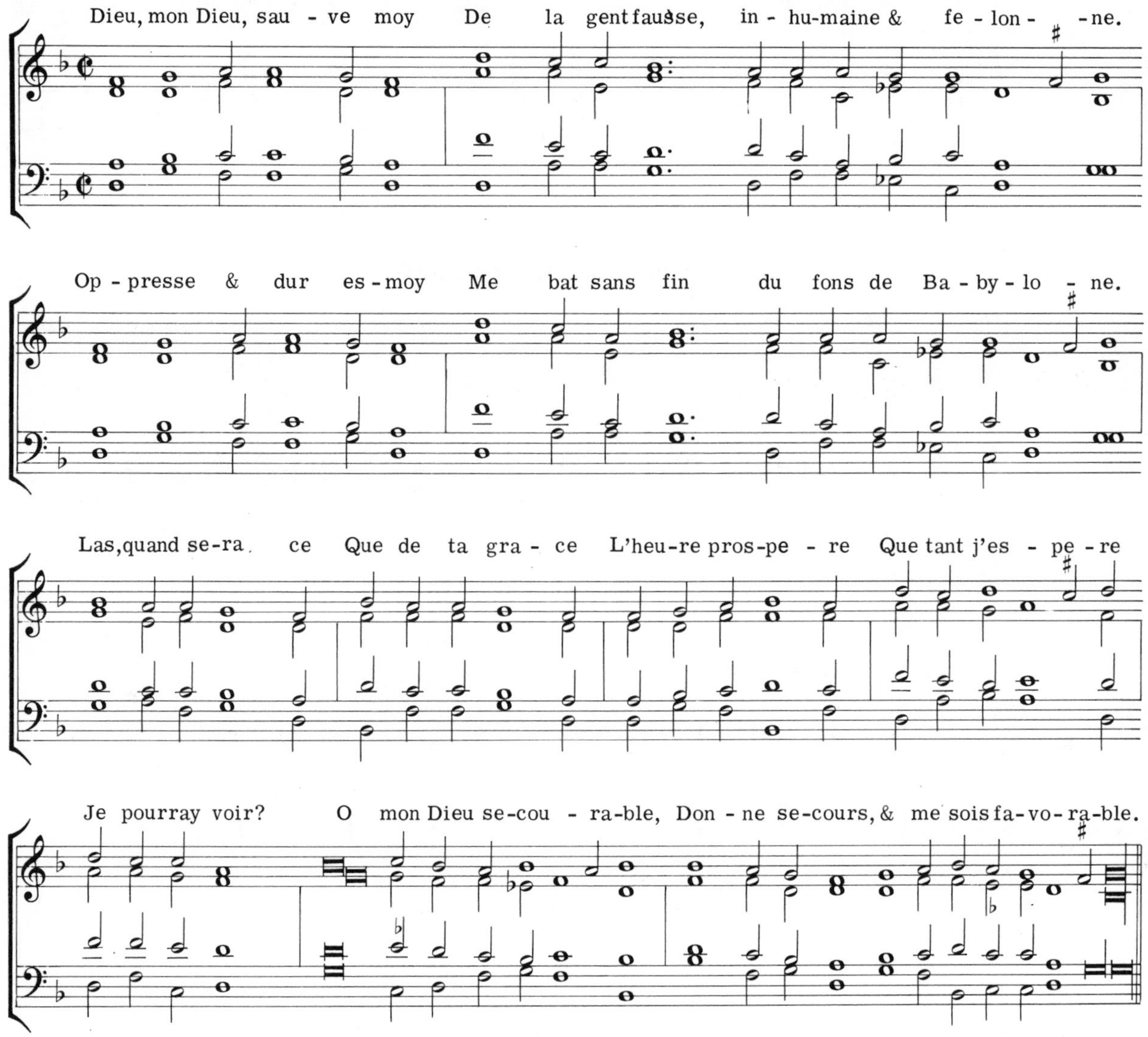

Dieu, mon Dieu, sau - ve moy De la gent fausse, in - hu-maine & fe - lon - - ne.

Op - presse & dur es - moy Me bat sans fin du fons de Ba - by - lo - ne.

Las, quand se - ra ce Que de ta gra - ce L'heu-re pros-pe - re Que tant j'es - pe - re

Je pourray voir? O mon Dieu se-cou - ra-ble, Don - ne se-cours, & me sois fa-vo-ra-ble.

99. Dès ma jeunesse errant en malheur suis

VII

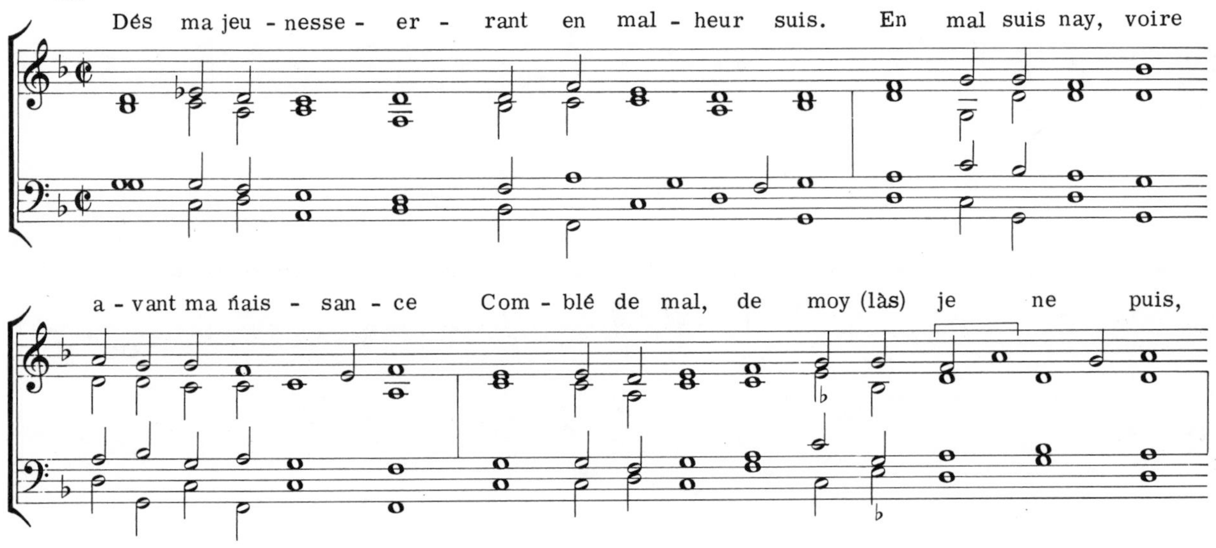

Dés ma jeu - nesse - er - rant en mal - heur suis. En mal suis nay, voire

a - vant ma ñais - san - ce Com - blé de mal, de moy (làs) je ne puis,

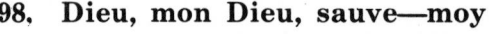

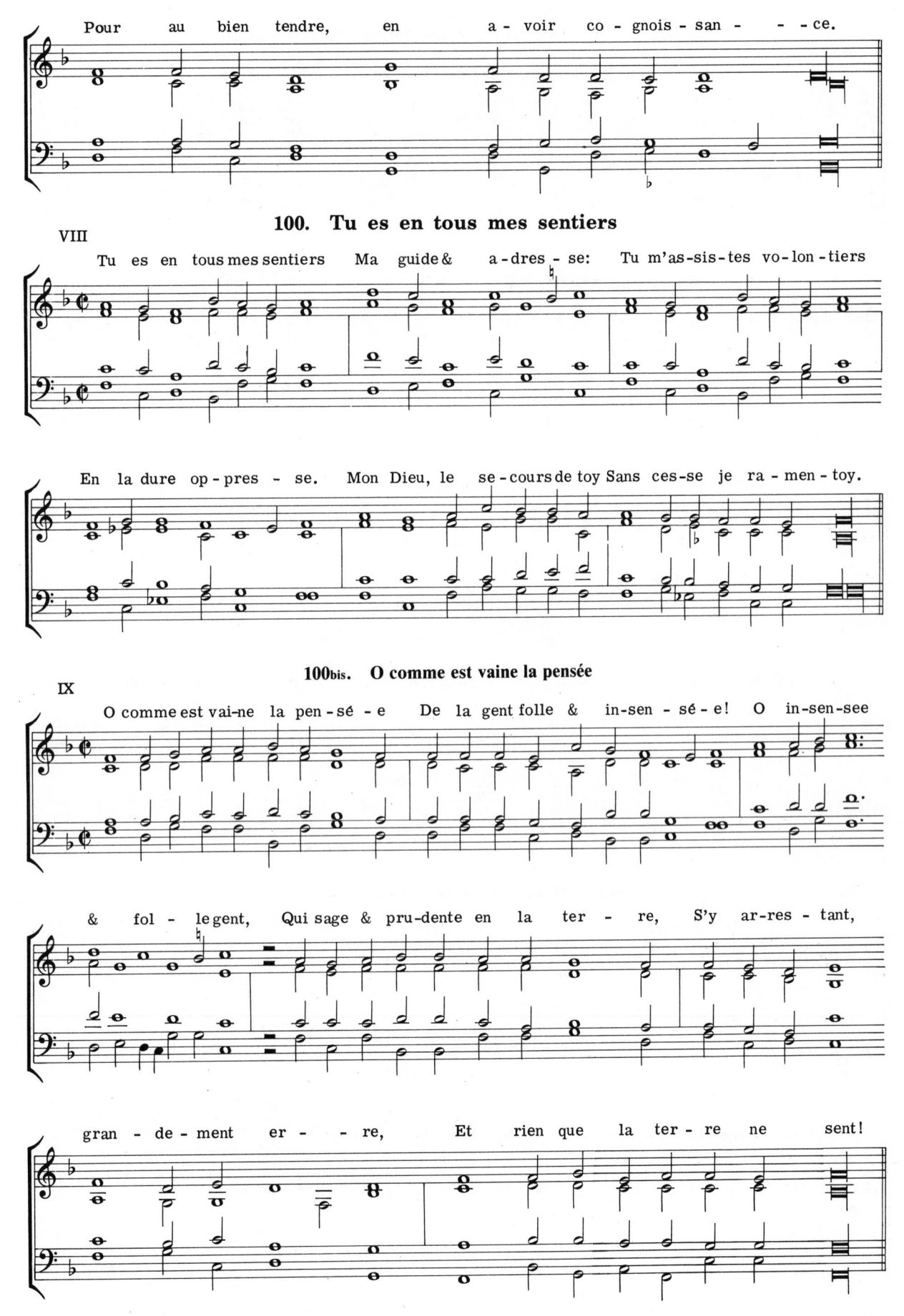

Pour au bien tendre, en a - voir co - gnois - san - - -ce.

100. Tu es en tous mes sentiers

VIII

Tu es en tous mes sentiers Ma guide & a - dres - se: Tu m'as-sis-tes vo-lon -tiers

En la dure op - pres - se. Mon Dieu, le se-cours de toy Sans ces-se je ra - men-toy.

100bis. O comme est vaine la pensée

IX

O comme est vai-ne la pen-sé - e De la gent folle & in-sen - sé - e! O in-sen-see

& fol - le gent, Qui sage & pru-dente en la ter - re, S'y ar-res - tant,

gran - de - ment er - - re, Et rien que la ter - re ne sent!

89

90

X

101. Pour ton nom, mon Dieu, mon Sauveur

Pour ton nom, mon Dieu, mon Sau-veur, Loing de fa - veur, Et grace hu - mai - - ne,

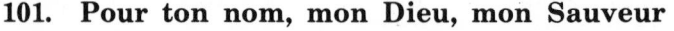

Sans cesse op -pres-sé de tra-vaux, Par monts & vaux Je me pour mei - -ne.

Des hom-mes n'ay au-cun se - cours, Tout mon re - cours Est à toy, Si - - re.

Qui en toy fon - de son con - fort, Dieu grand & fort, Seur se peut di - - re.

XI

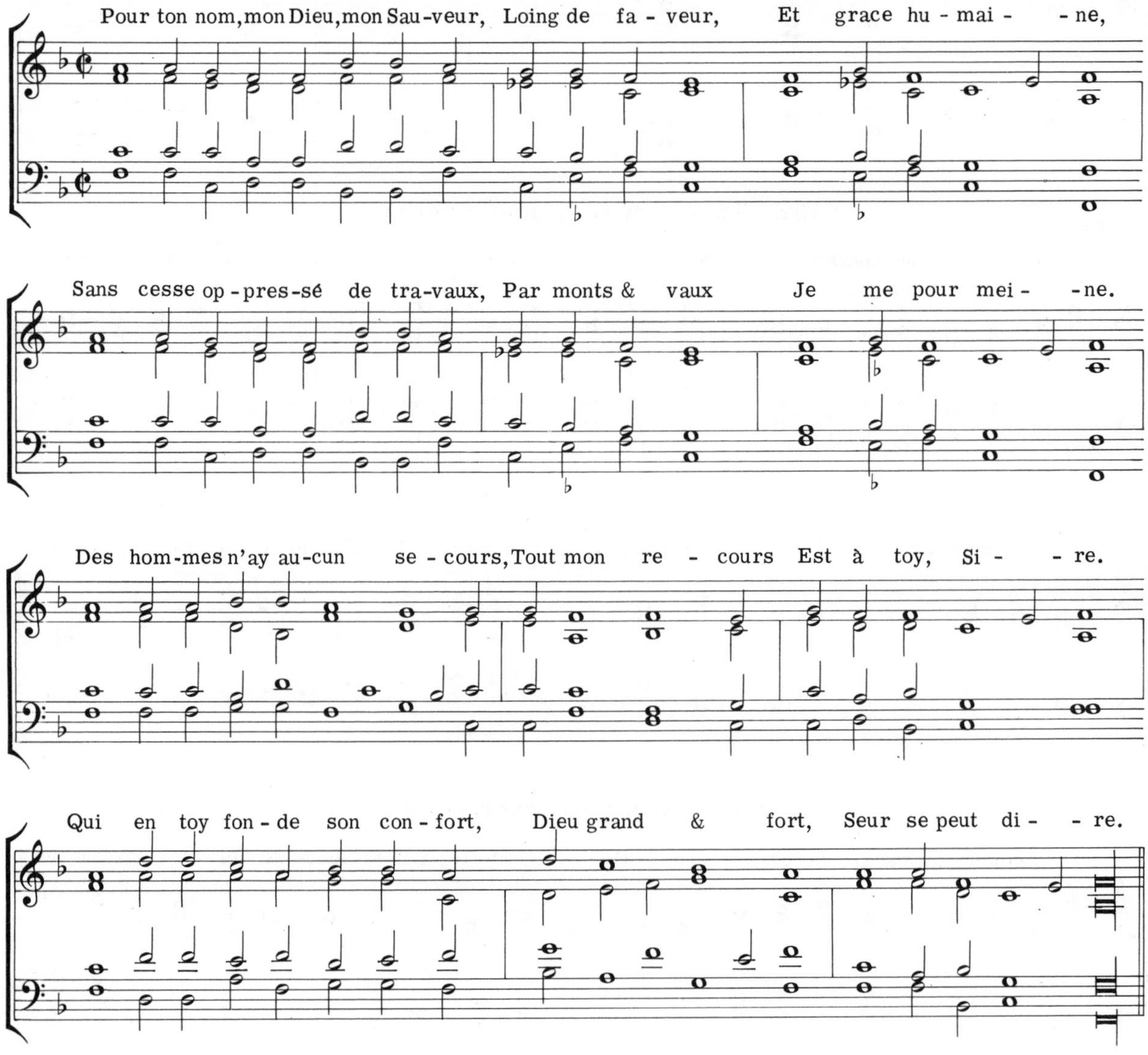

102. Si en vous le desir a lieu

Si en vous le de -sir a lieu D'ai - mer Dieu, Rois, Sei - gneurs, Gou - ver-neurs

& Prin- -ces. Des pro-vin-ces, Ve -nez à la fin u -ne fois En -ten-dre du Sei-gneur la voix.

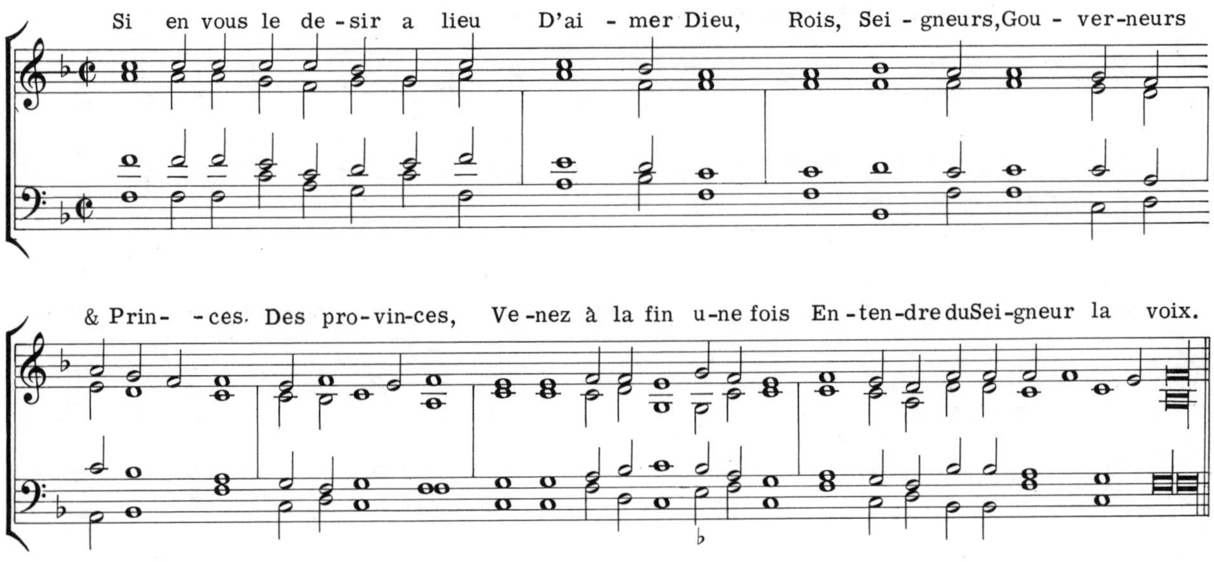

XII

103. A la lumiere, au son bruyant des cieux

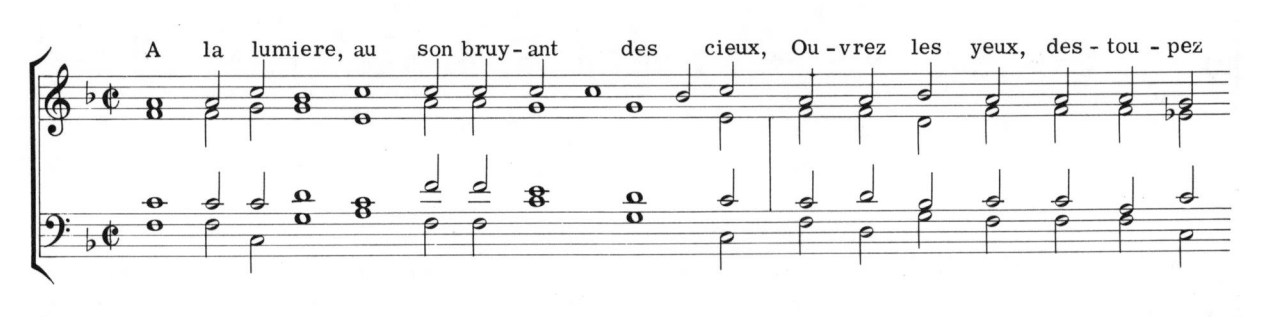

A la lumiere, au son bruy-ant des cieux, Ou-vrez les yeux, des-tou-pez

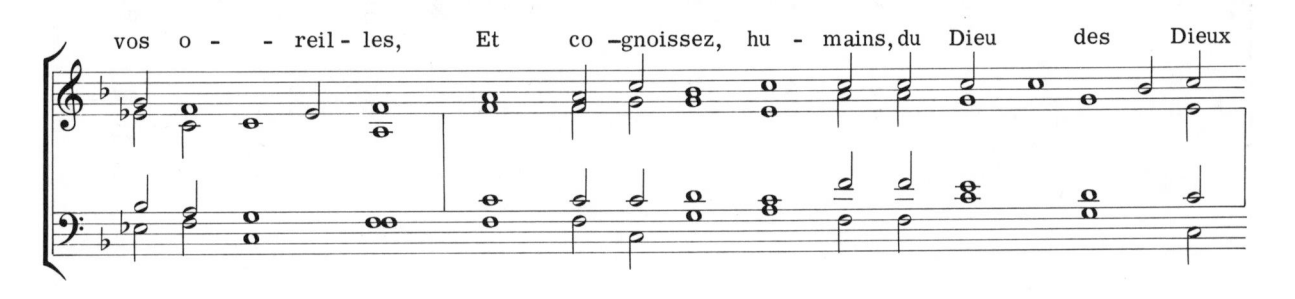

vos o - - reil - les, Et co -gnoissez, hu - mains,du Dieu des Dieux

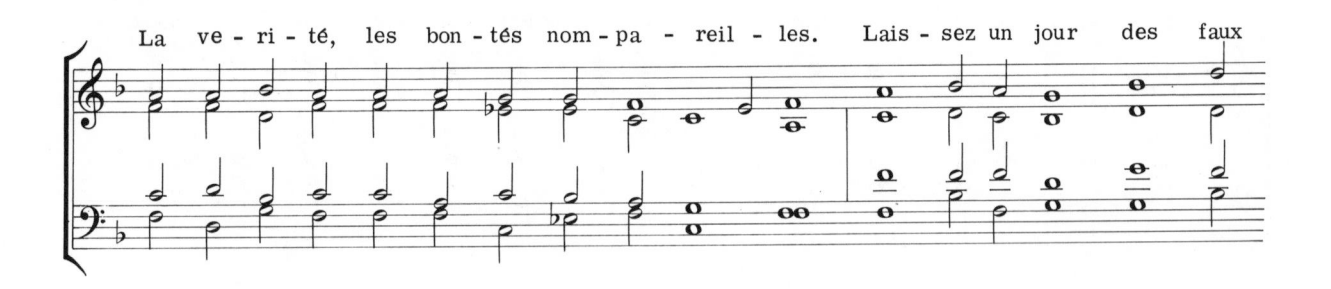

La ve - ri - té, les bon-tés nom-pa - reil - les. Lais-sez un jour des faux

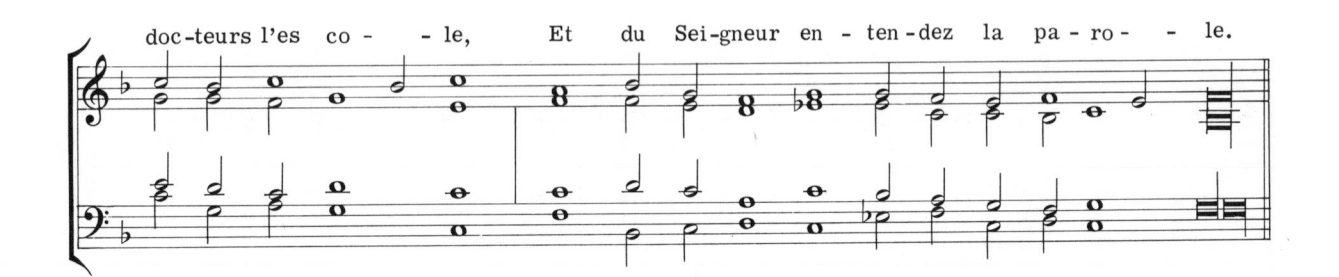

doc-teurs l'es co - - le, Et du Sei-gneur en - ten-dez la pa - ro - - le.

XIII

104. A toy, c'est à toy, Dieu, ma puissance

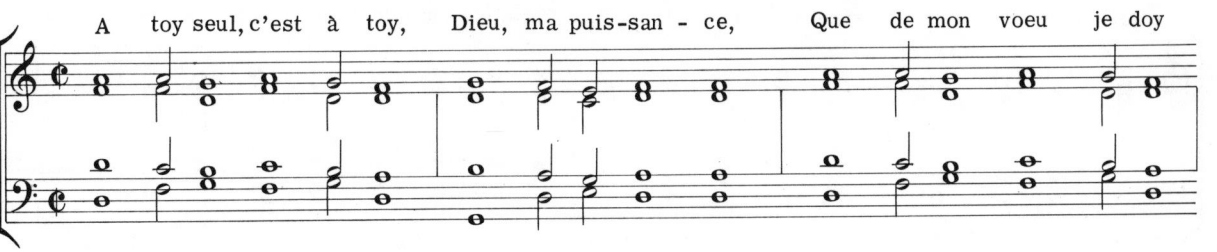

A toy seul, c'est à toy, Dieu, ma puis-san - ce, Que de mon voeu je doy

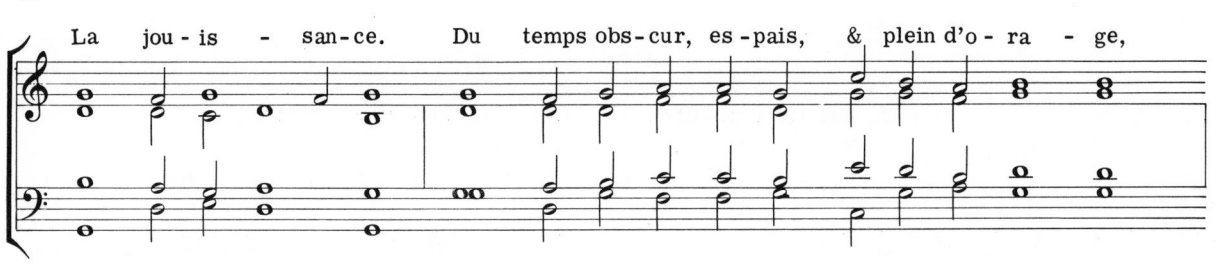

La jou - is - san-ce. Du temps obs-cur, es -pais, & plein d'o - ra - ge,

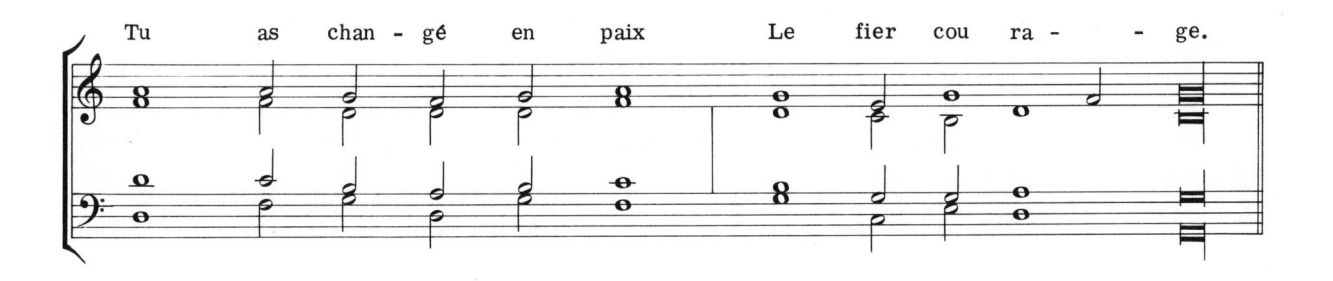

Tu as chan - gé en paix Le fier cou ra - ge.

XIV

105. Las, helas, violente et dure

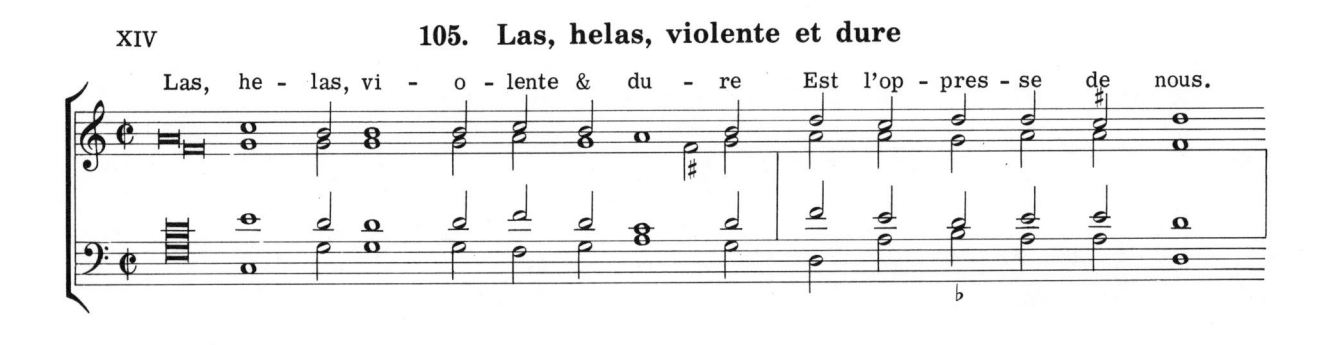

Las, he - las, vi - o -lente & du - re Est l'op -pres -se de nous.

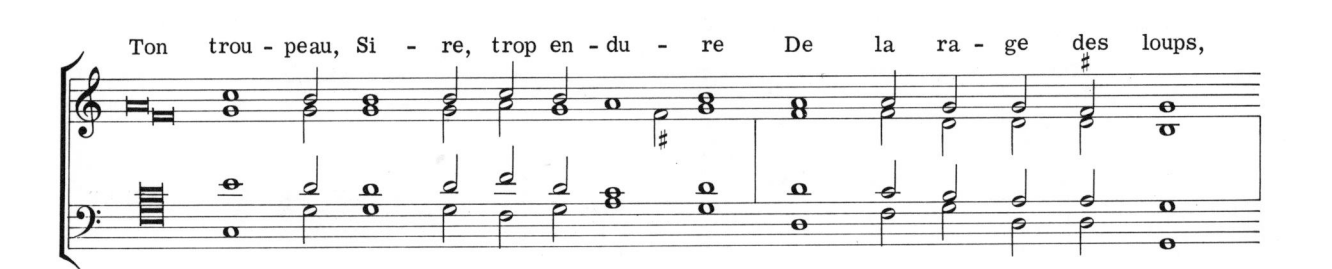

Ton trou - peau, Si - re, trop en -du - re De la ra - ge des loups,

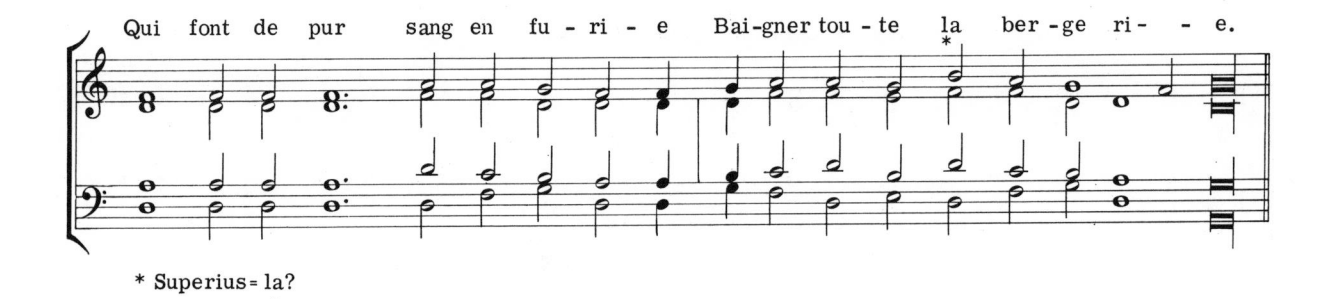

Qui font de pur sang en fu - ri - e Bai-gner tou - te la ber-ge ri - - e.

* Superius = la?

106. Mon Dieu, si j'ay confort de toy

XV

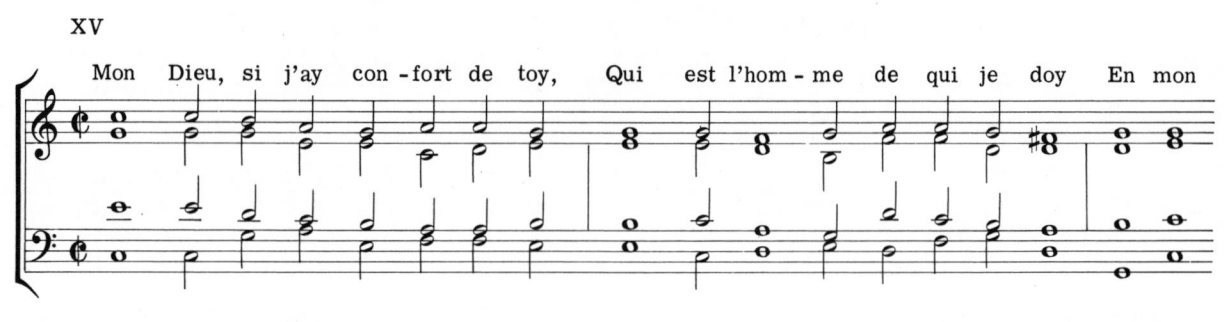

Mon Dieu, si j'ay con -fort de toy, Qui est l'hom -me de qui je doy En mon

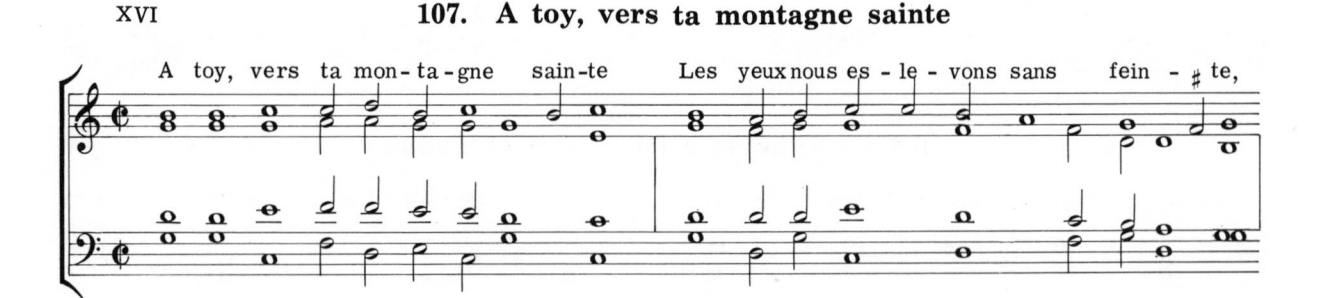

coeur a - voir crain-te? Se - ra bien l'hu-mai -ne con-train-te Plus for-te que ma foy?

XVI

107. A toy, vers ta montagne sainte

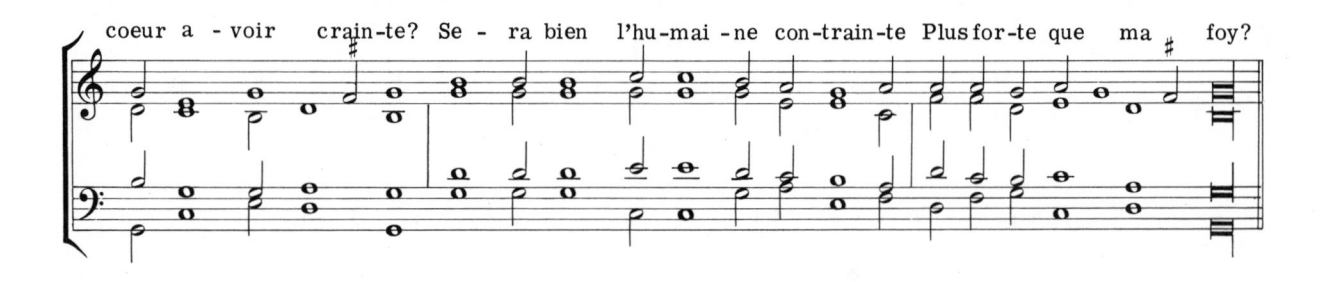

A toy, vers ta mon-ta-gne sain-te Les yeux nous es - le - vons sans fein - te,

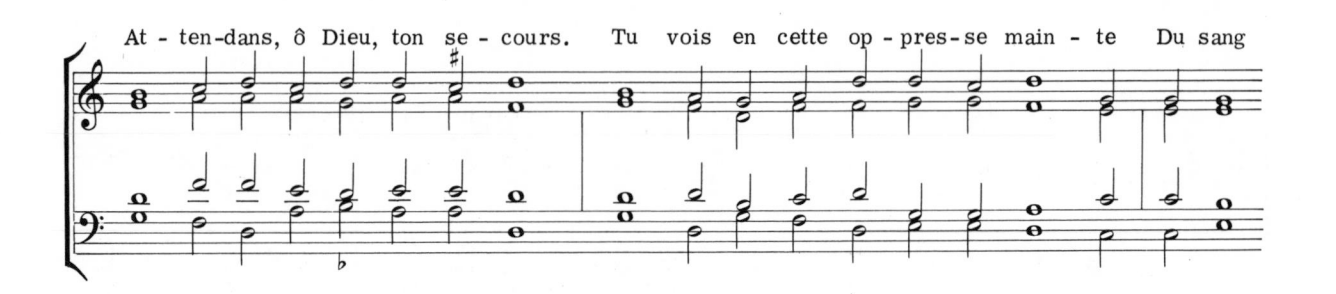

At - ten-dans, ô Dieu, ton se - cours. Tu vois en cette op -pres-se main - te Du sang

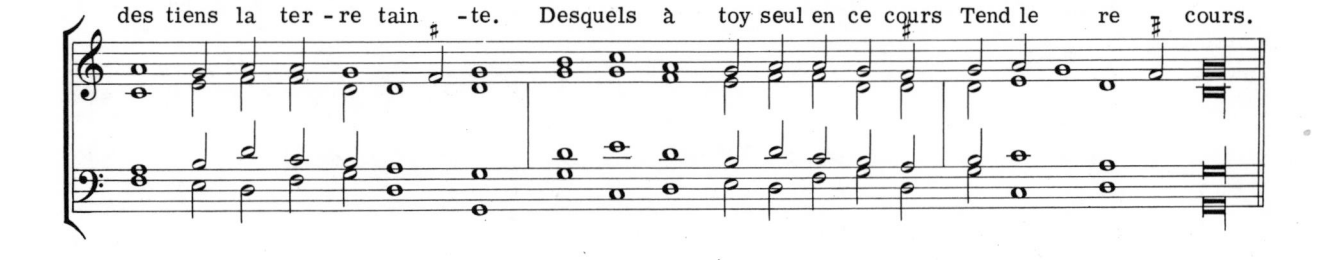

des tiens la ter - re tain - te. Desquels à toy seul en ce cours Tend le re cours.

XVII

108. Sus, ma lyre accorde, et commence

Sus, ma lyre ac-corde, & com - men-ce A son-ner la hau-te cle - men-ce Du Tout-

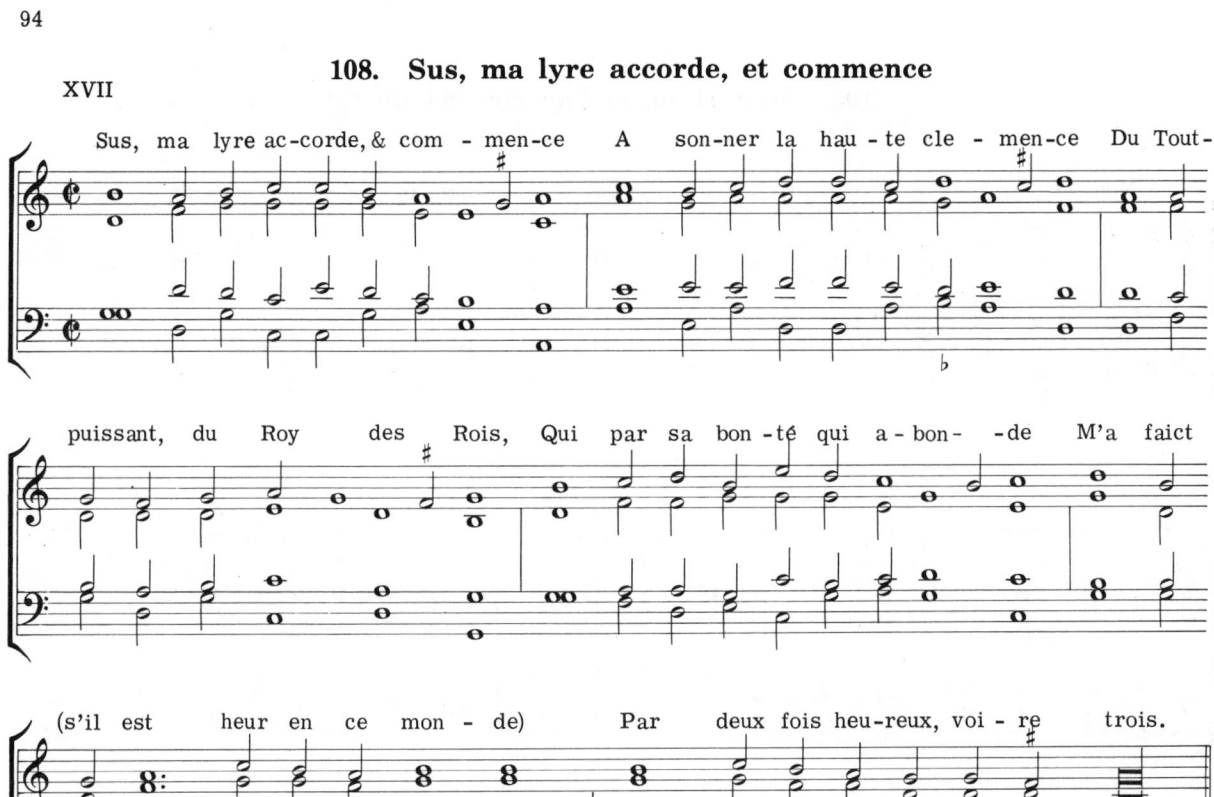

puissant, du Roy des Rois, Qui par sa bon -té qui a-bon - -de M'a faict

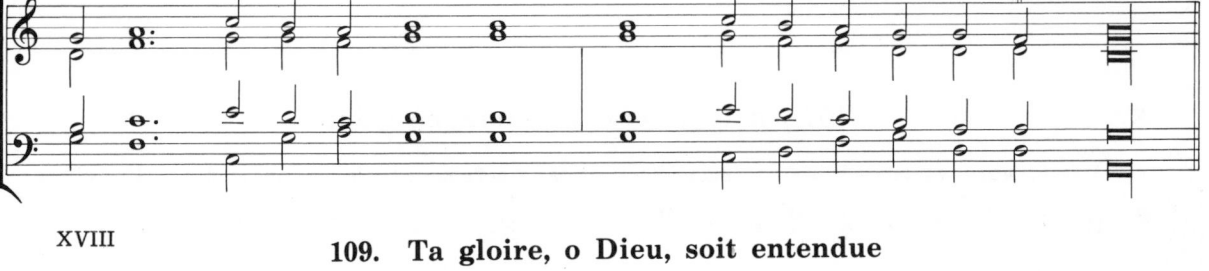

(s'il est heur en ce mon - de) Par deux fois heu-reux, voi - re trois.

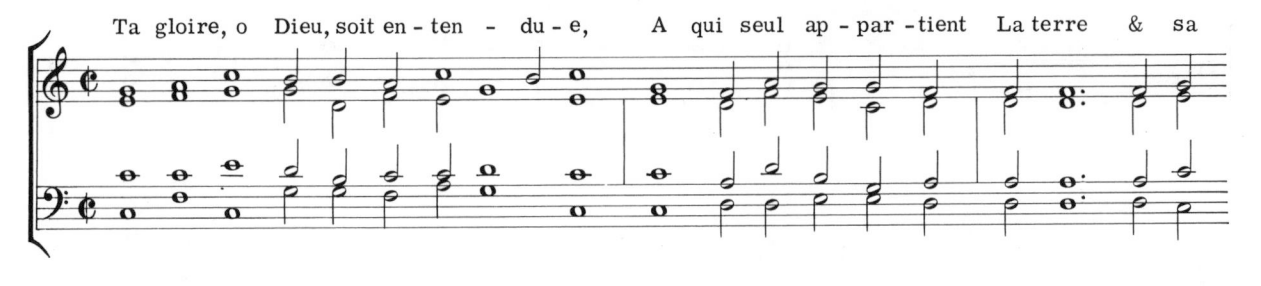

XVIII

109. Ta gloire, o Dieu, soit entendue

Ta gloire, o Dieu, soit en - ten - du - e, A qui seul ap - par -tient La terre & sa

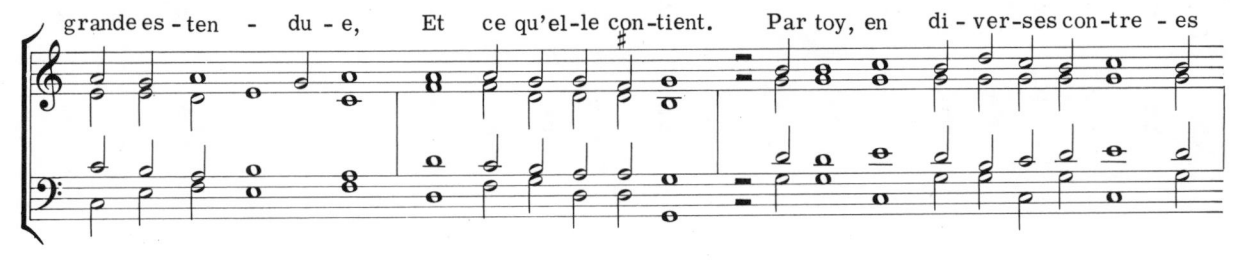

grande es - ten - du - e, Et ce qu'el-le con-tient. Par toy, en di - ver-ses con-tre - es

E - xer-cé de tra-vaux, J'ay maintes pei-nes ren-con-tre - es Et par monts & par vaux.

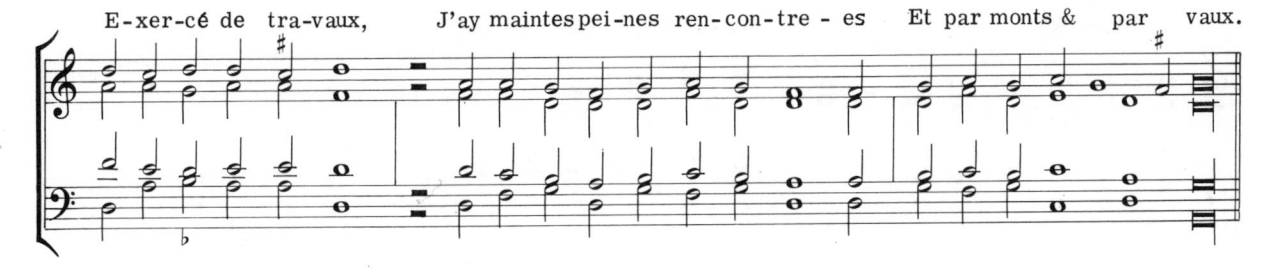

XIX

110. Dieu souverain, de qui est a chacun

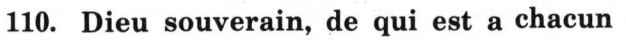

Dieu sou - ve - rain, de qui est à cha - cun La Ma - jes-té puis - san - te seule

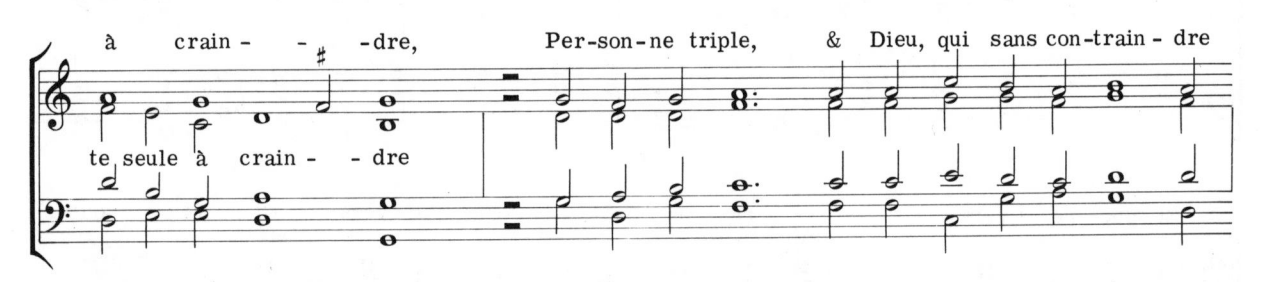

puis - san - - -

à crain - - -dre, Per-son-ne triple, & Dieu, qui sans con-train - dre

te seule à crain - - dre

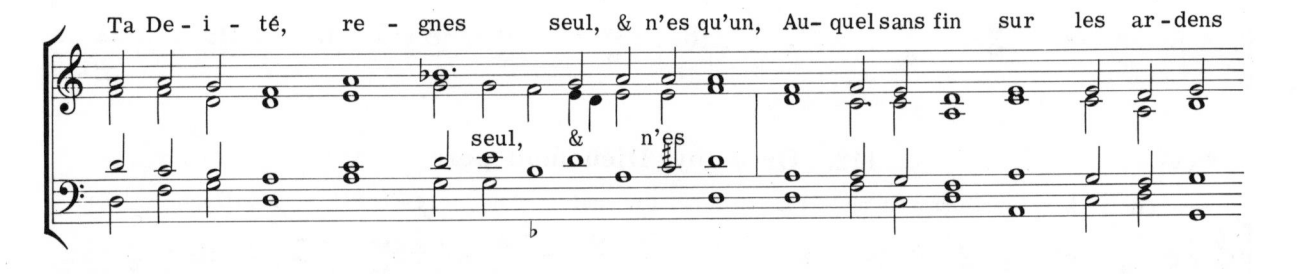

Ta De - i - té, re - gnes seul, & n'es qu'un, Au-quel sans fin sur les ar - dens

seul, & n'es

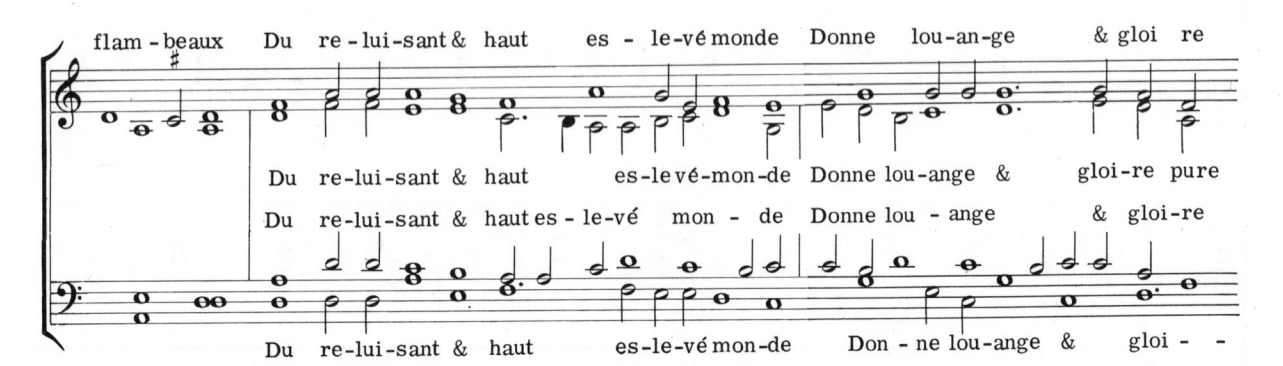

flam - beaux Du re - lui-sant & haut es - le-vé monde Donne lou-an-ge & gloi re

Du re-lui-sant & haut es-le-vé-mon-de Donne lou-ange & gloi-re pure

Du re-lui-sant & hautes-le-vé mon - de Donne lou - ange & gloi-re

Du re-lui-sant & haut es-le-vé mon-de Don - ne lou-ange & gloi - -

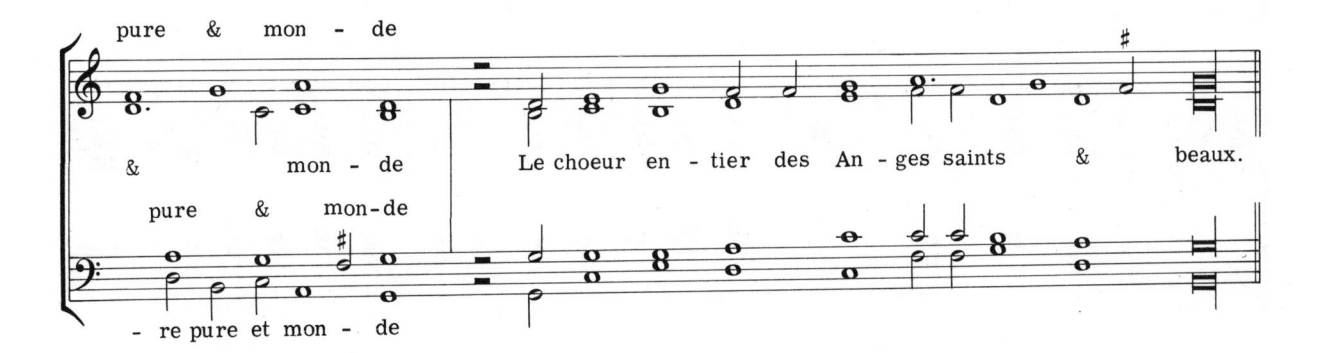

pure & mon - de

& mon - de Le choeur en - tier des An - ges saints & beaux.

pure & mon-de

- re pure et mon - de

XX

111. Au long travail et dure attente

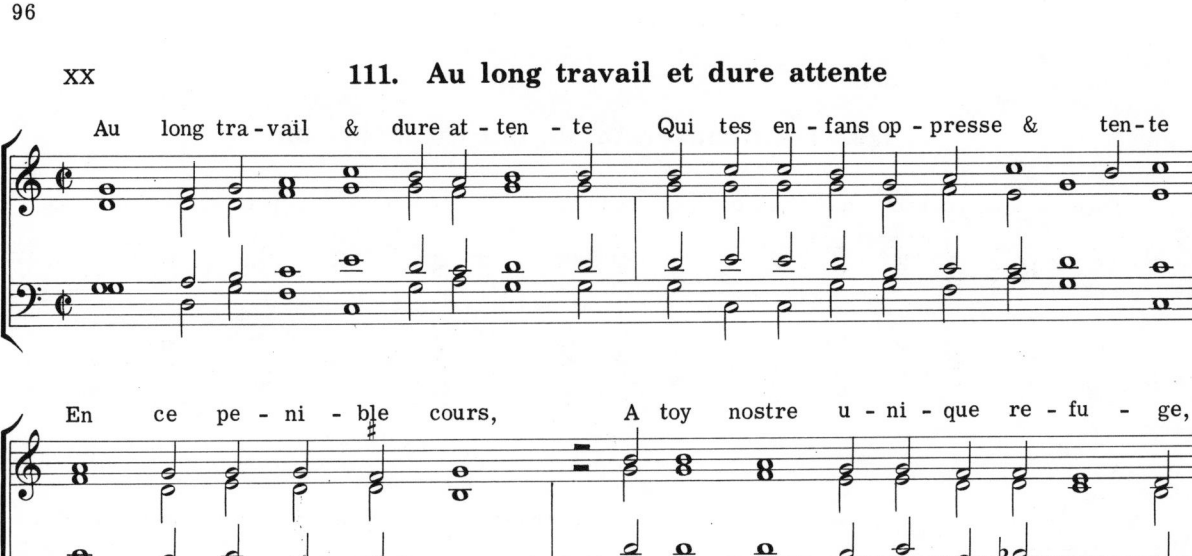

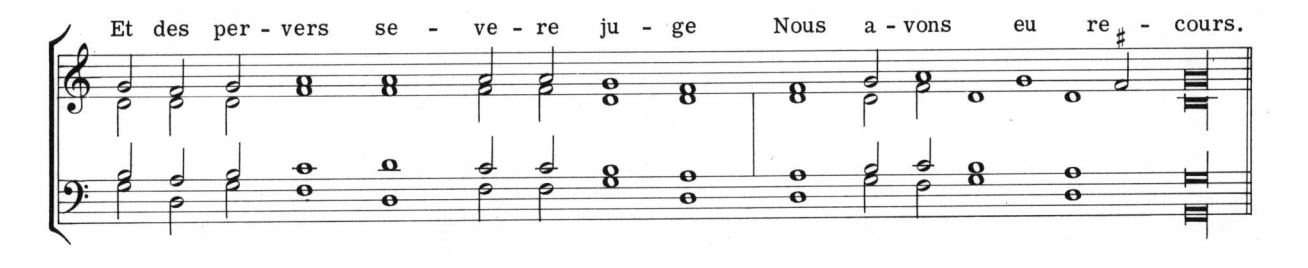

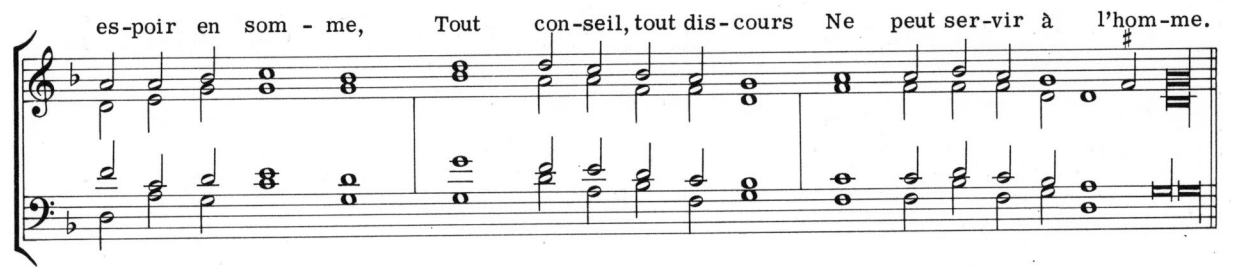

XXI

112. Or à toy, Dieu mon pere

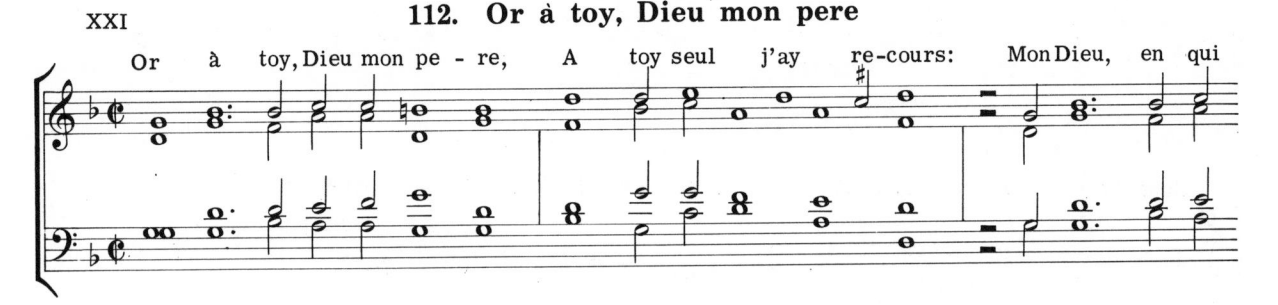

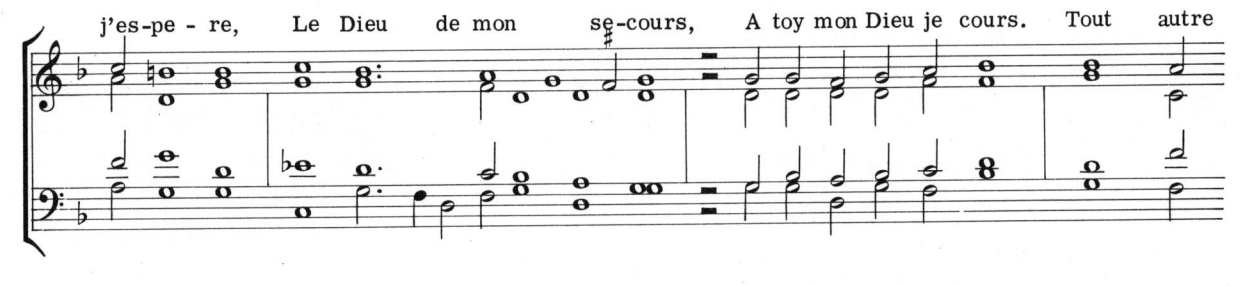

113. Or de tes adversaires, Sire

XXII

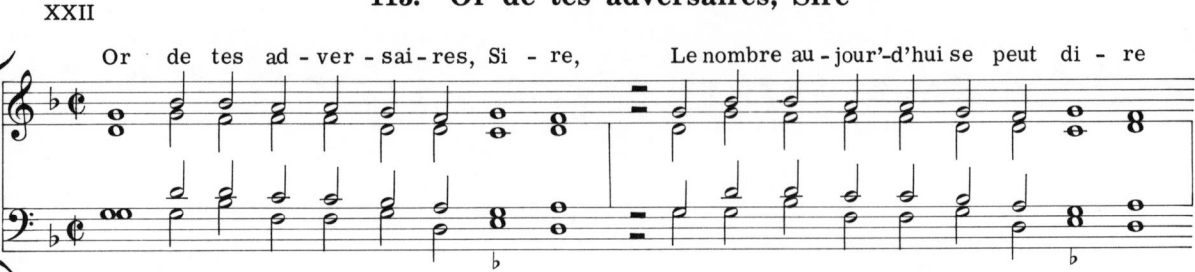

Or de tes ad-ver-sai-res, Si - re, Le nombre au-jour'-d'hui se peut di - re

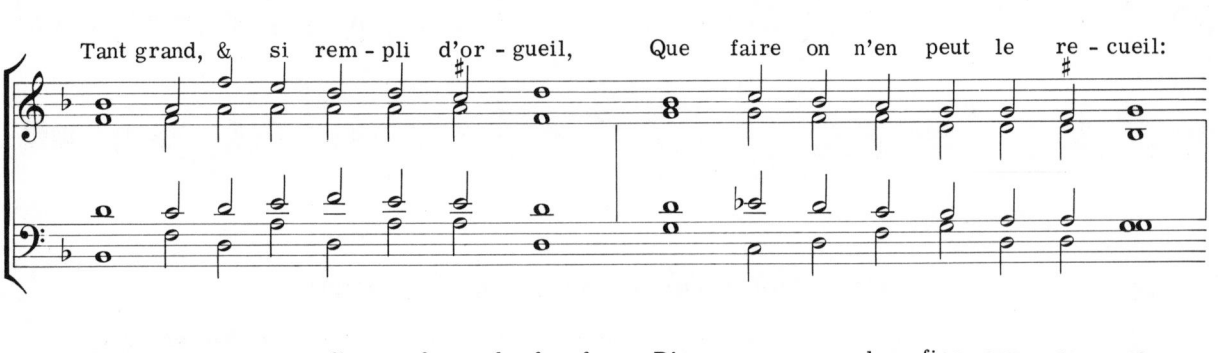

Tant grand, & si rem-pli d'or-gueil, Que faire on n'en peut le re-cueil:

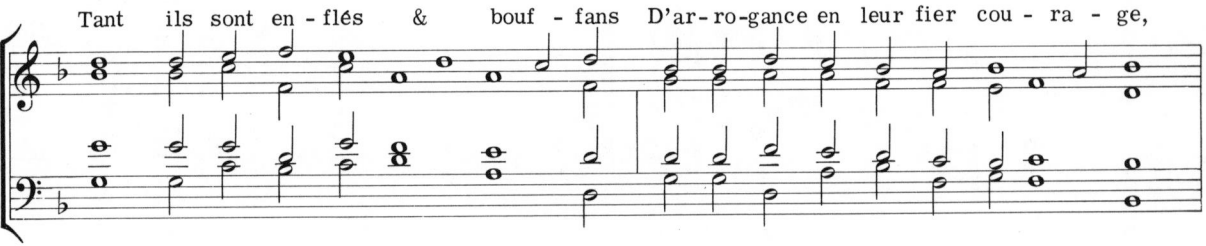

Tant ils sont en-flés & bouf-fans D'ar-ro-gance en leur fier cou - ra - ge,

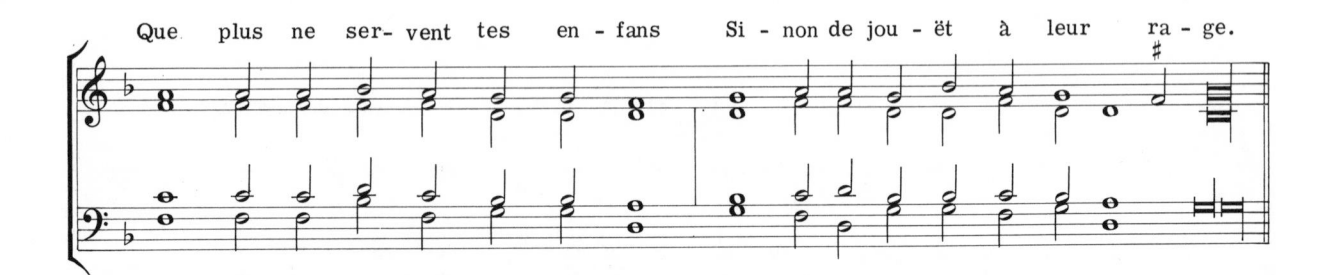

Que plus ne ser-vent tes en-fans Si - non de jou - ët à leur ra - ge.

114. O heureuse la journee

XXIII

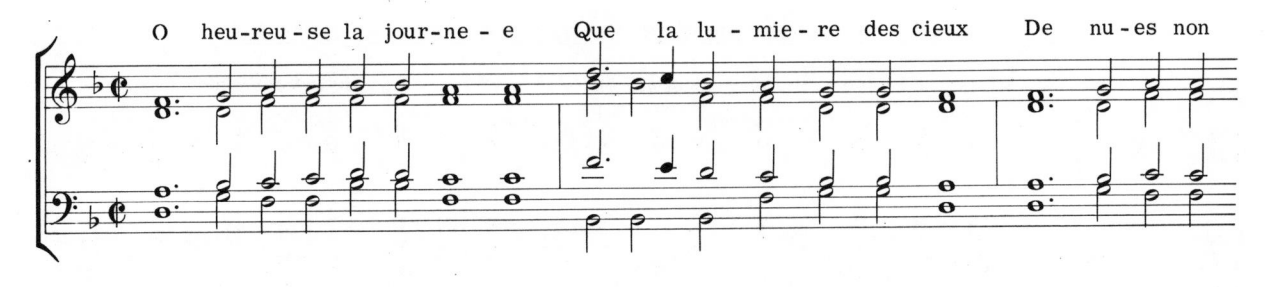

O heu-reu-se la jour-ne - e Que la lu - mie - re des cieux De nu-es non

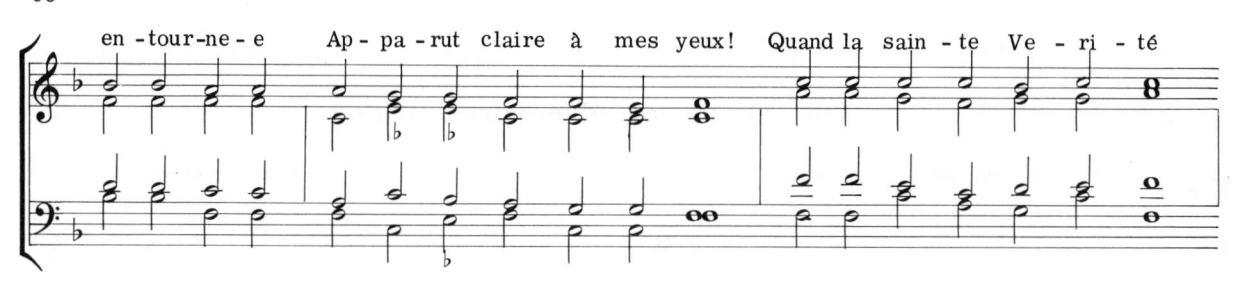

en -tour-ne - e   Ap - pa -rut claire à mes yeux!   Quand la sain - te Ve – ri - té

De-chas-sant l'obscu - ri - té   Qui la te -noit ab-scon-se - e,   Sou-dain me fut an-non - ce - e.

XXIV   **115. Mais qu'avons-nous plus à craindre**

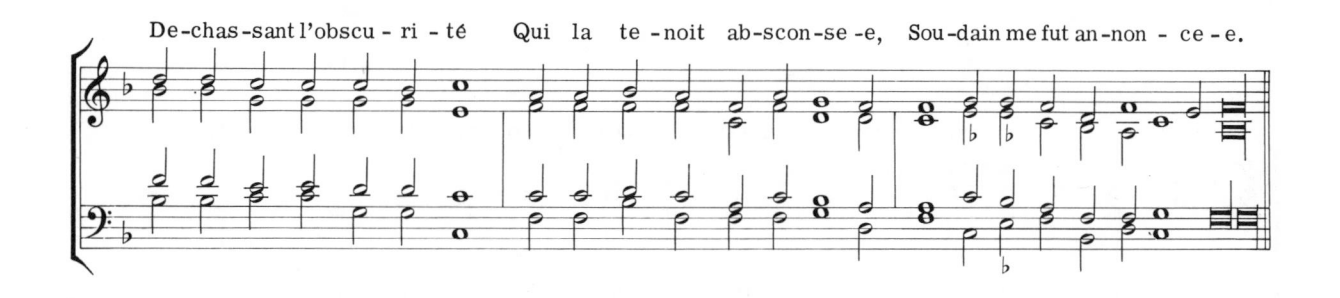

Mais qu'a - vons-nous plus à crain -dre   Le con-train -dre   Des en -ne -mis con -

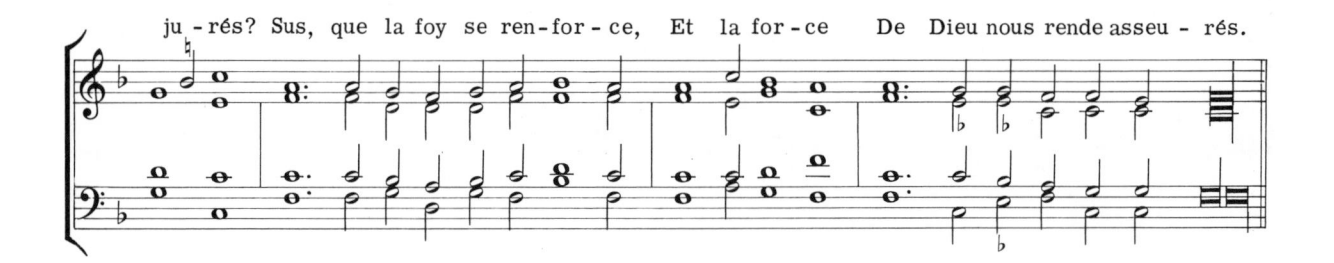

ju -rés? Sus, que la foy se ren-for -ce,   Et la for -ce   De Dieu nous rende asseu - rés.

XXV   **116. O Seigneur, que de gens Ardens et diligens**

O   Sei-gneur, que de gens   Ar - dans & di - li -gens   En leur vaine en-tre - pri-se,

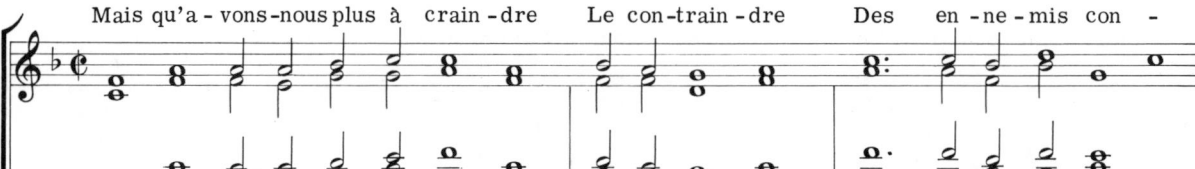
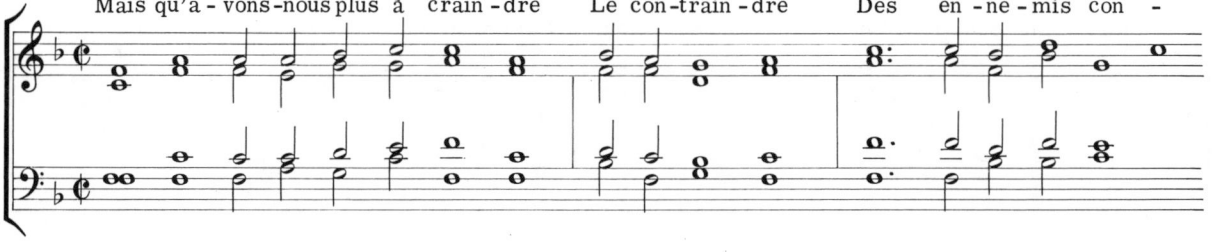

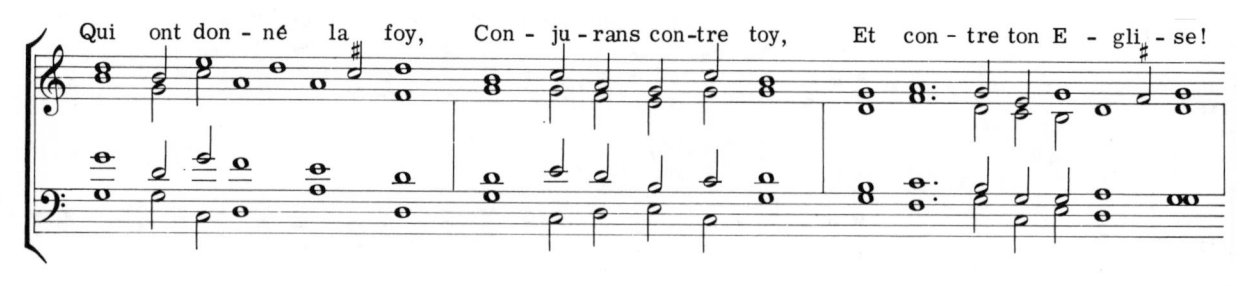

Qui ont don - né la foy, Con - ju - rans con - tre toy, Et con - tre ton E - gli - se!

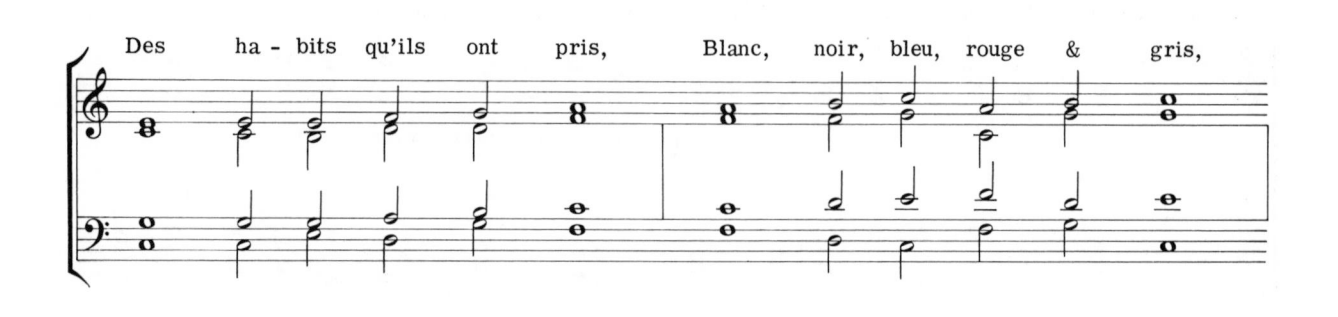

Des ha - bits qu'ils ont pris, Blanc, noir, bleu, rouge & gris,

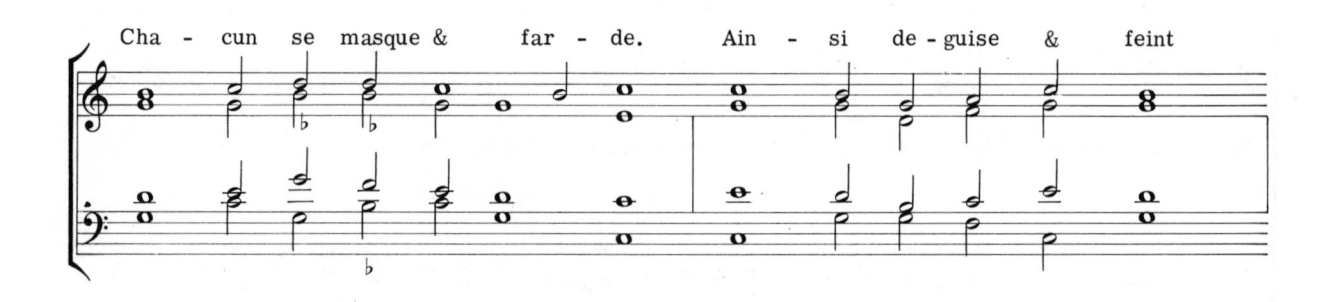

Cha - cun se masque & far - de. Ain - si de - guise & feint

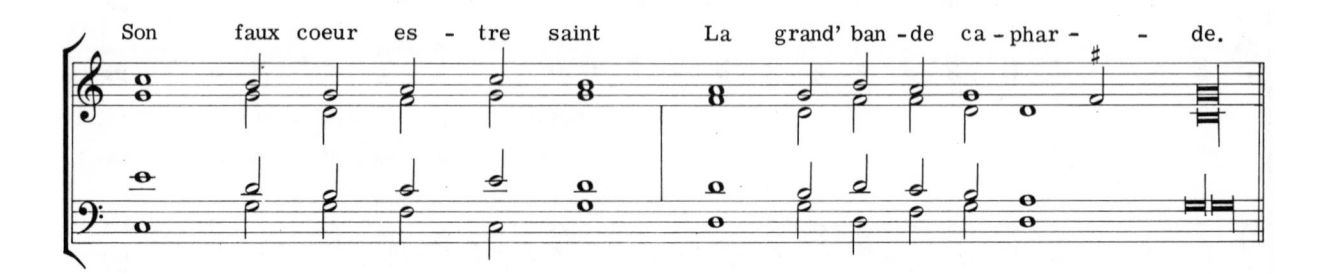

Son faux coeur es - tre saint La grand' ban - de ca - phar - - de.

117. Qu'as-tu si fort a te douloir

XXVI

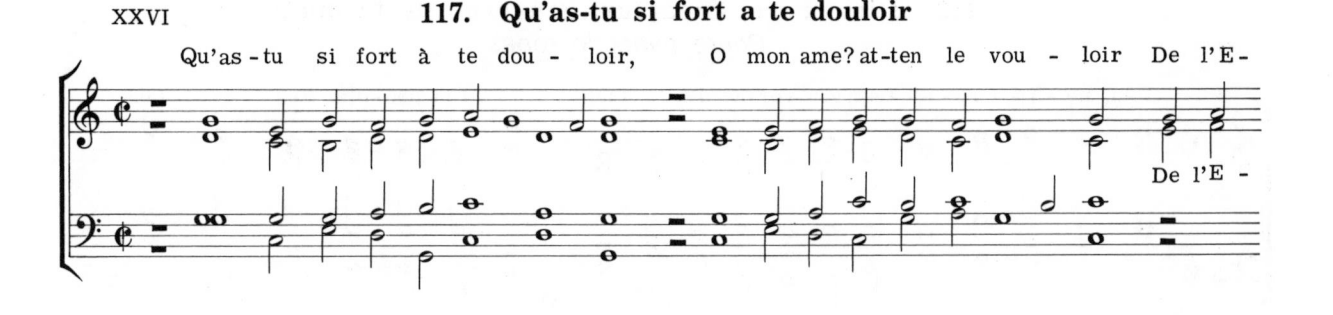

Qu'as - tu si fort à te dou - loir, O mon ame? at-ten le vou - loir De l'E-

De l'E-

ter - nel qui re - - - gne. De peur qu'ainsi mal endurant, En-tre le peu - ple

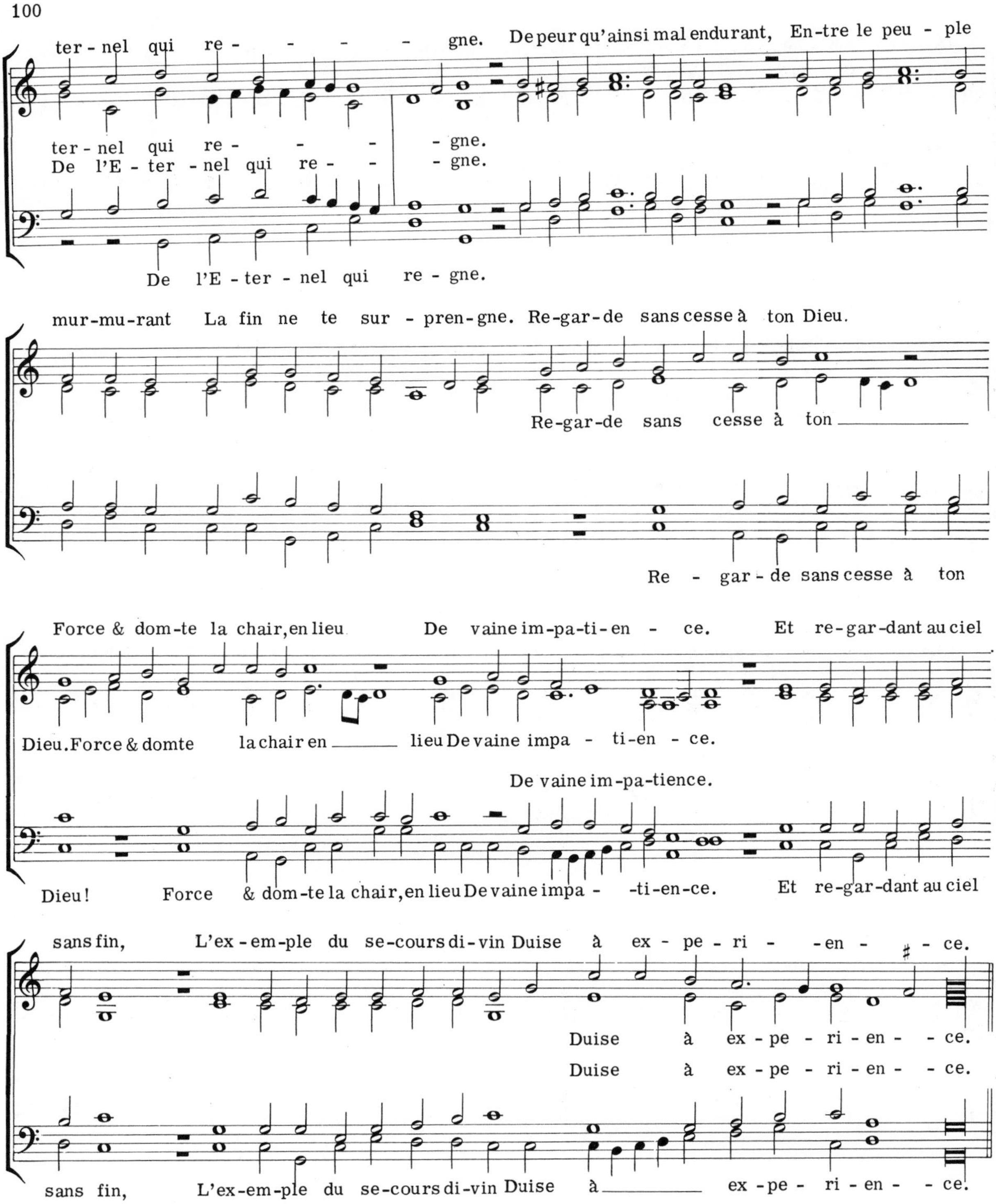

ter - nel qui re - - gne.
De l'E - ter - nel qui re - - gne.

De l'E - ter - nel qui re - gne.

mur-mu-rant La fin ne te sur-pren-gne. Re-gar-de sans cesse à ton Dieu.

Re-gar-de sans cesse à ton _____

Re - gar-de sans cesse à ton

Force & dom-te la chair, en lieu De vaine im-pa-ti-en - ce. Et re-gar-dant au ciel

Dieu. Force & domte la chair en _____ lieu De vaine impa - ti-en - ce.

De vaine im-pa-tience.

Dieu! Force & dom-te la chair, en lieu De vaine impa - ti-en-ce. Et re-gar-dant au ciel

sans fin, L'ex-em-ple du se-cours di-vin Duise à ex-pe-ri - en - ce.

Duise à ex-pe - ri - en - ce.

Duise à ex-pe - ri - en - ce.

sans fin, L'ex-em-ple du se-cours di-vin Duise à _____ ex-pe-ri-en - ce.

XXVII

118. Dieu, Pere, Createur, gouverne de ta main
Priere avant le repas

Dieu, pe - re, Cre-a-teur, gou-ver-ne de ta main   Ton peu-ple, tes en - fans,

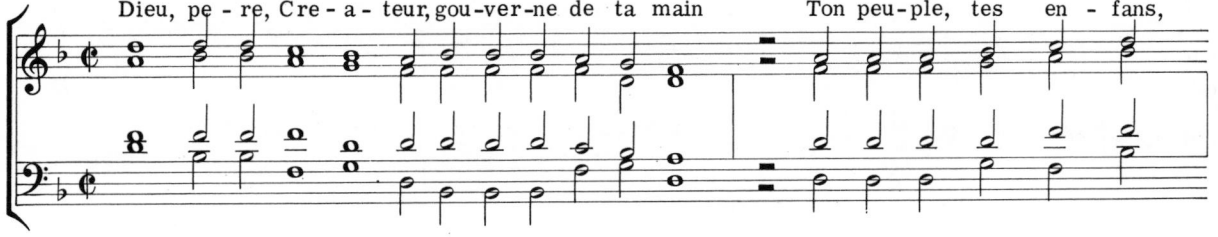

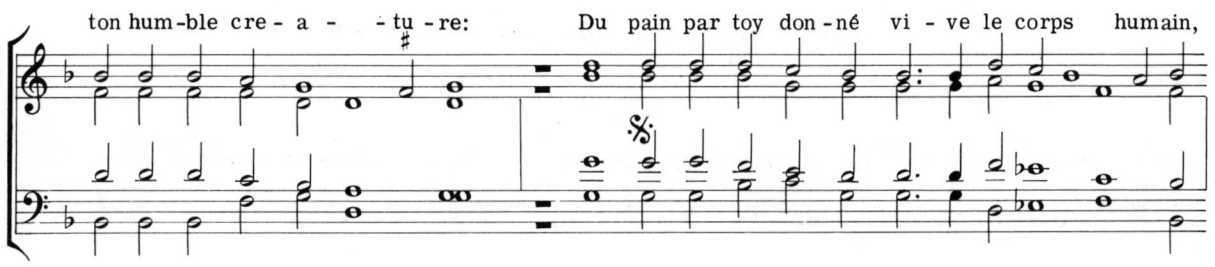

ton hum-ble cre - a - - tu - re: Du pain par toy don-né vi-ve le corps humain,

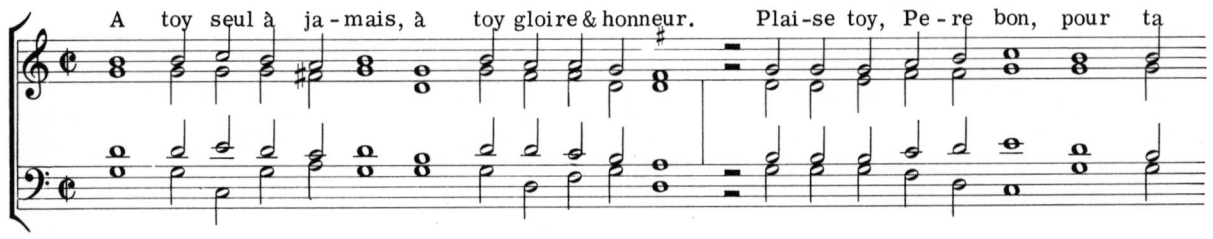

Et ta pa - ro - le soit à l'a - me nour - - ri - ture. Du

119. A toy seul à jamais, à toy gloire et honneur

XXVIII

Graces apres le repas

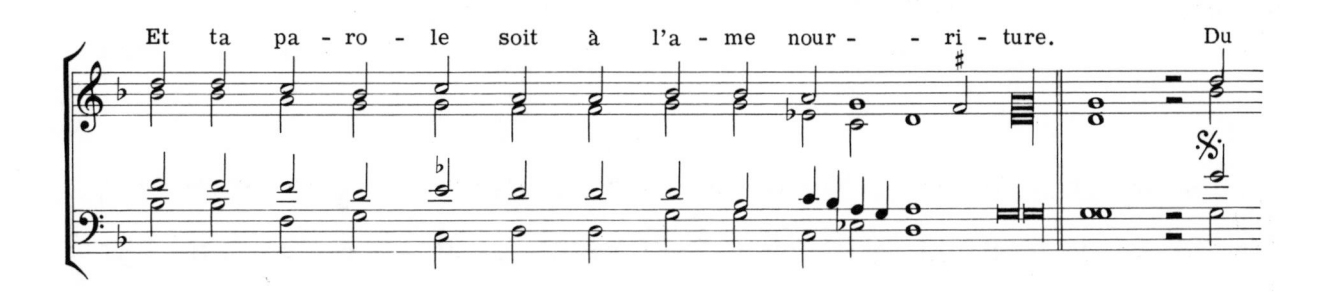

A toy seul à ja-mais, à toy gloire & honneur. Plai-se toy, Pe-re bon, pour ta

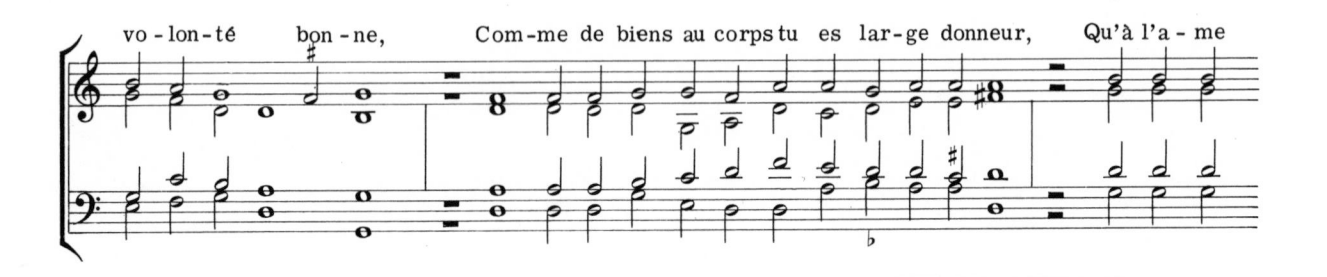

vo - lon-té bon - ne, Com-me de biens au corps tu es lar-ge donneur, Qu'à l'a-me

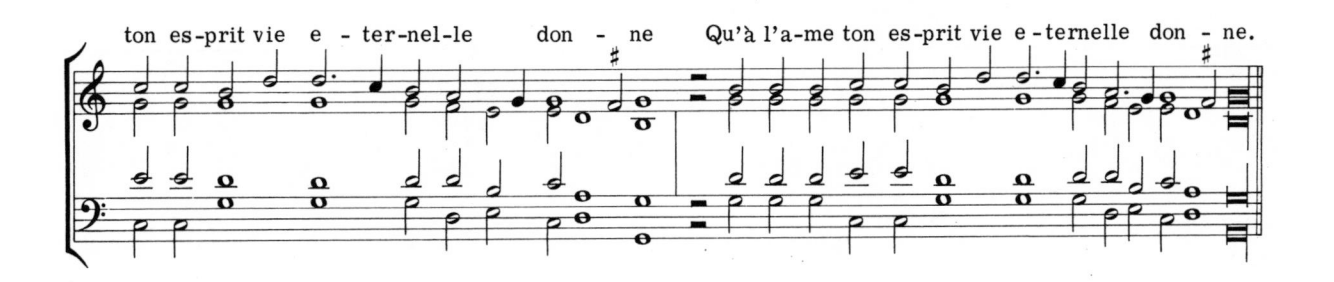

ton es-prit vie e - ter-nel-le don - ne Qu'à l'a-me ton es-prit vie e - ternelle don - ne.

120. Cuncta qui nutu moderatur alta
Poenitentis hymnus

XXIX

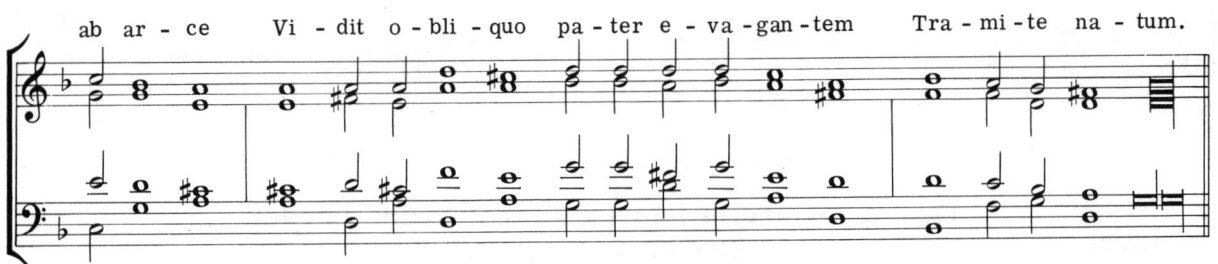

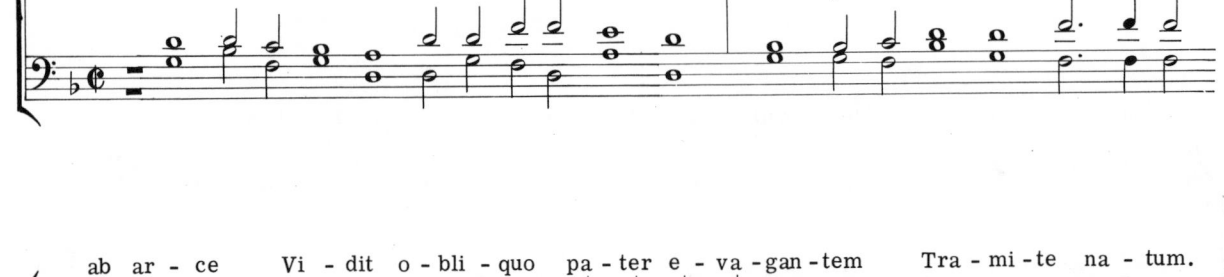

121. A Dieu, au souverain Dieu
Cantique d'Isai et de David

A Dieu, au sou-ve-rain Dieu Soit tout hon-neur en tout lieu.

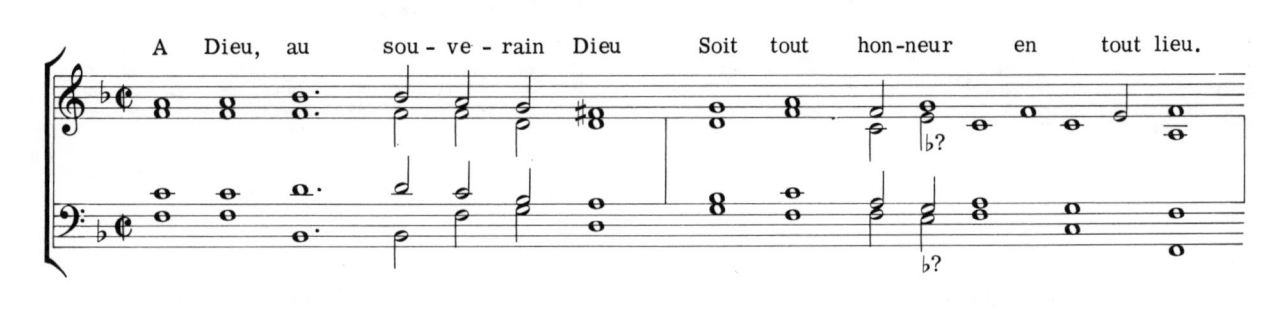

C'est l'E - ter - nel de là haut Qu'ai - mer & crain - dre nous faut.

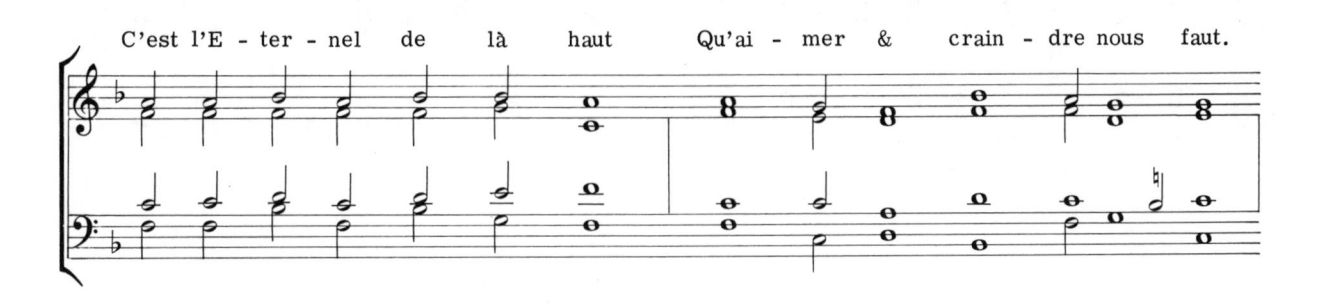

Dieu, le Dieu de l'u - ni - vers, Reg - gne sur les dieux di - vers.

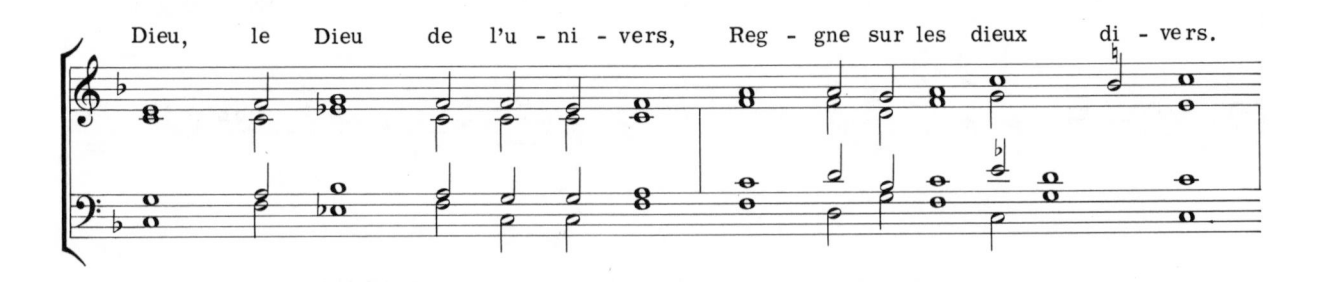

Nostre es - poir est tout en luy, Nostre as - seu - rance & ap - puy.

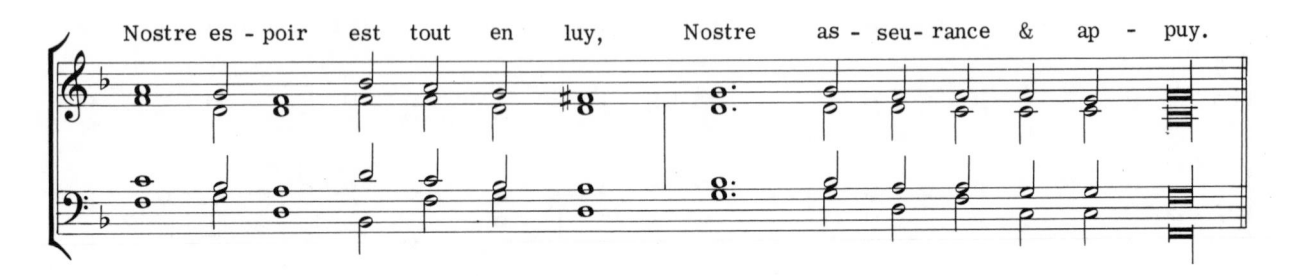

122. Dieu, qui les cieux formas
Cantique de la trouppe d'Israel

Dieu, qui les cieux for - mas, La ter - re grande & de la mer les on - des,

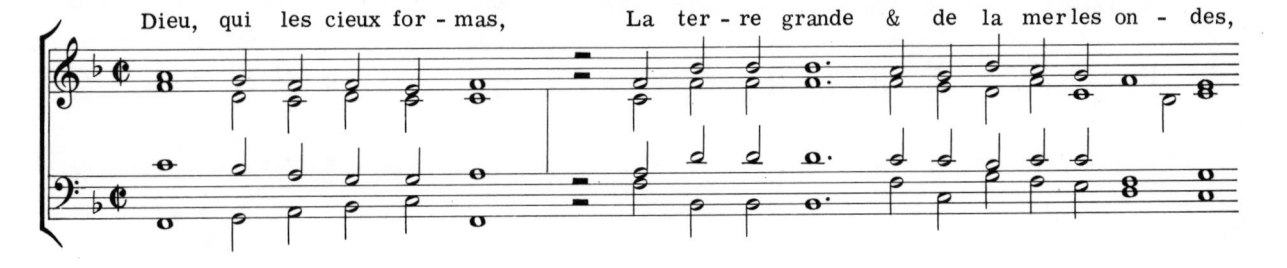

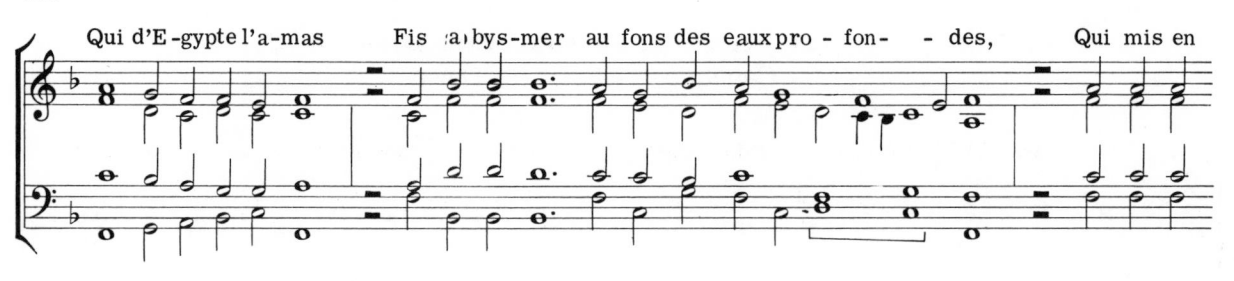

Qui d'E-gypte l'a-mas Fis a bys-mer au fons des eaux pro - fon - - des, Qui mis en

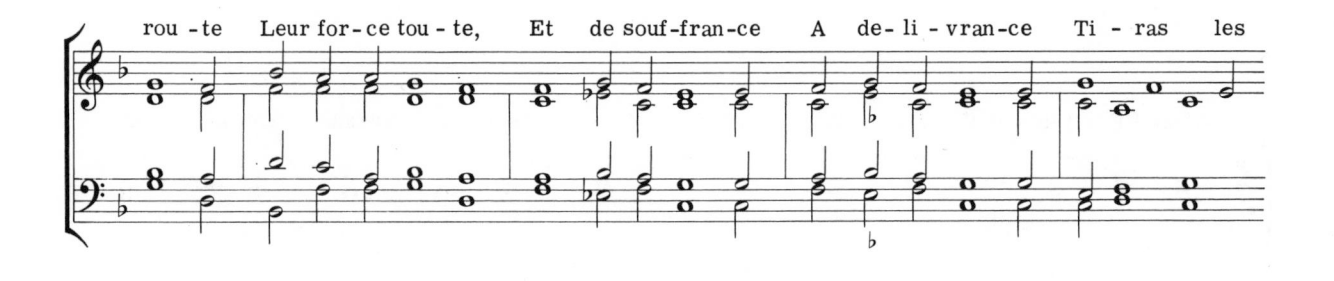

rou - te Leur for-ce tou - te, Et de souf-fran-ce A de-li-vran-ce Ti - ras les

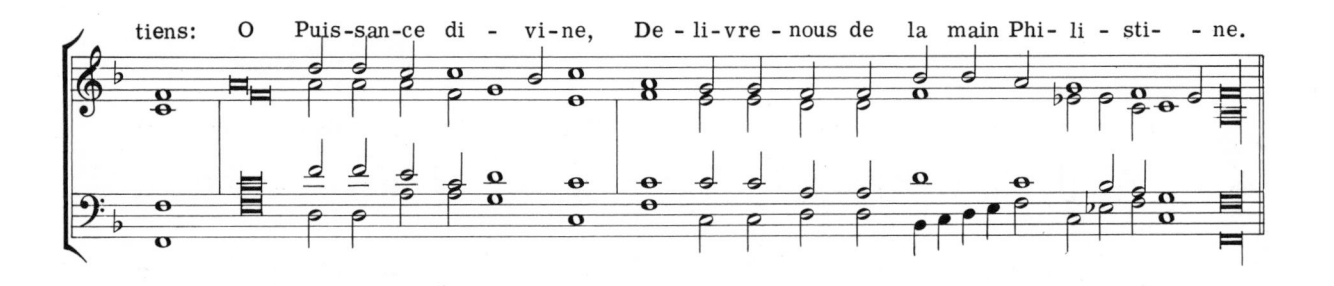

tiens: O Puis-san-ce di - vi-ne, De - li-vre - nous de la main Phi - li - sti - - ne.

123. O Seigneur eternel, De ton lieu supernel
Cantique de David

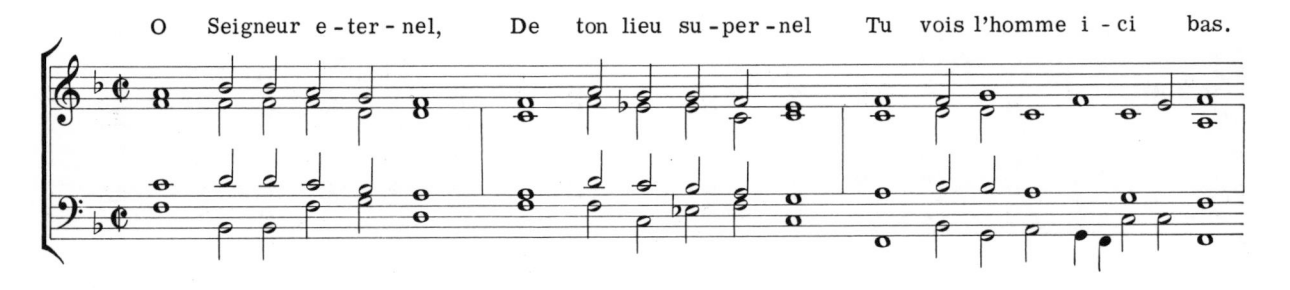

O Seigneur e - ter - nel, De ton lieu su-per-nel Tu vois l'homme i - ci bas.

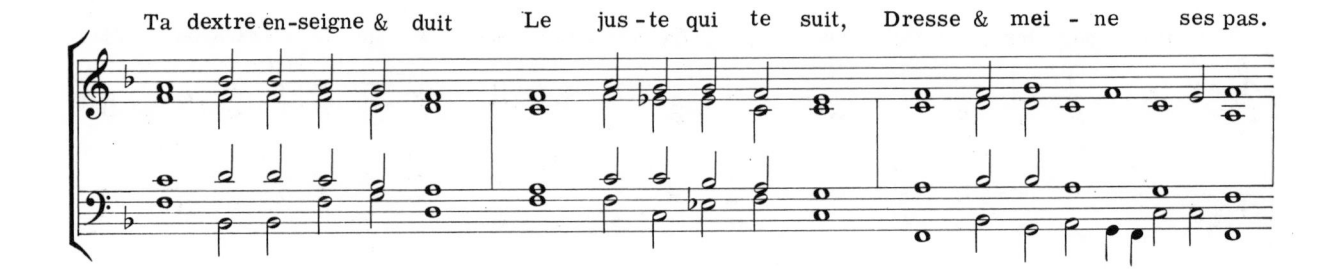

Ta dextre en-seigne & duit Le jus-te qui te suit, Dresse & mei - ne ses pas.

Mais trop au chemin tors Se des-tour-ne le corps, Lais-sant la droi - te sen - -te,

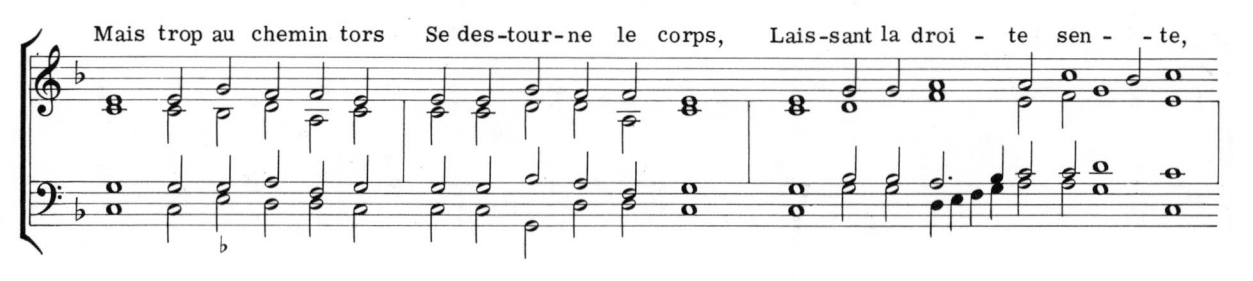

Trop loin de toy, Sei-gneur, De droi-ture en - sei-gneur, Il s'escarte & ab - sen - - te.

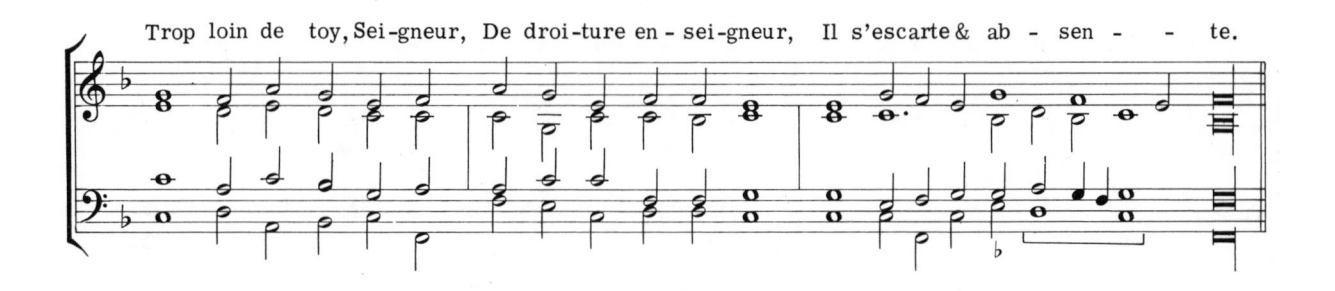

124. Des malheurs la dure guerre
Cantique de David

Des malheurs la du - re guer-re Sur la ter - re Pour-suit le cou - rage hu-main:

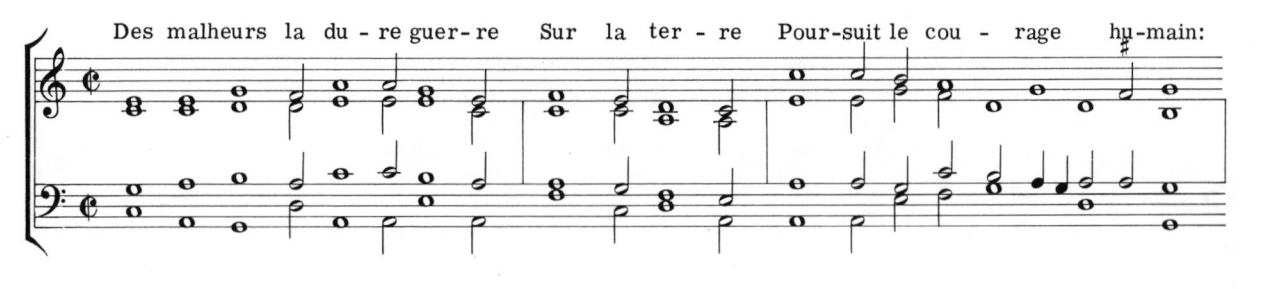

Le fi - dele en Dieu se fon - de, Dieu le son-de, Et tient son coeur en sa main.

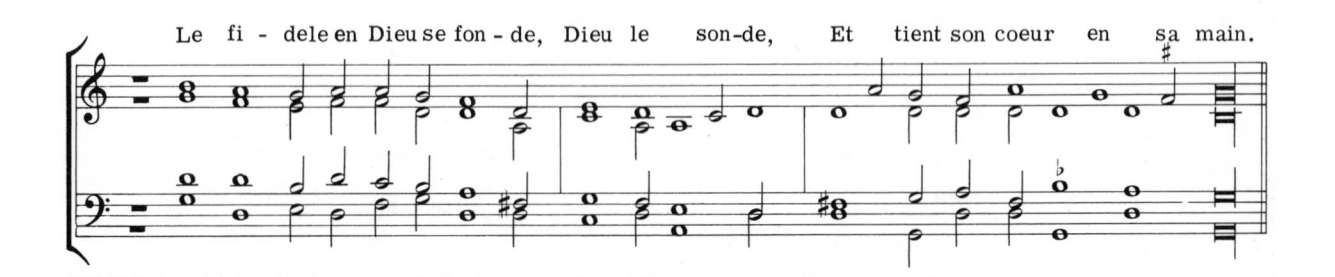

125. Au grand Dieu vainqueur
Cantique de la trouppe d'Israel

Au grand Dieu vain-queur, Qui les cieux ha - bi - te, De bouche &

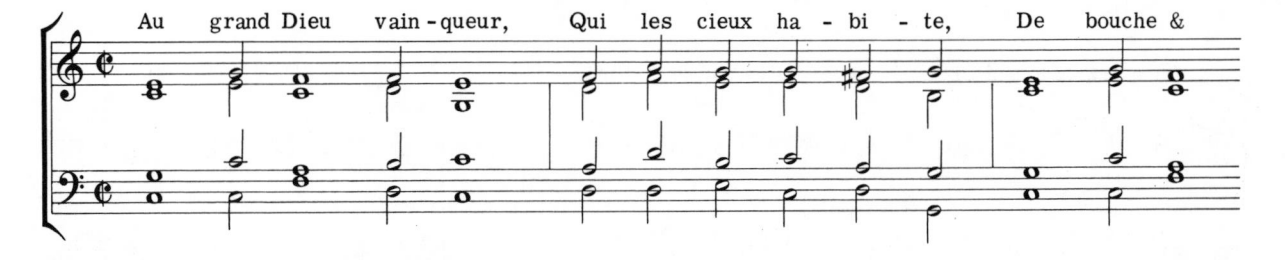

de coeur Soit lou - ange di — — te. Gloi -re non pe — ti - te

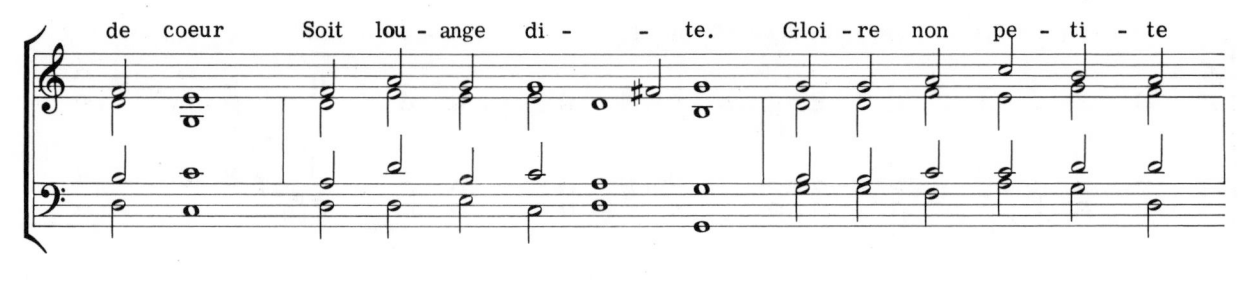

Au Dieu qui a mis En fui - te su - bi - te Tous nos en - ne - mis.

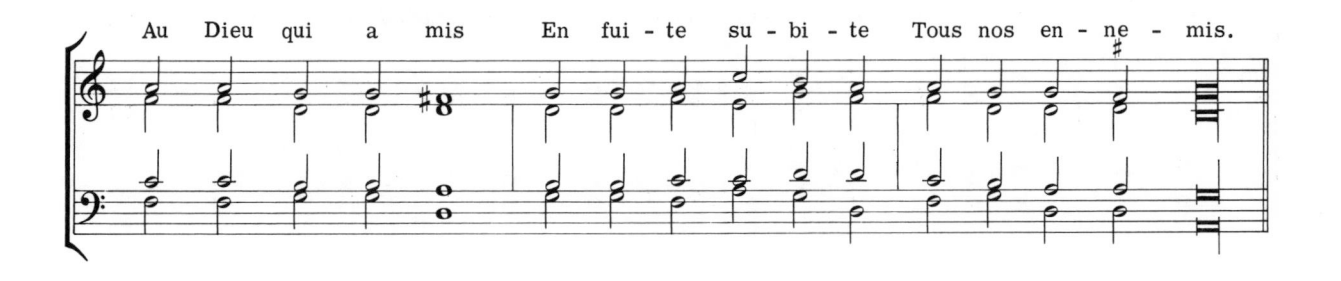

126. Sus, filles, à haute voix
Cantique à danser de la trouppe

Sus, fil - les, à hau - te voix Chan - tez tou - tes à la fois. Chan - ter l'hon -neur

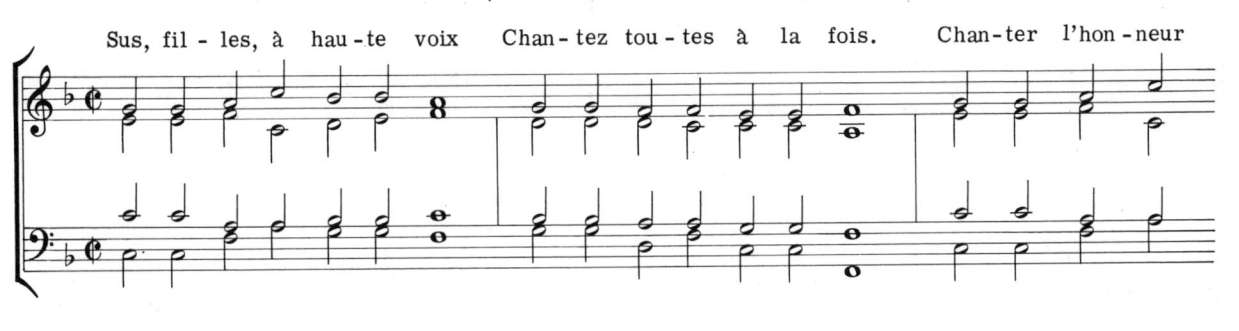

il nous faut De Dieu qui re - gne la - haut. Chan - tez de bouche & de coeur,

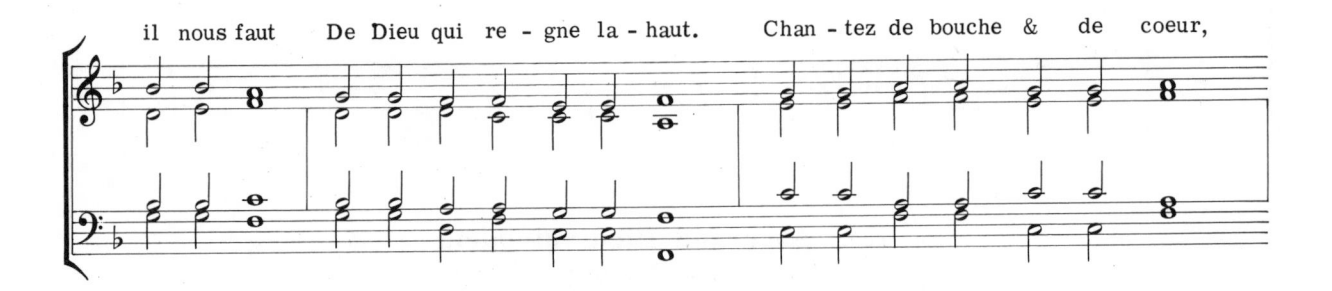

Chan - tez le grand Dieu vainqueur: Dieu vaillant & fort A fait grand ef - fort.

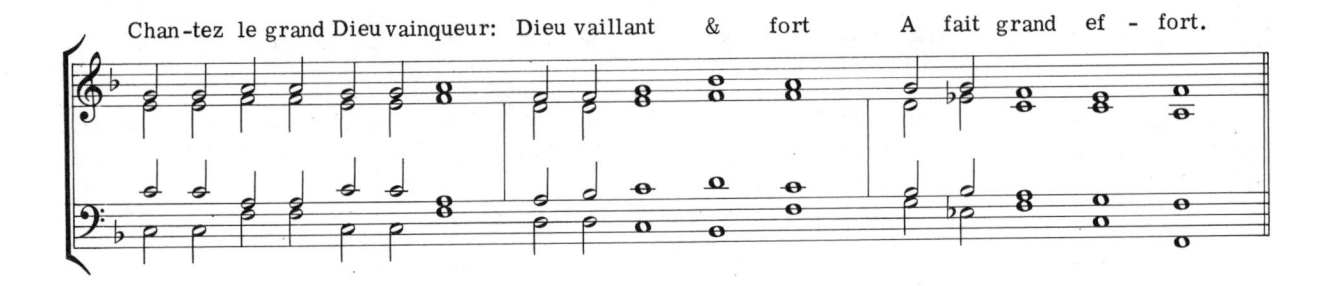

127. Resveillez-vous, resveillez
Cantique a   danser de la trouppe

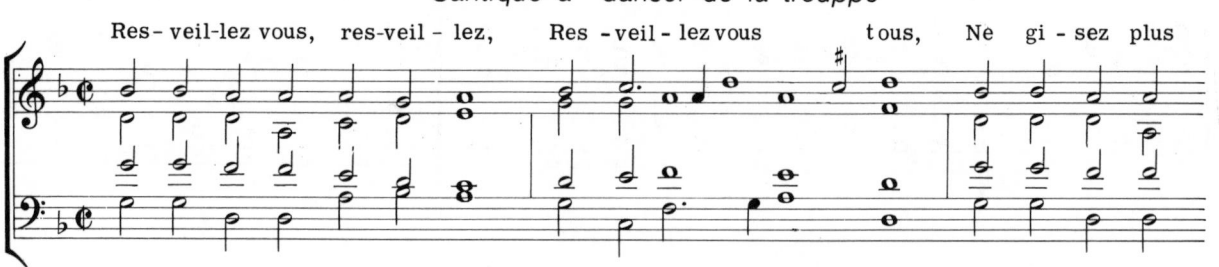

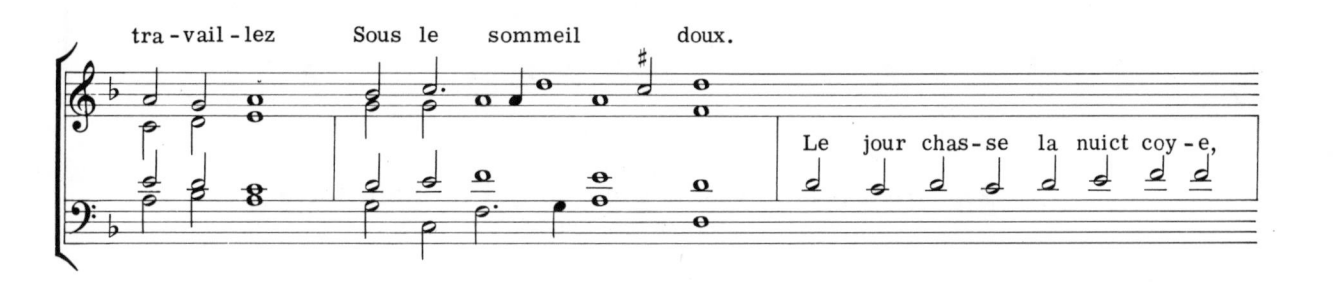

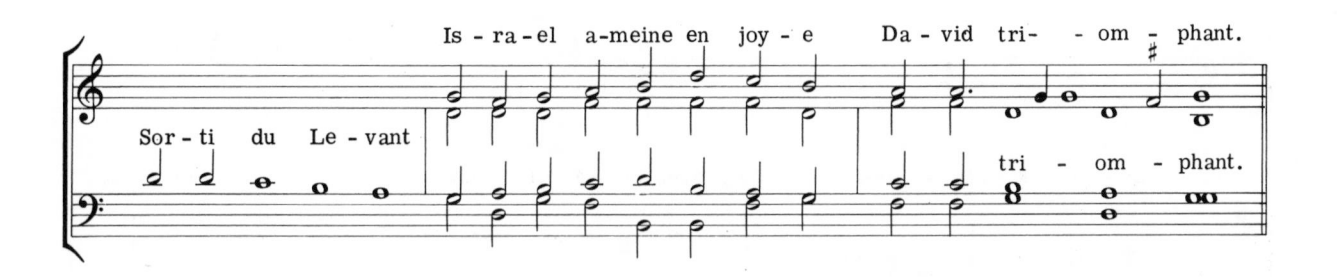

128. Venez filles de Judée
Cantique à danser de la trouppe

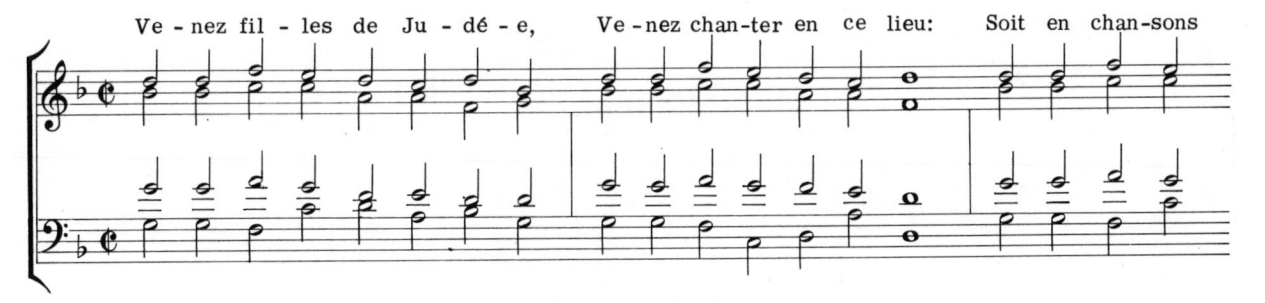

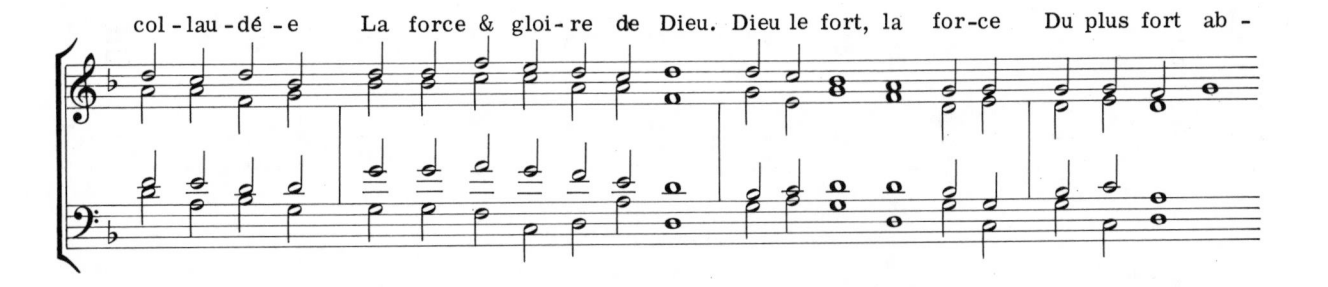

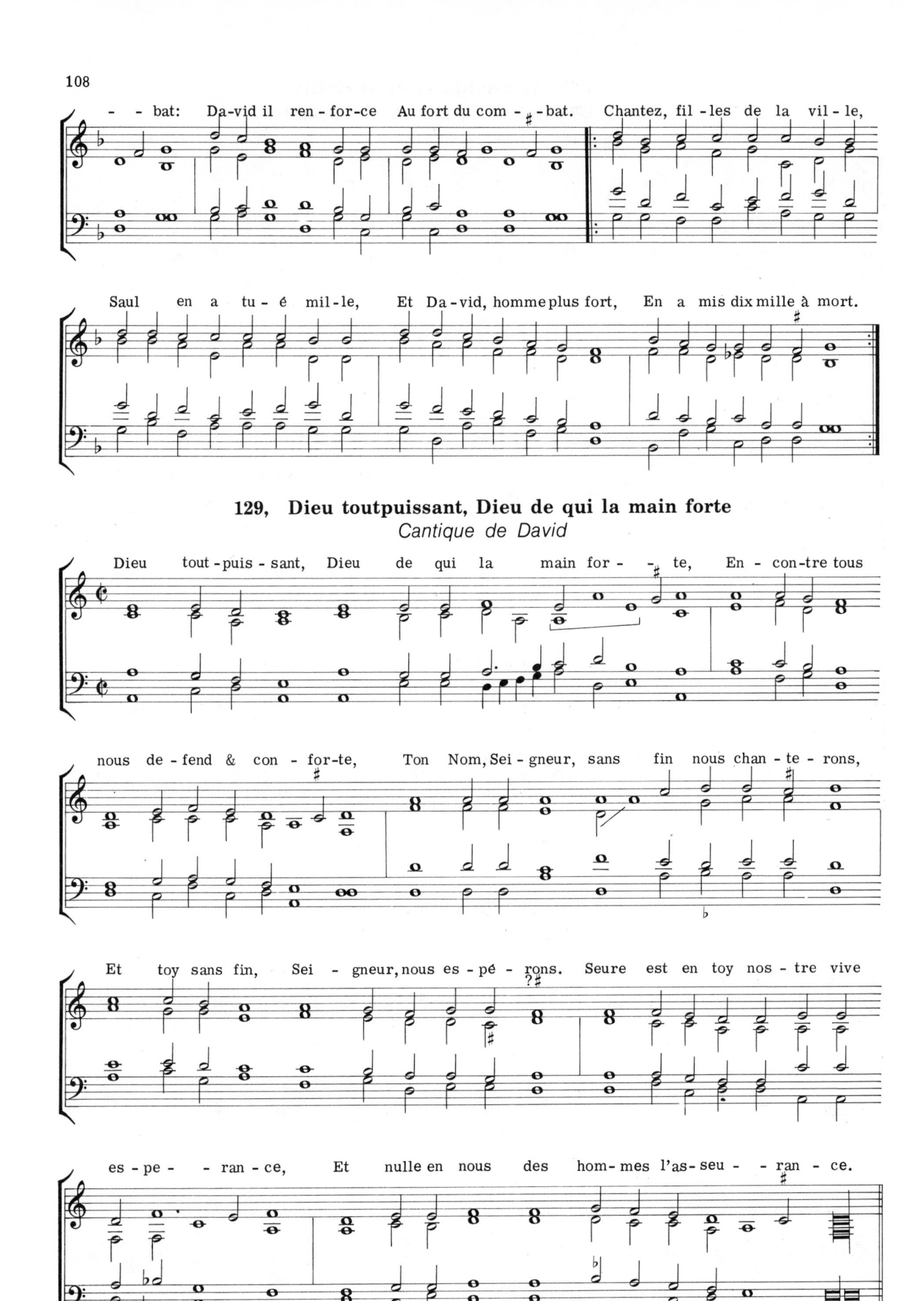

129, Dieu toutpuissant, Dieu de qui la main forte
Cantique de David

130. Delivre—moy, Seigneur, du mauvais homme

Cantique de David, qui est le Pseaume CXL

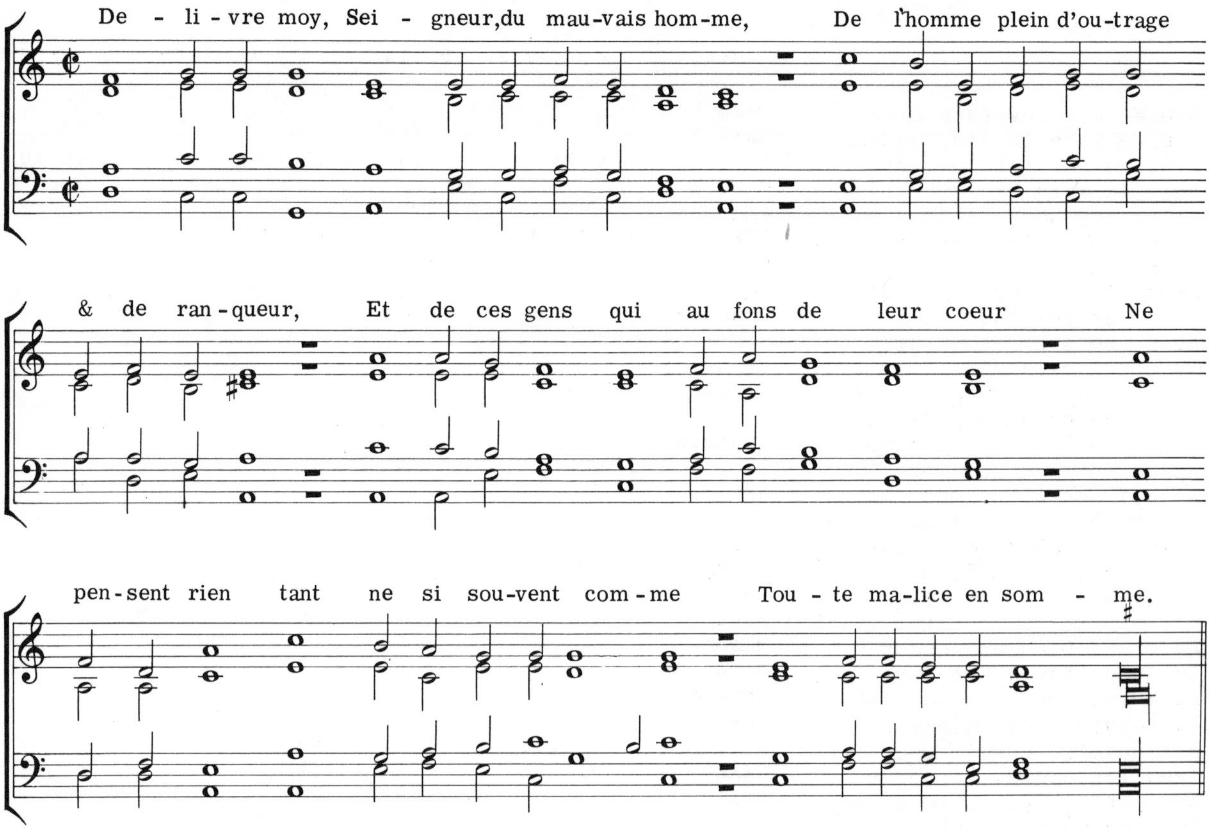

De - li-vre moy, Sei - gneur,du mau-vais hom-me, De l'homme plein d'ou-trage

& de ran - queur, Et de ces gens qui au fons de leur coeur Ne

pen-sent rien tant ne si sou-vent com-me Tou - te ma-lice en som - me.

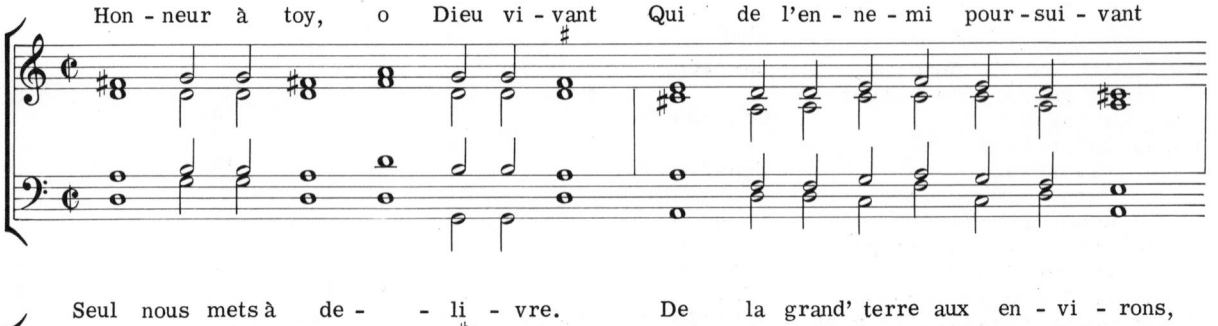

131. Honneur à toy, o Dieu vivant

Cantique de David

Hon - neur à toy, o Dieu vi - vant Qui de l'en - ne - mi pour - sui - vant

Seul nous mets à de - li - vre. De la grand' terre aux en - vi - rons,

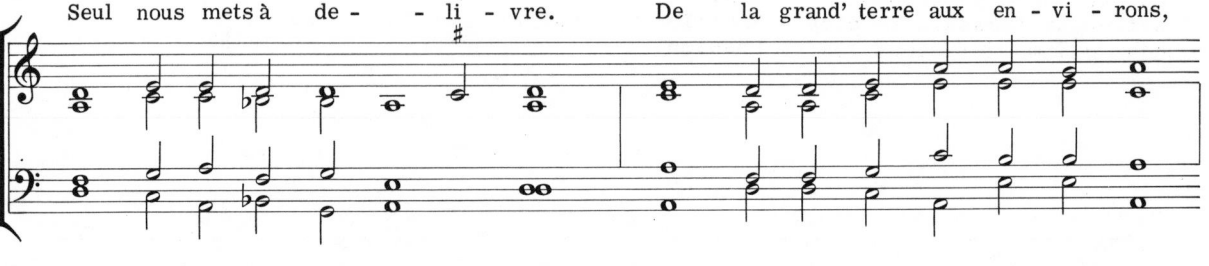

Sans fin ta — lou-an-ge di-rons, Soit à mou-rir ou vi - vre.

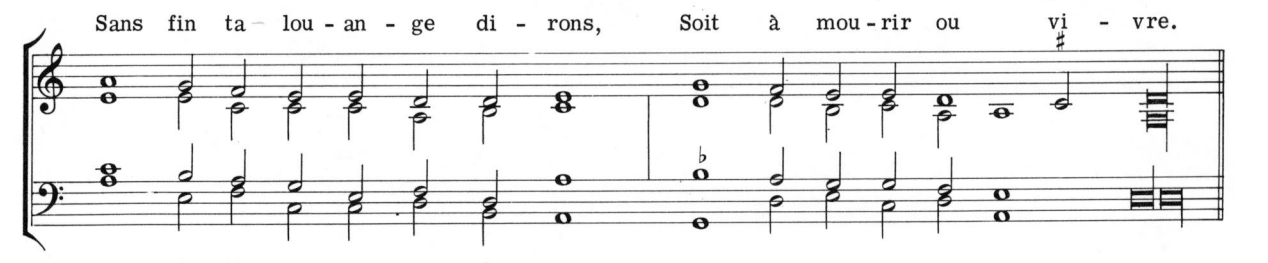

Table générale des Transcriptions
Combined Index of the Transcriptions
Generalregister der Übertragungen

	Genre	v. I-VIII	v. IX	v. X	v. XIII	v. XIV
A Dieu au souverain Dieu	Masure					103
A Dieu ma voix j'ay haussee	LXXVII		78*			
Ainsi qu'on oit le cerf bruire	XLII	V,84	36	21		56 (biche ré
A la lumiere, au son bruyant	Masure					91
Allez mes soupirs amoureux	Chanson				1	
Alors qu'affliction me presse	CXX	VII,70	124	94		71
Alors que de captivité	CXXVI		129	126		75
Amour long temps m'a tenu en ses lacs	Chanson				4	
Amour me tue, et si je ne veux dire	Chanson				11	
Amour que tu me fais de mal	Chanson				17	
Amour quiconqu'ait dit que le ciel fut ton père	Chanson				21	
Apres avoir constamment	XL	V,67	34	91		54
A toy, mon Dieu, mon coeur	XXV	IV,33	21	19		44
A toy, ô Dieu, qui es là-haut	CXXIII		127	35		73
A toy seul à jamais, à toy gloire et honneur	Masure					101
A toy seul, c'est à toy	Masure					91
A toy vers ta montagne sainte	Masure					93
Au grand Dieu vainqueur	Masure					86 + 105
Au long travail et dure	Masure					96
Au moins mon Dieu ne m'ab.	Chanson				253	
Au saintz siege d'amour	Chanson				27	
Aux paroles que je veux dire	V	III,53	5	40		30
Avec les tiens, Seigneur	LXXXV	VI,117	89	134		
Aye pitié, aye pitié de moy	LVII		49	120		
Aymé ne suis, ny n'aime aucunement	Chanson				32	
Bienheureuse est la personne	CXIX		123	34		71
Bienheureux est quiconques	CXXVIII	I,29	130	74		76
Bon jour mon cueur, bon jour ma douce vie	Chanson				35	
Ce disoit une jeune dame	Chanson				37	
Ce franc baiser, ce baiser amiable	Chanson				42	
Celuy qui n'ayme est malheureux	Chanson				46	
Ce qui pour moy en ce monde fut mis	Chanson				47	
Certes mon oeil fut trop adventureux	Chanson				51	
C'est en Judee proprement	LXXVI		76*	132		
C'est en sa tressaincte cité	XLVIII	VIII,79	41	55		57
Chacun qui me voit tous les	Chanson				57	

	Genre	v. I-VIII	v. IX	v. X	v. XIII	v. XIV
Chantez à Dieu chanson nouvelle	XCVI		99	78		
Chantez à Dieu chanson nouvelle	CXLIX		149	67		
Chantez à Dieu nouveau cantique	XCVIII		100*	87		
Chantez de Dieu le renom	CXXXV		135	14		
Chantez gayement	LXXXI		84	133		
Comme le feu sans chaleur ne veult estre	Chanson				61	
D'amour me plaintz, et du mal que je sentz	Chanson				65	
Deba contra mes debateurs	XXXV	V,103	30	20		51
Delivre-moy, Seigneur, du mauvais homme	Masure					109
Demandez vous en qui je me console	Cantique				257	
De mes ennuys	Chanson (Arcadet)				XII,127	
De plus aymer, fy j'en quicte les armes	Chanson				69	
Dès ma jeunesse errant en	Cantique					88
Dès ma jeunesse ils m'ont fait	CXXIX	V,59	131	95		77
Des malheurs la dure guerre	Masure					105
Dès qu'adversité nous offence	XLVI	II,44	39	121		59
De tout mon coeur t'exalteray	IX	II,101	7	43		32
Dieu est assis en l'assemblee	LXXXII		85*	125		
Dieu est regnant, de grandeur tout vestu	XCIII		96	136		
Dieu, mon Dieu, sauve-moy	Masure					88
Dieu nous soit doux et favorable	LXVII		63*	77		
Dieu, pere, Createur, gouverne de ta main	Masure					100
Dieu pour fonder son tresseur	LXXXVII	VI,96	91	135		
Dieu, qui les cieux formas	Masure					103
Dieu souverain, de qui est chacun	Masure					95
Dieu tout puissant Dieu de	Masure					108
Di-moi, malheureux, qui te	LII		45	7		
Donne secours, Seigneur, il en est heure	XII	III,71	10	45		34
Donnez au Seigneur gloire	CVII		109	69		67
D'où vient cela Seigneur, je te suppli	X	IV,105	8	42		33
D'où vient cela Seigneur	LXXIV		75	123		
Du fonds de ma pensee	CXXX		132	75		78
Du jeu d'aymer Martin fort curieux	Chanson				73	
Du jour que je feuz amoureux	Chanson				78	

	Genre	v. I-VIII	v. IX	v. X	v. XIII	v. XIV
Du malin (Des malins) le meschant vouloir	XXXVI	I,1	30	4		52
Du Seigneur Dieu en tous endroits	CXI		114*	73		
Du Seigneur les bontez sans fin	LXXXIX		92	29		
Enfans, qui le Seigneur servez	CXIII	II,29	116	138		68
En la force de toy	Masure					85
Enten à ce que je crie	LXI		53	92		
Enten à ce que je veux dire	LXIV		57*	60		
Entre vous conseillers qui estes	LVIII		50	130		
Errant par les champs de la grace	Chanson				80	
Escoutez, cieux, et prestez audience	Cantique					83
Estans assis aux rives aquatiques	CXXXVII		136	142		80
Est-ce donq en vain	Masure					85
Et vrai Dieu que l'on sera aise	Chanson				86	
Exauce, ô mon Dieu, ma priere	LV		47	103		
Faisons le dire mensonger	Chanson				88	
Graces à Dieu qui de mort nous delivre	Chanson				260	122
Helas, Seigneur, je te pri' sauve-moy	LXIX		68*	104		
Honneur à toy o Dieu vivant	Masure					109
J'aime mon Dieu car lorsque	CXVI		119*	124		
Jamais amour sans guerre n'est parfaict	Chanson				92	
Jamais ne cesseray	XXXIV	V,1	29	51		50
J'ay de ma voix à Dieu crié	CXLII	VIII,32	141	84		
J'ay dit en moy, De pres	XXXIX	VI,55	33	101		54
J'ay mis en toy mon esperance	XXXI		26	100		48
J'ay mis en toy mon esperance	LXXI		72*	106		
Je l'acolleray tantost	Chanson				99	
Je m'asseurois que ce petit archier	Chanson				102	
Je ne t'accuse amour de m'avoir fait outrage	Chanson				105	
Je sens en moy croistre l'ardent desir	Chanson				108	
Je sens l'affection qui à moy se vien rendre	Chanson				111	

	Genre	v. I-VIII	v. IX	v. X	v. XIII	v. XIV
Je sens (ô dur esmoy!)	Masure					87
Je souffre passion d'une amour forte	Chanson				115	
Je t'aimeray en toute obeissance	XVIII	VII,102	14	146		38
Je vois, je viens, je me pourmene	Chanson				119	
Il faut que de tous mes esprits	CXXXVIII		136	15		81
Il me semble que la journée	Chanson				90	
Il ne se trouve en amytié (Sandrin)	Chanson				XII,1	
Incontinent que j'eu ouy	CXXII		126	12		73
Joye, et santé ma demoyselle	Chanson				121	
Jusques à quand as establi	XIII	I,123	10	46		36
Làs, en ta fureur aiguë	XXXVIII		32	148		53
Làs, helas, violente et dure	Masure					92
Làs! où fuis tu? arreste-toy pillarde	Chanson				124	
La terre au Seigneur appartient	XXIV		21	49		43
La terre, l'eau, l'air, le feu, et les cieulx	Chanson				127	
La volunté si long temps endormie	Chanson				132	
Le bien que j'ay (Arcadet)	Chanson				XII,36	
Le Dieu, le Fort, l'Eternel	L	III,126	43	56		60
Le fol malin en son coeur dit et ecrit	XIV	IV,126	11	47		36
Le fol malin en son coeur	LIII		45*	57		
Les cieux en chacun lieu	XIX	VIII,13	16	118		40
Le Seigneur est la clarté qui	XXVII	VIII,56	23	119		45
Le Seigneur ta priere entende	XX	VII,59	17	48		41
Les gens entrez sont en ton heritage	LXXIX	I,77	82	122		63
L'Eternel est regnant	XCVII		99	10		
Leve le coeur, ouvre l'aureille	Commande-ments	I,132	151			82
L'heureux desir en mon affection	Chanson				136	
L'Omnipotent à mon Seigneur	CX		114	112		68
Lors qu'à mes yeux se monstre ta beauté	Chanson				141	
Loué soit Dieu, ma force en tous alarmes	CXLIV		142*	115		
Louez Dieu, car c'est chose bonne	CXLVII		147	117		
Louez Dieu, car il est benin	CVI		108	111		
Louez Dieu tout hautement	CXXXVI		135	141		

	Genre	v. I-VIII	v. IX	v. X	v. XIII	v. XIV
Mais qu'avons-nous plus à craindre	Masure					98
Marie qui vouldroit vostre beau nom tourner	Chanson				145	
Messire Pierre estonné	Chanson				149	
Misericorde à moy povre affligé	LVI	VI,104	48	25		
Misericorde au povre vicieux	LI	I,47	44	102		61
Mon ame en Dieu tant seulement	LXII		53*	59		
Mon coeur est dispos	CVIII		110*	32		
Mon Dieu, j'ay en toy esperance	VII	IV,1	6	88		31
Mon Dieu, l'ennemi m'environne	LIX		50	58		
Mon Dieu me paist sous sa	XXIII	III,116	20	89		43
Mon Dieu, mon Dieu, pourquoy	XXII		19	149		42
Mon Dieu, mon Roy, haut	CXLV		145	127		
Mon Dieu, preste-moy l'aureille	LXXXVI	II,60	90	80		64
Mon Dieu, si j'ay confort de toy	Masure					93
Muses du bon Poëte de Sicile	Chanson				262	
Ne pensés pas pour vous monstrer cruelle	Chanson				155	
Ne sois fasché si durant	XXXVII	VIII,104	32	52		52
Ne vueille pas, ô Sire	VI	VIII,41	5	145		31
Non, mon povre, je n'ay point	Masure					86
Non point à nous	CXV	I,105	118	71		70
O bien-heureuse la personne	CXII		116	68		
O bien-heureux celui dont	XXXII	II,80	27	2		49
O bien-heureux qui juge	XLI	V,34	35	53		55
O combien est plaisant et	CXXXIII		133	13		79
O comme est vaine la pensée	Masure					89
O Dieu des armees, combien	LXXXIV		88	28		
O Dieu, donne-moi delivrance	CXL		139*	38		
O Dieu Eternel, mon Sauveur	LXXXVIII		92	143		
O Dieu, je n'ay Dieu fors que	LXIII		55*	83		
O Dieu, la gloire qui t'est deue	LXV		58*	147		
O Dieu, mon honneur et ma gloire	CIX		112*	82		
O Dieu, ne sois plus à requoy	LXXXIII		87	107		
O Dieu, où mon espoir j'ay mis	LXX		70*	105		
O Dieu, qui es ma forteresse	XXVIII	VIII,92	24	90		46
O Dieu, qui nous as deboutez	LX		51	26		
O Dieu, tout-puissant, sauve-moy	LIV		46	24		

	Genre	v. I-VIII	v. IX	v. X	v. XIII	v. XIV
O Dieu, tu cognois qui je suis	CXXXIX		137*	86		
O Eternel, Dieu des vengeances	XCIV		97	108		
O Fortune, ô que tu m'es mal heureuse	Chanson				159	
O heureuse la journee	Masure					97
O mort dont ma vie est captive	Chanson				162	
On a beau sa maison bastir	CXXVII		130	85		76
O nostre Dieu, et Seigneur amiable	VIII	IV,70	7	41		32
O Pasteur d'Israel, escoute	LXXX		84	62		
O que c'est chose belle	XCII	VI,43	95	65		
O qui aura sur mon heur advantage	Chanson				165	
Or à ce jour le verd may se termine	Chanson				167	
Or à toy, Dieu mon pere	Masure					96
Or avons-nous de nos oreilles	XLIV	VII,31	37	131		57
Or de tes adversaires, sire	Masure					97
Or est maintenant	XCIX		102	30		
Or laisses, Createur	Cantique	IV,137	151			82
Or ne refuse donc pour ton amy choisir	Chanson				173	
Or peut bien dire Israel	CXXIV	V,96	128	36		74
Or soit loué l'Eternel	CL		150	16		
Or sus louez Dieu tout le monde	LXVI		60*	27		
Or sus, serviteurs du Seigneur	CXXXIV		134	37		80
Or sus, tous humains	XLVII	VIII,1	40	5		59
O Seigneur, à toy m'escrie	CXLI		140	116		
O Seigneur eternel de ton lieu supernel	Masure					104
O Seigneur, loué sera	LXXV		76	9		
O Seigneur, que de gens à nuire	III	VII,21	3	18		28
O Seigneur, que de gens ardens et diligens	Masure					98
O Souverain Pasteur et Maistre	Prière av. r.		152			83
Par le desert de mes peines	Chanson				267	
Pere eternel, qui nous ordonnes	Prière ap. r.		155			84
Peuples, oyez, et l'aureille prestez	XLIX	VII,1	42	23		
Plus tu cognois que je brusle pour toy	Chanson				175	
Poste esgaré par trop adven.	Chanson				177	

	Genre	v. I-VIII	v. IX	v. X	v. XIII	v. XIV
Pourquoy font bruit et s'assemblent les gens	II	IV,51	2	39		27
Pour ton nom, mon Dieu, mon	Masure					90
Prenés mon cueur dame, prenés mon cueur	Chanson				181	
Propos exquis faut que de mon	XLV		38	54		58
Puis que voulez que de vous je m'absente	Chanson				185	
Puis qu'on se plait en langueur me nourir	Chanson				188	
Quand d'un doux oeil Marie me regarde	Chanson				191	
Quand j'appercoy ton beau chef jaunissant	Chanson				194	
Quand je t'invoque, helas escoute	IV	II,134	4	144		29
Quand Israel hors d'Egypte sortit	CXIV	I,97	117	70		69
Quand quelque ennui, quelque destresse	Cantique				269	
Qu'as-tu si fort à te douloir	Masure					99
Que ce baiser me plaist	Chanson				198	
Que Dieu se monstre seulement	LXVIII		65*	8		
Qui au conseil des malins n'a esté	I	III,83	1	1		27
Qui en la garde du haut Dieu	XCI		94	64		65
Qui est-ce qui conversera	XV	IV,21	12	128		35
Qui la vous faict tant regarder	Chanson				201	
Qui maintient les Rois et les Princes	Chansons				272, 274	
Qui renforcera ma voix	Chanson				205	
Qui veult savoir quelle est m'amie	Chanson				208	
Rendez à Dieu louange et gloire	CXVIII	III,20	122	33		70
Resveillez-vous chacun fidele	XXXIII	III,94	28	50		50
Resveillez-vous, resveillez	Masure					107
Revenge-moy, pren la querele	XLIII	I,17	36	22		56
Rien plus ne quiers, ma dame me contente	Chanson				213	
Robin vouloit sa femme battre	Chanson				217	
Seigneur Dieu, oy l'oraison mienne	CXLIII	III,1	142	76		81
Seigneur, enten à mon bon droit	XVII		13	98		37
Seigneur, enten ma requeste	CII	VI,69	104	110		
Seigneur, garde mon droict	XXVI		22	99		45

	Genre	v. I-VIII	v. IX	v. X	v. XIII	v. XIV
Seigneur, je n'ay point le coeur	CXXXI	VII,96	132	113		78
Seigneur, le Roy s'esjouira	XXI		18	6		41
Seigneur, puis que m'as retiré	XXX	VII,79	26	129		48
Si c'est un grief tourment que d'aymer sans partie	Chanson				222	
Si en vous le desir a lieu	Masure					90
Si est-ce que Dieu est tres	LXXIII		74	3		62
Si l'ame estoit au corps	Chanson				226	
Si l'amytié n'est que conjon.	Chanson				230	
Si la roze croist sans l'esp.	Chanson				233	
Si mon souspir et mon gemissement	Chanson				277	
Si planteray-je le may	Chanson				237	
Si quelque injure l'on vous	Chanson				279	
Sois ententif, mon peuple	LXXVIII		80*	61		
Sois-moy, Seigneur, ma garde	XVI	V,47	12	97		37
Sus, esgayons-nous au Seigneur	XCV		97*	81		
Sus, filles, à haute voix	Masure					106
Sus, louez Dieu, mon ame	CIII	II,1	105	137		66
Sus, ma lyre accorde et commence	Masure					94
Sus, mon ame, qu'on benie	CXLVI		147	96		
Sus, qu'un chacun de nous	CV		107	11		
Sus, qu'un chacun se delibere	Chanson				280	
Sus, sus, mon ame, il te faut	CIV	VI,1	106	66		66
Ta gloire, o Dieu, soit ent.	Masure					94
Tant de beaulté n'a elle pas	Chanson				240	
Tant plus je mets (Maillard)	Chanson				XII,99	
Tes jugemens, Dieu veritable	LXXII	IV,83	73	150		61
Toutes gens, louez le Seign.	CXVII	VI,126	120*	139		
Tout homme qui son esperance	CXXV		128	72		75
Tu as esté, Seigneur, nostre	XC	V,18	93	63		64
Tu es en tous mes sentiers	Masure					89
Tu me fais mourir de me dire	Chanson				243	
Une jeune pucelette	Chanson				244	
Venez filles de Judée	Masure					107
Vers les monts j'ay levé les	CXXI		125	140		72
Veu que du tout en Dieu mon coeur	XI	I,37	9	44		34
Vouloir m'est pris de mettre	CI	II,149	104	31		65
Vous m'avez promis ma mignonne	Chanson				250	
Vous tous les habitans des cieux	CXLVIII		148	79		
Vous tous Princes et Seigneurs	XXIX	V,123	25	17		47
Vous tous qui la terre habitez	C		103*	109		
Voyant tous les faits	Chanson				281	
Vueilles, Seigneur, estre recors	CXXXII		133	114		79

Texti latini

Ad Dominum cum tribularer	CXX	Alors qu'affliction me
Ad te Domine clamabo	XXVIII	O Dieu, qui es ma fortresse
Ad te Domine levavi	XXV	A toy, mon Dieu, mon coeur
Ad te levavi oculos meos	CXXIII	A toy, ô Dieu, qui es
Afferte Domino filii Dei	XXIX	Vous tous Princes et Seigneurs
Attendite popule meus	LXXVIII	Sois ententif, mon peuple
Audite haec omnes gentes	XLIX	Peuples, oyez, et l'aureille
Beati immaculati in via	CXIX	Bienheureuse est la personne
Beati omnes qui timent Dominum	CXXVIII	Bienheureux est quiconques
Beati quorum remissae sunt	XXXII	O bien-heureux celui dont
Beatus vir qui intelligit	XLI	O bienheureux qui juge
Beatus vir qui non abiit	I	Qui au conseil des malins
Beatus vir qui timet Dominum	CXII	O bien-heureuse la personne
Benedicam Domino in omni tempore	XXXIV	Jamais ne cesseray
Benedic anima mea Domino, Domine	CIV	Sus, sus, mon ame, il te faut
Benedic anima mea Domino, et	CIII	Sus, louez Dieu, mon ame
Benedictus Dominus Deus meus	CXLIV	Loué soit Dieu, ma force
Benedixisti Domine terram	LXXXV	Avec les tiens, Seigneur, tu
Bonum est confiteri Domino	XCII	O que c'est chose belle
Cantate Domino canticum novum	CXLIX	Chantez à Dieu chanson
Cantate Domino canticum novum	XCIX	Chantez à Dieu chanson
Cantate Domino canticum novum	XCVIII	Chantez à Dieu nouveau
Coeli enarrant gloriam Dei	XIX	Les cieux en chacun lieu
Confitebimur tibi Deus	LXXV	O Seigneur, loué sera
Confitebor tibi Domine	IX	De tout mon coeur
Confitebor tibi Domine	CXI	Du Seigneur Dieu en tous
Confitebor tibi Domine	CXXXVIII	Il faut que de tous mes
Confitemini Domino et invocate	CV	Sus, qu'un chacun de nous
Confitemini Domino quonìam bonus	CVI	Louez Dieu, car il est benin
Confitemini Domino quoniam bonus	CVII	Donnez au Seigneur gloire
Confitemini Domino quoniam bonus	CXVIII	Rendez à Dieu louange et
Confitemini Domino quoniam bonus	CXXXVI	Louez Dieu tout hautement
Conserva me Domine	XVI	Sois—moy, Seigneur, ma garde
Cum invocarem	IV	Quand je t'invoque, hélas,
Cuncta qui nutu moderatur alta		XIV, 102
Da pacem Domine in diebus		XIV,A
Delectare in Domino	XXXVI,4-7	cf.XI, Préface & XIV, 22
De profundis clamavi	CXXX	Du fons de ma pensee
Deus auribus nostris audivimus	XLIV	Or avons—nous de nos oreilles
Deus deorum Dominus locutus est	L	Le Dieu, le Fort, l'Eternel
Deus Deus meus ad te de luce vigilo	LXIII	O Dieu, je n'ay Dieu fors
Deus Deus meus respice	XXII	Mon Dieu, mon Dieu, pourquoy
Deus in adjutorium intende	LXX	O Dieu, où mon espoir j'ay
Deus in nomine tuo salvum me fac	LIV	O Dieu tout-puissant, sauve
Deus judicium tuum regi da	LXXII	Tes jugemens, Dieu veritable
Deus laudem meam	CIX	O Dieu, mon honneur et ma
Deus misereatur nostri	LXVII	Dieu nous soit doux et
Deus noster refugium et virtus	XLVI	Dès qu'adversité nous

Deus quis similis erit	LXXXIII	O Dieu, ne sois plus à
Deus repulisti nos	LX	O Dieu, qui nous as deboutez
Deus stetit in synagoga	LXXXII	Dieu est assis en l'assemblée
Deus ultionum Dominus	XCIV	O Eternel, Dieu des vengeances
Deus venerunt gentes in	LXXIX	Les gens entrez sont en ton
Dilexi quoniam	CXVI	J'aime mon Dieu car lorsque
Diligam te Domine	XVIII	Je t'aimeray en toute
Dixi custodiam vias meas	XXXIX	J'ay dit en moy, De pres
Dixit insipiens in corde sui	XIV	Le fol malin en son coeur
Dixit insipiens incorde suo	LIII	Le fol malin en son coeur
Dixit Dominus Domino meo	CX	L'Omnipotent à mon Seigneur
Dixit injustus ut delinquat	XXXVI	Du malin le meschant vouloir
Domine clamavi ad te	CXLI	O Seigneur, à toy
Domine Deus meus in te speravi	VII	Mon Dieu, j'ay en toy
Domine Deus salutis meae	LXXVIII	O Dieu Eternel, mon Sauveur
Domine Dominus noster quam	LXXXVIII	O nostre Dieu, et Seigneur
Domine exaudi orationem	CII	Seigneur, enten ma requeste
Domine exaudi orationem meam	CXLIII	Seigneur Dieu, oy l'oraison
Domine in virtute tua	XXI	Seigneur, le Roy s'esjouira
Domine, ne in furore	VI	Ne vueille pas, ô Sire
Domine ne in furore tuo arguas me	XXXVIII	Làs, enta fureur aigue
Domine non est exaltatum	CXXXI	Seigneur, je n'ay point le
Domine probasti me	CXXXIX	O Dieu, tu cognois qui je
Domine, quid multiplicati sunt	III	XI,1
Domine, quid multiplicati sunt	III	O Seigneur, que de gens
Domine quis habitabit	XV	Qui est—ce qui conversera
Domine, refugium factus es	XC	Tu as esté, Seigneur,
Domini est terra	XXIV	La terre au Seigneur
Dominus illuminatio mea	XXVII	Le Seigneur est la clarté
Dominus regit me	XXIII	Mon Dieu me paist sous sa
Dominus regnavit, decorem	XCIII	Dieu est regnant, de grandeur
Dominus regnavit, exultet terra	XCVII	L'Eternel est regnant
Dominus regnavit, irascantur	XCIX	Or est maintenant
Ecce nunc benedicite Dominum	CXXXIV	Or sus, serviteurs du
Ecce quam bonum	CXXXIII	O combien est plaisant et
Eripe me de inimicis	LIX	Mon Dieu, l'ennemi
Eripe me Domine ab homine malo	CXL	O Dieu, donne—moi delivrance
Eructavit cor meum	XLV	Propos exquis fautque de
Exaltabo te Deus	CXLV	Mon Dieu, mon Roy, haut
Exaltabo te Domine	XXX	Seigneur, puis que m'as
Exaudiat te Dominus	XX	Le Seigneur ta priere
Exaudi Deus deprecationem	LXI	Enten à ce que je crie
Exaudi Deus orationem meam	LV	Exauce, ô mon Dieu, ma
Exaudi Deus orationem meam	LXIV	Enten à ce que je veux dire
Exaudi Domine justitiam meam	XVII	Seigneur, enten à mon bon
Expectans expectavi Dominum	XL	Apres avoir constamment
Exultate Deo adjutori nostro	LXXXI	Chantez gayement
Exultate justi in Domino	XXXIII	Reveillez—vous chacun fidele
Exultate justi in Domino	XXXII,1-4	Cf. XI, Préface & XIV, 20
Exultent sancti	XIV,D	
Exurgat Deus	LXVIII	Que Dieu se monstre seulement
Fundamenta eius in montibus	LXXXVII	Dieu pour fonder son tresseur
Gabriel angelus		XI,14
Hodie nobis		XI,29

Inclina Domine aurem tuam	LXXXVI	Mon Dieu, preste—moy l'aureille
In convertendo, Dominus, captivitatem	CXXVI	Alors que de captivité
In Domino confido	XI	Veu que du tout en Dieu
In exitu Israel de Aegypto	CXIV	Quand Israel hors d'Egypte
In te Domine speravi	LXXI	J'ay mis en toy mon
In te Domine speravi, non confundar	XXXI	J'ay mis en toy mon
Ista est speciosa		XI,22
Jubilate Deo omnis terra	LXVI	Or sus louez Dieu tout le
Jubilate Deo omnis terra	C	Vous tous qui la terre
Judica Domine nocentes	XXXV	Deba contra mes debateurs
Judica me Deus	XLIII	Revenge—moy, pren la
Judica me Domine	XXVI	Seigneur, garde mon droict
Laetatus sum in his	CXXII	Incontinent que j'eu ouy
Lauda anima mea Dominum	CXLVI	Sus, mon ame, qu'on benie
Laudate Dominum de coelis	CXLVIII	Vous tous les habitans de
Laudate Dominum in sanctis	CL	Or soit loué l'Eternel
Laudate Dominum omnes gentes	CXVII	Toutes gens, louez le
Laudate Dominum quoniam bonus	CXLVII	Louez Dieu, car c'est chose
Laudate nomen Domini	CXXXV	Chantez de Dieu le renom
Laudate pueri Dominum	CXIII	Enfans, qui le Seigneur
Levavi oculos meos in montes	CXXI	Vers les monts j'ay levé
Magnificat primi toni		XI,37
Magnificat tertii toni		XI,49
Magnificat octavi toni		XI,66
Magnus Dominus et laudabilis	XLVIII	C'est en sa tressaincte cité
Memento Domine David	CXXXII	Vueille, Seigneur, estre
Miserere mei Deus, miserere	LVII	Aye pitié, aye pitié de moy
Miserere mei Deus quoniam	LVI	Misericorde à moy povre
Miserere mei Deus secundum	LI	Misericorde au povre vicieux
Misericordiam et judiciam	CI	Vouloir m'est pris de mettre
Misericordias Domini	LXXXIX	Du Seigneur les bontez sans
Missa «*Audi filia*»		XII,64
Missa «*De mes ennuys*»		XII,130
(d'après Arcadet)		
Missa «*Il ne se trouve en amytié*»		
(d'après Sandrin)		XII,4
Missa «*Le bien que j'ay*»		
(d'après Arcadet)		
Missa «*Tant plus je mets*»		XII,39
(d'après Maillard)		
		XII,101
Nisi Dominus aedificaverit domum	CXXVII	On a beau sa maison bastir
Nisi quia Dominus erat in nobis	CXXIV	Or peut bien dire Israel
Noli aemulari in malignantibus	XXXVII	Ne sois fasché si durant
Nonne Deo subjecta	LXII	Mon ame en Dieu tant
Non nobis, Domine, non nobis	CXV	Non point à nous
Notus in Judaea Deus	LXXVI	C'est en Judee proprement
Omnes gentes plaudite manibus	XLVII	Or sus, tous humains
Osculetur me		Cf. XI Préface
Paratum cor meum	CVIII	Mon coeur est dispos
Pater noster	& XIV, 14	Cf. XI Préface

Quam bonus Israel	LXXIII	Si est—ce que Dieu est
Quam dilecta tabernacula	LXXXIV	O Dieu des armees, combien
Quare fremuerunt gentes	II	Cf. XI Préface & XIV, 1
Quare fremuerunt gentes	II	Pourquoy font bruit, et
Quemadmodum desiderat cervus	XLII	Ainsi qu'on oit le cerf bruire
Qui confidunt in Domino	CXXV	Tout homme qui son esperance
Quid gloriaris in malitia	LII	Di—moi, malheureux, qui te
Qui habitat in adjutorio Altissimi	XCI	Qui en la garde du haut Dieu
Qui regis Israel intende	LXXX	O Pasteur d'Israel, escoute
Saepe expugnaverunt me	CXXIX	Dès ma jeunesse ils m'ont
Salve Regina		XIV,E+H
Salvum me fac, Deus	LXIX	Helas, Seigneur, je te pri'
Salvum me fac, Domine	XII	Donne secours, Seigneur, il
Si vere utique justitiam	LVIII	Entre vous conseillers qui
Super flumina Babylonis	CXXXVII	Estans assis aux rives
Surge propera		XIV,F
Te decet Hymnus	LXV	Q Dieu, la gloire qui t'est
Usquequo Domine oblivisceris	XIII	Jusques à quand as establi
Ut quid Deus recessisti	X	D'où vient cela, Seigneur, je
Ut quid Deus repulisti	LXXIV	D'où vient cela, Seigneur, je
Venite exultemus Domino	XCV	Sus, esgayons—nous au
Verba mea auribus percipe	V	Aux paroles que je veux dire
Videntes stellam magi		XI,37
Voce mea ad Dominum clamavi	LXXVII	A Dieu ma voix j'ay
Voce mea ad Dominum clamavi	CXLII	J'ay de ma voix à Dieu crié

Nouvelle source
Eine neu aufgefundene Quelle
Additional Source

Aberdeen, *University Library,* Ms II 7841 Arc.

Chanson: *Graces à Dieu qui de mort nous delivre*
(Anon.) (cf. Vol. XIII, 260-262)

Superius	(ff. 4-4ᵛ)
Contratenor	(ff. 47-47ᵛ)
Tenor	(f. 21)
Bassus	(f. 67)

quatre livres manuscrits reliés avec une imprimé des madrigaux d'Arcadelt, voir:	Vier Hanschriftenbände mit einem Druck der Madrigalien von Arcadelt zusammengebunden, vgl.:	Four manuscript volumes bound together with a print of Arcadelt's madrigals, confer:

Barry Cooper, *A New Source (c. 1600) of Chansons and Keyboard Music,* Paris 1981, pp. 5-18.

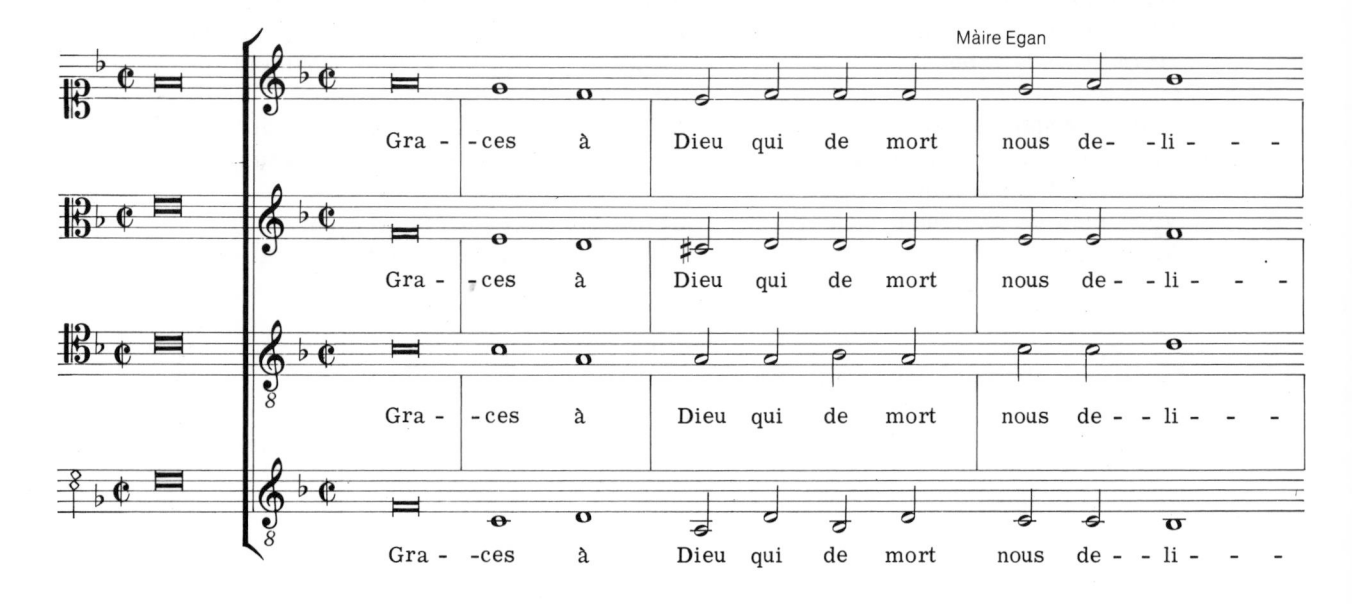

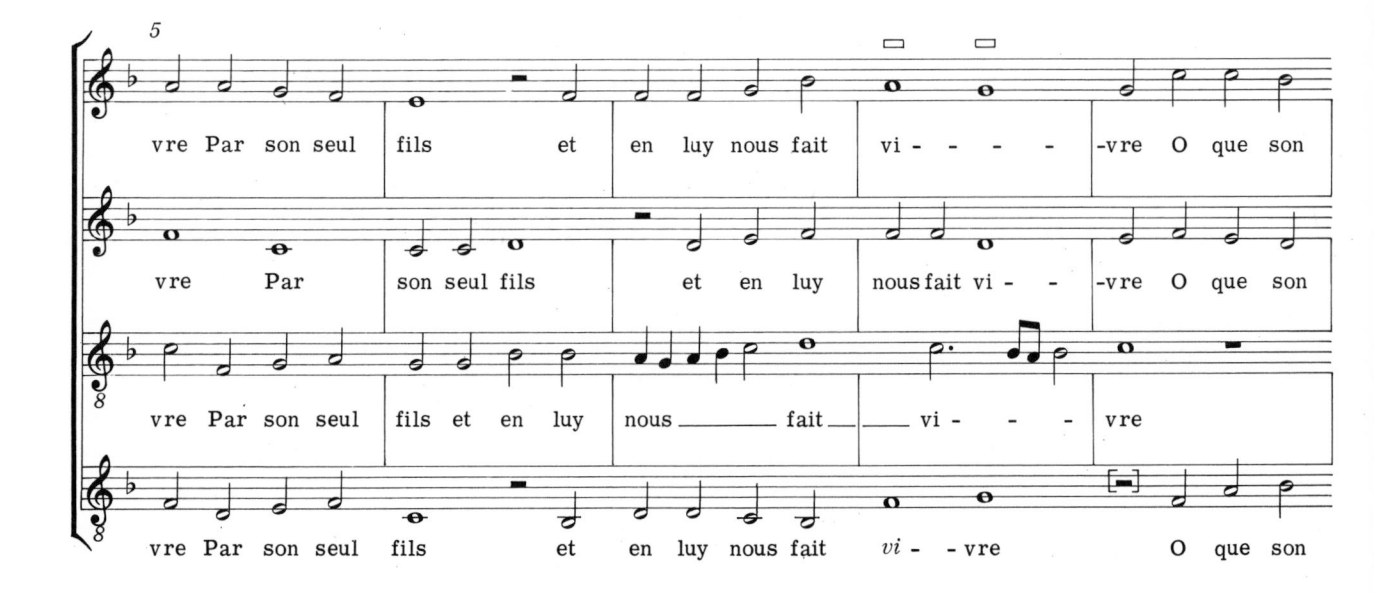

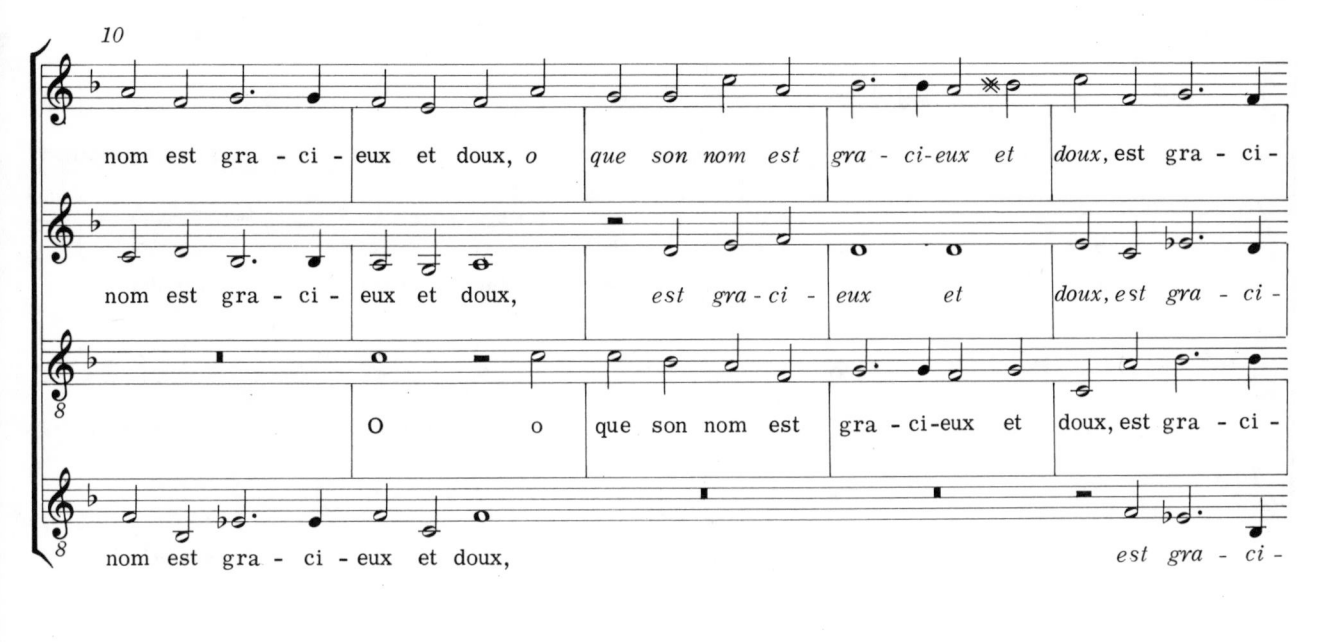

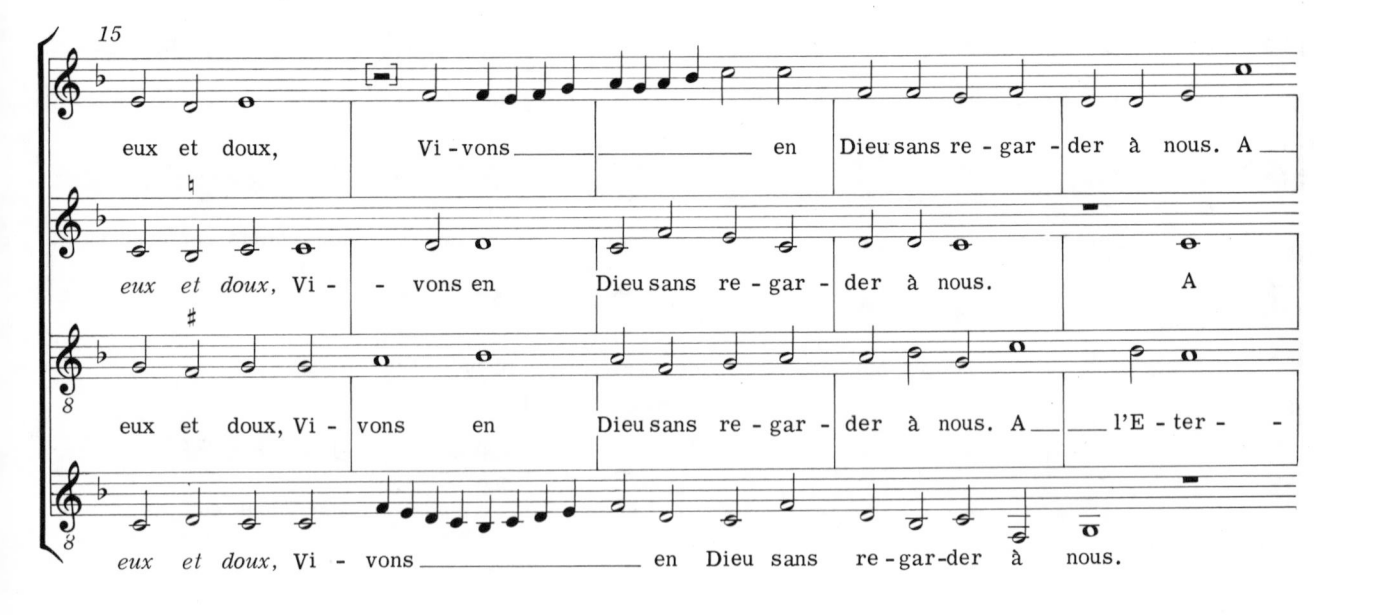

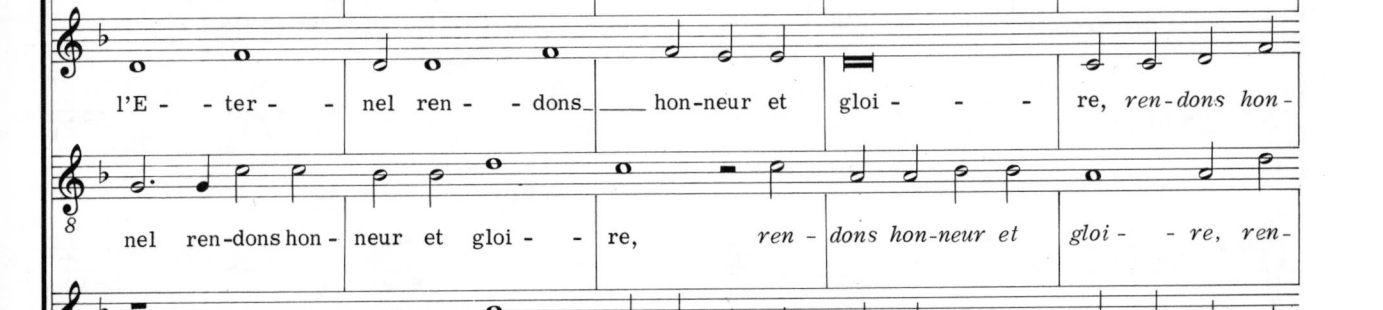

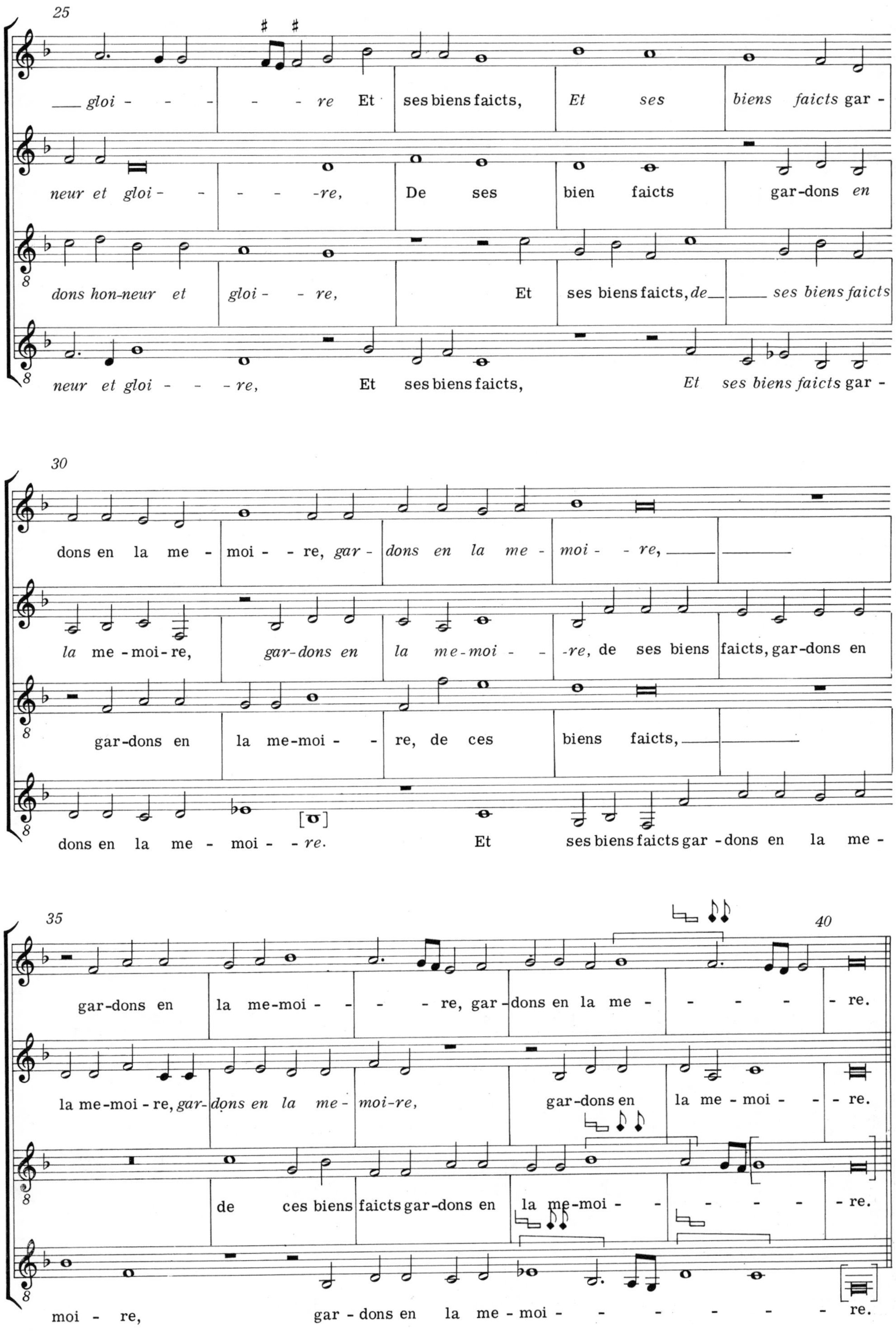
25
gloi - - - - - re Et ses biens faicts, Et ses biens faicts gar -
neur et gloi - - - - -re, De ses bien faicts gar-dons en
dons hon-neur et gloi - - re, Et ses biens faicts, de ses biens faicts
neur et gloi - - - re, Et ses biens faicts, Et ses biens faicts gar -
30
dons en la me - moi - - re, gar - dons en la me - moi - - re,
la me - moi - re, gar-dons en la me-moi - -re, de ses biens faicts, gar-dons en
gar-dons en la me-moi - - re, de ces biens faicts,
dons en la me - moi - - re. [o] Et ses biens faicts gar - dons en la me -
35
40
gar-dons en la me-moi - - - - re, gar - dons en la me - - - - - re.
la me-moi - re, gar-dons en la me - moi-re, gar-dons en la me - moi - - - re.
de ces biens faicts gar-dons en la me-moi - - - - - - re.
moi - re, gar - dons en la me - moi - - - - - - - re.

Table des Matières
Inhaltsverzeichnis
Table of Contents

Motets

1. Quare fremuerunt gentes   1
2. Pater noster. 14
3. Exultate iusti in Domino. 20
4. Delectare in Domino 22

83 Pseaumes à 4 Parties

5. Qui au conseil des malins n'a esté. . . . 27
6. Pourquoy font bruit, et s'assemblent
     les gens? 27
7. O Seigneur, que de gens 28
8. Quand je t'invoque, helas, escoute. . . . 29
9. Aux paroles que je veux dire. 30
10. Ne vueilles pas, ô Sire 31
11. Mon Dieu, j'ay en toy esperance 31
12. O nostre Dieu, et Seigneur amiable. . . 32
13. De tout mon coeur t'exalteray 32
14. D'où vient cela, Seigneur, je te supply . 33
15. Veu que du tout en Dieu mon coeur
     s'appuye. 34
16. Donne secours, Seigneur, il en est heure. 34
17. Le fol malin en son coeur dit et croit. . 35
18. Qui est-ce qui conversera 35
19. Jusques à quand as estably. 36
20. Sois moy, Seigneur, ma garde et
     mon appuy 37
21. Seigneur, enten à mon bon droit 37
22. Je t'aymeray en toute obeissance. . . . 38
23. Les cieux en chacun lieu. 40
24. Le Seigneur ta priere entende 41
25. Seigneur, le Roy s'esjouyra 41
26. Mon Dieu, mon Dieu, pourquoy m'as-tu
     laissé. 42
27. Mon Dieu me paist sous sa puissance haute 43
28. La terre au Seigneur appartient 43
29. A toy, mon Dieu, mon coeur monte. . . . 44
30. Seigneur garde mon droict 45
31. Le Seigneur est la clarté qui m'adresse . 45
32. O Dieu, qui es ma forteresse. 46
33. Vous tous princes et Seigneurs. 47
34. Seigneur, puis que m'as retiré. 48
35. J'ay mis en toy mon esperance 48
36. O bienheureux celuy dont les commises . . 49
37. Reveillés vous, chacun fidele 50
38. Jamais ne cesseray de magnifier
     le Seigneur 50
39. Deba contre mes debateurs 51

40. Du malin les faits vicieux 52
41. Ne sois fasché si durant ceste vie . . . 52
42. Làs, en ta fureur aiguë. 53
43. J'ay dit en moy, de pres je viseray. . . 54
44. Apres avoir constamment attendu. 54
45. O bienheureux qui juge sagement. 55
46. Ainsi que la biche rée 56
47. Revenge-moy, pren la querelle. 56
48. Or avons-nous de noz aureilles 57
49. Propos exquis faut que de mon
        coeur sorte. 58
50. Dès qu'adversité nous offense. 59
51. Or, sus tous humains 59
52. Le Dieu, le fort, l'Eternel parlera. . . 60
53. Misericorde au povre vicieux 61
54. Tes jugemens, Dieu veritable 61
55. Si est-ce que Dieu est tresdoux. 62
56. Les gens entrés sont en ton heritage . . 63
57. Mon Dieu, preste-moy l'aureille. 64
58. Tu as esté, Seigneur, nostre retraite. . 64
59. Qui en la garde du haut Dieu 65
60. Vouloir m'est pris de mettre
        en escriture 65
61. Sus, louez Dieu, mon ame, en
        toute chose. 66
62. Sus, sus, mon ame, il te faut dire bien. 66
63. Donnez au Seigneur gloire. 67
64. L'omnipotent à mon Seigneur et Maistre . 68
65. Enfans, qui le Seigneur servez 68
66. Quand Israel hors d'Egypte sortit. . . . 69
67. Non point à nous, non point à nous,
        Seigneur 70
68. Rendez à Dieu louange et gloire. 70
69. Bienheureuse est la personne qui vit . . 71
70. Alors qu'affliction me presse. 71
71. Vers les monts j'ay levé mes yeux. . . . 72
72. Incontinent que j'eu ouy 73
73. A toy, o Dieu, qui es là-haut. 73
74. Or peut bien dire Israel maintenant. . . 74
75. Tout homme qui son esperance 75
76. Alors que de captivité 75
77. On a beau sa maison bastir 76
78. Bienheureux est quiconques 76
79. Dès ma jeunesse ils m'ont fait
        mille assaux 77
80. Du fons de ma pensée 78
81. Seigneur, je n'ay point le coeur fier. . 78
82. Vueilles, Seigneur, estre recors 79
83. O combien est plaisant et souhaitable. . 79
84. Or sus, serviteurs du Seigneur 80
85. Estans assis aux rives aquatiques. . . . 80
86. Il faut que de tous mes esprits. 81
87. Seigneur Dieu, oy l'oraison mienne . . . 81

88. Leve le coeur, ouvre l'aureille.   82
89. Or laisses, Createur, en paix
       ton serviteur.   82
90. Escoutez, cieux, et prestez audience . .   83
91. O Souverain Pasteur et Maistre   83
92. Pere Eternel, qui nous ordonnes.   84

Les Tragédies Sainctes par Louis Des Masures

93. En la force de toy . . . . •   85
94. Est-ce donq en vain. . . . . •   85
95. Au grand Dieu vainqueur. . . . . . . •   86
96. Non moi povre, je n'ay point . . . . . •   86
97. Je sens (ô dur esmoy). . . . . •   87
98. Dieu, mon Dieu, sauve-moy, ... •   88
99. Dès ma jeunesse errant en malheur suis .   88
100. Tu es en tous mes sentiers . . . . . . •   89
100bis. O comme est vaine la pensée. . . . . . •   89
101. Pour ton nom, mon· Dieu, mon Sauveur. . .   90
102. Si en vous le desir a lieu . . . . . . •   90
103. A la lumiere, au son bruyant des cieux •   91
104. A toy, c'est à toy, Dieu, ma puissance •   91
105. Las, helas, violente et dure . . . . . •   92
106. Mon Dieu, si j'ay confort de toy   93
107. A toy, vers ta montagne sainte   93
108. Sus, ma lyre accorde, et commence. . . .   94
109. Ta gloire, o Dieu, soit entendue . . . . •   94
110. Dieu souverain, de qui est à chacun. . .   95
111. Au long travail et dure attente.   96
112. Or à toy, Dieu mon pere.   96
113. Or de tes adversaires, Sire.   97
114. O heureuse la journee. . . . . •   97
115. Mais qu'avons-nous plus à craindre . . .   98
116. O Seigneur, que de gens ardens et
       diligens   98
117. Qu'as-tu si fort à te douloir.   99
118. Dieu, pere, Createur, gouverne de ta
       main   100
119. A toy seul à jamais, à toy gloire et
       honneur.   101
120. Cuncta qui nutu moderatur alta   102
121. A Dieu, au souverain Dieu.   103
122. Dieu, qui les cieux formas   103
123. O Seigneur eternel, de ton lieu supernel   104
124. Des malheurs la dure guerre.   105
125. Au grand Dieu vainqueur.   105
126. Sus, filles, à haute voix.   106
127. Resveillez-vous, resveillez.   107
128. Venez filles de Judée.   107
129. Dieu toutpuissant, Dieu de qui la
       main forte   108
130. Delivre-moy, Seigneur, du mauvais homme.   109
131. Honneur à toy, o Dieu vivant   109

     Graces à Dieu qui de mort nous delivre. .   122

UNSERE VERÖFFENTLICHUNGEN
OUR PUBLICATIONS

912024 Verlagsnummer *931902*

Veröffentlichungen Mittelalterlicher Musikhandschriften
Publications of Mediaeval Musical Manuscripts

01-1	Vol. I	Madrid 20486	vergriffen
02-X	Vol. II	Wolfenbüttel 1099 (Helmst. 1206)	DM 200
03-8	Vol. III	Eine zentrale Quelle der Notre Dame- Musik	vergriffen
04-6	Vol. IV	Paris, nouv. acq. frç. 13531	DM 30
05-4	Vol. V	Worcester, Add. 68	DM 36
06-2	Vol. VI	Oxford, lat. liturg. d 20	DM 48
07-0	Vol. VII	Opera omnia Faugues	DM 60
08-9	Vol. VIII	Sevilla, 5-I-43 & Paris, nouv. acq. frç. 4379	DM 72
09-7	Vol. IX	Carmina burana	vergriffen
10-0	Vol. X	Firenze, pluteo 29,1 (Pars 1*a*)	DM 160
11-9	Vol. XI	Firenze, pluteo 29,1 (Pars 2*a*)	DM 160
12-7	Vol. XII	Dijon, *Bibliothèque Publique, Ms.* 517	DM 190
13-5	Vol. XIII	Canberra, *Nan-Kivell Collection*	DM 70

Musical Theorists in Translation

21-6	Vol. I	Anonymous IV	vergriffen
22-4	Vol. II	Robert de Handlo	DM 28
14-3	Vol. III	Nivers, *Treatise on the Composition of Music*	vergriffen
15-1	Vol. IV	Huygens, *Use and Nonuse of the Organ*	vergriffen
16-X	Vol. V	Bernier, *Principles of Composition*	vergriffen
26-7	Vol. VI	Loulié, *Elements or Principles of Music*	DM 50
27-5	Vol. VII	Bacilly, *A Commentary upon the Art of Proper Singing*	DM 100
28-3	Vol. VIII	*Ad organum faciendum*	DM 40
29-1	Vol. IX	*Michel Corrette & Flute Playing in the 18th Century*	DM 40
30-5	Vol. X	Johann Turmair, *Musicae Rudimenta*	DM 70
31-3	Vol. XI	Mignot de la Voye, *Treatise on Music*	DM 40
15-0	Vol. XII	Brossard, *Dictionnaire de la Musique*	DM 110

Institute of Mediaeval Music, Ltd.
Post Office Box 295
Henryville, Pa. USA-18332

Institut de Musique Médiévale, S. A.
Case postale 6439, Succursale «J»
Ottawa (Ont.) K2A 3Y5

Institut für Mittelalterliche Musikforschung, GmbH
Melchtalstraße 11
CH-4102 Binningen

Gesamtausgaben — Collected Works

41-0	Vol. I	Faugues *(Gesamtausgabe, Collected Works)*	DM 60
42-9	Vol. II/1	A. Rener I: *The Motets*	vergriffen
43-7	Vol. II/2	A. Rener II: *The Magnificats*	DM 100
45-3	Vol. III/1	Goudimel, *Psalm Motets* Vol. I	DM 60
46-1	Vol. III/2	Goudimel, *Psalm Motets* Vol. II	DM 60
47-X	Vol. III/3	Goudimel, *Psalm Motets* Vol. III	DM 60
48-8	Vol. III/4	Goudimel, *Psalm Motets* Vol. IV	DM 60
49-6	Vol. III/5	Goudimel, *Psalm Motets* Vol. V	DM 60
50-X	Vol. III/6	Goudimel, *Psalm Motets* Vol. VI	DM 60
51-8	Vol. III/7	Goudimel, *Psalm Motets* Vol. VII	DM 60
52-6	Vol. III/8	Goudimel, *Psalm Motets* Vol. VIII	DM 60
53-4	Vol. III/9	Goudimel, *150 Pseaumes de 1564/1565 («Jaqui»)*	DM 60
54-2	Vol. III/10	Goudimel, *150 Pseaumes de 1568/1580 («St-André»)*	DM 120
55-0	Vol. III/11	Goudimel, *Motets latins & Magnificats*	DM 60
56-9	Vol. III/12	Goudimel, *Les Messes*	DM 120
57-7	Vol. III/13	Goudimel, *Les Chansons*	DM 120
58-5	Vol. III/14	Goudimel, *Opera dubia*	DM 120
60-7	Vol. IV/1	Cabezón, I: *Duos, Kyries, Variations*	DM 64
61-5	Vol. IV/2	Cabezón, II: *27 Tientos*	DM 64
62-3	Vol. IV/3	Cabezón, III: *Versos y Fugas*	DM 64
65-8	Vol. V	N. de Radom *(Gesamtausgabe, Collected Works)*	DM 80
66-6	Vol. VI/1	Caron, I, *3 Messen*	DM 100
67-4	Vol. VI/2	Caron, II, *2 Messen und Chansons*	DM 100
36-4	Vol. VII/1a	Merula, Vol. I - *Partitura*	DM 120
44-5	Vol. VII/1b	Merula, Vol. I - *Voci strumentali*	DM 90
38-0	Vol. VII/2a	Merula, Vol. II - *Partitura*	DM 120
39-9	Vol. VII/3a	Merula, Vol. IV, 1a parte - *Partitura*	DM 120
40-2	Vol. VII/4a	Merula, Vol. IV, 2a parte - *Partitura*	DM 120
20-8	Vol. VII/2b-4b	Merula, Vol. II & IV - *Voci strumentali*	DM 150
69-0	Vol. VIII/1	Galliculus, I: *3 Messen*	DM 95
70-4	Vol. IX/1	Eustache du Caurroy, I: *Fantasies à 3-6 parties*	DM 95
17-8	Vol. X/3	Notre-Dame and Related Conductus, III: *2pt Conductus*	DM 140
11-8	Vol. X/5	Notre-Dame and Related Conductus, V: *2pt Conductus*	DM 90
18-6	Vol. X/6	Notre-Dame and Related Conductus, VI: *1pt Conductus*	DM 140
12-6	Vol. X/8	Notre-Dame and Related Conductus, VIII: *1pt Conductus*	DM 90
68-2	Vol. XI/1	Antoine de Févin, I: *4 Messen*	DM 100
59-3	Vol. XII/1	Cristóbal Galán, *(Obras completas): Misa de Difuntos*	DM 100

Wissenschaftliche Abhandlungen — Musicological Studies

08-8	Vol. I	L. Dittmer, *Auszug aus The Worcester Music Fragments*	vergriffen
72-0	Vol. II	G. Schuetze, *An Introduction to Faugues*	DM 42
73-9	Vol. III	E. Trumble, *Fauxbourdon, an Historical Survey,* I	DM 30
74-7	Vol. IV	L. Spieß, *Historical Musicology*	vergriffen
75-5	Vol. V	S. Levarie, *Fundamentals of Harmony*	DM 7,80
76-3	Vol. VI	E. Southern, *The Buxheim Organ Book*	vergriffen
71-2	Vol. VII	F. Ludwig, *Repertorium organorum,* Band I,1	vergriffen
78-X	Vol. VIII	C. Jacobs, *Tempo Notation in Renaissance Spain*	DM 40
79-8	Vol. IX	E. Thomson, *An Introduction to Caron*	vergriffen
80-1	Vol. X	H. Tischler, *Structural Analysis.... Mozart's Piano Concertos*	DM 72
81-X	Vol. XI	V. Mattfeld, *Georg Rhaw's Publications for Vespers*	DM 60
82-8	Vol. XII	E. Borroff, *An Introduction to E. Jacquet de la Guerre*	DM 48
83-6	Vol. XIII	F-J Smith, *The Speculum Musicae of Jacobus Leodiensis,* I	DM 24
84-4	Vol. XIV	J. Travis, *Miscellanea Musica Celtica*	DM 40
85-2	Vol. XV	C. W. Brockett, *Antiphons. Responsories.... of the Mozarabic Rite*	DM 120
86-0	Vol. XVI	F. Crane, *Materials for the Study of the 15th-Century Basse Danse*	DM 60
87-9	Vol. XVII	F. Ludwig, *Repertorium organorum,* Band II	DM 80
88-7	Vol. XVIII	A. A. Moorefield, *An Introduction to Galliculus*	DM 48
89-5	Vol. XIX	H. Orenstein, *Die Refrainformen im Chansonnier de l'Arsenal*	DM 80
90-9	Vol. XX	R. Rasch, *J. de Garlandia en de voor-franconische notatie*	DM 80
91-7	Vol. XXI/1	Marshall, *Crecquillon Motetten* I: *Introduction*	DM 60
92-5	Vol. XXI/2	Marshall, *Crecquillon Motetten* II: *Opus sacrarum cantionum*	DM 80
93-3	Vol. XXI/3	Marshall, *Crecquillon Motetten* III: *Sammeldrucke*	DM 80
94-1	Vol. XXI/4	Marshall, *Crecquillon Motetten* IV: *Handschriften*	DM 80
95-X	Vol. XXII	F-J Smith, *The Speculum Musicae of Jacobus Leodiensis,* II	DM 100
96-8	Vol. XXIII/1	I. J. Katz, *Judeo-Spanish Ballads from Jerusalem* I: Text	DM 100
01-0	Vol. XXIII/2	I. J. Katz, *Judeo-Spanish Ballads from Jerusalem* II: Music and Gramophone disque	DM 100
02-9	Vol. XXIV/1	G. Anderson, *Latin Compositions in Fascicles....,* I: Text	DM 100
03-7	Vol. XXIV/2	G. Anderson, *Latin Composition in Fascicles....,* II: Transcriptions	DM 100
77-1	Vol. XXV	J-M Bonhôte, *Samuel Mareschal - Melodiae Suaves*	DM 12
37-2	Vol. XXVI	F. Ludwig, *Repertorium organorum....,* Band I,2	DM 200
23-2	Vol. XXVII/1	A. Atlas, *The Cappella Giulia Chansonnier,* I: Commentary	DM 110
24-0	Vol. XXVII/2	A. Atlas, *The Cappella Giulia Chansonnier,* II: Transcriptions	DM 90
25-9	Vol. XXVIII	C. Wright, *Music at the Court of Burgundy, 1364-1419*	DM 160
32-1	Vol. XXIX	S. Levarie & E. Levy, *A Dictionary of Musical Morphology*	DM 240
33-X	Vol. XXX/1	N. van Deusen, *Music at Nevers Cathedral,* I: Commentary	DM 100
34-8	Vol. XXX/2	N. van Deusen, *Music at Nevers Cathedral,* II: Edition	DM 100
04-5	Vol. XXXI/1	E. Cramer, *Victoria. Officium Hebdomadae Sanctae,* I: Introduction	DM 60
05-3	Vol. XXXI/2	E. Cramer, *Victoria. Officium Hebdomadae Sanctae,* II: Maundy Thursday	DM 60
06-1	Vol. XXXI/3	E. Cramer, *Victoria. Officium Hebdomadae Sanctae,* III: Good Friday	DM 60
07-X	Vol. XXXI/4	E. Cramer, *Victoria. Officium Hebdomadae Sanctae,* IV: Holy Saturday	DM 60
97-6	Vol. XXXII/1	N. Labelle, *Les Différents Styles.... Psaume 1539-1572,* I: Commentaire	DM 80
98-4	Vol. XXXII/2	N. Labelle, *Les Différents Styles.... Psaume 1539-1572,* II: Transcriptions A	DM 140
99-2	Vol. XXXII/3	N. Labelle, *Les Différents Styles.... Psaume 1539-1572,* III: Transcriptions B	DM 140
35-6	Vol. XXXIII	R. Falck, *Notre Dame Conductus, Study of the Repertory*	DM 150
13-4	Vol. XXXIV	C. Polin, *The ap Huw Manuscript*	DM 120
14-2	Vol. XXXV	B. Gillingham, *The Polyphonic Sequence in Wolfenbüttel 677*	DM 60
17-7	Vol. XXXVI/1	M. Hanen, *The Chansonnier El Escorial IV.a.24,* I, Commentary	DM 80
18-5	Vol. XXXVI/2	M. Hanen, *The Chansonnier El Escorial IV.a.24,* II, Edition A	DM 120
19-3	Vol. XXXVI/3	M. Hanen, *The Chansonnier El Escorial IV.a.24,* III, Edition B	DM 120